李恭笃　高美璇　著

# 寻觅与探索

中国东北原始文化考古论文集

文物出版社

责任编辑：肖大桂
装帧设计：程星涛
责任印制：陆　联
责任校对：赵　宁

**图书在版编目（CIP）数据**

寻觅与探索：中国东北原始文化考古论文集 / 李恭
笃，高美璇著. —北京：文物出版社，2014.6
ISBN 978－7－5010－4008－7

Ⅰ.①寻…　Ⅱ.①李…　②高…　Ⅲ.①远古文化－文
化遗址－考古－东北地区－文集　Ⅳ.①K878－53

中国版本图书馆 CIP 数据核字（2014）第 094482 号

# 寻觅与探索

—— 中国东北原始文化考古论文集

李恭笃　高美璇　著

\*

文 物 出 版 社 出 版 发 行
北京市东直门内北小街 2 号楼
http：//www．wenwu．com
E－mail：web@wenwu．com
北京京都六环印刷厂印刷
新 华 书 店 经 销
787×1092　1/16　印张：30.75
2014 年 6 月第 1 版　　2014 年 6 月第 1 次印刷
ISBN 978－7－5010－4008－7　定价：210.00 元

**谨以此书献给**

辽宁省文物考古事业 60 周年
及考古工作者们

1. 1998年7月，本书作者高美璇在本溪县考古工作站

2. 1995年初冬，本书作者李恭笃在沈阳家中

3. 2011 年 7 月，高美璇在俄罗斯圣比得堡

4. 1998 年 5 月 4 日北京大学百年校庆与
校友合影（左起：高美璇、李恭笃、梁振晶）

5. 1985年10月，作者在辽宁省兴城与苏秉琦先生合影

6. 2012年4月28日，在北京大学赛克勒考古艺术博物馆与李伯谦先生及夫人合影，李伯谦（中）、张玉范（右1）、高美璇（右2）、董学增（左1）、李恭笃（左2）

7. 1996年6月在杨家洼遗址考古发掘工地，
李恭笃（左1）、辛占山（左2）、李宇峰（左4）、郭立新（右3）、郭大顺（右2）

8. 1996年6月，高美璇在杨家洼考古发掘工地
清理土龙

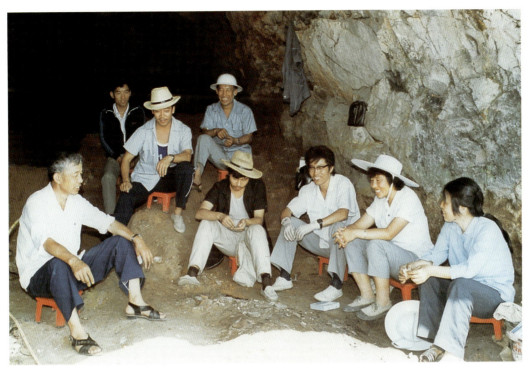

9. 1985年7月，在马城子A洞洞穴墓地发掘现场，李恭笃（左1）、高美璇（右1）

10. 1986年10月，高美璇在张家堡A洞洞穴墓地发掘现场记录

11. 1996年6月，在杨家洼遗址考古发掘工地测量绘图，
高美璇（左）、靳立新（中）、李恭笃（右）

12. 1986年7月，在张家堡A洞洞穴墓地发掘现场，高美璇（前左1）、李恭笃（前左3）

13. 杨家洼遗址出土的石球

14. 杨家洼遗址出土的玉石斧

15. 东山嘴遗址圆形祭坛

16. 牛河梁第二地点二号冢中心大墓

17. 彩陶筒形器（三官甸子城子山遗址下层出土）

18. 彩陶罍（牛河梁第二地点四号冢5号墓出土）

19. 玉鸮（胡头沟 M1 出土）

20. 玉鸮（胡头沟 M1 出土）

21. 玉箍形器（牛河梁第二地点一号冢 M4 出土）

22. C 字形龙（内蒙古翁牛特旗三星他拉出土）

23. 玉雕龙（建平县征集）

25. 兽面玉雕牌饰龙（牛河梁第二地点一号冢 M21 出土）

24. 玉丫形龙（辽宁省文物商店采集）

26. 双猪首三孔玉器（三官甸子城子山采集）

27. 玉鸮（三官甸子城子山 M4 出土）

28. 人首三孔玉器（牛河梁第二地点一号冢 M17 出土）

29. 骨柄石刃刀（大南沟石棚山墓葬 M60（上）、M34（下）出土）

30. 彩陶罐（大南沟石棚山墓葬 M55 出土）

31. 盆式鼎（赵甸遗址 H1 出土）

32. 圆耳陶鼎（石桥子遗址出土）

不覺徐光五十季田野風霜
蘖已斑紅山更續小河沿馬城
內蘊土畜先

老友恭寫來辽五十年奔走
四方早時發現小河沿文化絲又
眾挺馬城子此為土著文化遺府今尋覓與探索出版
謹此誌賀 壬辰暮之秋 沈阳馮永谦书

33. 辽宁省文物考古研究所研究员冯永谦先生题词

# 序

《寻觅与探索——中国东北原始文化考古论文集》要出版了。这本著作的作者李恭笃、高美璇，是一对即将迎来50年结婚纪念日的夫妇。这对1963年从北京大学考古专业走出来的夫妇，我在1959年和1962年先后指导过他们的田野考古实习，他们被分配到辽宁省博物馆工作之后，我们之间还有一些联系。因为这层关系，我对他们还有一些了解。他俩结为夫妇的五十年，本应是他们共同的考古寻觅辽宁古代历史与文化的五十年。不过中国时局没有给他们这个机遇，他们用田野考古探索辽宁的古代历史与文化却没有五十年。1962年，毛泽东提出了不要忘记阶级斗争的主张，接着就在城乡搞起了"四清"和史无前例灾难的"文化大革命"，他们被白白地浪费了十年，直到20世纪70年代，他们才走上田野，努力去挽回以阶级斗争为纲这条政治路线使他们失去的青年时光。这是他们这一代人所经历的悲惨遭遇。但经过他俩的刻苦努力，确实挽回了不少损失，从取得的成绩来看，李恭笃和高美璇夫妇是他们那一代人中的成功者。

摆在我面前的这本著作，共分为六编，即"杨家洼新石器时代遗址考古发现与研究"、"红山文化——中华文明的新曙光"、"小河沿文化"、"夏家店下层文化"、"辽东地区洞穴青铜文化研究"和"战国墓葬和汉城址"。这六编论著，就地域来看，涉及包括内蒙古赤峰市的辽西和辽东两个地区，就时代来看，则涉及史前时期（第一至第五编）和历史时期（第六篇）。这里所说的"史前时期"是指缺乏文献记载的时期，"历史时期"是指有文献记载的时期，从考古学的年代观来看，则一至三编的论著内容可归入新石器时代，四、五两编可纳进青铜时代，第六编为铁器时代。可见，李恭笃、高美璇夫妇考古活动涉及地域之广和时代之长。

辽宁与赤峰考古学走过的道路，是曲折的。安特生发掘沙锅屯，是辽宁考古的开端。其后至1945年前，日本的考古学人跟随日本军国主义之后，在辽宁与赤峰，尤其是在辽东半岛与赤峰进行了一定规模的考古工作，出现了一些论著，在政治和学术上产生的影响，基本上是负面的，但日本学人的某些学术认识和揭示出来的考古学遗存，仍是我们思考辽宁与赤峰考古与历史的资料。以苏秉琦于1975年发表考古学文化区、系、类型论为界，可将1949年至今的辽宁与赤峰考古学分为两段。前段虽有些重要考古发现，除留下少数几篇较为重要的考古报告外，与这个阶段的考古工作的规模相比，以考古报告形式保存下来的资料实在太少，且基本上仍未动摇日本学人所确立的辽宁与赤峰考古与历史的学术论述。1975年之后，在苏秉琦亲自指导和其学说影响下，辽宁与赤峰考古才出现了质的变化，基本确立了见不到日本学人踪迹的辽宁与赤峰考古学文化分区及其序列与谱系，以及文明起源、形成及其进程的考古学与史学的体系。这一体系之所以建成，除苏秉琦的亲自指导及其学说影响外，主要是辽宁及内蒙古和外地考古学者们努力的结果。在为辽宁与赤峰形成这一考古学体系庆幸之余，我至今仍感到遗憾的是，与这一考古学体系相比，考古报告的出版实在太少！就辽宁与赤峰本地包括内蒙古的考古学人来说，为这一考古学体系建设作出了贡献的学者实在不少，但既出版了考古报告又能将自己的论著编成集子者，仅只有几位。李恭笃、高美璇便是这几位中的一对夫妇。

我之所以这么说李恭笃、高美璇夫妇，全缘于我认为他俩作出的贡献，其主要的是：

其一，是他们于葫芦岛市考古工作中，发现至今仍可认为是年代较早的新石器时代的一种文化遗存。这一辨识为后续的考古工作确认其是否是一种新的考古学文化，提供了线索。

其二，是他们的考古工作，为拓宽红山文化内涵，和深入红山文化研究，作出了贡献。特别是他们于凌源县三官甸子城子山遗址的1979年试掘的成果，不仅为此后将其编为牛河梁第十六地点提供了一种依据，也和其前的胡头沟及其后的牛河梁第一、第二地点的发掘一起，为考古学认识红山文化晚期处于文明起源或文明形成的发展阶段，提供了证据。

其三，是他们确认出小河沿文化和马城子文化。前者在年代上是红山文化和夏家店下层文化之间的一种新的考古学文化遗存。小河沿文化虽不能被认为是夏家店下层文化的前身，却可被认为是红山文化的后继者，因此，这一确认实为红山文化找到了归属。关于后者，则为西团山文化找到了源头，是辽东北部地区的拓荒性的考古工作。因此，这两种文化的确认，为形成现今辽宁与赤峰的考古学文化序列与谱系的认识，提供了必不可少的重要支撑。

其四，是他们在赤峰县四分地东山嘴遗址和宁城县黑城古城的工作。前者揭示出了夏家店下层文化的早期遗存。正是由于这一发现，拉近了夏家店下层文化和龙山时代的关系，使人们能据此推定夏家店下层文化的前身当是龙山时代的某一种考古学文化；后者的工作，使他们否定了西汉右北平郡治所是凌源县安杖子古城的一说，提出了是宁城县黑城的新认识。

以上所述，均是李恭笃、高美璇夫妇泡在田野考古中所取得的收获。但他们不仅是泡在田野考古的学者，同时，也是走出了田野考古的学人。他们撰写的《试论辽西地区几个新石器时代文化类型的关系》、《辽宁凌源县三官甸子城子山红山文化遗存分期探索》和《试论小河沿文化》这样一些具有相当影响的论著，证明他们是走出了田野考古的学人。他们既是在灰坑中认识考古学遗存的学者，也是能跳出灰坑并在灰坑之上能观察考古学遗存的学人，他们面对的是荆棘丛生的荒野，却将它走出了路来。

是以为序。

张忠培

2012 年 10 月 18 日

于小石桥

# 把一生献给考古事业（自序）

1963 年我们怀着探索东北原始文化的激情，带着建立中国考古学研究体系的使命，离开了苦读五年的北大校园和青少年时代成长的首都——北京，来到了沈阳辽宁省博物馆考古工作队。

几十年来，共同的理想和追求促使我们坚守着对事业的热爱和忠诚，走过了一条曲折坎坷而又不断奋进的路。在四十年的考古生涯中，我们踏遍了辽宁大地的山山水水，寻找这一地区的文物考古宝藏，填补考古领域中的空白。

选择了考古事业，就是选择了艰苦和困难，这一点我们体会得特别深。为了寻觅我国北方中华文明的踪迹，有时冒风沙、战寒暑，有时攀峭壁、涉激流。我们吃过狂风暴雨猛烈袭击的苦头，全身被吹打得湿透，连手表都浸泡着水，指针停止走动，顿时身体失去了平衡；更经历过在连绵起伏、悬崖陡峭的山峦中，来回盘旋攀登的险境。这不是在挑战生命，是事业的神圣，是青春的力量，是青春在闪光。以苦为乐，以事业为重，是考古人的共性，无怨无悔，默默无闻，开拓、创新更是考古工作者们共同具备的职业精神和道德风范。苦，换来了自己满意的回报，经过艰辛的播种，在考古事业上结出了累累硕果。最让我感到欣慰和自豪的是发现和命名了两个考古学文化。即小河沿文化和马城子文化，发现三座地层关系明确的红山文化玉器墓，以及通过考古发掘，确定西汉右北平郡治所的所在地。

一、从初识小河沿文化到调查发掘，后经研究、命名及其被绝大多数考古专家、学者所接受和认可，经历了一个曲折而不平凡的过程。1973 年当我阅读《赤峰红山后》一书时，大胆地萌生了一个想法，认为书中第二十二图，二号细绳纹直腹罐、三号亚腰形器座，第五十二图，一号彩陶豆，二号彩陶钵等，这些陶器的造型风格和彩陶纹饰与红山文化的彩陶器截然不同，具有独特的风格和个性。如这几件陶器上的纹饰，其平行线纹、斜线纹、三角纹及竖直平行线纹与三角纹相结合的纹饰，都具有几何纹具体、写实、逼真的特点，而红山文化的弧线纹、垂帘纹、U 字形纹、勾连涡纹、菱形方块纹等，在创作风格上，具有流动、飘浮感，在艺术手法上显得格外鲜活、美观和具有灵性。随着时间的流逝，这些推想和思考逐步形成了一种看法，此后，在相当长的一段时间里，结合田野考古调查，我特别注意收集积累这方面的材料。果然功夫不负有心人，先后在内蒙古林西县锅撑子山，喀喇沁旗娄子店西山，赤峰三座店，辽宁朝阳庙前地，凌源县三官甸子城子山，绥中县龙王山、半拉子山都发现了平行线纹彩陶片。经过对采集来的彩陶片仔细观察研究，发现其质地均为夹砂陶，砂粒脱落处，彩陶花纹模糊不清。对比红山文化的彩陶皆为细泥制作，器表比较光滑，彩纹不易脱落，这就又发现了两者间陶质的不同制作工艺手法，使我们的认识有了确切的把握和依据。

1973～1975 年，配合沙通铁路修建和赤峰元宝山发电厂建设工程，在内蒙古敖汉旗小河沿公社白斯朗营子大队南台地遗址进行了发掘。获得了一批房址、灰坑、祭坑等遗迹和一批造型新颖独特的器物群，尊、钵、罐、器座、镂孔豆、席纹筒形器等。更为罕见的是彩陶纹饰中，出现了八角星纹、斜线纹、三角纹相结合的彩陶图案，南台地遗址出土的彩陶皆为夹砂陶，它与红山文化的泥质彩陶有着质地和工艺的双重区别。该遗址出土的直筒罐，小底、鼓腹、口沿内收，器表饰有席纹和细绳纹，而不见之字纹。多年来我们渴望寻找的原始文化遗存终于在南台地出现了。当它活生生地呈现在我们面前时，惊喜、激动、跳跃，大家兴奋不已。这是一次具有典型意义的重要考古发现。面对这批珍贵的遗迹、遗物，我们跳出旧的思维方式，运用苏秉琦先生新的区系类型理论，驾驭这批考古实物资料。根据南台地遗址的地层叠压关系及出土的新颖、独特的彩陶器物群来分析、比较，它确实明显地区别于红山文化，而是具有自己独立发展的考古新文化，将其命名为小河沿文化。

大南沟石棚山墓地的发掘，更加充实丰富了小河沿文化的内涵，小河沿文化的发现，揭开了我国北方地区原始文化研究的新篇章。它的命名与确定填补了红山文化和夏家店下层文化之间一大段历史空白。我国著名考古学家苏秉琦先生说："说它是由红山文化向夏家店下层文化过渡，主要是指时间概念，但时间概念不是主要的，主要的还是它的个性突出，一下子把它拉到哪就可惜了，还是保留它的独立位置。"（见《大南沟——后红山文化墓地发掘报告》111 页，苏秉琦先生讲话稿）苏秉琦先生的讲话，对我们认识和命名小河沿文化是最好的理论支持和肯定。

新资料刊发证实，小河沿文化和偏堡子文化在内蒙古扎鲁特旗、黑龙江省哈尔滨、齐齐哈尔一隅融合为一体，这对东北亚青铜文化的发展和影响是不可低估的。

小河沿文化的问世，至今已四十年。四十年的风风雨雨，小河沿文化已从一棵嫩绿的幼苗，成长为一棵根深叶茂的考古之树了。如果说最初有疑义的话，现在已成为无可争辩的事实，并获得了中外考古学界极大的关注。

二、1975 年在内蒙古宁城县黑城外，发现一座建筑规模较大的汉代城址。在对该城址进行试掘时，又在汉城址西南角，揭露出一处保存完好的汉代王莽时期的钱范作坊遗址。获得一大批"大泉五十"和"小泉直一"陶钱范。陶范浇口两侧，有两行明确的纪年文字，左边为"始建国元月三月"，右边为"后钟官工衰造"。根据古城址的地理位置、建筑规模和出土的大量钱范、千秋万岁瓦当等遗物分析，首次提出并确定该城址是西汉右北平郡治所所在地。后经著名考古学家李文信先生著文考证，认为治所无误，已成定论。这一学术成果，已被《中国历史地图集》所采用。这一发现突破了旧的传统认识，否定了右北平郡治所在凌源县安杖子古城的旧观点。

三、1979 年秋，参加辽宁省第二次文物普查，主持凌源县三官甸子城子山遗址发掘时，首次发现了三座保存完好的红山文化积石冢玉器墓。这是最早确定具有明确地层关系的红山文化积石冢玉器墓，具有极大的典型意义和代表性。

红山文化墓葬叠压在夏家店下层文化之下。当时省文物普查领导小组感到这一发现非常重要，当即在城子山发掘现场召开了专家论证会，经过反复研究讨论，认为地层关系准确无误。确认是红山文化积石冢玉器墓，真实可信地叠压在夏家店下层文化之下。这一发现标志着红山文化的发展进入了一个新的历史发展时期，这一发现，开创了红山文化积石冢玉器墓发掘的先河，为 20 世纪 80～90 年代红山文化积石冢玉器墓大规模的发掘，提供了重要的地层依据和线索。

这一地层关系的首次发现和确认，也为历年出土的一大批红山文化传世玉器找到了科学依据，有了新归宿。提高了现行流入市场的具有高度发展的红山文化玉雕艺术品的收藏意义和价值。

四、1981 年，由于观音观水库建设工程的上马，我负责水库淹没区的文物调查、考古发掘工作，随之考古工作由辽西转向辽东。本溪太子河上游地区的考古发掘工作，开展时间较晚，到 20 世纪 80 年代初，新石器时代和青铜时代考古文化遗存还不十分清晰。太子河上游地形环境和辽西不同，高山、深谷、沟壑，河两岸地面狭窄，新石器时代至青铜时代的古文化遗存多分布在岩洞中，洞穴考古成了我们的主攻方向。在省、市、县三级文物干部协作下，数年来调查测量了大小 50 余座洞穴，发掘了 5 处青铜时代遗址和 12 座洞穴墓地，清理墓葬 210 座，出土随葬品两千余件。

通过对太子河上游遗址和洞穴墓葬的发掘，对辽东山区早期的原始文化分布及文化内涵有了更清晰的认识，基本上搞清楚了洞穴内原始文化的地层堆积、文化性质和时代。多数洞穴内文化层堆积可分两层，上层为马城子青铜文化，下层为新石器时代晚期与偏堡子文化类型有关的堆积，根据这一地层堆积关系，可初步建立起太子河流域的考古发展序列。根据其延续时间之长，分布范围地域之广，材料之完整，以及它与早期文化的连续性，经过多年的潜心研究，在权威专家的引导和与同行的沟通下，将洞穴上层文化遗存命名为马城子文化。1994 年，《马城子——太子河上游洞穴遗存》一书由文物出版社出版，这是辽宁第一部考古专著，是我们 20 多年来，苦苦地蹲在本溪地区进行考古调查、发掘和研究的一项重要科研成果，是我们对中国考古事业作出的较大贡献。

马城子文化是近年来东北地区被确认和命名的一个新考古学文化。它在我国东北原始考古文化系列中占有相当重要的位置，因为它是研究我国东北夏商时期不可缺少的珍贵资料，对研究我国古代东夷族的文化发展提供了重要依据。特别是它与周邻地区考古文化的关系为东北亚诸国青铜文化间的内在联系，架起了一座桥梁和纽带。

吉林大学文学院副院长、考古系教授赵宾福先生，在《中国东北地区夏至战国时期的考古学文化研究》一书中写道："通过严密的论证首次将辽东北部地区以往发现的所谓沈阳'新乐上层文化'康平'顺山屯类型'，法库'湾柳遗存'，抚顺'望花遗存'一并纳入了马城子文化的范畴，指出这些遗存实际上就是马城子文化的遗址材料，认为马城子文化是辽东北部地区夏商时期考古学文化遗存的总称。这种大手笔、综观全局、概括性的精辟论断，将有力地推动东北考古学文化研究的发展进程。马城子文化的学术价值不言而喻。"《马城子》一书中，发表的仅是 7 座洞穴、145 座洞穴墓葬的发掘材料，还有 5 座洞穴、65 座洞穴墓葬和 5 个遗址的材料尚未发表，原计划以这些材料作为姊妹篇出版第二部考古报告专集。赵宾福先生此段话，有力地弥补了马城子文化墓葬和遗址材料尚未发表的缺憾。

人生不可能没有磨难和坎坷，更不能没有低谷，这正像不可能每日都春光明媚、风和日暖一样，总会有暴风骤雨，越是困难曲折，甚至大风浪，越能锻炼出坚强的意志，这正是做任何事业所不能缺少的精神财富。我们平凡的人生，没有什么丰功伟绩可炫耀，但我们永远秉承坚守着执著、不放弃的奋斗精神。论文集出版的过程中，遇到了想象不到的困难，十多年来，曾经历过四次马上出版的可能性，由于各种交织复杂的矛盾，条件的局限，皆擦肩而过，未能如愿。我们就是本着一种坚韧不拔的精神，跋涉，跋涉，再跋涉，第五次终于实现了多年的夙愿。74 岁的年纪，好多人提醒我说："不是著书立说的年华了，不值过了。"可我总不甘心，还要圆人生一个梦，壮志未酬，我要把一生的考古学研究成果，编缕成串，把零散的论文资料，编织成"天梯"，让后来年轻人便于查找，利于研究，让钟爱的考古事业迅猛发展。把毕生的精力献给考古事业，我们是在用生命写这部书，我欣慰，我骄傲。

2011 年 12 月，我有幸回沈阳参加了"辽宁省考古学会第六次代表大会暨 2011 年全省田野考古汇报会"，让我感到万分震撼和激动。辽宁的文物考古事业日新月异地向前发展，年轻的同行们朝气蓬勃，考古工作个个干得出色，考古事业后继有人。20 世纪七八十年代是中国考古学走向成熟的时期，21 世纪将是中国考古学走向世界的时代，展望未来，充满了期待，让我们去迎接中国考古学新时代的到来。

李恭笃

2012 年 4 月 15 日

于北京太阳园

# 目　录

# 第一编 杨家洼新石器时代
## 遗址考古发现与研究

　　海内外炎黄子孙都是龙的传人。数千年前，我国古代先民就把龙作为精神偶像、神灵图腾来崇拜。其后，龙便成了华夏文明的象征、中国传统文化的标志。远在七八千年前，辽河流域就出现了形体各异、千姿百态、代表着不同氏族群体的石龙、玉龙、土龙、木龙、陶塑鳞纹龙等。因此，辽宁阜新查海遗址被誉为龙的故乡。更令人惊奇的是，还在查海遗址发现了用自然石块堆摆在岩脉上的一条巨龙。龙身长 19.7、体宽 1.8～2 米，是目前发现时代较早的最壮观的石龙。内蒙古敖汉旗小山遗址出土陶尊上的龙纹动物图案，内涵丰富，构图巧妙新颖，展示了猪龙、鸟龙、鹿龙各自的魅力。

　　辽宁省葫芦岛市塔山区杨家洼遗址，1996 年出土了两条用米黄色细沙土塑造的土龙，因嘴部宽扁，故称鸭嘴龙。形体似奔跑状。1 号龙身长 1.4、高 0.77 米。扁嘴、丫形尾、昂首、挺身，呈飞腾状。2 号龙比 1 号略小，体形相近。身长 0.8、高 0.72 米。昂首向前，作轻盈奔跑状。时代比查海石龙更早，约在 8500～9000 年前。

　　从上述不同形象的龙体观察，各具特色，各有所长。古代先民对龙的概念，尚处在一种多元自由发展的时期。进入距今五六千年的红山文化时期，玉猪龙、C 字形龙、双首龙的出现就大大改观了龙文化的总体概念。玉龙系列明显朝着定型化、规范化、统一化的方向发展。玉龙的制作技术也进入到一个全新的时代。腾飞的鸟，奔跑的鹿，爬行兽体状的龙不见或少见了。到了夏商时期，龙的整体概念大体走向了统一。龙文化的早期发展过程，大体可分为三大阶段。第一阶段：多源龙形成时期，距今10000～7000年，属新石器时代早期。第二阶段：龙的规范定型化时期，约距今6000～5000年，即红山文化时期。第三阶段：龙型统一时期，距今5000～3000年，从新石器时代晚期到夏商时期。

龙文化的发展和农业的发展密切相关，玉龙制作技术和细石器工艺有着古老传统的文化承袭关系。

龙文化和制陶业信息相通，最早的鳞纹龙体是火与黄土铸造的辉煌，红山文化女神像也在其中。

上万年文明精髓的起点是龙，中华传统文化几千年来始终发展连续不衰的也是龙，龙是中华民族之魂，龙是华夏文化的根，龙始终是中华文化的血脉——中华民族的象征。

# 对辽西葫芦岛市杨家洼遗址
# 文化性质的初步认识

1996年春天，配合沈阳至山海关高速公路的建设工程，辽宁省文物考古研究所与葫芦岛市博物馆，对杨家洼遗址进行了抢救性的发掘。遗址位于葫芦岛市连山区塔山乡杨家洼村东，濒临渤海。遗址南为周流河，北面是绵延起伏50～100米高的土山坡。遗址地面平坦，中部凸起，平面呈长方形。南北长100米，东西宽80米。面积8000余平方米。这次发掘揭露面积500余平方米。

## 一　地层堆积和遗迹

该遗址地层堆积单纯，耕土层下，即为新石器时代的文化层。该文化层堆积的厚度为0.3～1米。土呈红褐色，土质含灰量少，结构紧密。土层中陶片稀少而且碎小。打制碎石片和细长的细石器比较丰富。土层中不见新石器时代遗址中常见的陶石纺轮、网坠、骨锥等遗物。

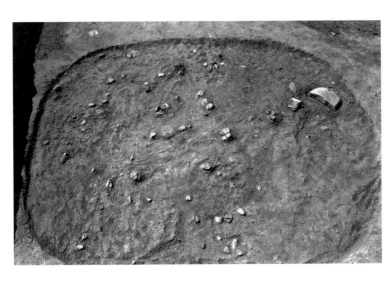

图一　杨家洼遗址 F1 房址

在遗址东侧，17号方内揭露出一座半地穴式房址，编号F1。屋地平整坚硬，有成片的红烧土。房内遗物有石磨盘、石磨棒、残石斧、长条形细石器、碎石片等。门道不清楚，未发现柱洞（图一）。

在文化层的中下部，发现三座新石器

时代的灰坑，编号H1～H3，均系口大底小的锅底状，坑壁较直。深大约0.5～0.8米。坑内土层松软，含灰量大。出土遗物有已炭化成黑色的核桃楸、榛子壳、果皮、动物骨骼、细石器等。

在T4号、T8号方内的中下部地层，揭露出两座新石器时代的灶址。1号灶址，位于T8号方内西南角，圆形灶坑，直径0.3～0.4米。灶坑深0.3米。坑内与灶旁灰烬堆积0.3米厚。灰层中有烧过的动物碎骨、残鹿角、果皮、榛子壳等遗物。2号灶址，位于T4号方东南部的隔梁下，灶址平面系圆角方形，直径长0.3～0.4米，穴深0.3米，口大底小。灶台上发现一件厚重的陶器底和一堆方唇平口沿陶片。灶旁堆积一层很厚的生活垃圾。内有鹿角残段、动物碎骨、榛子壳、核桃楸。灶西侧出土1件残石磨棒。

这次发掘出人意料的最大收获是，在T1号和T2号方内，揭露出两条用纯净米黄色黏性土，在居住地面上塑造成两条栩栩如生的土龙。根据其造型特点，高美璇先生，当场称之为鸭嘴龙。1号鸭嘴土龙发现于T1号方内，土龙身长1.4米，身高0.77米。扁嘴、细腰、粗腿、丫字形尾。昂首挺身扬尾作飞腾状。2号土龙发现于T2号探方内北部隔梁下。2号龙比1号龙体形略小，细腰、粗尾、环状腿。昂首身呈轻盈奔跑状。身长0.89米，高0.32米。两龙相距7米，头南尾北，方向一致。像这种构思巧妙，利用自然土在穴居环境中创造出粗放、古朴、神圣，寄希望于未来生活美好的艺术品，实为难能可贵。这种时代早，造型独特别致的鸭嘴龙为我国的龙系家族又增添了新成员。对研究我国龙文化的形成，特别是北方龙系大家族的发展脉络，具有重要的考古学术价值（图二、三）。

图二 杨家洼遗址出土2号土龙

图三 杨家洼遗址出土1号土龙

## 二 遗 物

1. 杨家洼遗址出土的石器，有磨制石器和打制石器两种，其中打制石球最富有特点，球体光滑，规整，大小有别。最大球径 10 厘米。

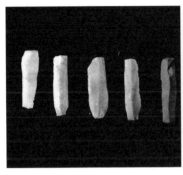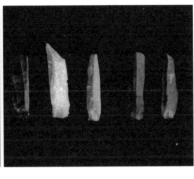

图四 杨家洼遗址出土细石器

小石球直径 4.5～5 厘米不等。多用砂岩、安山岩石料打琢而成。伴随石球出土的还有相当数量的细石器。如石核、尖状器、刮削器、长条形石叶等。细石器所用石料都是精致的玛瑙、燧石、石英石。石核的台面打击点尤为明显。长条形细石器，其二次加工和使用痕迹格外清晰（图四）。

磨制石器，除石磨盘、石磨棒外，小型石斧独具特点，精致锋利，尖肩扁平体，弧刃。一般体长 5～10、刃宽 5 厘米。多数石斧因长期使用，刃部多崩损断裂。最引人注目的是，杨家洼遗址还出土有 8500 多年前的精美小型玉斧、玉球、玉刻刀、残玉环饰件。为研究我国北方玉文化的发展，提供了时代更早的新资料（图五、六、七）。

2. 杨家洼遗址，出土陶片碎小，没能复原成完整器。通过对大量口沿器底、陶片的仔细观察，陶系比较简单，器类也较单一。多为直筒器。陶片具有更多的原始性。

图五 杨家洼遗址出土石斧、石锛

是迄今为止，在渤海西岸、内蒙古东部地区，科学发掘所发现时代最早的陶器。其特点如下：

①器物种类单纯，95％陶片为夹砂素面红陶，而且砂粒异常粗大。夹细砂和含有

滑石粉的陶片格外稀少，器壁比较厚。未发现器耳、器足。

②陶片质地疏松，吸水性强，火候低，其烧成温度大体在500～600度。

③大量夹砂素面无纹饰红陶，外壁红、里壁黑。厚陶片的厚度为0.7～1厘米。薄陶片的厚度为0.5～0.6厘米。最厚的器底为3厘米。薄器底2～2.5厘米（图八）。

④器物口沿为方唇、平口沿，口沿处微外撇，器腹略鼓。底部较直。经实测得知，筒形罐口径为21～31厘米，高约20～30厘米，罐底直径约10～12厘米。

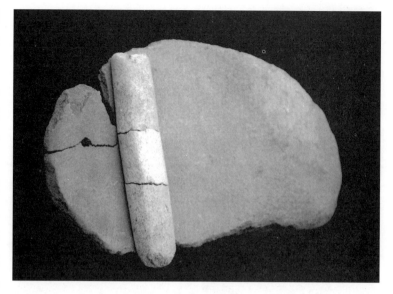

图六　杨家洼遗址出土石磨盘、石磨棒

图七　杨家洼遗址出土玉石球，白、蓝色残石环

⑤制陶工艺原始，均为手制。制陶方法采用双层或多层泥片贴接法。即将泥做成圆饼，可上下叠压，可里外相接，捏塑成器底或器壁。陶片的衔接处，茬口非常清楚。不见泥条套接和盘筑的制陶技术。

## 三　几点认识

杨家洼遗址出土的小型磨制石器，打制精美的细石器、石球，制造古朴拙厚、平口沿、方唇素面红陶，显示出杨家洼遗址考古文化遗存鲜明的特点①。

图八　杨家洼遗址出土粗质疏松夹大砂粒陶片

我国北方新石器时代，以直筒罐为主要内容的原始文化，是一个大家族的群体文化，在我国北方考古文化中，占有相当重要的位置。半个多世纪以来考古发现证明，直筒罐从早到晚，有其自身的发展演变规律和特点。洋溢着无限生命力的直筒罐文化家族，在我国北方发展延续了数千年，经过了查海兴隆洼文化、赵宝沟文化、红山文化，到小河沿文化时期进入了它的尾声。

杨家洼遗址的发现，对直筒罐文化发展序列研究来说，无疑是一次新的突破。我们认为，杨家洼遗址出土的工艺原始、造型古朴的直筒罐，更接近于直筒罐文化的源头。也就是说在查海、兴隆洼文化之前确实还存在一个时代更早的直筒罐文化发展阶段。很明显，杨家洼遗址的文化内涵，与查海、兴隆洼文化相比较，既有内在相互联系的一面，也存在着较大差异。如杨家洼和兴隆洼遗址都有素面、无纹红陶直筒罐，但杨家洼遗址不见兴隆洼文化的那种大型亚腰石锄、石斧石铲、大型深腹敞口直筒罐。从查海陶器的分期知道，一期②A型早期房址出土的直筒罐，器壁较直，多素面红陶。无论从地域还是陶器演变发展规律看，两处文化的内在联系，尚待进一步详细研究。

2006年7月，北京大学考古学系碳十四实验室，对杨家洼遗址探方T1二层，2号炭化核桃楸标本测定数据为8250±120年。从标本不是处在堆积最下部，再加上树轮校正数据来看，估计杨家洼遗址在距今8500年左右。

著名考古学家苏秉琦先生，生前曾预言，环渤海地区，是联系东南沿海原始文化的龙头，古代文化的中心③，寻找原始文明起步，应在这一个地区下工夫。多年来的考古成果，证实苏先生的考古理论是正确的，他的美好理想即将成为现实。1996年夏天，我在兴城市郭家山考古工地，战国西汉时期地层中，曾发现过平口沿、方唇、素面红陶片，当时觉得很惊奇。回想起来，应是早期文化遗存被破坏后，混进来的。

朱延平先生，早就关注到素面红陶的问题，他说在林西县锅撑子山和巴林右旗福山地均发现过类似陶片④。早在 1986 年，河北省徐水县在距今 1 万年的南庄头遗址就出土过夹砂素面平口沿、方唇红陶片⑤。2001 年北京门头沟东胡林遗址也发现了素面红陶⑥。黑龙江省肇源县小拉哈遗址第一期遗存甲组亦发现施有弦纹的平口沿素面红陶片⑦。在朝鲜半岛弓山文化第一期，也发现有无纹饰的素面红陶遗存⑧。远在俄罗斯，鲁德纳亚遗址亦出土了夹砂平口沿红陶片，但均施有纹饰⑨。

上述这些材料，在制陶工艺特征上，可谓都与杨家洼遗址的陶器有相类似之处。但由于材料零散，尚未引起业内人士关注，杨家洼材料的发表，会引起学者们对我国北方原始文明起步，早期材料的研究兴趣。

杨家洼遗址，虽然近临渤海，却没有发现渔猎工具、网坠、鱼叉等，地层、灶旁也无蚌壳、鱼骨、虾皮之类的堆积。

从出土石磨盘、石磨棒、石球和大量的细石器分析，杨家洼遗址古代先民的谋生手段，主要还是靠采集狩猎。

农业尚处在一种初创阶段。靠海边也并非都是渔猎经济。

## 注　释

①　李宇峰：《辽宁葫芦岛市场家洼新石器时代遗址发掘简报》，《博物馆研究》2005 年 2 期；高美璇：《辽宁八千年前新石器时代遗址中发现龙图腾》，《中国文物报》1997 年 6 月 8 日。

②　辛岩、方殿春：《查海遗址 1992—1994 年发掘报告》，《辽宁考古文集》辽宁省文物考古研究所，辽宁民族出版社，2003 年 7 月。

③　苏秉琦：《环渤海考古的新起点》，世界的中国考古学，《考古学文化论集》，文物出版社 1997 年 4 月。

④　朱延平：《东北地区南部公元前三千纪初以远的新石器考古文化编年谱系及相关问题》，《考古学文化论集》4，文物出版社 1997 年 4 月。

⑤　保定地区文物管理所：《河北省徐水县南庄头遗址试掘简报》，《考古》1992 年 11 期。

⑥　赵朝洪等：《北京东胡林新石器时代早期遗址获重要发现》，《中国文物报》2003 年 5 月 9 日。

⑦　黑龙江省考古研究所、吉林大学考古学系：《黑龙江省肇源县小拉哈遗址发掘简报》，《北方文物》1997 年 1 期。

⑧　《朝鲜通史》上卷第一分册，吉林人民出版社 1973 年。

⑨　［俄］B. H. 吉显科夫著：《鲁德纳亚码头多层遗址及海滨地区新石器时代文化的分期》，《东北亚考古资料译文集》俄罗斯专号，1996 年北方文物杂志社编辑出版。

# 辽西杨家洼遗址发现目前我国北方更早的新石器时代文化遗存

为配合沈阳至山海关高速公路的修筑工程，辽宁省文物考古研究所与葫芦岛市博物馆的考古工作者们，于1996年5月4日至7月31日对杨家洼遗址进行了抢救性的发掘。在该遗址破土30厘米深度时，揭露出目前我国北方时代较早的一种新石器时代文化遗存，引起了考古专家们的极大关注。

遗址位于渤海西岸葫芦岛市连山区塔山乡杨家洼村东，距塔山阻击战革命烈士纪念塔5公里。遗址坐落在青山环绕、地势平坦的丘陵地带，濒临渤海，环境宜人。周流河从遗址北侧流过。由于河水的冲刷，两岸形成高出水面2~3米的河岸台地，古文化遗址就分布在台地上。遗址中心高出周围地面1~1.5米，呈倒扣的缓坡锅底状。地表散布有辽金时代的黑白瓷片和明清时期的碎砖瓦块。

这次发掘共揭露面积500余平方米。挖掉耕土层后，普遍暴露出一层含有夹粗砂陶片的堆积层，该层厚度为0.5~1米。发掘出的古文化遗迹有新石器时代的椭圆形半地穴式房址，圆角方形灶址。更惊喜的是在红褐色的土层上，竟发现了用纯净的米黄色黏性土塑造成的两条龙图腾形象。1号土龙发现于T1探方内，身长1.4米，高0.77米。扁嘴，Y字形尾，昂首，挺身，扬尾呈腾飞状。2号土龙发现在T2探方北部隔梁下，比1号土龙略小，形象相似。身长0.8米，高0.32米。昂首展翅作轻盈飞翔状。两条土龙相距7米，位于同一层面上。像这种制作工艺原始，造型古朴，构思巧妙的土龙，在中华大地上尚属首次发现。对研究东方龙家族的出现及我国龙文化的形成和发展具有十分重要的学术价值。在房址和灶址旁还出土了大量已炭化的黑色果核、核桃楸壳、榛子皮、动物骨骼、鹿角等。

出土的数十件打制石球，均系砂岩、安山岩打琢而成。最大石球直径为10厘米，小型石球直径4.5~5厘米。球体面虽不十分光滑，却亦规整。在该遗址中还伴随出土有一批数量可观的细石器。如石核、尖状器、刮削器、石叶等。打制细石器石料有玛瑙、燧石、石英等。石核的台面、细石器的打击点、二次加工及其使用痕迹都非常典型清楚。出土的磨制石器有石磨盘、石磨棒和小型石斧。石斧的特征，体形小，尖肩，扁平体，弧刃。一般体长 10 厘米，刃宽 5 厘米。多数石斧因长期使用刃部均断裂崩损。该遗址磨制石器的种类极其单纯，出土的方形小型淡白色玉石斧、玉球、玉刻刀均非常精致。

杨家洼遗址出土的陶片独具特色，引人注目，是迄今为止渤海西岸区域发现最早的陶片。经观察研究，认为这批陶片有如下的特点：

1. 质地疏松，火候低，吸水性强。其烧成温度大体在 500℃～600℃。

2. 陶土极粗糙，未经过筛选陶洗。器表凹凸不平，羼合的最大白色砂粒达 1 厘米许。

3. 从陶片厚度观察，有薄厚两种器壁，薄的 0.5～0.6 厘米，厚的 0.7～1 厘米。薄器底 2～2.5 厘米，厚器底 3 厘米。器口沿外撇，腹部微鼓，底部较直。

4. 杨家洼遗址出土的陶片经初步复原，可确认的主要器类为筒形罐。其特征为平唇，方口沿，直壁。经实测得知筒形罐的口径为 21～31 厘米，罐底直径 10～12 厘米，罐高约 20～30 厘米。其他器类甚少。

5. 杨家洼遗址仅发现一种夹粗砂无纹饰的素面红陶，外壁红，里壁黑，偶尔在个别罐口沿的外棱处能见到 5～6 个指甲形凹坑印痕。

6. 制陶工艺原始，均系手制陶，不见泥条套接痕迹，而采用的是一种最原始的双层或多层泥片粘接法，即粘贴捏塑而成。

从该遗址出土的石球、细石器、小型石斧、石磨盘和大量黑色已炭化的果核、动物碎骨、鹿角等遗物分析，认为该遗址的社会生产还相当原始低下，采集狩猎经济占有相当重要的地位，农业生产尚处在较原始的阶段，在经济结构中明显处于次要位置。

杨家洼遗址出土的陶片，在辽河流域长城以北的广大地域内，是首次见到。其制陶工艺如此原始，陶器质地如此疏松而拙厚，器类如此单纯，器物口沿如此古朴，是杨家洼文化遗存所独有的。综观上述情况，我们认为杨家洼遗址的文化内涵是目前国内比篦纹陶、编织压印纹陶、之字纹陶时代更早的一种新石器时代的文化遗存。它与当地绥中大台山、葫芦岛市、巧鸟、兴城市红毛山等属于兴隆洼、查海文化性质的遗址所出土的陶器有着明显的差异。杨家洼遗址的文化遗存在我国东北新石器时代文化的发展序列中占有十分重要的地位。它的发现不仅丰富了我国北方新石器时代早期的文化内涵，而且为进一步探索筒形罐文化的渊源和追溯更早时期的新石器时代文化遗存具有十分重要的意义。杨家洼遗址陶器的发现明确了我国北方在诸多饰纹陶前，还存在着一种平唇方口沿素面夹粗砂筒形罐的红陶文化。与杨家洼遗址陶器口沿相似的红色夹粗砂陶片，在鲁德纳亚遗址曾发现过。但鲁德纳亚遗址的陶片全饰有陶纹[①]，在朝鲜新石器时代弓山文化第一期也发现有无纹素面陶[2]。1996 年夏天在兴城市郭家山遗址，战国、西汉时期的地层中，也发现数量可观的平唇方口沿夹砂素面红陶片[3]。朱延平先生早已关注素面红陶罐文化特征的问题[4]。朱说林西县锅撑子山和巴林右旗福山地均曾发现过这类遗存的陶片。不过林西县和巴林右旗出土的素面红陶罐、陶片是否与杨家洼遗址出土的相一致，还需要对陶片进行对比研究才能确定。但很多迹象表明，在我国北方之字纹、篦纹、编织纹、压印纹前还应有一素面红陶罐文化阶段。

（原载《青年考古学家》北京大学百年校庆特刊第十期，1998 年 5 月 4 日）

## 注　释

① 《鲁德纳亚码头多层遗址及滨海地区新石器时代文化的分期》，［俄］В·И·吉亚科夫著，见《东北亚考古资料译文集》（俄罗斯专号）1996 年，北方文物杂志社编辑部出版。

② 《朝鲜通史》上卷第一分册，吉林人民出版社，1973 年。

③ 辽宁省文物考古研究所发掘材料。

④ 朱延平：《东北地区南部公元前三千纪初以远的新石器考古文化编年、谱系及相关问题》，《考古学文化论集》第 4 集。

# 一种时代偏早的原始文化类型的发现

辽西走廊，从古至今都是关内通往东北的咽喉，是中原汉民族与我国东北诸少数民族经济文化交流的桥梁。研究我国古代南北经济文化的发展，不能不把这一带作为考古工作的主要区域。

早在 1921 年，安特生曾在锦西县沙锅屯探掘过一处洞穴遗址，并产生过一定影响。由于认识上的局限和地层混乱，存在的问题比较多[①]。

自 1980～1983 年全省进行文物普查工作以来，在锦州市的文物普查工作中，发现了许多新线索、新内容，并取得了可喜的收获。仅新石器时代的遗址，就发现三十余处。刘义仲同志写有概述该地区新石器时代文化遗存的文章[②]。这些丰富的新石器时代文化遗存，是否都归属于红山文化系统，是否能从庞大的红山文化系统中区分出新的文化类型，我们本着这样一个愿望，于 1983 年 11 月及 1984 年 8 月，在市、县工作的基础上，在他们的大力支持配合下，先后两次对锦县山神庙和绥中大台山等遗址进行了调查。参加调查的人员有李恭笃、高美璇、刘兴东、刘停战、王云钢等同志。现将调查收获报道于下。

## 一　锦县山神庙遗址

山神庙遗址位于锦州市西南，坐落在锦县巧鸟乡，四道沟尽头小虹螺山东麓的丘岭斜坡上（图一）。新中国成立前遗址东侧曾建有山神庙（现已无存），故称为山神庙遗址。遗址绝大部分被垦为农田，近山顶处土质含黄砂，比较松软。西部的半坡处为黄土。石器的分布范围很广，沟旁山顶到处皆有。经测量，遗址东西长 100、南北宽 50 米，面积 5000 余平方米。文化层堆积较薄，大体为 0.3～0.5 米厚。石器比较丰富，陶片少且碎小。

（一）两次采集石器五十二件。其中有石锄、石斧、石铲、石刀、石球、石网坠、石磨盘、石磨棒等。典型的石器标本有：

打制的带柄石锄　是该遗址生产工具中，最富有特征的石器。采集十件，完整者

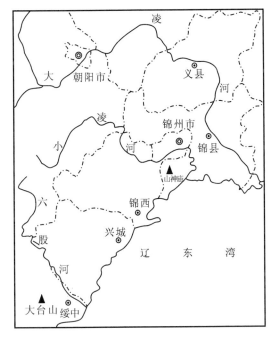

图一　锦县山神庙、绥中大台山遗址位置图

六件。有的刃部稍磨，使用痕明显。其形体与铁锄相仿，可见铁锄是根据石锄的原始形状逐步发展而来的。根据石锄大小和形状的不同，可分三式。

Ⅰ式　二件。山采：8，窄柄，宽肩，弧刃。锄体扁平宽阔，背面刃部使用痕清晰。是所采石锄中最大的一件。长32、最宽处12厘米，锄柄长4、宽9厘米，体厚1.4厘米（图二，2）。

Ⅱ式　六件，其中四件完整。系用安山岩和砂岩薄石片打制，山采：4，锄身厚重、坚固。器形规整，制作粗糙。与Ⅰ式相比，刃较短、肩窄。刃长28、宽12厘米，柄长6、宽13厘米，体厚1.8厘米（图二，5）。

Ⅲ式　二件，一件完好。山采：6，体小，规整。弧刃薄，锋利。双肩平直。长19、宽7厘米，柄长4、宽8厘米，体厚1.4厘米（图二，7）。

石斧　采集十件。多系扁平状，通体磨光。仅一件为打制。根据其不同形态分为四式。

Ⅰ式　四件。山采：2，圆肩，弧刃，扁宽体。黑灰色砂岩磨制，经长期使用刃部严重崩损。长10.5、宽5～6.3、厚2.1厘米（图二，6）。

Ⅱ式　二件，均残。山采：18，中部以上残断。斧体扁宽，舌尖刃，灰色安山岩磨制。残长7.7、宽6.4、厚1.8厘米（图二，1）。

Ⅲ式　三件。山采：28，圆肩，弧刃，斧体短小，制作精致。两端薄，中间鼓。长9、刃宽5.7、最厚处2厘米（图二，10）。

Ⅳ式　一件。山采：12，圆粗，体厚。仅打制成雏形，尚未开刃。长12.6、宽6.5、厚3.5厘米（图二，4）。

打制石铲　一件。山采：14，尖肩，扁刃，制作粗糙，局部还保留原石皮。长19、宽2.5～5.5、厚1.7厘米（图二，3）。

长方形石刀　一件。山采：10，刀背稍有弧度，一面刃，中间留有两面钻的半残孔。紫红色页岩磨制。残长7.3、宽5.1、厚1厘米（图二，11）。

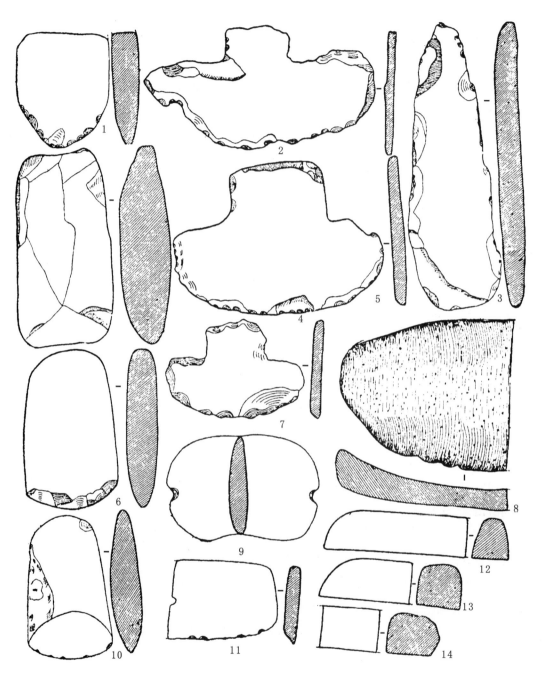

图二　锦县山神庙遗址采集的石器

1、4、6、10. 石斧　2、5、7. 石锄　3. 石铲　8. 石磨盘　9. 石网坠　11. 长方形石刀

12~14. 石磨棒（1、3、4、6、9、10、11 为 4/10，余 1/5）

石球 四件。大小有别，直径均在5～7厘米之间。仅琢未磨，球体不甚光滑，球面上留有许多小凹坑。石球除作为投掷的石弹外，还可能当石锤用。

石磨盘 采集十余件，均为碎残块。多为黄砂岩磨制，其上还可看到许多小圆气孔。山采：16，残断，其原形为椭圆形，磨面中间凹，两端厚（图二，8）。

石磨棒 八件，皆残断。磨棒两端一般有不同程度的斜面。根据横截面形态的不同，分为三式。

Ⅰ式 三件。山采：20，横断面呈梯形。残长19、宽8、高5厘米（图二，12）。

Ⅱ式 三件。山采：22，横断面为方形。残长12、宽6、高5.6厘米（图二，13）。

Ⅲ式 二件。山采：24，横断面呈不规则形。残长7.6、宽7、高5.6厘米（图二，14）。

石网坠 五件。用扁平河砾石打制而成，形状大小各异。多扁平椭圆形，两端打有对称缺口。山采：26，为石网坠中最大的一件。通身有明显使用痕。长9.5、宽7、厚1.2厘米（图二，9）。

（二）这次调查，在山神庙遗址，采集陶片二百余件。另外还采集到一部分陶网坠。

陶片总的特点，质地粗松，火候低。陶土中羼有大量砂粒、滑石粉和云母。外表一般黄褐色，绝大部分饰有纹饰。里壁灰黑色，较光滑。现简单介绍如下：

器底 一件。山采：30，平底、直壁。壁与底折角处接近直角。底径24、残高5.4、厚1.6厘米（图三，10）。

陶网坠 一般较规整，有椭圆形和圆角长方形两种。有的两端磨成沟槽，有的在中间磨出对称的缺口。

典型的纹饰陶片有以下几种：

菱形网纹陶片 五件。山采：32，纹饰清晰，呈菱形网状（图三，8）。

麦粒凹点纹陶片 八件。山采：34，为直筒器的残片。麦粒凹点密集，较深，有的边缘略带毛刺（图三，6）。

曲线压印纹陶片 三件。山采：42，器表饰五道曲线压印纹，纹饰深而宽，与篮纹大体相像。纹饰间互不相交（图三，3）。

弧线纹陶片 数量较多，采集二十余件。山采：36，线纹深浅不一致，距离均匀，相互平行，为刻划法制成（图三，4）。

刻划斜线纹陶片 十七件。山采：46，纹线较细，深浅不一，参差不齐，粗糙，带有毛刺（图三，1）。

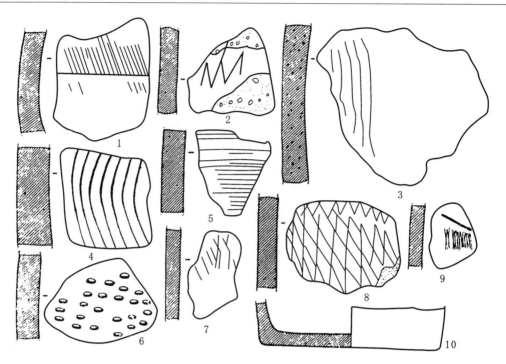

图三　锦县山神庙遗址采集的陶片

1. 刻划斜线纹　2. "之"字纹　3. 曲线压印纹　4. 弧线刻划纹　5. 刻划横线纹　6. 麦粒凹点纹
7. 刻划交叉纹　8. 菱形网纹　9. 刻划交叉纹　10. 陶器底（10为1/5，余为4/10）

刻划横线纹陶片　一件。山采：44，沟纹较深，纹线呈横向断续状，带有细毛刺（图三，5）。

刻划交叉纹陶片　二件。山采：48，纹线呈折线交叉（图三，7）。山采：56，纹线细密，相互交叉（图三，9）。

"之"字纹陶片　三件。山采：50，仅陶片中部保留"之"字纹折线，其他部位的表面已被风化，露出砂粒（图三，2）。

# 二　绥中大台山遗址

大台山遗址，位于绥中县大台山果树农场北部的山坡上。遗址西靠丘陵山地，东连近海平原。山顶平坦开阔，地势较高，海拔159米，距绥中县城10余公里。

遗址四周是满山遍野的苹果树。由于多年来栽树施肥，平整土地，遗址破坏十分严重。散布于地表的陶片、石器非常丰富。因我们调查时看到的大台山山顶，并非原貌，所以遗址范围界限不甚明显。遗址面积较大，遗物集中的部位大约有1万余平方米。因为遗址在山顶上，长年风蚀，雨水冲刷，水土逐年流失，现在的地表就是原来的文化层，故残存的文化堆积较薄，大体为 0.3～0.5 米厚。有时在苹果树之间空隙地带，还可找到保存较好的原生地层。从断层观察，文化层较单纯，似乎只有一层，半米以下就是黄色纯花岗岩层，文化遗物与锦县山神庙遗址有许多因素相同，文化性质也相一致，是这一地区新石器时代的典型遗址。

（一）石器

大台山遗址调查采集石器十八件，其中有打制石锄、磨光石斧、石刀、石网坠、石磨盘、石磨棒等。现将典型石器作一介绍：

亚腰石锄　三件。均系打制。与山神庙遗址的石锄相比，其形制显得小而窄，有的不甚规整。依据其形体的差别，分为三式。

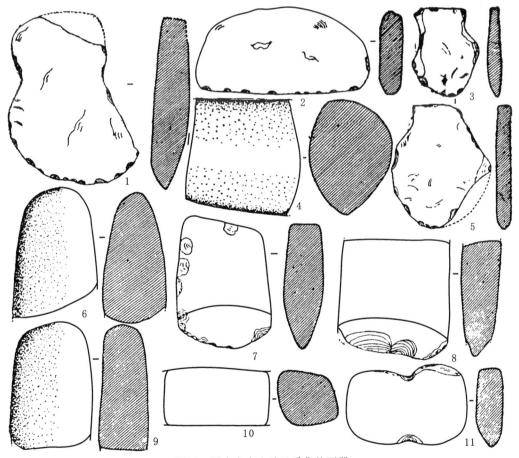

图四　绥中大台山遗址采集的石器

1、3、5. 亚腰形石锄　2. 石刀　4、10. 石磨棒　6～9. 石斧　11. 石网坠（3 为 1/5，余为 4/10）

Ⅰ式　一件。大采：1，弧刃，亚腰，上角残。形体笨重，工艺粗糙，用安山岩打制。长10～11、宽5.5～8.5、厚2.5厘米。是采集石器中最大的一件（图四，1）。

Ⅱ式　一件。大采：13，亚腰形，圆舌状刃。器身及刃部有明显使用痕，刃部一侧因长期使用而断残。残长8、最宽处6.5、厚1厘米（图四，5）。

Ⅲ式　一件。大采：9，锄形规整完好，制有亚腰，柄端薄，中间厚。尖端刃部有明显使用痕。长12、宽6.4～9.4、厚1.2～1.8厘米（图四，3）。

磨制石斧　采集十件，分四式。

Ⅰ式　三件。大采：17，斜肩弧刃。长方形扁平体，磨制规整。体厚，刃部颇锋利。长8.5、宽5.5～6.3、厚2.7厘米（图四，7）。

Ⅱ式　二件。大采：7，扁平长方形，从中部折断。刃部严重崩损。粉砂岩磨制。是一种较大型的砍伐器。残长7.6、刃宽7.5、厚2.8厘米（图四，8）。

Ⅲ式　一件。大采：11，圆肩，横断面呈椭圆形。用米黄色河砾石磨制。斧身还保留有原石皮。斧刃残断。残长8、宽5.5、厚4.4厘米（图四，6）。

Ⅳ式　四件。大采：15，弧刃，横断面椭圆形，斧身厚重，刃残。用米黄色河砾石制成。斧身保留有原石皮。残长8.3、宽5.3、厚3.3厘米（图四，9）。

石刀　一件。大采：21，器身厚重，刚打琢出雏形，尚未开刃和钻孔。石料为黑灰色页岩。长11.8、宽5.5、厚1.5厘米（图四，2）。

石网坠　一件。大采：19，由残石斧加工而成。中间从两面打有二缺口。长8.2、宽5.2、厚1.9厘米（图四，11）。

石磨棒　二件，皆残。均系米黄色砂岩磨制。大采：5，磨面较平，背面稍鼓，横断面呈不规则椭圆形。残长7.7、直径5.5～7.6厘米（图四，4）。大采：23，横断面为不规则形，其中两面有明显使用痕。残长7.3、直径3.5～4厘米（图四，10）。

打制石器　一件。大采：3，器身鼓，两面打击剥琢而成。一面刃。黑灰色安山岩石料。长5.8、宽4.8、厚2.2厘米。

（二）大台山遗址调查，采集陶片二百五十三件。大多很破碎，现将器物口沿、器底、花纹陶片介绍如下：

器物口沿　根据不同特征分为三式。

Ⅰ式　一件。大采：41，圆唇，口沿微外侈。口沿下施压印网格纹。夹粗砂，外表黄色，里壁黑褐色（图五，1）。

Ⅱ式　一件。大采：47，方唇，直壁。口沿下施两组弦纹，一组四道，另一组三道。弦纹下施有排列整齐的麦粒状凹点纹。陶质中含有粗砂和云母。器表黄褐色，里壁黑色（图五，4）。

Ⅲ式 一件。大采：31，为直筒器口沿，方唇、直壁。施横向压印之字纹。与山神庙遗址中之字纹相一致。陶质中含有大量砂粒和云母。器表黄褐色，里壁黑色（图五，2）。

器底 六件，根据不同形制分为四式。

Ⅰ式 一件。大采：49，平底，为大型器类之底，中心部位稍厚，从断裂面可看见明显的双层。夹粗砂，器表黄褐色，里壁黑色。底径12、残高3.6、厚1.2～2厘米（图五，16）。

Ⅱ式 二件。大采：67，平底，斜壁。陶色不一致，外黄，里黑。有薄烟痕。底径5.3、残高3.5、厚0.9～1.3厘米（图五，15）。

Ⅲ式 二件。大采：55，平底，直壁。陶质中含有大量砂粒。从器底浮着的厚厚

图五 绥中大台山遗址采集的陶器残片及陶器纹饰

1、2、4. 陶器口沿 3. 折线篦点纹 5、14. 菱形网纹陶片 6. 之字纹和指甲纹 7. 瘤耳陶片 8. 压印雁形纹 9. 平行划纹 10. 火柴状划纹 11. 刻划交叉纹 12. 之字纹与刻划交叉纹 13. 之字纹 15～18. 器底 19. 篦点水波状纹（16为1/5，余为4/10）

烟痕分析，可能为煮食器。底径7.3、残高3.3、厚1.2～1.8厘米（图五，17）。

Ⅳ式　一件。大采：65，底厚，为器底中最厚的一件。平底，残壁较直，与底转角处接近直角。底径9.5、残高4、厚1.8～2.5厘米（图五，18）。

陶片纹饰有以下几种形式：

篦点水波纹陶片　一件。大采：39，由密集的小篦点组成，呈起伏波浪式（图五，19）。

折线篦点纹陶片　一件。大采：33，由密集的方形小篦点组成，呈连续的折线之字形，均匀对称地排列于器表（图五，3）。

菱形网纹陶片　二件。大采：57，网纹疏落，菱格较大（图五，5）。大采：59，纹较密集，菱格小（图五，14）。

之字纹陶片　二件。大采：61，存有之字纹两行，一行密集，一行松散，无压印点（图五，13），另一件大采：63，之字纹与指甲纹混施（图五，6）。

压印雁形纹陶片　一件。大采：53，排列整齐，似高空飞翔的两行大雁，显得自然和谐（图五，8）。

器耳　一件。大采：35，横耳下戳刺六个麦粒状凹点纹。形式新颖，富有特点（图五，7）。

火柴状划纹陶片　一件。大采：45，残片上保留两排平行的粗划纹线，其一端粗圆，似火柴头（图五，10）。

平行划纹陶片　一件。大采：43，陶纹密集，呈横平行状，布于器表。有的划线边缘仍保留有毛刺（图五，9）。

刻划交叉纹陶片　二件。大采：51，陶纹烧前在陶坯上刻划而成。纹线粗放，参差不齐，具有原始艺术的风格（图五，11）。

之字纹与刻划交叉纹陶片　一件。大采：37，之字纹中间填充有刻划交叉纹（图五，12）。

## 三　结　语

通过对山神庙、大台山两个遗址调查材料的初步整理，使我们认识到，这两个遗址的分布高度、地理环境、地层堆积，以及所采集的文化遗物，均大体相似。

生产工具都以打制石锄和舌尖状弧刃扁平磨光石斧为主。其次是石磨盘、石磨棒、石刀、石球、网坠。从获得的生产工具不难看出，该文化的经济结构，是以农业经济为主，并兼有采集和渔猎的成分。

通过比较分析两处遗址采集的陶片，感到有如下几个特点：

1. 所采集的陶片，皆系夹砂陶，陶土中含砂量约占三分之一，含砂成分之大，在原始文化的陶器中是非常罕见的。陶土中的砂粒大小不等，大者比黄豆还大。可见当时对陶土没有经过任何淘洗和筛选。因为陶土中含有一定成分的云母和滑石粉，陶器虽制造粗糙，但手触却感到光滑。

2. 陶片的厚度，在一般原始文化的陶器中，也是极少见的。经统计，器壁的厚度大体在 0.8～1.3 厘米，器底厚为 1.2～2 厘米。陶胎厚，火候低，质地疏松，吸水性强，遇水即碎，是这个遗址陶片的特点。陶器虽经窑烧，但器表仍然是原黄土色，里壁多呈黑色。这说明当时的人们对窑温的控制技术还不够熟练，反映了制陶和烧窑技术的原始性。

3. 从陶器口沿及陶器残片观察分析，器物比较单纯，绝大多数为直筒器。除有少量的深腹钵、碗外，很少看到其他器类。泥质陶甚少，不见彩陶和三足器。

4. 多数陶片上施有多种形式组合而成的复合花纹，纹样有压印纹、弧线篦点纹、菱形纹、水波纹、刻划斜线纹、交叉纹、麦粒凹点纹、曲线纹、之字纹、指甲纹和附加堆纹等。陶器纹饰的制法，主要有压印、刻划、戳刺三种。

5. 从陶片的断面观察，因拍压不实，往往呈现出清晰的双层缝隙。可见陶器的制作方法多采用双层加厚法。即第一步先做好薄胎初型，第二步加厚、加固和修饰。

在山神庙、大台山两个遗址的调查中，不见富有红山文化特征的大型石耜和艺术价值颇高的彩陶器群，制作精致的细石器也很少见。以往所见红山文化陶器上的之字纹，弧线一端都有压印点痕，而这两处遗址采集的陶片上，之字纹一端的压印点痕却不明显。与红山文化的之字纹，在制作方法上是有区别的。

除上述不同因素外，还有其相同的一面，如陶器中都以直筒器为主，陶纹均为弧线纹、压印刻划纹、之字纹。生产工具中都有磨谷器，舌尖扁平石斧。从以上内容不难看出，山神庙、大台山两处遗址的文化遗存，对红山文化有着一定的影响。

经过多年来的材料积累和近几年来文物普查的新发现，使我们进一步认识到，在辽东湾狭长的辽西走廊，即锦县、锦西、兴城、绥中各县近海地区的丘陵山坡上，存在着一种新的原始文化类型，即山神庙文化类型，其年代比红山文化不含彩陶的遗址时代还要偏早。从目前掌握的材料看，这一文化类型的分布，以绥中、兴城境内的六股河、烟台河两岸和大小凌河下游地区最为密集，保存较好的遗址有兴城县望海乡黄山果园、大寨乡王岳红毛山、长垄乡石碰山、沙后所乡龙王山；锦县巧鸟乡馒头山；

锦西县信家屯；锦州市三河营子和板石沟南山遗址等。其中，三河营子、板石沟南山、石砬山遗址，文化内涵比较复杂。在这些遗址中，曾发现过少量的泥质陶和彩陶片及不同数量的细石器，同时还发现有夏家店下层文化的遗物。说明这些遗址的文化内涵与山神庙、大台山遗址还有区别，今后需要做更细的工作。近似山神庙文化类型的遗存，在阜新、彰武、康平等县的文物普查中也均有发现。从其陶片质地、纹饰观察，与内蒙古敖汉旗兴隆洼遗址③出土的遗物有很多相近之处。兴隆洼 F119 居住面上的木炭经$^{14}$C 测定为公元前 5290±95 年，距今达 7000 余年。山神庙文化类型的时代，估计大体也相当于这个时期。

另外，和山神庙文化类型相仿的遗址，过去在内蒙古克什克腾旗瓦盆窑④、富顺永⑤、热水乡良种场⑥、林西县锅撑子山⑦和哲里木盟奈曼旗大沁他拉⑧等地均有零星发现。在河北省三河县孟各庄遗址下层⑨，也有与上述文化性质相若的因素存在，并且时间上都大体相当。不言而喻，上述情况所反映的问题是复杂的，与这类古文化性质相近的遗存分布范围也是相当广泛的。总之，这一时代偏早的新型古文化的发现，预示着长城南北原始文化的研究将进入一个新的阶段。

（原载《北方文物》1986 年 3 期）

## 注　释

① 安志敏：《沙锅屯洞穴层位之研究》，《中国新石器时代论集》1982 年文物出版社；尹达：《中国新石器时代》第 124 页。

② 刘义仲：《概述锦州沿海地区新石器时代遗存》，《辽宁文物》第 5 期。

③ 中国社会科学院考古研究所内蒙古工作队：《内蒙古敖汉旗兴隆洼遗址发掘简报》，《考古》1985 年第 10 期。

④⑤　内蒙古自治区文化局文物工作组：《内蒙古自治区发现的细石器文化遗址》，《考古学报》1957 年第 1 期，见图版贰：2、3。

⑥ 1973 年作者在内蒙古自治区克什克腾旗热水乡良种场调查发现有与兴隆洼遗址相似的陶片。

⑦ 同④见图版壹，13。

⑧ 朱凤瀚：《吉林奈曼旗大沁他拉新石器时代遗址调查》，《考古》1979 年第 3 期。

⑨ 河北省文物管理处、廊房地区文化局：《河北省三河县孟各庄遗址》，《考古》1983 年第 5 期。

# 第二编 红山文化——
# 中华文明的新曙光

在辽宁省建平、凌源两县的交界地带，有一片开阔、长达十几公里的红土山梁，叫牛河梁。从 20 世纪 70 年代开始，考古工作者就在这个区域里有了重大而突破性的发现。转山子山岗顶部的"金字塔"式建筑，底部范围直径 100 米上下，有直径达 60 米的石台阶，是牛河梁乃至全国新石器时代最大型的建筑，一座座红土白石筑起的积石冢，高高耸立在岗峰顶端。南北长 22 米、东西宽 2.9 米的女神庙内，可陈设高于一般人 3 倍的女神（地母）。喀左县东山嘴发现了南北为中轴线的圆形石筑积坛。

积石墓中的玉器有猪首龙、C 字形龙、双首龙、熊龙、天鹅、玉鸟、玉人、玉龟、玉璧、箍形器、勾纹玉佩饰等。玉器制作之精，造型之美，正向定型化、规范化、专用方向发展。所有玉器都是通天祭神、敬祖的礼器。可见，严格的礼制，有序的礼仪早已形成。制玉、制陶、塑神像的社会分工，已导致社会分化。初形古国早已存在。

可想而知，没有权威，没有智慧，没有严格、成熟的社会制度，没有相当发达的经济基础是不能完成上述工程的。所以玉器、彩陶、金字塔、积石冢、女神庙、祭坛都是文明的曙光，古国的象征。国家权力、一人独尊、等级观念在无声无息中形成。

# 辽宁新石器时代文化概述

在辽宁广阔的大地上，新石器时代文化遗迹相当丰富。多数遗址都分布在河流两岸的台地、山坡上，或是靠近河流的岩洞里。旅大地区的海边和岛子上还分布有众多的贝丘遗址。现按地区和不同文化类型简叙如下。

**1. 沈阳新乐下层文化类型**

近几年来，有关文物考古调查，发现了以沈阳北陵新乐遗址为中心的相叠压的两个文化层堆积。1973 年秋，沈阳故宫对该遗址进行了发掘，并命名为新乐下层文化为第一期，新乐上层文化为第二期。新乐遗址下层，在发掘过程中，揭露出一座 4.6 米 × 5.2 米的房址。该房址为圆角长方形半地穴式。房子的中间有椭圆形火膛。出土生产工具，有细石器、打制石器和磨制石器三种不同类型。其中细石器有尖状器、石叶、石镞。所用石料均为燧石、碧玉、长石、沉积岩。打制石器多刮削器、敲砸器。磨制石器有通体磨光的石斧、石凿、石磨盘、石磨棒等。陶器，以夹砂红褐陶为主，泥质陶甚少。器形主要有：大口小底深腹罐、簸箕形斜口器和敛口罐等。器壁多施横排压印的"之"字纹和弦纹。另外还发现若干煤精制品，有的上尖下圆，形状像跳棋子，有的为圆形泡饰其用途不详，关于沈阳新乐下层文化的年代，经 $^{14}$C 测定，数据为 6145±120 年，树轮校正为 6800±145 年。其绝对年代约在公元前 4000 年左右。

新乐下层出土的斜口器和筒形罐，无论其形制还是纹饰都与辽西地区红山文化的同类器物近似。这说明新乐下层文化与红山文化有着多方面的内在联系。新乐下层不见彩陶，这是与红山文化不同的地方。

新乐上层文化，大体属于夏家店上层文化类型，其年代上限可至殷周，下限可至春秋、燕秦之前。因该文化属青铜文化范畴，故本文不赘叙[①]。

**2. 辽南土珠子遗址三层文化堆积介绍**

旅大地区，位于辽东半岛的最南端，隔海与山东省相望。这里气候温润，海岸线长，小岛星罗棋布。优越的自然环境，最适于古人类居住生存。新中国成立后，三十年来旅大地区新石器时代的考古工作，有了很大进展。特别是土珠子遗址相互叠压的三个文化层堆积的发现，对辽南新石器时代原始文化的发展序列和早晚关系有了新的突破。1976～1978 年，辽宁省博物馆文物队和旅顺博物馆有关考古专业人员一起对旅大地区的河流两岸古遗址和海边岛屿上的贝丘遗址作了较详细的调查，发现较为重要的遗址就有百处，并对其中具有代表性的典型遗址做了试掘，长海县广鹿岛小朱山土珠子遗址就是其中的一个[2]。

土珠子遗址三个层位的文化内涵，既有明显的前后承袭关系，又有发展不同阶段的差异性。这三层不同的文化遗存，在很大程度上代表着旅大地区新石器时代发展的三个不同阶段，现将三层文化的具体内容简叙如下。

① 土珠子下层文化类型：与土珠子下层文化类型相同的遗址，目前发现的还有柳条沟东山和上马石下层。该文化类型的房址为圆角方形半地穴式，边长 3 米，面积为 9 平方米。屋内未发现柱洞和草拌泥土，建筑结构比较简单。

陶器，以含滑石粉的红褐陶和黑褐陶为主。器形比较简单，多数为平底直筒罐，器耳有竖穿、横穿、瘤状三种形式。器表多饰压印"之"字纹和编织纹，有的一件器物上两种纹饰并用。石器，打制的多，磨制的少。主要器形有石磨盘、石磨棒和横剖面为椭圆形的弧刃石斧。另外在生产工具中还发现有网坠、纺轮、骨锥等。遗址中发现的兽骨以鹿为最多，其次是獐子和猪。该文化类型特点与新乐下层文化接近，其时代大体相同。

② 土珠子中层文化类型：在相当于土珠子中层文化类型的吴家村遗址里，发现一座房址，编号为 F1，面积比较大（25 平方米）。房子的形状大体与"下层"相似，也为圆角方形半地穴式。地面坚硬，室内有柱洞，门设在西北角，向西开。门外有一台阶。陶器比下层丰富，以夹砂红褐陶为主，泥质陶次之。彩陶和红陶衣是该文化类型出现的新因素。主要器类有平底罐、盆形鼎、三足瓿形器、实足鬶、盉、盂、壶、钵。器壁施刻划纹、三角线纹、人字纹。彩陶纹样多勾连纹。石器以磨制为主，打制次之。石器的种类有扁平弧刃石斧、石锛、石磨盘、石磨棒、牙镰、牙刀、网坠、纺轮、骨锥等。属于中层文化类型的遗址，还有小长山公社、英杰村下层、旅大甘井子区文家屯、旅顺口区北海公社李家沟等。土珠子中层文化类型的年代，经 $^{14}$C 测定距今 5270±100 年，树轮较正 5905±125 年。与仰韶文化的时代大体相一致。

③ 土珠子上层文化类型：这一文化类型的遗址，主要有广鹿岛公社王屯、蛎碴岗、南窑，大长山公社上马石中层，獐子公社乔屯，旅顺口区江西公社大潘家，铁山公社柏岗子，双岛公社官地、苗圃，北海公社王家等遗址。

陶器以夹砂黑褐陶为主，另外还出现了龙山文化的新因素，即少量的磨光黑陶和蛋壳陶。虽然均系手制，但一般器形制作均匀规整，器物口沿多经轮修。典型器物，有口沿施附加堆纹的鼓腹平底罐，浅盘镂孔豆，三环足器、鼎、扁足盘、壶、钵、碗、杯。纹饰多孔钉纹、网纹、竖条纹、刻划的三角斜线纹。磨制石器有扁平斜刃石斧，有肩石斧，双孔石刀，凹尾柳叶形石镞，长条形网坠，陶纺轮，骨锥等。

房址有两种，一种是圆角方形，另一种为圆形，均系半地穴式。房址的面积比前两种类型有了显著增大。如上马石Ⅳ区 F1 圆形房址，直径为 7 米。周壁有柱洞，房子中间有柱础，房顶抹草拌泥。

根据上马石中层$^{14}$C 测定数据为 4400±110 年。树轮校正 4680±370 年。郭家村遗址上层$^{14}$C 测定为 4080±70 年。从这些数据分析，这一文化类型的时间，距今约有4000 年左右。

### 3. 辽西彩陶文化

辽西地区，地势高，气温低。特别是春、秋两季，十有九年干旱缺雨。全年的降雨量大部分集中在七、八两个月份。青龙河、大小凌河都发源于辽西山区，老哈河也流经这里。在河流西岸开阔的扇面形高台地和山包上，原始社会遗址分布相当密集。

① 红山文化类型，是辽西地区新石器时代具有代表性的一种文化遗存。它的发现较早，在国内外颇有一定影响，分布地域也比较广，内蒙古、吉林、辽宁、河北四省均有所发现，其文化中心大体在老哈河流域和昭盟赤峰一带。近几午来在凌源、喀左、建平、朝阳、阜新各县都有红山文化的遗存发现，并做了一定工作。根据初步观察，辽西地区红山文化的内涵，远比赤峰地区红山后遗存复杂得多。

该文化的陶器，主要有钵形器、斜口器、直领广肩双耳壶、深腹罐、碗和器座等。陶质有夹砂红陶、夹砂褐陶、泥质红陶和泥质灰陶四个陶系。彩陶以红底黑彩为主，花纹有黑彩、红彩两种。流行常见的花纹图案有蝌蚪纹，鱼尾式的涡纹，上下前后相衔接的菱形纹和曲线垂帘纹。有的器物用一种彩纹作装饰，有的用几种花纹相配合组成较复杂的彩绘图案，有的彩纹笔锋极细，有的彩带行笔粗壮流畅。总的看来画技精巧熟练，彩纹古朴美观。夹砂陶器表多施压印的之字纹、水波纹、箆纹、划纹、指甲纹。器底多印有各种形式的编织纹。

生产工具以大型鞋底状石犁（石耜）著称。常见的石器有中间凹下去的磨盘，两端粗中间细的石磨棒，舌尖刃石斧和细石器。这一文化类型经发掘的地点有赤峰红山后，敖汉旗四棱山，三道湾子③、凌源三官甸子④，喀左兴隆庄公社东山嘴⑤和阜新胡头沟等。

② 小河沿文化类型：辽西地区，除红山文化以外，又发现一种文化内涵完全不同于红山文化的小河沿文化类型，该文化类型分布区域主要在辽西、昭盟一带，与红

山文化类型的遗址往往交错存在。其时代稍晚于红山文化。相当于中原由仰韶文化向龙山文化的过渡阶段。做过工作的遗址有朝阳八宝庙前地，昭盟敖汉旗小河沿公社白斯朗营子南台地，新慧石羊石虎山，翁牛特旗石棚山。陶器主要是夹砂陶和彩陶。彩陶出现了红、白、黑三种颜色。花纹图案盛兴斜线三角几何纹、八角星和动物图像。一般陶器多施菱形席纹，细绳纹甚少，不见"之"字形纹和编织纹。器类比红山文化复杂得多。典型器物有尊、罐、壶、豆、盆、碗、杯、勺形器等。

生产工具以磨光石器为主，有的通体磨光，有的仅磨刃部，器形有石斧、石锛、石凿、带孔石铲、石球。长条形的细石器，多镶嵌在骨、木柄凹槽内，制成复合工具使用。值得注意的是在石棚山墓地发现了三座成年男女合葬墓。这说明氏族组织开始由母系氏族公社制向父系氏族公社制发展。综观小河沿文化的全貌，它在辽西地区原始文化的发展序列上应晚于红山文化而早于当地夏家店下层文化。

辽西地处长城以北，历来是中原通往祖国东北的咽喉，是以黄河为中心的古代文化与东北各族文化相互交流接触的重要地区之一。因此，辽西地区新石器时代的文化发展与中原黄河流域的原始文化有着密切的承袭关系。辽西地区的原始文化从经济上讲，具有农牧结合兼营渔猎经济的特点，多种经营形式并存可能与辽西地区的自然条件有关。从生产工具看，磨制石器、打制石器、细石器三者往往共存。陶器，特别是彩陶花纹的艺术风格，具有中原文化和北方少数民族文化的双重因素。

**4. 本溪庙后山洞穴遗址（新石器时代部分）**

辽东地区，从古至今风光宜人，山清水秀。太子河流域茂盛的林丛，盛产各种味美可口的野果，核桃、榛子漫山遍野皆是。水草丰盛的太子河两岸，既是古代先民们渔猎的好场所，又是开发原始农业的肥沃田园。温润的气候条件，对劳动生息在这里的古代居民来说是很理想的。每年春天来到，他们集体进行刀耕火种，秋季获得满意的收成。

1979 年夏，我们在本溪县山城子公社东南小汤河右岸庙后山上发掘了一座洞穴遗址⑥，发掘编号为 B 洞。B 洞上层堆积是新石器时代的文化遗存，下层属于旧石器时代的文化堆积。为了便于叙述暂把 B 洞新石器时代部分称为庙后山文化类型。

关于庙后山文化类型的分布，目前虽然还不完全清楚，但是根据已掌握的材料和线索看，该文化遗址有两种。一种是一般遗址；一种是洞穴遗址。与庙后山文化内涵相同的洞穴遗存，已发现的还有山嘴子、谢家崴子和新宾县大四平公社东升。一般性遗址，本溪太子河流域还有东山寺、九龙口、北甸子、后地、刘家哨、大秧、泉水、蜂密砬子等。

　　该文化的生活器皿有壶、钵、罐、碗、盆、杯六种器形。其中壶形器最多，占陶器总数的 44.4％，其次是陶钵占 39.4％。陶质有泥质红褐陶、泥质灰褐陶、泥质黑陶和夹砂红褐陶四个陶系。器形多素面，带纹饰的颇少。普遍流行的纹饰有划纹、水波纹、附加堆纹、指甲纹、篦点纹。在个别的器物上还施有红陶衣。陶纹的制作方法有刻划、压印、附加三种。陶器的制作技术较原始。壶、罐均无分别地把颈、腹、底、耳制好，然后再捏成一体。所以器底耳极易脱落，壶颈也容易掉。

　　生产工具比较先进，不但种类多，而且磨制得非常光滑规整，有棱有角，各种类型都具有自己的特点。石斧多斜刃，石锛多单面刃，石凿为窄刃长条形，有孔石刀为方形。磨制石器的石料多为页岩、砂岩和板岩。

　　特别值得提出的是，庙后山文化类型还有一种制作精致的环状石器和带孔的石球。这两种石器的磨制水平打眼技术相当高。根据环状石器的制作水平分析，庙后山文化类型的晚期阶段，很可能出现了青铜工具。环状石器的分布范围相当广，在辽南、辽西和吉林省的东南部都有发现。

　　关于庙后山文化类型的时代问题，目前由于资料不足，还未形成一个统一认识，尚待进一步研究。不过这一文化类型到其晚期阶段，有些陶器（圈足器）和辽东石棺墓出土的陶器有些近似。该文化类型在辽东地区的发展有个相当长的过程，估计它可能和辽东地区的青铜文化的前身有关。

　　辽宁新石器时代的文化遗存非常丰富，近年来，全省各地有不少新的材料发现。特别是沈阳新乐遗址和旅大土珠子遗址发现距今 6000 余年的篦纹陶（压印"之"字形），是非常难能可贵的。这些材料与河南新郑裴李岗[⑦]、河北磁山[⑧]早期的新石器时代陶纹有些相似，这就为研究东北地区的篦纹陶找到了渊源关系。过去把篦纹陶与细石器共存这种现象，看做是北方原始文化特征之一，这种认识现在看来是不够全面的。篦纹陶最早起源于中原黄河流域，后来传播到东北，与当地原始文化相融合，进而发展为黄河流域和长城以北新石器时代原始文化的一种普遍现象和规律。

　　篦纹陶在辽宁省的分布很广，其形式并不完全相同，内容、制法均相当复杂，在时代上必然有早晚之别，要搞清楚各文化类型之间的联系和发展规律，还需要我们做大量的工作。

　　关于我省新石器时代文化，本文只谈了些有代表性的文化类型和遗址，还有一些遗存，由于篇幅所限，未能谈及。

（原载《辽宁师范大学学报》1980 年 5 期。）

注　释

①　沈阳市文物管理办公室：《沈阳新乐遗址试掘报告》，《考古学报》1978 年 4 期。

②　辽宁省博物馆、旅顺博物馆发掘材料。未发表。

③　辽宁省博物馆等：《辽宁省敖汉旗小河沿三种原始文化的发现》，《文物》1977 年 12 期。

④⑤　1979 年辽宁省文化局文物训练班发掘材料。

⑥　辽宁省博物馆、本溪市文物组：1979 年发掘材料。

⑦　新郑县文物管理委员会等：《裴李岗遗址一九七八年发掘简报》，《考古》1979 年 3 期。

⑧　邯郸市文物管理所、邯郸地区磁山考古队短训班：《河北磁山新石器遗址试掘》，《考古》1977 年
　　6 期。

# 试论辽宁地区
# 几个新石器时代文化类型的关系

辽河流域的新石器时代文化遗存与中原地区的原始文化有着密切的联系，各文化类型无不受到中原文化的影响。中原与北方古代文化的相似处和共同点，充分地体现着我国民族文化的统一性。

辽河流域的原始文化，除有统一性一面而外，还存在有自身的发展规律和鲜明的地方特色。以往的考古论著，对统一性、外来影响和相互之间的关系研究论述得比较多，而对当地土著文化本身的特征论及得颇少。本文通过对沈阳北陵新乐下层文化，辽南土珠子下层、中层文化类型的分析，谈谈两者与红山文化的关系问题。

## 一 文化类型介绍

（一）1973 年，沈阳市文物管理办公室发现了北陵公社新乐高台地遗址①，并在1975 年、1978 年两次进行了发掘。同时还在新开河两岸的北陵公园，新乐宿舍的黄土岗上，沙河子岗下平地发现有保存较好的文化遗存。通过调查得知，这种文化类型在浑河、辽河流域还有着广泛的分布。与新乐下层文化相类似的遗存，在新民、辽中、盘山和其他地点也均有发现。

新乐遗址位于浑河中游，辽河平原中部地形较高的黄土岗上。良好的自然条件，是产生新乐物质文化的基础。新乐遗址的发现，证实了辽河流域在红山文化之前，还有一种新的文化遗存。这就为探索红山文化渊源提供了线索。这一发现不仅对复原辽宁原始社会的这段历史极为重要，同时对研究古代东北民族文化的发展也是非常珍贵的资料。特别引人关注和感兴趣的不只是因为它的时代早（$^{14}$C 测定距今 7245±165 年），更重要的是其新颖丰富的文化内涵。如口沿加工细致的直筒器群和规格化了的陶纹制作都别具风格。生产工具的种类尤为多样，打制、磨制、细石器三者共存。上述情况生动地反映了新乐原始文化的特殊风貌。磨制精湛、两端施刃的小型雕刻器和压印陶纹的先进技术，显示出该文化的发展已经越过了新石器时代早期阶段。在此以前，还应该有更原始的文化遗存。

新乐遗址的发现，说明辽宁地区原始文明的出现，在时间上并非比其他地区晚，大体与黄河流域相仿（或略晚）。这就为研究长城以北的原始文化开辟了新的前景。毫无疑问，随着对新乐下层文化的深入研究，将会别开生面地把沈阳地区新石器时代的考古研究工作引向深入。

无论从地理位置，还是从文化内涵来看，新乐下层文化都具有代表性和典型意义。我们认为对新乐下层文化的研究，是解决辽宁地区原始文明起源和各文化类型之间早晚纵横关系的一把钥匙。

特别是新乐下层文化的某些因素如：直腹筒形器和压印之字纹与河北省磁山遗址[②]、南裴李岗遗址所出土同类器物有些相似[③]，而石磨盘、石磨棒，则与辽西、内蒙古东部普遍分布的红山文化尤为相近。在文化面貌上，又同辽南广鹿岛土珠子遗址下层文化遗存[④]、东沟县果园遗址有许多共同因素。上述事实说明，新乐下层文化同周围地区诸原始文化的关系，是非常密切的。

新乐下层文化的器类比较单一，主要是直筒罐，从陶片统计，罐类占出土器物的90％以上，其次是簸箕形状的斜口器和少量的高足钵。陶器的质地，多为夹砂陶，砂粒细小均匀，泥质陶甚少，器物色调以红褐为主，黑色的少见。一般陶质疏松，火候低，胎质软、器壁薄。虽然均为手制，但制陶技术熟练，多采用泥条、泥片叠筑法，因而制出器物皆端正匀称。器壁里外排压得非常光滑平整，这是新乐下层文化陶器的突出特点。陶器的另一个特点是普遍都施有纹饰。纹饰的结构紧密，有的器物从口沿到器底通体施纹。常见的纹样有"人"字纹、弦纹和压印"之"字纹。纹饰的布局以横排顺序的为多。

新乐下层文化，磨制石器约占1/3，其中有石斧、石凿、石磨盘、石磨棒、沟磨石等。石器有石铲、敲砸器、刮削器、石网坠等。细石器以石叶为主，石片石器次之，石镞系平底三角形。原料多用燧石、玉髓、碧玉。

从出土的农业工具和炭化谷物不难看出当时的农业生产已有了相当发展，先民们的生活来源主要以农业经济为主，网坠和石镞的出土，说明渔猎经济作为农业经济之补充。半地穴式的圆角方形和长方形房址的发现，证明氏族居民已走上了定居，当时房子结构和形状有一定规格，一座较大的房址面积近100平方米[⑤]。很可能是氏族集体活动的场所。

新乐下层文化利用抚顺煤精制成的圆形耳珰、圆泡饰品，是我国煤精雕刻艺术最早作品，虽然器形简单，但在雕刻史上，开拓了煤精工艺的先河。居住在沈阳新乐的古代先民到 100 里以外的抚顺去取煤精作原料，说明当时先民们的活动范围还是很广阔的。

1978 年第三次发掘时，在一座房址中出土了一件木质鸟形雕刻品，刻工精细，刀法流畅，可以说是我国早期木刻艺术上的杰作。

上述两种工艺品的出土，证明早在六七千年前，辽河流域的原始文化就已经相当发达，同时也说明六千年以后辽河流域的古代文化都应是从当地土著文化发展起来的，辽河流域同类型的原始文化，尽管目前还有缺环，还连不起来，我们认为它们之间必然存在着前后衔接的承袭关系。

（二）土珠子下层和中层文化类型

1978 年 10～11 月，辽宁省博物馆、旅顺博物馆和长海县文化馆联合对广鹿岛小珠山子等遗址进行了发掘，并获得了相叠压的三个不同时代的文化层堆积，这三种文化类型对辽南地区原始文化发展序列展现出了一个轮廓，为进一步研究辽南地区原始文化的发展和演变规律，提供了科学依据。

1. 土珠子下层文化类型的房址，系圆角方形半地穴式，上马石Ⅲ F1，东西长 3.3、南北宽 2.7 米，面积约 8.9 平方米。屋内中间有灶址，见《长海县广鹿岛贝丘遗址》图二、六，建筑结构比较简单原始，屋内未见柱洞和草拌泥。在屋内东南角处发现一具完整的狗骨架，知当时已有了养狗的习俗。

出土的生产工具，有打制石器和磨制石器两种。其中打制石器占生产工具总数的 57％。器形有刮削器、盘状器、网坠和球形石器。磨制石器占 27％，有断面为椭圆形的弧刃石斧、长方形石刀、沟磨石、石磨盘、石磨棒。

陶器都含有滑石粉，手触光滑，以黑褐陶为主，红褐陶次之，夹砂红陶较少。器形单纯，几乎都是平底深腹罐。罐的造型口大底小，底与壁衔接处的折角圆滑。器耳有竖耳、横耳、瘤状耳三种形式。多数器物上施有纹饰。以压印之字纹、编织纹、划纹为主，均系制坯过程中压印、刻划的。胎薄均匀，手制，多为泥条盘筑法。

小珠山子下层文化类型，在辽南分布较广，除海岛贝丘遗址外，在新金县塔寺屯，丹东市东沟县大孤山公社黄土坎子和闫砣子以及马家店公社三家大队后洼果园遗址都有发现⑥。从新发现的材料来看，这类文化的分布中心还应在沿海的陆地。岛屿上的贝丘遗址，虽然堆积均有所不同，但文化性质是一致的。

2. 土珠子中层文化类型

土珠子中层 F1，亦为圆角方形半地穴式建筑，屋内四周发现 14 个柱洞，西北角处发现一片红烧土，可能为灶址。屋内发现的遗物有夹砂划纹陶片和彩陶片。

中层出土的石器与下层相比发生了很大变化。石器以磨制为主，而打制石器显著减少。打制石器中有扁平近梯形石铲、亚腰形单刃石铲、圆角方形石刀等。磨制石器有扁平长方形弧刃磨光石斧、一面刃石锛、石刀、石磨盘、石磨棒。饰品有残玉环、璇玑等。

陶质以含云母片为特征，夹砂红褐陶约占 66.9％，夹砂黑褐陶占 20.9％，另外还有少量的夹砂红陶和泥质红陶。泥质陶有彩陶和施红陶衣的两种，胎薄质地细腻，器壁里外压磨光滑，火候比下层高。主要器类有深腹罐、盆形鼎、三足瓿形器、实足鬲、盉、盂、壶、锛、碗等。

纹饰以刻划纹为主，约占 88％，其次是压印纹饰和彩陶。刻划纹常见的形式有人字纹、斜线三角纹、网纹等。压印纹主要是编织弧线纹。彩陶均系红底黑彩，彩纹有勾连弧线形式的三角涡纹、平行线纹等。

（三）红山文化类型

红山文化发现甚早[⑦]，分布范围广泛，南可达天津宝坻县[⑧]，北至河北省围场县。内蒙古自治区东部以赤峰为中心的昭乌达盟各旗县和哲里木盟的奈曼旗、开鲁、科尔沁右翼中旗一带以及辽宁省的凌源、朝阳、喀左、建平、阜新、康平、绥中等县，近年来均有发现。

昭盟和辽西地区，红山文化的遗址、墓葬、遗物分布非常密集，应是该文化的中心区域。

红山文化中打制、磨制、细石器三者共存，这是它的突出特点。最富有代表性的农业工具是鞋底状和三角形大型石耜和制作精致的桂叶形双孔石刀、舌尖形弧刃石斧、两端高中间洼的长方形石磨盘，两头粗中间细的石磨棒，构成了红山文化明显的地方性特点。

细石器，除以碧玉、玉髓、玛瑙为原料琢制而成的凹尾石镞和长方形、三角形的石刃器外，还有多种类型的石片石器。

陶器以各种式样的叠唇钵形器和不同形状的深腹罐为最多，其次是高领双耳壶、红顶碗、圆口广肩小底灰陶瓮、双口无底器、簸箕形状的斜口器、亚腰器座等。

最普遍常见的陶纹，有压印之字纹、弧线纹、连续折线纹、篦点纹、绳纹、划纹、编织纹。彩陶花纹盛行勾连式涡纹、蝌蚪纹、菱形纹、勾叶纹。

墓葬出土玉雕饰品和动物群，如玉龟、玉鸟、玉鸮、玉蝉、玉虎、玉龙、玉猪、玉狗等，形象逼真，神态生动，原始社会的雕刻艺人，特别善于抓住各种动物的体态特征，在写实的基础上加以扩大，而在线条运用上，有阴阳明暗之分，视之不见，摸之有感。在比例关系的处理上，掌握得很准确。在玉龙的形象构思创作上既有虚构，也有想象，利用虚实结合的手法塑造出了早期龙的完美形象。每件玉雕品都别具匠心。充分地显示出古代北方先民们的艺术才华，为红山文化和我国古代原始艺术雕刻宝库增添了新的色彩。长方形勾纹玉饰，造型新颖，佩戴起来，显得格外古朴神威。美观珍贵的玉雕群展示出北方古代艺术的高度发展。

## 二　几个文化类型的比较

新乐下层文化分布在沈阳地区，土珠子下层、中层文化主要分布在辽南、丹东和附近沿海岛屿。红山文化的遗存主要集中在辽西、辽北和昭盟。从地理位置上看，好似各占一方，有其明确的地域界限。

如果从其文化内涵考察，除文化类型之间的差别外，还存在着许多的共同因素。相同点和相似处，说明各文化类型之间有着密切的内在联系。有可能它们属于同一个文化系统，同时代的文化，彼此间进行产品的交换，往往是先在诸共同体接触的地方进行，共同体间的文化交流和社会交往也是不可避免的，这是形成共同因素的原因。差异性一方面反映着物质文化早晚关系的不同，另一方面也可能分属于不同的文化系统。

几个文化类型的共同点，可概括归纳为以下三条：

1. 打制、磨制石器与细石器共存。

2. 深腹直筒罐和簸箕形状的斜口器，是北方原始文化的典型器物，在新乐、红山、富河文化中都有发现。

3. 压印之字纹和编织纹是几个文化类型所共有的纹饰。

石磨盘、石磨棒为几个文化类型共有的工具证明几个文化类型都以农业经济为主，细石器的存在，说明除农业而外，还都兼营畜牧和狩猎，以补充农业经济之不足。

细石器不只是北方新石器时代文化普遍存在，而且中原的早期原始文化亦有这种现象。从目前国内材料看，细石器与之字纹陶共存，已成为新石器时代早期文化遗存的一种特征。辽宁四个原始文化类型的陶器，主要是深腹直筒罐，通体布满了之字纹和编织纹。这正好证实了陶纹起源于编织纹这一观点的正确性。早期新石器时代文化多具有这一特点，磁山文化与裴李岗文化就是最好的说明。

新乐遗址出土的深腹直筒罐，器壁较直，底与壁衔接处，折角呈圆弧状，器底承受全部重量，故器底易掉。

　　土珠子下层文化较大型的深腹直筒罐，器壁稍有斜度，器壁近底处向里曲，器壁承受部分压力，器底压力减小，延长了使用时间，从器物的发展演变观点看，无疑是一种进步。红山文化中，直筒罐口大底小，腹部外鼓呈曲线状，既实用又坚固。从直筒罐的发展变化不难看出，这几个原始文化类型之间的早晚关系还是有线索可寻的。

　　沈阳新乐出土的斜口器，基本上是直筒罐的一种变形。斜口部位高，呈直筒状，而红山文化的斜口器，口大，斜口部位低，呈扇面形，器口边沿施附加堆纹和之字纹。新乐下层文化、红山文化乃至富河文化都出土斜口器，至少说明三个文化类型之间关系是非常密切的。

　　奈曼旗大沁他拉出土的Ⅰ式罐⑨，花纹与土珠子下层文化Ⅰ式罐和丹东东沟县马家店公社三家大队后洼遗址出土的直筒罐，纹饰基本近似。这说明北部奈曼旗的红山文化与辽南土珠子下层文化存在着共同点，北部沙丘遗存与东南沿海原始文化的一致性，绝非是偶然的巧合，它们应有着共同的渊源关系。土珠子中层出土的彩陶片，彩纹和陶质与红山文化的彩陶基本相同。另外，土珠子中层文化还与山东半岛的原始文化有联系。总的来看，沈阳新乐下层文化与土珠子下层文化和东沟后洼遗址文化性质比较接近。土珠子中层文化与红山文化较接近。

　　根据 $^{14}$C 测定的数据，新乐下层文化为 $6145\pm120$ 年，树轮校正为 $6800\pm145$ 年，距今大约 7000 年左右。

　　土珠子中层文化 $^{14}$C 测定为 $6470\pm195$ 年，距今 6000 年左右。土珠子中层中出现了彩陶和三足器，时代与红山文化相仿。

　　1962 年，中国社会科学院考古研究所，在巴林左旗南杨家营子的发掘证实，在红山文化的房址上，覆盖着富河文化的堆积（富河文化 $^{14}$C 测定为 $4600\pm110$ 年），估计红山文化的年代，大体在 5000 年左右。

　　从上述材料来看，四个文化类型的时代有这样一个发展趋势，即新乐下层文化→土珠子下层文化→土珠子中层文化和红山文化。

　　辽宁地处东北南部，从古至今是多民族杂居的地方，在氏族林立、部落纵横的原始社会，氏族先民们创造出了丰富多彩的物质文化。各种文化因素交织在一起，十分错综复杂，目前所掌握的还仅是局部材料，其文化全貌尚未全部暴露，真正把问题搞清楚，还需要作大量的工作，也需要有一个相当长时间的认识过程。

# 三　结　语

　　关于红山文化的渊源问题，学术界存在着不同的认识，一种意见认为，红山文化有彩陶，部分器形和彩纹与仰韶文化接近，故认为红山文化是受仰韶文化影响发展起来的一支北方文化。

另一种意见认为，红山文化含有不同数量的细石器，以往都认为细石器是北方草原文化的一种特征，故认为红山文化兼有北方草原文化和仰韶文化的共同因素，所以称之为混合文化。

随着红山文化遗址、墓葬材料的增多，红山文化内涵逐步丰富，特别是新乐下层文化和土珠子遗址发掘以后，很多问题需要重新研究认识。

红山文化受仰韶文化的影响，这是显而易见、众所周知的，但影响终归是影响，它还不是主流。红山文化绝不是无源之水，也不是无本之木。红山文化，究竟从何而来，目前还是尚未解决的问题。但不外乎是外来的，还是土生土长的两种意见，我们认为是后者而不是前者。

新乐和土珠子下层文化类型，提供了探索红山文化渊源的信息。从其文化面貌和区域性演变倾向，可追索出发展变化的轨迹。

红山文化与仰韶文化乃至于磁山、裴李岗文化均有着极为密切的联系，这是必须肯定的。但红山文化的地方风貌，远远超过了外来文化的影响。因此过于强调外来因素，就会忽视红山文化本身的发展。在没有搞清楚当地文化类型之间的关系之前，应尽力把本地区的文化类型之间的关系搞清楚，然后，再去考虑与外地诸原始文化的关系和影响。

氏族部落文化产生于旧石器时代末期（大约 1 万～3 万年前），1 万年前左右开始了新石器时代的重大变革。人们开始从山林向草原河流两岸发展。许多考古材料证实，辽河流域历史悠久，自古以来就有人居住，从旧石器时代起，氏族先民就劳动、生息、活动在这块土地上。

凌源八间房遗址，为晚更新世末期，距今大约 3 万～1 万年。锦西沈家台遗址，属晚更新世中期，距今约 5 万～3 万年。喀左水泉鸽子洞遗址，相当于晚更新世早期，距今约 10 万年。营口大石桥金牛山遗址下层，属于中更新世，相当于旧石器时代早期。本溪市山城子庙后山洞穴遗址，从中更新世中期，一直延续到晚更新世早、中期[10]。上述几个遗址出土的石器，从类型、大小和制作技术上，都与北京周口店第一地点和第十五地点的石器相近，在文化性质上，与北京人文化最密切[11]。由此来看，辽宁旧石器时代的遗存，应是北京人文化的延续和发展。辽宁的新石器时代文化也应是从当地的旧石器时代文化发展而来的。

凌源八间房草帽山旧石器时代遗址，曾发现不少的细石器和彩陶片。细石器在我国沿用的时间相当长，上承旧石器时代中期，经中石器时代，一直延续到新石器时代或更晚。本文涉及的几个文化类型均含有细石器、筒形器和之字纹。这些共同的原始因素经过数千年演变，其传承性的特征仍然非常明显。这说明凌源草帽山遗址的细石器，具有承上启下的过渡性。在新旧石器时代文化的内容和性质上，呈现出接近的趋势。

研究辽宁的新石器时代文化源头，应从当地旧石器时代文化去探索，去研究它们之间的关系。尽管它们中间还有缺环，暂时还衔接不起来，但随着发掘材料的增多和研究工作的深入，这些问题，总会逐步得到解决。从目前掌握的考古资料分析，奔腾不息的辽河，无疑是北方原始文化的发祥地。我们认为新乐、土珠子下层文化类型，很可能与红山文化的前身有关。

沈阳市文物管理办公室

（原载《新乐遗址学术讨论会文集》1982 年）

### 注　释

① 沈阳市文物管理办公室：《沈阳新乐遗址试掘报告》，《考古学报》1978 年第 4 期。

② 邯郸市文物管理所、邯郸地区磁山考古队短训班：《河北磁山新石器遗址试掘》，《考古》1977 年第 6 期。

③ 开封地区文管会等：《河南新郑裴李岗新石器时代遗址》，《考古》1978 年第 2 期。

④ 辽宁省博物馆等：《长海县广鹿岛大长山岛贝丘遗址》，《考古学报》1981 年第 1 期。

⑤ 沈阳市文物管理办公室：《沈阳地区考古发现记略》，《辽宁文物》1981 年第 1 期。

⑥ 丹东市文化科调查材料。

⑦ 东亚考古学会：《赤峰红山后》，1938 年。

⑧ 天津市文管会：《天津北郊宝坻县发现石器》，《考古》1976 年第 1 期。

⑨ 朱凤瀚：《吉林奈曼旗大沁他拉新石器时代遗址调查》，《考古》1979 年第 3 期，219 页，图九。

⑩ 张镇洪：《辽宁地区远古人类及其文化的初步研究》，《古脊椎动物与古人类》，第 19 卷第 2 期。

⑪ 辽宁省博物馆、中国科学院古脊椎动物与古人类研究所：《辽宁鸽子洞旧时器遗址发掘报告》，《古脊椎动物与古人类》第 13 卷第 2 期。

# 辽宁凌源县三官甸子城子山遗址试掘报告

## 一 遗址概况与地层堆积

城子山遗址位于凌源县凌北乡三官甸子大队河下村的西山坡上。南距凌源8公里，地处建平与凌源两县的交界地带，东北行8公里即是建平县牛河梁红山文化的墓地（图一）。

城子山高出现代河床约150米，山顶隆起，南、北、西三面有2米高残石墙围绕，像一座圆形古城堡，故当地群众称该山为城子山。整个遗址为西高东低，呈斜坡状，南北长104、东西宽76米，面积为7904平方米。

该遗址是1979年6月辽宁省文物普查训练班在凌源县进行文物普查时发现的。同年10月进行了试掘，试掘工作从10月10日开始，至25日结束，历时半个月。参加这

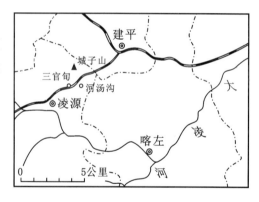

图一 城子山遗址位置图

次试掘的人员有刘保华、王嗣州、杨连胜、李廷检、李恭笃等。

这次试掘共开5米×5米探方8个，编号T1~8。发掘面积200余平方米，揭露出红山文化的墓葬三座，编号M1~3、房址一座F1，夏家店下层文化的房址一座F2，灰坑三个H1~3。

遗址西半部地势高而平坦，由于群众挖石头，地面形成了许多大小不等的扰坑。大量泥质红陶片和彩陶片被翻动到地表，土层中还夹杂有大量灰白色石块和碎石片。一看皆知，不少主要遗迹遭到了破坏。地层堆积大体在0.3~1.5米厚之间。

遗址东半部地势低，呈斜坡状，因水土流失，文化遗物已暴露于地表，仔细观察地表隐约可见一个个大小不等的圆形灰坑圈。遗址东部的遗迹均系夏家店下层文化遗存，而西半部以红山文化遗存为主，文化层堆积较厚，可分三层。现以T5北壁剖面部

图二　T5 北壁剖面图

1.耕土层　2.黄褐土　3.扰乱坑　4.黄沙土　5.生土

为例，叙述于下：

第一层：耕土层，系疏松的黄土层，15～20 厘米厚。该层系夏家店下层文化堆积的一部分，因许多遗迹已受到不同程度的破坏，不少遗物暴露出来。其中有鼎足、甗腰、鬲裆、器物口沿、之字纹陶片、石斧、石铲、盘状器等。另外土层中还夹杂有红烧土草拌泥块、兽骨和木炭等。

第二层：黄褐土，厚 60～90 厘米。土质结构较紧，含有少量的灰烬，土层中夹杂着许多石灰石碎石片和石块，该层所含遗物单纯，皆属红山文化的泥质红陶、彩陶片和饰有之字纹的碎陶片。

第三层：黄砂土，厚 10～20 厘米。土质较硬，遗物主要以无底筒形器的彩陶片为主。三层下即黄色花岗岩（图二）。

## 二　红山文化遗迹

T5 位于遗址的西南角，北与 T1 相邻，做到距地表 0.5 米深时，在方内距东隔梁 1 米宽处，发现一条南北方向不甚规整的用白色石灰石石块砌筑的石墙基。存长 4.3、宽 0.4～0.6、高 0.1～0.5 米。所用石块大小长度都在 0.15～0.4 米之间，石墙下有一层平整的硬土面。

T1 位于遗址的东南端，与 T3、T2 相邻，挖到 0.3 米的深度，方内发现一层灰白色碎石片，并在东南角揭露出一座石砌房址，编号为 F1。F1 横跨 T1 和 T3 两个方，为搞清楚 F1 的结构，向南进行了扩方。

F1 为一座南北向、半地穴式圆角方形房址，北偏东 20 度。东西长 2.7、南北存宽 1.8～2.5、墙基宽 0.2～0.4 米。由于石块大小不同，墙的宽度也不尽一致。南墙和东西墙的南端均已遭到破坏。屋地平整，上面

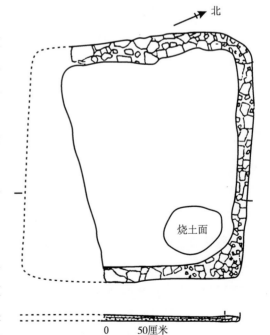

北

烧土面

0　　50厘米

图三　F1 平、剖面图

施一层白灰色硬土面，其下抹一层4～5厘米厚的草泥土。屋内东南角发现一片长0.8、宽0.5米的红烧土面。室内未发现柱洞和其他遗物，在墙的外侧填土中羼杂着许多碎石块（图三）。

T2挖到0.4米深度，在南壁下发现一条东西向碎石带。长5米，东端被扰坑打断。碎石带两端宽中间窄，有一定的弧度。宽度0.4～1米。碎石带下有一层硬土面，硬土面上皆是压碎的无底筒形器的碎片和口沿。这一现象与阜新胡头沟遗址筒形器的出土情况很相近。

T3在T1的东侧，当做到0.3～0.4米的深度时，在探方的中部位置，发现一片乱石堆。大体呈现出一个2米见方的轮廓。西南角发现一条1.6米长、用石块排列的石墙残迹，与石堆相连，无疑是人工有意砌筑的。遗憾的是大量石头在我们未试掘前已被扒走。东北角有一弧形碎石带。石块未经加工，非本山石料，应是从其他地点运来的。

由于遗址曾遭破坏，发掘过程中只是观察到了一些零星的建筑现象。有些现象似乎与东山嘴祭坛遗址有相仿之处，特别是在这些建筑遗址之下，发现了保存完好的有明确地层关系的红山文化墓葬。

城子山、东山嘴、胡头沟三处遗址各有特点，但也含有许多共同处，可以互相充实、启发，这对研究红山文化墓地的布局、埋葬风俗、祭坛与墓地的关系，是十分重要的。

通过对城子山遗址的发掘，使笔者意识到原来红山文化的先民们曾在城子山顶上居住生活一个时期，后来变成了墓地。至于遗址南、北、西三面的石围墙，即城堡式建筑的形成，应是青铜时代居民们来到这里后，经过人工修缮，才形成了今天城子山遗址的面貌。

## 三　红山文化墓葬

这次发掘红山文化的墓葬三座。M1位于T1的东北角，M2位于T4的西南部，M3靠近T3北部。墓口的位置均压在二层与三层之间。

M1　为一座土圹石棺墓，方向280度，头朝西北，脚向东南。仅存墓底，墓墙均遭破坏。存长1.25、宽0.7米。墓底平铺石板，仅存盆骨和腿骨。从盆骨观察坐骨大切迹夹角较大，股骨和胫骨也较粗糙，应是一座成年男性墓。葬式为仰身直肢。骨骼稍有石化。骨盆左侧随葬两件磨制精致的石锥状器。另外，在M1的西侧扰土中，还发现一件玉雕猪头饰和一件较大的石锥形器。从出土位置观察，应为 M1 的随葬品。在清理靠近骨骼的填土时，发现有压印之字纹陶片和彩陶片（图四）。

M2　为一座东西向的单人土坑石棺墓，墓口压在二层。方向 310 度，头朝西北，脚向东南。墓葬结构，即先在花岗岩山坡上开凿一长方形墓坑，然后在坑内用薄石板垒砌长方形石棺。坑穴长 2.54、宽 1.5、深 1.2 米。坑底距地表 2.16 米深。石棺头宽尾窄，底大口小。棺壁垒砌颇整齐，棺底铺一层石板，为把石板铺平，先铺一层 0.4 厘米厚的细砂。石棺口长 2、宽 0.45、深 0.6 米。石棺与坑穴之间形成宽 20～60 厘米的二层台。棺口盖有石板，石板上堆放有砌石棺时剩余的石块。石棺内填土为极细的褐色淤土，土质松软，内有泥质红陶、彩陶片和少量的木炭。

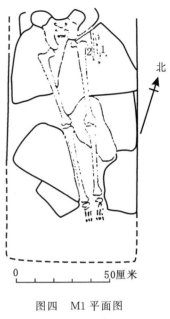

图四　M1 平面图
1、2. 石锥

棺内绝大部位骨架腐烂无存，仅在棺室前端的淤土中发现一颗前臼齿，棺尾残留两段腿骨。但随葬品的位置清晰可辨，头部位置陈放有沟纹玉饰，胸前葬有马蹄形玉箍饰件，左侧随葬两件玉钺，胸前和脚部出土三件玉环，右下侧发现一件玉鸟，左侧的棺墙下发现一件竹节状玉饰（图五）。

从墓葬结构和随葬的九件玉器分析，死者并非一般氏族居民，应是有一定社会地

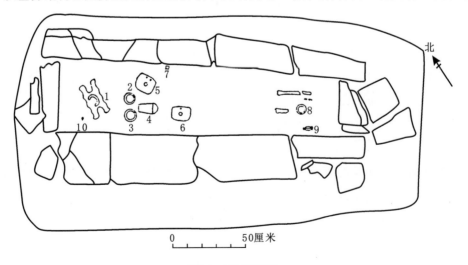

图五　M2 平面图
1. 勾云纹玉饰　2、3、8. 玉环　4. 马蹄形玉箍　5、6. 玉钺　7. 竹节状玉饰　9. 玉鸟　10. 人牙

位和权势的氏族首领。石棺之讲究，葬品
之珍贵，死后埋葬在遗址的中心部位，显
而易见，普通的氏族成员难得这种优厚
待遇。

M3　位于 T3 北部，北与 M2 相距 3.5
米。方向 245 度。该墓已遭破坏，仅存西
壁和墓底。从残存的两块立砌石板得知，
M3 是一座石板墓，其建筑结构与 M1 相一
致。骨骼早已腐朽无存，仅发现几段碎骨
和几片泥质红陶片。该墓比较简陋，未发
现随葬品。墓穴长 1.49、宽 0.68、存壁高
0.6 米，墓底距地表深 1.54 米（图六）。

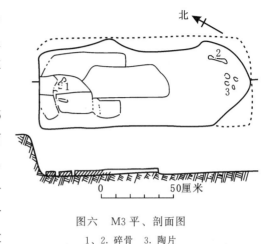

图六　M3 平、剖面图
1、2. 碎骨　3. 陶片

# 四　红山文化遗物

## （一）玉、石器

三座红山文化的墓葬共出土 17 件石器，其中 11 件是玉器。地层出土的石器颇少。

勾云纹玉饰　M2：1，长方形。中部镂孔透雕，正面制有凹槽云纹，四角突出，
圆滑，对称。做工精细，整个玉件构成一完美云纹图案。淡青色软玉制成。背面制有
四鼻，鼻的制法是先制槽，斜打眼。钻孔技术比较原始，采用桯钻法。孔径上粗下细。
通长 22.5、宽 11.2、厚 0.8 厘米。

这种类型的玉佩饰，凌源县文化馆曾在城子山遗址采集一件，一角残[1]。内蒙古东
部昭乌达盟翁牛特旗[2]、巴林右旗也曾出土过[3]。阜新胡头沟 M1 出土的一件比较小，
存长仅 7.9 厘米[4]。这类玉雕饰品，长、短、大、小各异，多数为玉制，也有少量为石
制。从器形看，一种为长方形，一种为圆角近方形。目前，对这种玉饰品的用途认识
不尽一致。根据 M2：1 出土在头部位置和背面制有四鼻推断，应是固定在帽子上戴在
头上的装饰物，或许是具有某种特殊意义的一种权力的标志。因 M2 具有明确的地层关
系，该墓和出土的这批玉器群属于红山文化无疑。

玉环　3 件。均为淡绿色。制作精美，大小有别。M2：2，圆形。外径 6.25、内径
5.3、厚 0.4 厘米。里厚外薄，断面呈三角形。出土位置在胸前（图七，3）。

M2：3，与 M2：2 出土部位相同，形稍大。外径 8、内径 6.3、厚 0.8 厘米（图

七，2）。

　　M2：8，外径 6.4、内径 5.4、厚 0.4 厘米。在脚的位置出土。

　　马蹄形玉箍　1 件。M2：4，圆形斜口，筒状，上粗下细。扁圆体，两端平面呈椭圆形。下端钻两个小孔。通长 14.2、粗端直径 6.8～9.5、细端直径 6.2～7.2 厘米。青色软玉磨制。随葬于腰部左侧。

　　在 1984 年，建平县牛河梁红山文化墓葬中，出有这类玉饰的位置在头部。李文信先生生前认为是一种发箍。将长发装在圆筒里，用笄子在斜口处别住，立在头上。这种分析有一定道理，与牛河梁出土位置相吻合，但又与城子山 M2 出土情况相矛盾。在古代文献材料中尚未见著录，对

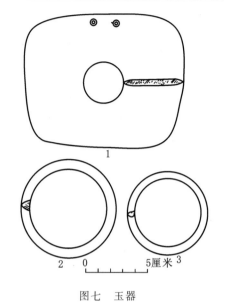

图七　玉器
1. 玉钺（M2：5）　2、3. 玉环（M2：3、2）

这类玉器用途和性质目前还缺乏系统研究。同类玉器在昭乌达盟巴林左旗土木富州大阴山遗址，巴林右旗和敖汉旗均出土多件，其形状相近，大小不同⑤。

　　玉钺　2 件。淡青色软玉磨制。M2：5，圆角方形。三面有刃，中间有一圆孔，上边钻有直径为 0.4 厘米的小孔。通长 11.5、宽 10.1、圆孔直径 2.5、厚 0.7 厘米（图七，1）。

　　M2：6，为圆角正方形，长 11.2～12.7、宽 10.2、孔径 3.2、厚 0.5 厘米。两件玉钺形状大体相同，均在腰部出土。这种玉钺很可能是由原始生产工具演变的一种象征性的武器。

　　竹节状玉饰　1 件。M2：7，束腰竹节状。中间有圆孔，长 1.1、直径 1.2、孔径 0.4 厘米。出土于左边墓壁下（图八，3）。

　　玉鸟　1 件。M2：9，鼓脊宽尾，形状似鸟。背面有鼻，应是佩带的饰品（图八，

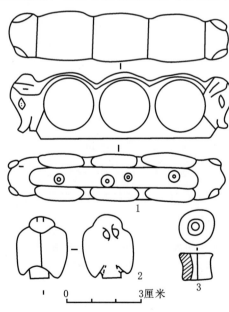

图八　玉器
1. 猪头形玉饰（采：2）　2. 玉鸟（M2：9）
3. 竹节状玉饰（M2：7）

2)。这种玉鸟在阜新胡头沟 M1 和巴林右旗那斯台遗址曾出土过。

小玉环　采：1号。外径3.2、内径1.3厘米。应是墓葬的随葬品。

猪头形玉饰　采：2，两端雕刻两个大耳，长脸，噘嘴，形象生动。中间钻三个直径为1.9厘米的圆孔。下面制四个漏斗状小孔。豆青色软玉石雕刻。长8.9、宽2.6厘米。应是 M1 的随葬品（图八，1）。

石锥形器　3件，其中采集1件。采：3号，为最大的一件。长22.6、上径2.1厘米。磨制光滑，锥体扁圆。

M1：1，长15.5、上端直径1.4厘米。磨制光滑，锥尖锋利。

M1：2，长14.8、上端直径1.5厘米。这种类型的锥形器，曾在昭乌达盟克什克腾旗石板山墓葬中出土过[6]。

石斧　2件，分二式。

Ⅰ式　T2②：5，弧肩，扁圆，窄刃，斧身厚重。通长7.6、宽6.4、厚4.7厘米。

Ⅱ式　T3②：1，方肩，斧身扁平，比Ⅰ式薄，刃部较钝。长7.6、宽5.5、厚4.4厘米。

（二）陶器

城子山遗址，出土红山文化的陶片比较碎，能复原的器物数量不多，但器形种类比较新颖，有的器类还是首次发现。这不但丰富了红山文化的器物群，而且对红山文化的内涵，又增添了新的内容。城子山二层出土的陶片有四个陶系，即泥质红陶、泥质灰陶、夹砂褐陶和夹砂红陶。而三层只有泥质红陶和夹砂红陶两系。见表一、二。

器类主要为折沿无底筒形器，这类新器形都是泥质陶，有素面和彩陶两种。卷沿

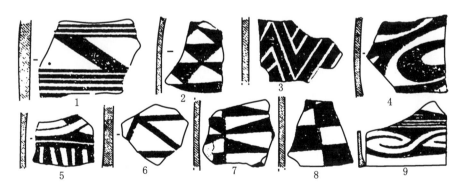

图九　陶器纹饰

1、5. 平行线纹（T3②：5、T4②：24）　　2、7. 相互叠压的三角纹（T3③：2、T4②：22）　　3、6. 人字纹（T1③：23、T3②：16）　　4、9. 鱼尾式涡纹（T4②：25）　8. 相互叠压的方块纹（T1②：5）（3.1/10，7、9.2/5，余1/5）

直腹瓮，器形比较大，壁厚而直，是一种大型无底器。这类器形的瓮，赤峰红山后⑦曾发现些残片，昭乌达盟地区遗址少见，而阜新胡头沟⑧、喀左东山嘴等遗址中均有发现⑨。另外，还有斜领罐、敛口钵、葫芦瓶、器座、带流小壶、小型三足杯、盘状器、平底钵等十多种器类见表三。

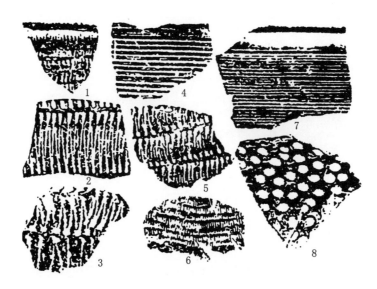

图一〇　红山文化陶片纹饰拓本（2/5）

1~3、5、6. 压印之字纹（T3②：19、T3②：15、T1②：6）

4、7. 弦纹（T3②：14、T4②：5）　8. 圆涡纹（T4②：9）

纹饰有横竖大小疏密不同的压印之字纹（图一〇，1-3、5、6），弦纹（图一〇，4、7），圆涡纹（图一〇，8），指甲纹。彩陶花纹图案，主要以鱼尾式涡纹为主（图九，4、9），其次是人字纹（图九，3、6）、勾连纹、相互叠压的三角纹、方块纹、平行线纹和同心圆纹。泥质红陶器表多饰有红陶衣。

表一　T1—5 二层出土陶片质地纹饰统计表

| 质地 | 泥质红陶 | | | | | | | 夹砂红陶 | | 泥质灰陶 | 夹砂褐陶 | | | 合计 |
|---|---|---|---|---|---|---|---|---|---|---|---|---|---|---|
| 纹饰 | 彩陶片 | 素面 | 之字纹 | 弦纹 | 指甲纹 | 附加堆纹 | 压印涡纹 | 素面 | 之字纹 | 素面 | 素面 | 之字纹 | 指甲纹 | |
| 数量 | 522 | 278 | 8 | 227 | 1 | 2 | 3 | 12 | 9 | 9 | 6 | 3 | 1 | 1081 |
| 百分比 | 48.3 | 25.6 | 0.7 | 21 | 0.1 | 0.2 | 0.3 | 1.1 | 0.8 | 0.8 | 0.5 | 0.3 | 0.1 | 100% |
| | 96.4 | | | | | | | 1.9 | | 0.8 | 0.9 | | | 100% |

**表二 T1—5 三层出土陶片质地统计表**

| 质地 | 泥质红陶 | | 夹砂红陶 | | 合计 |
|---|---|---|---|---|---|
| 纹饰 | 素面 | 彩陶 | 素面 | 压印之字纹 | |
| 数量 | 2089 | 98 | 9 | 2 | 2198 |
| 百分比 | 95.1 | 4.4 | 0.4 | 0.1 | 100% |

**表三 T1—5 陶器种类统计表（三）**

| 名称 | 筒形器 | 敛口罐 | 斜领罐 | 直腹瓮 | 平底钵 | 盘状器 | 带流壶 | 三足杯 | 葫芦瓶 | 圆器座 | 器耳 | 器底 | 合计 |
|---|---|---|---|---|---|---|---|---|---|---|---|---|---|
| 件数 | 27 | 28 | 11 | 15 | 3 | 4 | 1 | 1 | 1 | 2 | 2 | 2 | 97 |
| 百分比 | 27.8 | 28.9 | 11.3 | 15.5 | 3.1 | 4.1 | 1 | 1 | 1 | 2.1 | 2.1 | 2.1 | 100% |

　　陶器的制法以手制为主，部分器物的口沿经轮修。无底筒形器里壁好似用一种刷子和木制工具刮削修饰过，遗留有一道道浅沟痕。现将出土器物分类介绍如下：

　　折沿无底筒形器　出土27个个体，复原4件。根据口沿的不同特点分十式。

　　Ⅰ式　2件，均系残口沿。标本T5③：5，口沿直立，略向里收。里壁棱线明显，鼓腹素面。口径24、器高约35厘米（图一一，1）。

　　Ⅱ式　8件，皆为口沿。标本T5③：6，舌唇，矮沿，里壁有棱线，器表施红陶衣。口径21、高约30厘米（图一一，2）。

　　Ⅲ式　5件，完整的一件。T3③：5，下粗上细。宽口沿外折，腹部微鼓，通体绘有六道鱼尾式彩带花纹。上口径25、下口径29、高40厘米（图一一，6）。

　　Ⅳ式　1件。T3③：6，口沿稍高而外折。上径25.5、下径30.5、高37.5厘米。通体绘四道涡纹，花纹大小不一，布局不够匀称（图一一，10）。

　　Ⅴ式　1件。T3③：7，口沿宽而直，器口高低不平，手制。是同类器形中最大的一件。上径26、下径30、高约41厘米。

　　Ⅵ式　1件。T3③：8，圆唇，宽口沿斜立。沿下绘一道黑彩线，彩线下绘涡纹图案，上径23、下径27、高37厘米（图一一，11）。

　　Ⅶ式　5件，均为残口沿。标本T5③：7，口沿平直，断面呈三角形，口沿平面有明显的轮修痕迹。器形较小，口径26厘米（图一一，3）。

　　Ⅷ式　2件，均为残口沿。标本T3②：4，口沿既宽又平。器表饰红陶衣。口径34厘米（图一一，4）。

　　Ⅸ式　1件。T1②：4，器高约40厘米，接近口沿处残。彩绘图案分两组，上端

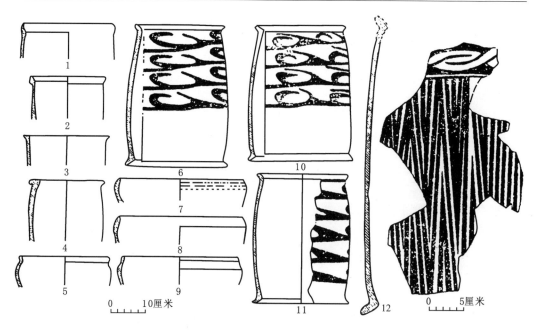

图一一　陶器

1. Ⅰ式筒形器（T5③：5）　2. Ⅱ式筒形器（T5③：6）　3. Ⅶ式筒形器（T5③：7）　4. Ⅷ式筒形器（T3②：4）　5. Ⅰ式敛口钵（T5③：9）　6. Ⅲ式筒形器（T5③：5）　7. Ⅲ式敛口钵（T2③：7）　8. Ⅳ式敛口钵（T2③：2）　9. Ⅱ式敛口钵（T4③：7）　10. Ⅳ式筒形器（T3③：6）　11. Ⅵ式筒形器（T3③：8）　12. Ⅸ式筒形器（T1②：4）

绘有相互连接的横式涡纹，下接竖式斜线人字纹。彩线宽0.5厘米，红地黑彩，格外鲜艳（图一一，12）。

Ⅹ式　2件，均为残片。标本T4②：12，彩绘与Ⅸ式同，器形大，器壁厚。彩线条宽1厘米，这种纹饰出在二层，三层不见。

这类无底筒形器多出土于红山文化的墓地和祭祀遗址，可见它是专为随葬和祭祀活动烧制的。

敛口钵　发现28件口沿，皆素面，未见彩陶，依据不同特点分四式。

Ⅰ式　8件。标本T5③：9，圆角方唇，口部微收。口径26厘米（图一一，5）。

Ⅱ式　8件。标本T4③：7，圆唇，口沿里收，外有明显棱线。器表饰红陶衣，里壁杏黄色。火候低，手制。口径34厘米（图一一，9）。

Ⅲ式　2件。标本T2③：7，圆唇敛口，口沿处有三条弦纹线。素面，杏黄色，手制。口径36厘米（图一一，7）。

Ⅳ式　10件。标本T2③：2，唇部和口沿下，皆有突出的棱线，器口里收。口径36厘米（图一一，8）。

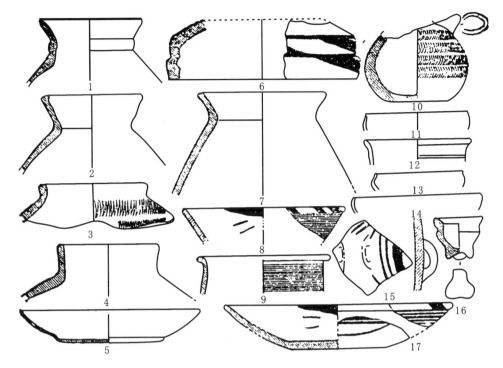

图一二　陶器

1. Ⅰ式斜领罐（T4③：8）　2. Ⅱ式斜领罐（T3③：9）　3. Ⅴ式斜领罐（T2③：9）　4. Ⅳ式斜领罐（T3②：11）　5. Ⅱ式平底盘（T3②：12）　6. Ⅰ式彩陶器座（T4②：10）　7. Ⅲ式斜领罐（T3③：10）　8. Ⅲ式平底盘（T4②：12）　9. Ⅱ式卷沿直腹瓮（T4②：5）　10. 小陶壶（T1②：1）　11. Ⅲ式钵（T1②：2）　12. Ⅰ式卷沿直腹瓮（T2②：1）　13. Ⅰ式钵（T3②：13）　14. Ⅱ式钵（T5③：8）　15. 桥状横耳（T2②：10）　16. 三足杯（采：4）　17. Ⅰ式平底盘（T2②：8）（1～8、15.1/3，9、11～14.1/6，10、16、17.2/3）

斜领罐　发现 11 件，皆为素面红陶。分五式。

Ⅰ式　1件。T4③：8，斜领削肩，领下有圆形凸线。器表施红陶衣。口径 14 厘米（图一二，1）。

Ⅱ式　5件。标本 T3③：9，方唇，斜领，削肩。口径 14 厘米（图一二，2）。

Ⅲ式　3件。标本 T③：10，方唇，斜领稍短，削肩甚溜。器表饰红陶衣。口径 18 厘米（图一二，7）。

Ⅳ式　2件，均为残口沿。标本 T3③：11，方唇，直领，广肩，手制。口径 14 厘米（图一二，4）。

Ⅴ式　1件。T2③：9，为残口沿。圆唇，矮领，广肩。肩部施压印之字纹。口径 14.8 厘米（图一二，3）。

卷沿直腹瓮　15件，皆系残口沿。器体笨重，制作粗糙。颈部施有弦纹，颈下有高棱线。器腹有的绘宽彩带。整个器形直筒状，口沿外卷，无底。依据口沿的不同特点，分三式。

Ⅰ式　8件。标本T2②：1，舌尖唇，口沿向外倾斜。颈施弦纹。口径30厘米（图一二，12）。

Ⅱ式　5件。标本T4②：5，口沿外折，唇厚，平伸。颈外施弦纹，口沿内外施红陶衣。器形大。火候高。口径36厘米（图一二，9）。

Ⅲ式　11件。标本T4②：6，厚唇，口沿外卷，唇外有棱线。颈外施弦纹，器表饰红陶衣。手制。口径37厘米。

小壶　1件。T1②：1，口沿处稍残。圆腹带流，平底。器表施压印精致的之字纹和弦纹。黑色，球状，造型美观。腹径6.6、底径4厘米（图一二，10）。

三足杯　1件。采：4号，敞口，小底，三足。手制。口径3.5、高2.5厘米（图一二，16）。

葫芦瓶　1件。仅发现残片，未见完整器。根据喀左东山嘴遗址复原品得知，大体呈葫芦状。颈部细长，腹部为球状体，下呈喇叭状。器身施圆点纹、附加堆纹、镂孔等纹饰。T4②：9，高约40、底径24厘米。

平底盘　4件，为盘底和口沿。复原2件，分三式。

Ⅰ式　2件。标本T2②：8，卷沿，浅腹，平底。腹部施平行线彩纹，底部施勾连纹。口径约16、底径6厘米（图一二，17）。

Ⅱ式　1件。T3②：12，尖唇，斜壁，浅腹，小底。素面泥质灰陶，里壁黑色。口径约24厘米（图一二，5）。

Ⅲ式　1件。T4②：12，为口沿残片，舌尖唇，斜壁，浅腹，内外施彩（图一二，8）。

钵　3件，分三式。

Ⅰ式　1件。T3②：13，圆唇，曲腹，可能为圜底。杏黄色。口径25厘米（图一二，13）。

Ⅱ式　2件。标本T5③：8，敛口，曲腹。制作规整。口径36厘米（图一二，14）。

Ⅲ式　3件。标本T1②：2，舌尖唇，口沿较直，腹微鼓，圜底。素面，手制。口径29厘米（图一二，11）。

器座　2件，均残，分二式。

Ⅰ式　T4②：10，上部半球状体，内、外器壁折角处棱线明显。外壁施黑彩。底径26厘米（图一二，6）。

Ⅱ式　T4③：11，仅存口沿残片。器壁较直，上口直径约16厘米。

器耳　发现两种。一种为桥状横耳，T2②：10，其上施黑彩（图一二，15）。另一种是鸟头状器耳，如T4③：11，形似鸟头，素面。

器底　3件。T1②：3，斜壁，素面，红陶。T1③：13，为夹砂灰陶，里壁印有编织纹。T1③：14，绘有勾连纹黑彩，火候较高。连有残筒形壁。

# 五　夏家店下层文化遗迹

夏家店下层文化的遗迹，仅发现一座房址和三个灰坑。

F2　位于T8中部，是一座半地穴式圆形房址。直径2.1、深0.5米。地面平整，中间部位有一口大底小的圆形柱洞。为防止柱头腐烂，柱洞的周壁和底部均粘一层碎陶片，口径和深均为30厘米。靠近西北部有圆形灶址，灶坑凹下地面15厘米，四周皆烧成红色，面积约有0.5平方米。门向东开，门道长1、宽0.48米，呈斜坡状。地面有0.5厘米厚的一层硬土层。在房址的堆积中发现许多绳纹陶片，器底、器物口沿、红烧土块及碎兽骨等遗物。屋内出土遗物有石斧、石刀、陶鬲、器物残片（图一三）。

灰坑　发现三个。H1在T1东南角，H2位于T6西部，H3靠近T7的西南角。三个灰坑均为口大底小不甚规则的圆形。坑口均压在耕十层下。

H2保存较好，圆形袋状，坑壁有一定倾斜度。出土遗物有盘状石器、鬲足、器物口沿和兽骨等（图一四）。H1、H3从略。

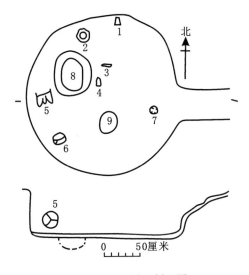

图一三　F2平、剖面图
1. 石铲　2. 陶瓮　3. 石刀　4. 石斧　5. 陶鬲
6. 鼎足　7. 盘状器　8. 灶址　9. 柱洞

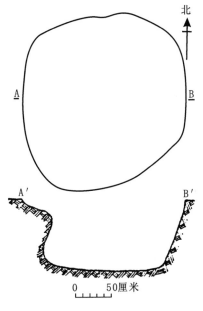

图一四　H2平、剖面图

# 六　夏家店下层文化遗物

## （一）石器

夏家店下层文化的石器共发现 15 件。有打制和磨制的两种。其中有石铲、石斧、石刀、石锄、盘状器等。

石铲　4 件，分二式。

Ⅰ式　2 件。标本 H1：7，梯形、体薄、磨光、刃残。长约 14、宽 9、厚 0.4 厘米（图一五，1）。

Ⅱ式　2 件。标本 F2：1，梯形，一面刃。肩部稍残，磨制精致。长 12、宽 6～9.5、厚 0.6～0.8 厘米（图一五，4）。

石锄　2 件，分二式。

Ⅰ式　H1：1，打制，有亚腰。制作粗糙。长 15、宽 10.5、厚 1.6 厘米（图一五，10）。

Ⅱ式　H2：1，鞋底状。器形大，打制。长 25、宽 14、厚 2.7 厘米（图一五，9）。

石刀　2 件，分二式。

Ⅰ式　F2：3，长条形，断面为三角体。存长 7.5、宽 2.5 厘米（图一五，6）。

Ⅱ式　H1：2，长方体，一面刃。长 13.2、宽 6、刀背厚 1.6 厘米（图一五，7）。

石斧　5 件，分二式。

Ⅰ式　3 件。标本 H1：8，两端细，中间粗，刃部稍长。长 12、厚 3.8 厘米（图一五，2）。

Ⅱ式　2 件。标本 F2：2，斜刃，圆肩。长 10、厚 3 厘米（图一五，3）。

盘状器　发现五件，分二式。

Ⅰ式　3 件。标本 H2：2，圆饼状薄片，周缘打制成刃。直径 12.5、厚 1 厘米（图一五，8）。

Ⅱ式　2 件。标本 F2：4，圆形，较厚重，比Ⅰ式小。直径 9.3、厚 1.5 厘米（图一五，5）。

## （二）陶器

房址和灰坑出土的陶器，多数为器物口沿和残片，复原完整器很少。三足器皆为残存的底和器足。主要器类有鬲、鼎、甗、瓮、盆、罐、豆等几种器类。

鬲　F2：5，泥质磨光黑陶，仅存裆部和鬲足，足尖相距 12 厘米（图一六，1）。

图一五　夏家店下层石器

1. I 式石铲（H1：7）　2. I 式石斧（H1：8）　3. II 式石斧（F2：2）　4. II 式石铲（F2：1）　5. II 式
盘状器（F2：4）　6. I 式石刀（F2：3）　7. II 式石刀（H1：2）　8. I 式盘状器（H2：2）　9. II 式石
锄（H2：1）　10. I 式石锄（H1：1）（9、10.1/5，余 2/5）

　　鼎　3 件。皆为残底，分三式。

　　I 式　采：5 号，平底，三足残断，外施绳纹，为夹砂黑褐陶。底径 8.5 厘米（图
一六，2）。

　　II 式　H2：3，仅存两个圆锥状实足，为夹砂红褐陶。底径 9 厘米（图一六，3）。

　　III 式　F2：6，泥质磨光黑陶，应为盆形鼎，鼎足为人脚状（图一六，4）。

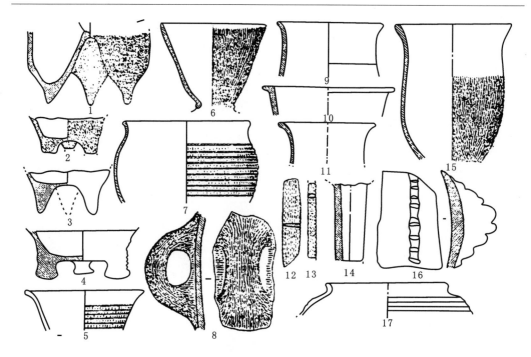

图一六　出土器物

1. Ⅰ式鬲（F2：5）　2. Ⅰ式鼎（采：5）　3. Ⅱ式鼎（H2：3）　4. Ⅲ式鼎（F2：6）　5. Ⅰ式盆（T3①：6）　6. 甗（F2：7）　7. Ⅱ式瓮（H2：5）　8. 桥状器耳（采：7）　9. Ⅱ式折腹盆（T3②：7）　10. Ⅰ式折腹盆（T3①：8）　11. Ⅱ式盆（T3①：7）　12. 骨刻刀（H2：8）　13. 残骨锥（H2：6）　14. 残豆把（采：8）　15. 罐（H2：4）　16. 鸡冠鋬耳（H2：7）　17. Ⅲ式瓮（T1③：5）（1～4、10、11、14、15.1/5，5～7、17.1/10，8、12、13、16.2/5）

甗　发现许多袋足和口沿。F2：7，为甗口沿残片，斜腹，手制。为夹砂红陶，外施绳纹。口径32厘米（图一六，6）。

瓮　只复原1件，不同个体残片15件。根据其不同特点，分三式。

Ⅰ式　5件。标本F2：8，口沿外侈，宽肩，鼓腹，小底。外施凸起的棱线和绳纹。口径26、高54、底径13厘米，最大腹径57厘米。为夏家店下层文化最大的一种典型器物。

Ⅱ式　2件。标本H2：5，斜口，鼓腹，小底。器表施鼓起的棱线，棱线上制有凹凸不平的沟槽。器壁比Ⅰ式薄。口径38厘米（图一六，7）。

Ⅲ式　8件。标本T3①：5，圆唇广肩，器表施沟抹纹。泥质灰陶，手制。口径36厘米（图一六，17）。

盆　发现6件口沿。依据不同特点，分二式。

Ⅰ式　4件。标本T3①：6，大口深腹，口沿外折，器表施绳纹和沟抹纹。泥质褐陶，手制。口径 36 厘米（图一六，5）。

Ⅱ式 2件。标本 T3①：7，口沿向外平伸，直壁，器形规整。口径 20 厘米（图一六，11）。

罐 仅发现1件。H2：4，侈口，深腹，斜壁，底残缺。夹砂红褐陶，手制。器表制有绳纹。口径 18 厘米（图一六，15）。

折腹盆 5件，分二式。

Ⅰ式 2件。标本 T3①：8，口沿外折，直壁，中间有一道突棱。细泥磨光黑陶，制作精致。口径 20 厘米（图一六，10）。

Ⅱ式 3件。标本 T3②：7，口沿平伸外卷，深腹。器表制有绳纹和沟抹纹。口径 32 厘米（图一六，9）。

豆 仅采集一些残豆把。采：8号，泥质黑陶，中间有细孔。残把长 11、径粗 4～4.5 厘米（图一六，14）。

器耳 采集两种。一种为桥状横耳，采：7号，其上印有绳纹；另一种，H2：7，为盆上的半圆形鸡冠耳（图一六，16）。

器底 发现5件，皆为采集品。大部分为罐的器底。

骨器 出土2件。H2：8，为长条形，可能是一种斜刃的骨刻刀。长 6.5、宽 1.5 厘米（图一六，12）。

骨锥 H2：6，残，锥体为扁圆形。存长 5.5、厚 0.4 厘米（图一六，13）。

# 七 小 结

（一）通过对城子山遗址的试掘，揭露出三座红山文化墓葬。特别引人注目的是 M2，不但地层关系明确，而且石棺结构完好无缺，随葬的九件玉器还保留于原位未动。这对研究红山文化的埋葬制度、丧葬习俗，提供了可靠依据。

过去对红山文化的墓葬材料所知甚少，进入 80 年代以来，随着考古工作的深入，才逐步获得一些零星材料。庆幸的是，近些年相继在阜新胡头沟，建平县牛河梁，凌源县城子山发现了红山文化的墓地。并在内蒙古东部，昭乌达盟克什克腾旗石板山，巴林右旗那斯台也发现了红山文化的玉雕群。根据辽西地区红山文化墓葬玉器的出土情况判断，这批玉器也应是红山文化墓葬中的随葬品。依据目前所掌握的材料，红山文化墓葬的特点，可归纳为以下四个特点：

（1）红山文化墓地，多分布在高台地或山坡上，有的甚至在山顶上，墓地附近或墓上常见石围圈或封石堆。

（2）墓葬形制，大体有两种。一种是石棺墓，一种是土坑墓。石棺墓中有单室墓和连室墓之分。在石棺砌筑方法上，既有垒砌的石棺墓，也有竖立砌成的石板墓。并用石板铺底和作石棺盖。

（3）多仰身直肢葬，头向有的墓地向东，有的墓地向西北。大墓多在墓地的中心位置，并随葬有丰富的玉雕饰品。小墓不仅坑穴短、窄，石棺砌筑也极为简单，随葬品一无所有。

（4）墓地中常有附属建筑和出土祭祀明器，城子山墓地也发现有石筑残墙遗迹和石堆。并在石层下硬土面上，发现了大量的筒形器口沿及碎片，能复原者五件。卷沿直腹瓮也很多。阜新胡头沟墓地，墓葬外还砌筑石围圈，并在石围圈开口处的外侧下面，发现有排列整齐的筒形器。在红山文化的石棺墓葬中，很少见到陶器，这似乎是红山文化墓葬的一种特点。墓地中的石围圈、封石堆、无底筒形器、卷沿直腹瓮，无疑是与埋葬制度相联系的。但究竟反映了一种什么样的意识形态和埋葬习俗，是摆在我们面前的新课题，需要积累资料，深入研究。

（二）城子山遗址二层和三层出土的一批器物，器形、口沿、纹饰诸方面均有着明显的变化。这为研究红山文化的器物发展演变及其分期，提供了重要线索。

这批新器类，有的过去只见过些碎片和口沿，对整个器形及其用途全然不知。如卷沿无底直腹瓮、无底彩陶筒形器、葫芦瓶等，从其形制分析，确无实际用途，而只具有名器、随葬、祭祀的特征。而带流小壶、馒头状器座、小型三足杯，这些造型美观奇特的器类，则是红山文化晚期出现的。

新型器物的出现，既体现着同一文化不同地区的差别，也可能反映着发展阶段上的早晚。这些情况都需要仔细认真的比较研究。

红山文化的先民们，不惜耗费众多的劳动代价，为随葬和宗教信仰修筑祭坛，塑造女性神像，制作大量玉器、陶器。反映了他们对某种神灵的无限寄托和崇拜。的确，人类早期的灿烂艺术之花，往往是与人们的宗教信仰和迷信活动相联系的。

（三）城子山遗址红山文化的内涵与赤峰红山后遗址相比较，虽有多方面的共同性，但也存在着不少差别。城子山遗址多出土大型陶器和无底器，而钵形器则较少。彩陶花纹不见赤峰红山后遗址那种普遍流行的蝌蚪纹和菱形纹，而涡纹和人字纹则较多。富有红山文化特征的大型石犁（石耜）、石磨盘、石磨棒、细石器则较少，而精磨细雕玉饰品则极盛。

城子山二层出土的器物与喀左东山嘴遗址出土遗物相近，时代大体一致。从东山嘴遗址出土雕刻精致的玉龙、比例适宜的陶塑女像和具有龙山文化特点的磨光黑陶及印有方格纹的灰陶片观察，结合城子山 M2 出土的玉器群考虑，城子山二层出土器物所反映的时代，比赤峰红山后遗址偏晚，相当于红山文化的晚期。

（四）从城子山墓葬出土的玉雕器物群，可使我们意识到，在我国北方地区，青铜文化未到来之前，已出现一个原始玉雕艺术的文明时期。它的出现不仅展示了北方原始文化的风采和当地原始土著民族的创造力，并且对我国玉雕艺术的传统发展产生重要影响。如果把红山文化、夏家店下层文化和殷墟出土的玉器作一比较，不难看出，我国北方玉雕技术在造型风格、纹饰特点方面，与中原文化的一致性。

红山文化玉雕艺术的体裁，大体可分为三大类：

（1）写实体裁的动物群，有玉鸟、玉蝉、玉鸮，水中动物有鱼。

（2）人身佩戴饰品，常见的有长方形勾云纹佩饰、三连环形佩饰和双首动物佩饰等。

（3）冥想虚构体裁的玉龙、玉虎、玉兽，这里特别值得提及的是玉龙，红山文化玉龙有的为双首，有的为兽首曲身。很显然这不是对某一个具体动物的摹拟，而是经过选择、取舍、抽象、概括，根据想象中神化了的崇拜幻影创造出来的实体，并赋予其新的生灵。这种把两种以上的动物，经过构思，组合成一体，创造出来的新物，不仅在艺术发展史上是一大进步，而且对后来艺术形象的塑造产生了颇大的影响。这种高超非凡的原始艺术创作，无疑，都是当时社会生活在人们头脑中反映的产物。

（原载《考古》1986 年 6 期）

## 注　释

① 孙守道、郭大顺：《论辽河流域的原始文明与龙的起源》，《文物》1984 年 6 期，图四。

② 内蒙古翁牛特旗文化馆藏品，五分地乡，南窝铺村出土。

③ 同注①图五。

④ 方殿春等：《辽宁阜新县胡头沟红山文化玉器墓的发现》，《文物》1984 年 6 期，图七，3。

⑤ 《昭乌达盟文物选辑》图二七，内蒙古人民出版社，1980 年。

⑥ 1973 年作者调查材料。

⑦ 宾田耕作、水野清一：《赤峰红山后》。

⑧ 参阅注④3 页图五。

⑨ 郭大顺等：《辽宁省喀左县东山嘴红山文化建筑群址发掘简报》，《文物》1984 年 11 期，图一二，3。

# 辽宁凌源县三官甸子城子山红山
# 文化遗存分期探索

　　红山文化是我国北方含有之字纹陶的原始文化的综合体，其文化内涵相当复杂，特别是彩陶器受中原仰韶文化因素影响颇深。

　　近年来的考古新发现，已显露出红山文化在不同地域、不同发展阶段上的差异。从红山文化的综合体中，划分出不同的考古类型，并进行分期探索，已是摆在我们面前的重要研究课题。本文拟就凌源三官甸子城子山红山文化遗址以地层为依据，结合东山嘴[①]、胡头沟[②]等地点的材料，进行一次分期探索。

一

　　红山文化，是广泛分布于燕山南北的一个新石器时代的重要物质文化。它在我国北方原始文化中占有重要地位。如果从 1935 年日本人发掘赤峰红山后遗址算起，至今已有五十余年的历史。新中国成立前后，我国考古界的老前辈们，历尽千辛万苦，在长城内外作了大量的考古调查研究工作，为这一区域的考古事业的发展奠定了基础。

　　1963 年，中国科学院考古研究所内蒙古队，在巴林右旗发掘了南杨家营子遗址[③]、赤峰西水泉遗址[④]、蜘蛛山遗址[⑤]。1973 年昭乌达盟文物工作站等单位，配合沙通铁路（沙城至通辽）修建工程，发掘了敖汉旗白斯朗营子四棱山遗址和三道湾子遗址[⑥]。辽宁省博物馆文物工作队在阜新胡头沟发掘了红山文化墓葬。

　　1979 年秋，辽宁文物普查队发掘了喀左东山嘴红山文化祭祀建筑群址。更为庆幸的是在凌源县三官甸子城子山遗址发现两层红山文化相叠压的地层关系和三座墓葬[⑦]。到目前为止，发现属于红山文化系统的遗址或遗址点已有上百处，做过工作的地点已有 10 多处。赤峰、朝阳、冀北的新发现，大大丰富了红山文化的内容。

　　红山文化作为一个考古学文化，必然有其产生、发展和与相邻诸原始文化相互交往、演变、再发展的过程。从红山文化中，划分出不同考古文化类型，进行分期研究，其目的就是要阐明该物质文化固有的内在运动规律。

# 二

　　城子山遗址，除局部含有夏家店下层文化的遗存外，主要是红山文化的堆积。这次试掘揭露出红山文化的墓葬三座、房址一座，并发现文化内涵有区别的二、三两层相叠压的地层关系。二层所获遗物比较单纯，均系红山文化的泥质红陶和彩陶片以及饰有压印之字纹的残陶片；三层出土遗物以无底筒形器为主，石器出土较少。

　　通过对城子山遗址二、三两层文化遗物的整理，我们辨别出二、三两层的遗物，除有多方面相同因素外，确实还存在着较为明显的差别。主要表现在陶器口沿的变化和新器类的增多及新鲜花纹图案的出现等方面。而器物形制、类别和图案花纹的变化，无疑是研究红山文化分期问题非常重要的依据。现将二、三两层出土的陶器分别作一比较分析，进而揭示出其自身发展的特异性及诸原始文化相互间的内在联系。

　　（一）三层出土的典型器物，有无底筒形器、斜领深腹罐、圆口广肩瓮和大型筒形瓮等。这些富有特征的器物口沿和肩部与二层同类器物相比较，差别非常明显。

　　三层出土的无底筒形器，有素面和彩陶两种。Ⅰ式，口沿略向里收，器壁较直。Ⅱ式，器壁微鼓，器身施六道横式涡纹。Ⅲ式，上口细，卜口粗，器壁微鼓。Ⅶ式口沿部分斜向外伸，里壁折角处棱线明显。上部施勾连纹黑彩。器表施人字形三角黑彩，此种彩纹图案，其他红山文化遗址少见。总之，三层无底筒形器，口沿的共同特征是斜向外伸，少见或不见二层的那种平口沿无底筒形器。

　　三层出土为数可观的大型无底筒形瓮，其特征多为卷沿外翻，上部施弦纹，底部口沿平齐呈罗圈状。三层不见二层那种平口沿的无底大型筒形瓮。

　　该层出土的下列三种形制的罐，也都各具特征。

　　Ⅰ式，斜领深腹罐，圆唇，领下有圆形凸棱。表施红陶衣。Ⅴ式，矮领罐，圆唇，矮领微向外折，肩部施压印之字纹。Ⅵ式，敛口钵（T2③：2），曲腹，圜底，素面。

　　城子山三层出土的陶器，仅有泥质红陶和夹砂红陶两系。彩陶花纹图案布局以前后连续的横排涡纹为主，其次是平行线与勾连纹相结合的纹样。勾连纹在整个图案布局上，只起着点缀陪衬作用。一般陶器多施弦纹和压印之字纹，素面陶占绝大多数。城子山三层遗存，从陶系列器物种类乃至彩陶花纹图案及一般陶器纹饰都比二层简单。从器物形制和彩纹发展演变看，三层与二层存在直接的延续过程。

　　（二）城子山二层出土陶器，不仅陶系增加，而且出现了许多新器类，为红山文化增添了新内容。据 T1～T5 五个探方二层陶片统计，有泥质红陶、灰陶和夹砂褐陶、红陶四个陶系。泥质红陶（包括彩陶和施红陶衣在内）占陶片总数的 96.4%，其余三个陶系占 3.6%。器物群比三层增添了不少新器类。如 I 式器座（T4③：10），鼓状，直壁，平口沿，腹部施黑彩带，底径 26 厘米。而三层则未见这种底部与大型无底筒形瓮的罗圈底相似的器座。在阜新胡头沟和东山嘴遗址均有出土。

带流小陶壶，是红山文化陶器中的精品。东山嘴遗址出土的一件彩陶带流罐[⑧]，其形制与此相仿。这种类型的陶壶在赤峰地区红山文化中很少见。

小型三足器，敞口，小底，手制。器形虽小，但这是红山文化中最早出现的三足器。也可以说是红山文化受中原文化影响的一个重要表现。我们推测可能是三足器进入辽西地区红山文化的源头。东山嘴遗址出土这类不同形式的小三足器有五件之多。特别引人注目的是一件双口杯，四足双口，中间有壁相隔[⑨]。似乎是模拟制鬲未成而做成了四足器。

葫芦瓶也是二层发现的新器类之一，发现不少碎片，虽未能复原，但大体能观出其原形。

二层出土的Ⅷ式无底筒形器（T3②：4），口沿既宽又平，器表施红陶衣。这种无底筒形器比三层出土的口沿斜向外伸的无底筒形器坚固实用。二层也出斜口沿筒形器，但数量颇少。

该层出土的Ⅲ式大型无底直筒瓮，已由三层外卷口沿变成棱角规整的平口沿，器壁较直，上部施弦纹。

圆口广扁小平底大瓮，二层出现了小矮领，而三层出土的这种大瓮，圆口一般都低于肩部，不见矮领。另外二层还出土许多件制作精致、内外施彩的平底盘和彩陶碗。如 I 式平底盘，敞口，斜壁，平底。口沿处以平行线与横行短彩带相结合，构成的花纹图案，格外精致。彩陶碗，底部残，器形规整美观，彩陶纹样新颖。

城子山遗址出土的陶器，由三层向二层发展变化比较明显的特点，大体可以概括为以下四种情况：

1. 无底筒形器由斜口沿向平口沿发展，三层斜口沿无底筒形器发展到二层基本被平口沿所代替。

2. 斜领深腹罐的斜领逐步变矮向直领发展，削肩向广肩发展。三层最多的斜领削肩深腹罐到二层就很少见了。换言之，斜领削肩深腹罐，有向直领广肩罐演变的趋势。

3. 卷沿直腹瓮，是由卷沿翻领向平沿发展。从直腹筒形瓮观察得知，二层筒形瓮口沿部位棱线比较规整。其演变趋势是由三层翻卷口沿，向二层的平口沿发展。

4. 圆口广肩小平底大瓮，由低于肩部的圆口沿向矮领发展。

综观城子山两层红山文化的主要器物口沿演变趋势，是由折沿向平沿，斜领向直领，卷沿圆唇向突棱发展。上述这些器物的变化特点，是否具有普遍性，尚待今后工作验证。

二层的彩陶花纹，除三层已有的勾连纹、涡纹、三角形人字纹外，又出现了相互叠压的三角纹、方块纹、平行直线纹和双线交叉纹、同心圆纹等。二层彩陶器上的花纹图案布局，更显得匀称规整，小型器物上的花纹具有笔锋纤细清秀的特点，而大型器物花纹多以平行宽彩带或 U 字形纹样为主。盘、钵、碗不仅施外彩，而且施内彩的数量也显著增多。一般陶器的纹饰均系普遍流行的压印之字纹、划纹、弦纹、凹点纹、指甲纹等。

## 三

城子山遗址两层红山文化堆积和房址、墓葬的发现，说明红山文化的先民，曾在城子山上活动生活过一段相当长的时间。

两层文化堆积出土陶器，呈现出来的不同特点，是该文化不同发展阶段演变的具体反映。即旧的内容在逐渐减少或消失，新的因素在不断地出现、增长和扩大，如果将城子山三层命名为城子山一期文化，二层称之为城子山二期文化，这对今后研究划分红山文化的不同类型和分期，无疑是有益的。

城子山三座红山文化墓葬，墓口均开在二层，因此墓葬出土的一组玉雕艺术品，诚然应看作是城子山二期文化的内容。

我们通过对城子山遗址发掘材料整理之后，又观察分析了胡头沟、东山嘴两个遗址已发表的材料，可以得出两个初步的结论。首先是这三个遗址的文化内涵，有很大的共同点和相似处，反映着三者在大的发展阶段上文化性质的一致性，或者称之为朝阳地区红山文化区域性的特点。例如东山嘴遗址出土的带流罐（壶）、三足器、平底盘、镂孔瓶、无底筒形器及其玉饰件的艺术风格，皆与城子山二期文化同类器物相同或相近。又如，胡头沟出土的无底筒形器口沿却与城子山一期文化的无底筒形器口沿相一致[⑩]。胡头沟出土的器座与城子山二层出土的Ⅰ式器座形体相若，只是素面无彩而已。三个遗址的文化性质除有相同一面以外，也还存在着各自的一些特点和差异。这些特点和差异，可能反映三个遗址在发展环节上还有前后之分，或因遗址的遗存内容不同而异。如东山嘴遗址出土的黑陶圈足豆，涂朱和方格纹陶片的发现以及小型女塑像的出土等。这些新颖而重要的文化内容，在城子山和胡头沟两个遗址则未见。这可能是因东山嘴是祭祀建筑址之故，但也不排除遗物反映的时代偏晚。

其二是分布在朝阳地区的红山文化（以东山嘴、城子山、胡头沟三个遗址为代表），与分布在赤峰地区的红山文化（以红山后、西水泉、四棱山三个遗址为代表）相比较，在文化内容上呈现出明显的区别。赤峰地区红山文化的生产工具，以富有特征性的大型石耜，制作精致的桂叶形石刀、石磨盘、石磨棒为代表。细石器异常丰富。陶器以各种不同形制的直筒罐、钵形器、斜口器（偏口器）、红陶壶、深腹罐为代表器物。把陶器特点概括起来，可以说是器物种类少，器形小。陶纹简单，但富于变化。器底多印有不同纹样的编织纹。而朝阳地区的红山文化则不然。石耜、打制石器、细石器大量减少，磨制石器比例增加。桂叶形石刀被长条形弧背石刀所代替。陶器出现许多前所未有的新内容。如前面已经提及的黑陶豆、三足器、镂孔葫芦瓶、大型无底筒形器等新器类及涂朱、方格纹陶片的出现。彩陶花纹出现相互叠压的三角纹、方格纹、三角形人字纹等。上述这些内容在赤峰地区的红山文化中非常罕见，而钵形器、直筒罐、斜口器在朝阳地区红山文化中则格外少见。

除上述明显差别之外，也还有大量的共同因素，最主要的共性是打制、磨制石器与细石器共存；之字纹陶与彩陶共存。这是大家都熟悉的，不必赘叙。

综上所述，我们认为朝阳地区的红山文化更接近小河沿文化，两者之间有着许多共同点。如东山嘴遗址中出土的黑陶豆、镂孔技术、涂朱和方格纹陶都具有龙山文化因素，这些因素在小河沿文化中已经普遍存在。所以朝阳地区的红山文化遗存，更接近于红山文化晚期阶段。

赤峰地区红山文化早期因素较浓，各种类型的细石器特别发达。生活器皿以钵形器、直腹罐为主，器物种类比较简单，在发展阶段上应早于朝阳地区的红山文化。

为了比较研究的方便，为划分文化类型和文化分期提供条件，暂把赤峰地区的红山文化命名为红山后类型。因为红山后遗址发掘较早，在赤峰地区红山文化的遗址中，具有典型性。

朝阳地区的红山文化命名为城子山类型。因为城子山遗址地层关系明确，墓葬、房址均有，在朝阳地区红山文化的遗址中具有代表性。东山嘴遗址，具有更大的特殊性，它是目前我国唯一保存较完好的原始社会的祭祀建筑址。

另外在赤峰水地乡、转山子和锦州地区四道沟等地[11]，新发现一种不含彩陶，只有之字纹陶的遗址。陶质极为粗糙原始，器形主要以平底直腹罐为主。经初步调查，这种类型的文化遗存，似乎与河北省三河县孟各庄一期文化有些接近[12]，或许是早于红山后类型和城子山类型的一种新文化遗存。

城子山二期文化与东山嘴时代较早的因素有更多的一致性。根据东山嘴石建筑基址的$^{14}$C测定年代为 4895±70 年（树轮校正为 5485±100 年），推断城子山一期文化在时间上可能略早于二期。

城子山两期文化本身，具有承袭性。城子山遗址的文化遗存，在整个红山文化系统的发展长河中处于中间阶段。到目前为止，在大凌河流域发现的红山文化遗存中，城子山还是晚期偏早的遗址。

（原载《考古》1986 年 6 期）

## 注　释

① 郭大顺、张克举：《辽宁省喀左县东山嘴红山文化建筑群址发掘简报》，《文物》1984 年 11 期。

② 方殿春、刘葆华：《辽宁阜新胡头沟红山文化玉器墓的发现》，《文物》1984 年 6 期。

③ 中国社会科学院考古研究所编：《新中国的考古发现与研究》173 页。文物出版社 1984 年。

④ 中国社会科学院考古研究所内蒙古工作队：《赤峰西水泉红山文化遗址》，《考古学报》1982 年 2 期。

⑤ 中国科学院考古研究所内蒙古工作队：《赤峰蜘蛛山遗址的发掘》，《考古学报》1979 年 2 期。

⑥ 辽宁省博物馆等：《辽宁敖汉旗小河沿三种原始文化的发现》，《文物》1977 年 12 期。

⑦ 李恭笃：《辽宁省凌源县三官甸子城子山遗址试掘报告》，《考古》1986 年 6 期。

⑧ 同注①图一二，3。

⑨ 同①，图一三。

⑩ 同②，图四，2、6；图五，1。

⑪ 刘义仲：《概述锦州沿海地区新石器时代文化遗存》，《辽宁文物》5 期。

⑫ 金家广：《孟各庄新石器时代遗存的初探》，《考古》1983 年 5 期。

# 内蒙古敖汉旗四棱山红山文化窑址

1974 年 6 至 8 月，配合沙通铁路（沙城—通辽）建设，由昭乌达盟文物工作站主持，敖汉旗文化馆、辽宁省博物馆协助，在敖汉旗小河沿乡白斯朗营子村进行了三个多月的考古发掘，其中四棱山窑址是这次发掘的一项内容。现将这次发掘收获简报如下：

## 一　地理位置与地层堆积

四棱山地处赤峰、敖汉和辽宁建平三个县旗的交界地带，坐落在老哈河左侧，白斯朗营子村南（图一）。山下土地肥沃，有利于古代原始农业的发展。山坡及台地上，分布有丰富的文化遗迹。在平坦宽阔的一级台地——南台地，发现有小河沿文化和夏家店下层文化的遗址。白斯朗营子村西发现一座战国时期古城址，在古城址南边的山坡上，还发现一处战国墓地。并在二级台地塔山上，发现了含有丰富彩陶片的红山文化遗存。红山文化的窑址分布于四棱山的半山腰。

四棱山也叫狐狸山，海拔 666.5米。半山腰由于风沙流动，形成了大小不等的沙丘。沙丘间的低洼处，往往暴露出一片片的黑土层。红山文化窑址群和遗物就是在这层黑土层中发现的。

四棱山遗址东西长 200 米，南北宽50 米，呈缓坡状，面积约有 10000 余平方米。窑址群位于遗址西南隅的低洼处。发掘工作是从 1974 年 7 月 25 日开

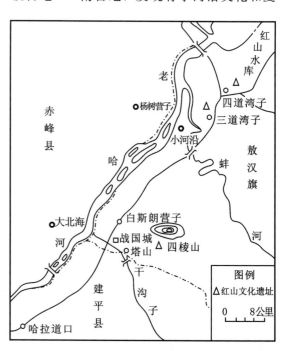

图一　四棱山窑址位置图

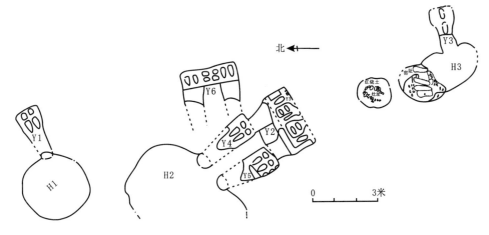

图二　窑址平面分布图

始，到 8 月 15 日结束，历时 20 余天。参加窑址发掘的工作人员有李庆发、李宇峰、王晶辰、邵国田、李恭笃等。这次发掘共开 5 米×5 米探方 9 个，连扩方在内发掘面积 300 余平方米。揭露出 6 座窑址，编号 Y1—6，3 个灰坑，编号 H1—3，1 处灶址。上述遗迹都集中在 T7～T9 三个探方内（图二）。遗址的地层堆积比较薄，文化层厚度大体在 0.3～1 米之间，可分为三层。

第一层即为白沙层。因为白沙随风流动，其厚度难以固定，时薄时厚，薄的地方 10 厘米，厚的地方 2～3 米不等。在剥蚀的低凹处，可采集到磨制的石器、细石器和红山文化的陶片等遗物。

第二层系黑灰土层，其厚度多在 0.3～0.8 米之间，文化遗迹和遗物多集中在该层中。

第三层为黄沙土层，即生土层。因遗址位置较高，采集陶片非常碎小，夹砂陶占 80％以上。从器物口沿观察，多钵形器和侈口器。陶质坚硬，火候高。细泥红陶和彩陶片数量甚少，与山下塔山遗址陶器相比较，有着明显的差别。

## 二　窑室结构

从 6 座窑址的布局观察，无疑这是一处氏族社会从事制陶业的一个小窑场。窑场南北长 21 米，东西宽 10 米，面积为 210 平方米。Y3 位于窑场东侧，Y1 建在窑场北端，Y2、Y4—6 四座窑集中在中部。Y2 与 Y3 之间是一片平整的空地，在空地中心位置，发现一处用石块砌筑的灶址。灶址附近发现许多碎陶片和红烧土。三座灰坑中，出土有石器、骨器及能复原的陶器。从整个窑场布局分析，不难看出，灶址附近的空地，应是制作陶器的地方，窑室前面的灰坑应是存放燃料、灰烬和窑工烧火工作的地方，灰坑也是整个陶窑的组成部分。陶窑布局及其建筑形式，富有规律性，均系顺山坡斜度而建。窑室在上，火膛顺斜坡而下，6座陶窑皆系建在地下的横式窑。Y1、Y3、Y6为东西向，火膛向西225度，Y4、Y2、Y5三座窑方向一致，火膛口皆西北向290度。

我国北方常年多刮西北风，火膛向西或西北，火道顺风能增加火力。可见当时窑工们已从实践中认识到这种顺应风向建窑的方法，从现在的认识看，火膛过长会分散减弱火力。Y4、Y5窑室北壁局部有被Y2打破的现象，可见6座陶窑还存在着修建早晚的差别。6座陶窑，依据结构和建筑形式不同，可分三式：

Ⅰ式窑：1座。Y3位于窑场南侧，窑室平面呈马蹄形。窑室、火膛直接在黄土上掏穴而成，结构比较简单。窑室内设有两个三角形黄土窑柱，窑壁、窑柱的四周均抹一层1厘米厚掺砂粒的草拌泥，已被烧成砖灰色。整个窑址由窑室、火膛、灰坑三部分组成。窑室长1.25、宽0.6~1.1、残高0.3米，窑柱残高0.2米。窑柱在窑室内起着分火和窑箅两种作用。窑室与火膛的底部呈缓坡状，整个火膛为土洞形，两端窄而中间宽。长0.7、宽0.4~0.79、高0.3米。火膛前面的灰坑H3呈不规则的长方形，长3.6、宽1.7、最深处1.2米。坑壁一面直，一面为斜坡状。陶工站在坑内便于观察火温、扒灰、添薪。

Y3是6座窑中建筑形式最简单原始的一座（图三），并在窑室前面出土一件夹砂陶罐的残底和一件直领罐的口沿。在H3的北侧又发现一处被破坏废弃的窑址，周围遗存有许多红烧土块和碎陶片。因破坏太甚，未予编号。

Ⅱ式窑：3座。为Y1、Y4、Y5。

Y1位于窑场北侧，南距Y6为6.5米，与灰坑H1形成一体。窑室为土石结构。用石块砌筑。平面近方形，室内有四个石砌窑柱，前排两个窑柱平面为三角形，后排两个为圆角方柱体，窑室里壁和窑柱面均用草拌泥抹平。在窑室的清理过程中，上面发现一些碎石块堆积，

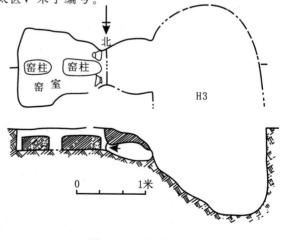

图三　Y3平、剖面图

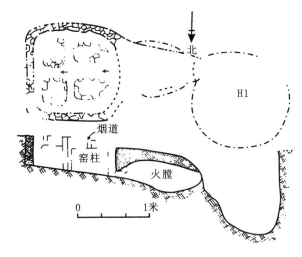

图四　Y1平、剖面图

可能是窑壁倒塌后的遗存。火膛掏洞而成，火洞上下有一定的弧度。火膛全部塌陷，里面填满了黄土，仅在局部还有保留。火焰通过火膛的斜坡火道，直入窑室。窑室南、北、西壁上各发现三处半圆形圆孔，应是专设烟道。窑室长1.48、宽1.38、残高0.45米。火膛长1.2、宽0.4～0.75、高0.4米。窑柱长0.4～0.5米，高和宽均系0.3米。

窑室前的灰坑H1为圆形、直壁。靠火膛一面，坑壁有一定斜度。口径1.2、深1.25米。灰坑与窑室连成一体，与徐家坪、马家窑文化的陶窑结构有些相近[①]。Y1与Y3一样，也是由灰坑、火膛、窑室三部分组成。通长3.8米。很明显，Y1不仅比Ⅰ式窑的面积增大，而且窑柱增多。并用石块砌筑窑室，在窑壁上还修建了6处半圆形烟道。Ⅱ式窑在Ⅰ式窑的基础上，有了新的发展（图四）。

Y4位于窑场中部，东与Y5相邻。该窑是在清理Y2的火膛时发现的，其窑室东壁局部被Y2打破。窑室平面呈马蹄形，建筑形式与Y1相近，窑室内设有四个石砌窑框。火膛塌陷，仅保留靠近窑室部分。火膛呈半圆形拱状。整个窑址南高北低。窑室东西长1.35、南北宽1.3米。前排两个窑柱平面呈三角形。长0.65、宽0.15～0.24米。后排两个窑柱圆角方形，长0.26、宽0.21、残高0.2米。火膛长1.8、宽0.6～0.8米。在清理火膛时发现一些柞木炭渣，由此可知当时烧窑的原料应为柞木树枝。当时窑场周围的山坡上，可能柞林丛生，气温比现在稍高。Y4火膛前有一大型灰坑H2。Y4、Y5的火膛前端都与灰坑H2相连（图五）。

Y5北距Y4为0.7米。窑底距地表1.2米，与Y4属于同一层位。窑室方形，土石结构，窑壁及窑柱皆系石块砌筑。南壁一角被Y2打破。东西两壁发现四个半圆形烟道。火膛圆洞形。窑室底部南高北低，斜坡为30度。窑壁、窑底均烧成砖灰色。

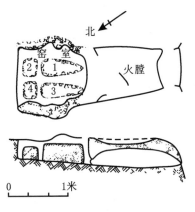

图五　Y4平、剖面图

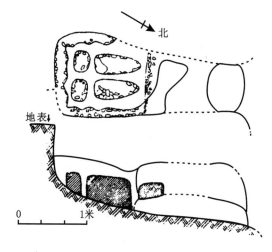

图六　Y5 平、剖面图

窑室南北长 1.38、东西宽 1.2、残高 0.38～0.4 米。前排两个窑柱平面呈三角形。长 0.65、宽 0.2～0.25、高 0.38 米。后排两个窑柱为圆角方形。长 0.3、宽 0.24、高 0.3 米。火膛长 0.9、宽 0.7～0.9 米。火膛与 H2 相连。H2 面积为 7～8 平方米、深 1.2 米。由于时间紧迫，灰坑未能作完。从出土的陶片和地层关系观察，窑址与灰坑属同一时代（图六）。

Ⅲ式窑：2 座。Y2、Y6。

Y6 位于窑场的中部，与 Y4 相邻。为南北向长方形窑室。南北长 2.6、东西宽 1、窑壁残高 0.5 米。全窑可分前后两部分，前部是火膛，后部为窑室。火膛与窑室之间有一道隔墙，火焰由斜坡状火膛通过隔墙进入窑室。8 个窑柱均匀对称地分布在窑室内。1、2、7、8 号四个窑柱平面呈圆角三角形。长 0.6、宽 0.3～0.34 米不等，高 0.3～0.4 米。3、4、6 号三个窑柱平面为圆角长方形。长 0.3～0.4、宽 0.22～0.3、高 0.3 米。5 号窑柱面积最小，平面近圆形，直径 0.2 米。窑壁与窑柱的砌筑方法与 Y4 相同。窑壁里面抹一层厚 1 厘米的草泥土。外壁与生黄土相接。两个东西向火膛分设在窑室的开

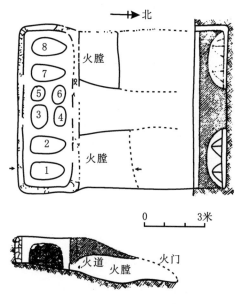

图七　Y6 平、剖面图

端，火膛前端已塌落，靠近窑室部位还有部分保留下来。火膛两端窄，中间宽，呈椭圆形土洞，前低后高，直接在黄土上掏洞而成。残长 0.6～0.9、宽 0.8～0.84、高 0.4 米（图七）。

Y2 位于窑场中部，与 Y4、Y5 相邻。为东西向双火膛，长方形横穴式连室窑，窑室结构与 Y6 相近。前后窑壁均被破坏，保存不够完整。Y2 打破 Y4、Y5 后壁。窑室东西长 2.8、南北宽约 1.1、窑壁高 0.2～0.5 米。室内四个方形窑柱，长 0.3、宽 0.18～0.2、

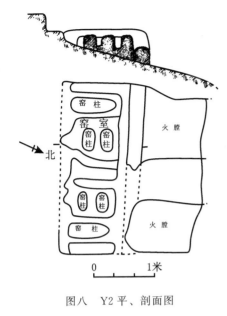

图八　Y2平、剖面图

残高 0.25 米。两个三角形窑柱，均长 0.7、宽 0.24、残高 0.2 米。火膛洞状，券口。长 1～1.2、宽 0.8～1 米，洞高 0.3 米（图八）。

从打破关系上看，Y4、Y5 应早于 Y2，说明存在着建窑早晚的差别。Ⅲ式窑应是Ⅰ、Ⅱ两式窑的扩大和发展。连室窑与单室窑相比，窑室结构更为进步合理，表现在：（1）窑室面积扩大，窑柱增多，所烧陶器比单室窑增加 3～4 倍。（2）双火膛可以集中火力，提高窑温，这样不仅缩短烧窑时间，而且还可以节省燃料和人力。（3）提高窑内的温度，是提高陶器质量的重要条件之一。可以烧制出硬度更大，吸水性小，质量更好的陶器（表一）。

表一　敖汉旗四棱山窑址统计表　　　　　　　　单位：米

| 结构类型 | 窑号 | 窑室形状 | 窑室结构 | 窑室存高 | 窑柱数量 | 窑室类型 | 窑 室 | | | 火 膛 | | | 距地表深度 | 所在灰坑 | 叠压关系 | 发展趋势 |
|---|---|---|---|---|---|---|---|---|---|---|---|---|---|---|---|---|
| | | | | | | | 长 | 宽 | 高 | 长 | 宽 | 高 | | | | |
| Ⅰ式 | 3 | 马蹄形 | 黄土 | 0.3 | 2 | 横式单室 | 1.25 | 0.6～1.1 | 0.3 | 0.7 | 0.4 0.79 | 0.3 | 0.3 | H3 | | Ⅰ |
| Ⅱ式 | 1 | 近方形 | 土石 | 0.45 | 4 | 横式单室 | 1.48 | 1.38 | 0.45 | 1.2 | 0.4～0.75 | | 0.4 | 0.3 | H1 | ↓ Ⅱ |
| | 4 | 近方形 | 土石 | 0.37 | 4 | 横式单室 | 1.35 | 1.3 | 0.45 | 1.8 | 0.6～0.8 | | 0.45～0.6 | H2 | Y2～ ‖ Y4 Y5 | |
| | 5 | 近方形 | 土石 | 0.38～0.4 | 4 | 横式单室 | 1.38 | 1.2 | 0.38～0.4 | 残长 0.9 | 0.7～0.9 | | 0.45～0.6 | H2 | | |
| Ⅲ式 | 2 | 长方形 | 土石 | 0.2～0.5 | 8 | 横式连室 | 2.8 | 1.1 | 0.4～0.5 | 残长 1～1.2 | 0.8～1 | | 0.3 | 0.3 | | ↓ Ⅲ |
| | 6 | 长方形 | 土石 | 0.3～0.4 | 8 | 横式连室 | 2.6 | 1 | 0.5 | 残长 0.9 | 0.8～0.84 | | 0.4 | 0.3 | | |

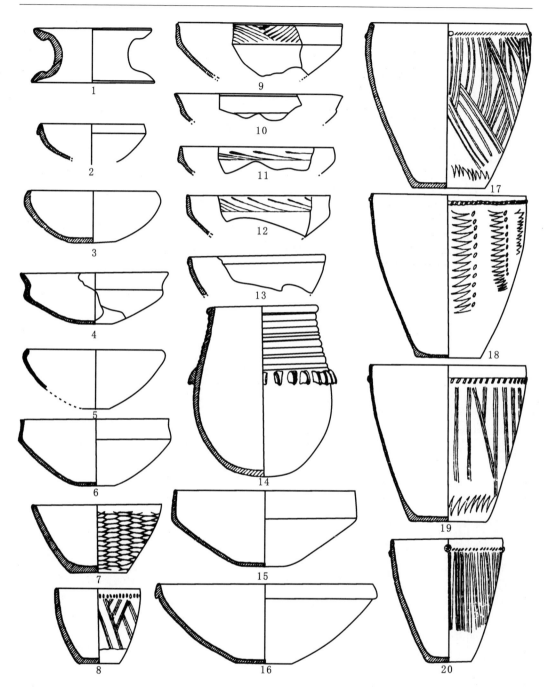

图九　四棱山窑址出土陶器

1. Ⅰ式器座（Y2：7）　2. Ⅲ式叠唇钵（Y3：1）　3. Ⅱ式敛口钵（Y1：1）　4. 尖唇钵（T7：1）　5. Ⅰ式敛
口钵（T3：1）　6. Ⅱ式折腹钵（T2：14）　7. 碗（Y1：3）　8. Ⅴ式侈口罐（T7：3）　9. Ⅳ式折腹钵
（T5：2）　10. Ⅲ式折腹钵（T1：15）　11. Ⅳ式叠唇钵（Y6：1）　12. Ⅴ式折腹钵（T1：2）　13. Ⅱ式叠唇
钵（T3：14）　14. 圜底罐（T6：2）　15. Ⅰ式折腹钵（T3：3）　16. Ⅰ式叠唇钵（T5：1）　17. Ⅰ式侈口
罐（T4：1）　18. Ⅱ式侈口罐（Y6：4）　19. Ⅲ式侈口罐（Y2：2）　20. Ⅳ式侈口罐（Y5：1）（皆 3/16）

# 三 遗 物

（一）四棱山窑址共出土陶片 2714 片，其中夹砂褐陶 2218 片，占出土陶片总数的 81％。泥质陶 431 片，占 15％，其中有泥质灰陶和泥质红陶两种。

夹砂陶的陶质疏松，火候低，吸水性强，含砂量大，遇水极易破碎。夹砂陶多为侈口罐、斜口器、器盖等。器形不甚规整，器物里壁打磨光滑，器表和器底多施有各种不同形式的纹饰。对器物口沿特别注意加工修饰，如侈口罐和斜口器，多施有附加堆纹和凹点纹。器表颜色纯正，多为灰褐色，里壁有黑色和褐色两种。器底多印有编织纹。

泥质灰陶多叠唇钵、深腹罐、盆、器座、圆口瓮等。器形比较规整，器表打磨光滑。泥质红陶多为敛口钵、折腹罐。彩陶数量甚少。制陶技术较原始，多系手制。陶纹复杂富于变化。从陶纹制法观察，大体有三种：

1. 各种不同形式的压印之字纹，依据器物的不同形状。压印之字纹有疏密纵横之别。从之字纹中又可派生出弧线纹和弧线篦点纹（图九，18；图一〇，7、11）。据研究得知，压印之字纹是用一种长 6～8 厘米、边缘刻有篦齿状的薄木片或骨片工具，持其两端互为支点上下或前后连续移动压印出来的[②]。

2. 编织纹多印在器物底部。从纹样观察，所用的编织原料大致有两种：一种是用植物的枝条及禾本科植物的茎叶编结而成；一种是用绳子或绳子与植物枝条相结合的编织物（图一〇，12）。有的同志认为这种编织纹是陶坯放在编织物上晾干时印上去的。不过根据印纹沟痕较深考虑，有可能是有意识印上去的，其理由有三：

第一，如果是陶坯晾干时印上去的，要印出像Ⅰ式斜口器（Y6：7）底部那样清晰的编织纹饰，那么陶坯得软到何种程度？

第二，如果陶坯都放在编织物上晾干，为何有的器底不见编织纹？

第三，往往器底边缘的印纹不甚明显。

3. 划纹是用一种简单工具在陶坯上纵行划成两道一组或三道一组的平行线或斜线（图一〇，9）。这种纹饰既有美化器物的作用，也有防止陶坯裂缝的作用。另外还有部分指甲纹、锥刺纹、水波纹等（表二）。

四棱山窑址复原的陶器和大体能看出器形的，共计 102 件。器物种类有罐、钵、碗、盆、器盖、器座、瓮等（表三）。

**表二　敖汉旗四棱山窑址陶片纹饰统计表**

| 纹饰<br>数<br>片数<br>陶系 | 素面磨光 | 彩绘 | 划纹 | 弧线纹 | 之字纹 | 绳纹 | 弧线篦点纹 | 篦点纹 | 弦纹 | 水波纹 | 锥刺纹 | 指甲纹 | 附加堆纹 | 总计 | 百分比 |
|---|---|---|---|---|---|---|---|---|---|---|---|---|---|---|---|
| 泥质灰陶 | 352 | | 62 | 17 | | | | | | | | | | 431 | 15.8 |
| 泥质红陶 | 30 | 7 | | 13 | 10 | | 5 | | | | | | | 65 | 2.5 |
| 夹砂褐陶 | 70 | | 350 | 1451 | 80 | 15 | 130 | 50 | 10 | 5 | 7 | 30 | 20 | 2218 | 81.7 |
| 总　计 | 452 | 7 | 412 | 1481 | 90 | 15 | 135 | 50 | 10 | 5 | 7 | 30 | 20 | 2714 | 100% |
| 百分比 | 16.6 | 0.2 | 15.1 | 55.2 | 3.3 | 0.5 | 4.9 | 1.8 | 0.3 | 0.1 | 0.2 | 1.1 | 0.7 | 100% | |

**表三　敖汉旗四棱山窑址出土陶器统计表**

| 种类 | 侈口罐 | 深腹罐 | 直领罐 | 叠唇钵 | 折腹钵 | 陶碗 | 器座 | 器盖 | 斜口器 | 陶瓮 | 陶盆 | 尖唇钵 | 圜底器 | 总计 |
|---|---|---|---|---|---|---|---|---|---|---|---|---|---|---|
| 数　量 | 40 | 4 | 9 | 6 | 10 | 3 | 8 | 2 | 8 | 4 | 6 | 1 | 1 | 102 |
| 百分比 | 39.21 | 3.92 | 8.82 | 5.88 | 9.83 | 2.94 | 7.84 | 1.96 | 7.84 | 3.92 | 5.88 | 0.98 | 0.98 | 100% |

现将各类器物叙述如下：

侈口罐：出土 40 件口沿和器底。复原 5 件。最大口径 24 厘米，小的 5～6 厘米。这类罐口径和高大体相等。均系夹砂灰褐色。根据其形制不同，分五式。

Ⅰ式　9 件。T4：1，侈口，小底，口沿微收，有对称凸状小耳。器表饰纵行划纹，下腹施弧线纹，器底印有编织纹。口径 24、高 24.5、底径 11 厘米（图九，17）。

Ⅱ式　8 件。Y6：4，侈口，小底，舌尖唇。口沿下施一圈指甲纹，器表施竖行松散的弧线纹，器底印有编织纹。口径 24、高 24、底径 10 厘米（图九，18）。

Ⅲ式　6 件。Y2：2，侈口，平底。器形规整，壁较直。口沿下施一圈凹点纹，器身为竖行划纹，近底部有弧线纹。口径 24、高 22、底径 12 厘米（图九，19）。

Ⅳ式　7 件。Y5：1，侈口，小底，斜壁。器形规整。口沿下施一圈凹点纹，器表制有密集的竖行划纹。口径 17.5、高 18、底径 6.5、底厚 0.8 厘米（图九，20）。

Ⅴ式　10 件。T7：3，器形虽小，制作规整，口沿平齐。沿下施一圈指甲纹，器表划有一组三条近乎平行的直线，相互交接形成的纵行划纹，器底印有编织纹。口径 13.5、高 11.5、底径 7、底厚 1 厘米（图九，8）。

叠唇钵：发现 6 件。均为泥质陶，分四式。

Ⅰ式　1件。T5：1，叠唇，斜壁，平底。泥质灰陶，素面。口径33、高12、底径9厘米。是钵类器物中最大的一件（图九，16）。

Ⅱ式　1件。T3：14，为残口沿。叠唇，深腹。器壁厚。泥质灰陶，素面。口径21、高约10厘米（图九，13）。

Ⅲ式　2件。Y3：1，叠唇，浅腹，小底。灰陶素面，器表光滑。器形规整。口径16、高约6厘米（图九，2）。

Ⅳ式　2件。Y6：1，为残口沿。陶质细腻、坚硬。器形规整。口沿处施蝌蚪形黑彩。口径24厘米（图九，11）。

折腹钵　发现10件，分五式。有泥质红陶和彩陶两种，不见灰陶。这类钵的出土数量，仅次于侈口罐。

Ⅰ式　2件。T3：3，平唇，直口。折腹处棱角明显。泥质红陶，素面。陶质坚硬，火候高。手制，但器形规整，美观。口径28、高11.2厘米（图九，15）。

Ⅱ式　3件。T2：14，圆唇，口沿微内收。制作规整，器形美观。泥质红陶，素面。口沿部位黑红色，下腹杏黄色。口径25、高12、底径8厘米（图九，6）。

Ⅲ式　3件。T1：15，舌尖唇，口沿外折，下腹曲收。泥质红陶，素面。杏黄色。仅余残口沿。口径约26厘米（图九，10）。

Ⅳ式　1件。T5：2，舌尖唇，口沿较直，下腹急收。大口浅腹。口沿处施黑彩蝌蚪窝纹。这种彩纹应是用毛笔绘制，笔锋极细。口径约30厘米（图九，9）。

Ⅴ式　1件。T1：2，敞口，浅腹，尖唇。口沿处施蝌蚪纹黑彩。仅获口沿残片。口径约22厘米（图九，12）。

敛口钵　4件，分二式。

Ⅰ式　1件。T3：1敛口，圆唇，浅腹，圜底。泥质红陶，素面。器壁薄厚均匀，做工细致。口径21、高8.8厘米（图九，5）。

Ⅱ式　3件。Y1：1，敛口，圆唇，浅腹，平底。泥质红褐陶，素面。器壁厚。器形端正。口径20、高8、底径7厘米（图九，3）。

尖唇钵　1件。T7：1，仅有大半口沿，尖唇。口沿外折，腹部棱角突出。器形美观端正。口径23、高6.2、底径6厘米（图九，4）。

斜口器　发现8件，复原2件。分三式。

Ⅰ式　3件，复原1件。Y6：7，斜口筒形，平底。口沿下施一圈指甲纹并制有对称的鸡冠耳。夹砂灰褐陶。器表布满了横行弧线篦点纹，器底施有编织纹。上口径24、底径10.4、高17～40厘米（图一〇，4、6）。与赤峰西水泉遗址偏口器（F17：37）有

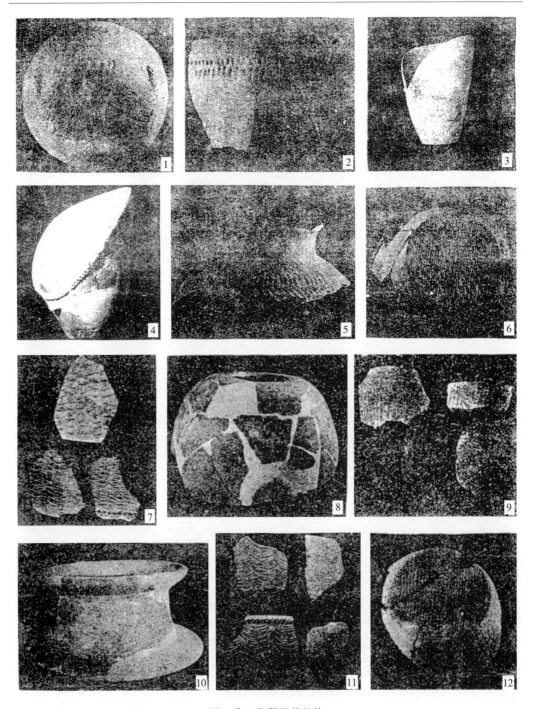

图一〇　陶器及其纹饰

1. 器盖（Y4：5）　2. Ⅰ式陶瓮（采：3）　3. Ⅱ式斜口器（Y6：8）　4. Ⅰ式斜口器（Y6：7）　5. 直领罐（T4：10）　6. Ⅰ式斜口器底部（Y6：7）　7. 之字纹陶片　8. Ⅱ式陶瓮（Y2：9）　9. 划纹陶片　10. Ⅱ式器底（Y3：2）　11. 弧线篦点纹陶片　12. 绳纹器底（Y5：6）

些相近③。

Ⅱ式 3件，复原1件。Y6：8，敞口，斜边簸箕形。施短流。器形新颖。器表有压印之字纹。夹砂灰褐陶，手制。是红山文化中罕见的新器形。口径25、底径9、高25～35厘米（图一〇，3）。

Ⅲ式 2件，均系残片口沿。T7：8，从残存口沿观察。斜口为圆角长方形簸箕状。圆角下制有鸡冠耳。口沿下施一圈附加堆纹，堆纹上还有指甲纹。器表印满了横行的弧线纹。为黑灰色夹砂陶。口沿残长27、宽10厘米。

从目前发表的材料看，出土斜口器的遗址已有四处。即沈阳新乐遗址④、昭乌达盟富河沟门遗址、赤峰西水泉遗址和四棱山窑址。四棱山斜口器出土在窑址，富河沟门的斜口器出土在灶旁，新乐和西水泉的斜口器均出土在房址内。从各地出土的斜口器观察，虽存在不同特点，但形制大体一致。从器物本身还看不到明显的使用痕迹。对其用途认识还不尽相同，有的同志研究认为是撮搂灰烬和杂物的一种工具⑤。也有的根据出土在灶旁，认为是储存火种的工具⑥。总之目前还缺乏足够的证据，来阐明这类奇特陶器的用途。

深腹罐：发现4件，均残，仅Y5：3能看出其器形。口沿微外折，腹中部微鼓。细泥灰陶，素面。口径14、通高约30厘米。

直领罐：9件，均为残口沿。器形相近，仅大小有别。T4：10，直领，广肩，唇部稍外卷。肩部施密集的压印弧线纹。口径15、壁厚0.7厘米（图一〇，5）。

圜底罐 1件。T6：2，平唇，曲腹，圜底。上腹施弦纹，下腹素面。中间制一圈凸状饰。类似半坡遗址出土的尖底罐⑦。口径17、高24、底径8厘米（图九，14）。

陶瓮 4件。均为残品，未能复原。为所有器类中器形最大的一种。分二式。

Ⅰ式 1件。采：3号，敞口，直壁，口沿下施两排凹点纹。通体印有细绳纹（图一〇，2）。

Ⅱ式 3件。Y2：9，圆口，广肩，曲腹，小底。口沿处低于肩部。泥质灰陶，素面。器壁厚。赤峰西水泉也见这种瓮（图一〇，8）。

陶盆 6件。分二式。

Ⅰ式 3件。T9：1，叠唇，敞口，小平底。器表施指甲纹。泥质灰陶。

Ⅱ式 3件。T7：10，舌尖唇，口沿断面较厚。折腹处有明显棱线。

陶碗 3件。形制大小相若。Y1：3，敞口，斜壁。小底。通体施压印之字纹。口径20、高10、底径9.4厘米（图九，7）。

器座 8件，复原2件。分二式。

Ⅰ式　4件。Y2：7，平口，叠唇，束腰，喇叭状。泥质灰陶，素面磨光。口径18、高8厘米（图九，1）。

Ⅱ式　5件。Y3：2，底大口小，束腰。下粗上细。泥质灰陶，素面磨光。比Ⅰ式稍大。底径24、高10厘米（图一○，10）。该窑址出土的器座与豫西陕县庙底沟仰韶文化遗址出土的同类器座很相似⑧。

器盖　2件，复原1件。Y4：5，圆形，中部施桥状耳，耳中间有突出的两条棱线。盖顶部施压印弧线纹和四段对称的附加堆纹。盖边缘较薄，中部有一圈棱线，棱线上施松散的指甲纹。口径14.5、高11厘米（图一○，1）。该器盖与红山后遗址出土的器盖相近，但红山后的器盖上无耳。

器耳　出土不同形式的器耳21件，其中圆柱形器耳4件，桥状鋬耳1件，螺旋形器耳4件，乳丁耳2件，鸡冠耳10件。

纺轮　3件。

T1：13，圆饼状，周缘打制磨光。圆孔两面钻。石质。直径3.4厘米。

采集8号，算珠状。陶质。直径3厘米。

采集17号，圆墩状，形制不甚规整。直径2.8～3.2厘米。

（二）石器　窑址出土石器共162件。其中磨光石器20件，细石器142件。种类有石耜、石刀、石锛、石斧、石磨盘、石磨棒。细石器中有尖状器、刮削器、石刃、石片和石核等。现分述于下：

石耜　2件。分二式。

Ⅰ式　T4：4，前端呈三角形，上有束腰，便于用绳捆缚固定。边刃锋利，有竖行使用痕迹。长16.5、最宽处11.5、厚0.8厘米（图一一，1）。

Ⅱ式　Y4：2，鞋底状。前端呈舌尖状，后端平齐。土黄色砂岩磨制。尖刃薄，中间稍鼓。长24、宽6～10.5、厚0.8厘米（图一一，2）。

石刀　2件。均残断，分二式。

Ⅰ式　T1：16，直刃弧背，两面刃。从中间残断，保留一个圆孔。青色页岩磨制。残长7、宽3.5、厚0.5厘米（图一一，3）。

Ⅱ式　T2：15，梭形，斜刃。上侧有两个圆孔。灰白色砂岩磨制。残断。长6.7、宽1.3、厚0.8厘米（图一一，4）。

石锛　1件。Y6：10，残断。磨制，一面刃。长5、宽4、厚1.3厘米（图一一，7）。

石斧　4件。分四式。

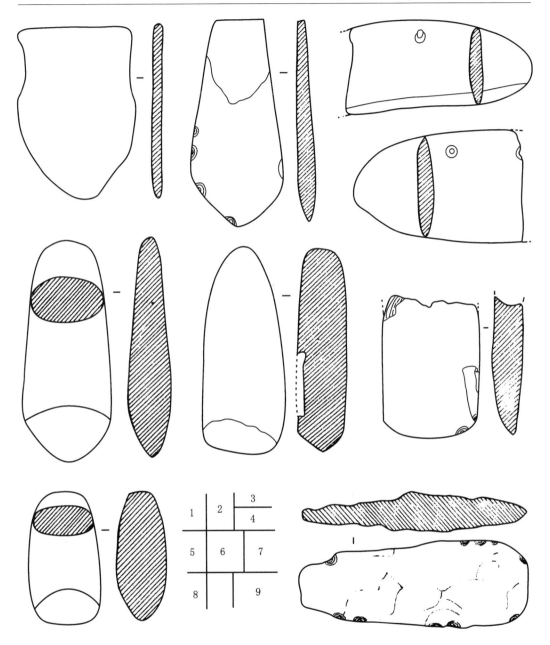

图一一 石器

1. Ⅰ式石粗 (T4：4)  2. Ⅱ式石粗 (Y4：2)  3. Ⅰ式石刀 (T1：16)  4. Ⅱ式石刀 (T2：15)  5. Ⅰ式石斧 (T9：5)  6. Ⅲ式石斧 (采：16)  7. 石锛 (Y6：10)  8. Ⅱ式石斧 (采：14)  9. Ⅳ石斧 (采：15)（1、2. 为 1/6，3、4、7. 为 2/3，5、6、8、9. 为 1/3）

Ⅰ式  T9：5，舌尖刃，斧身断面呈椭圆形，砂岩磨制，通体磨光。长 17、宽 7、厚 2～3.4 厘米（图一一，5）。

Ⅱ式 采：14号，方肩，圆体，直刃，器身短小。通体磨光。长10、宽5.4厘米（图一一，8）。

Ⅲ式 采：16号，直刃，尖肩。斧身厚重。刃部夹角大。长16、宽3.8厘米（图一一，6）。

Ⅳ式 采：15号，半成品，仅打制成雏形。直刃，圆角。为青黑色砂岩。长18、宽7厘米（图一一，9）。

石磨棒 10件。分二式。

Ⅰ式 2件。T5：15，两头尖，中间粗，断面近圆形。长20、粗径4～5厘米。中间磨出了弧度。

Ⅱ式 8件，均已残断。断面呈三角形。皆系黄砂岩磨制。长8～15厘米不等。

长方形凹面石磨盘 1件。采集18号，两头上翘，中间下凹。黄色砂岩。长31.5、宽13厘米。

细石器 出土42件，采集100件。石料有燧石、玛瑙、水晶、石英等。现选择部分标本作介绍：

尖状器 22件。分六式。

Ⅰ式 3件。T2：4，锥形，两侧有二次加工痕迹。燧石琢制。长5.5、宽1.2～2.2厘米（图一二，21）。

Ⅱ式 5件。T2：5，两端尖，中间宽。燧石打制。长5、宽1.6厘米（图一二，2）。

Ⅲ式 2件。T5：5，三角形，底边有凹槽。两侧刃二次加工明显，红色燧石打制。长4.3、宽2.5厘米（图一二，3）。

Ⅳ式 6件。T9：6，锥状。石片琢制而成。体曲而薄。长3.8、最宽处1.6厘米（图一二，1）。

Ⅴ式 4件。T6：3，石片琢制。一端尖，一端有台面。台面上打击点清晰。体曲，稍有弧度。长3、宽1.5厘米（图一二，4）。

Ⅵ式 2件。T8：2，三角形，中间起脊。两侧刃薄颇锋利，二次加工痕明显。长4、宽2.5厘米（图一二，5）。

指甲形石器 20件，选两件标本。

T8：4，体薄，边刃锋利，经二次加工。应是一种小型刮削器。长2.3、宽2厘米（图一二，6）。

T8：3，近长方形，指盖状。体小刃薄。燧石加工而成。长2、宽1.7厘米（图一

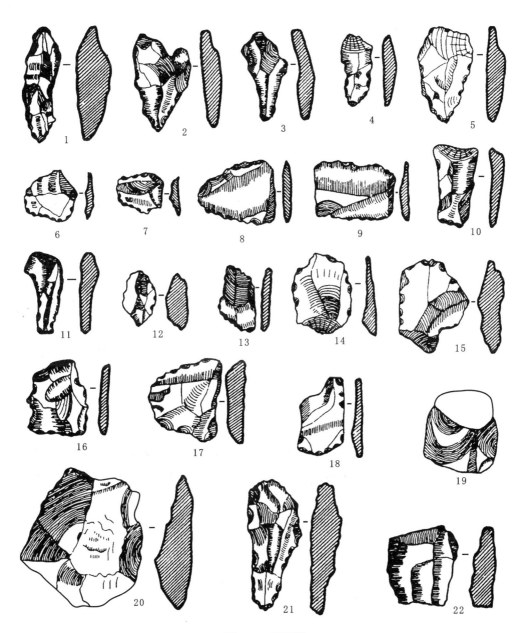

图一二 细石器

1. Ⅳ式尖状器（T9：6） 2. Ⅱ式尖状器（T2：5） 3. Ⅲ式尖状器（T5：5） 4. Ⅴ式尖状器（T6：3）
5. Ⅵ式尖状器（T8：2） 6、7. 指甲形刮削器（T8：4、T8：3） 8. 三角形石器（T9：3） 9. 长方形
石刀（T9：4） 10. Ⅰ式打制石片（T8：1） 11. Ⅱ式打制石片（T1：4） 12. Ⅲ式打制石片（T6：4）
13. Ⅳ式打制石片（T5：4） 14. Ⅴ打制石片（T3：5） 15. Ⅵ式打制石片（T1：5） 16. Ⅶ式打制
石片（T3：6） 17. Ⅷ式打制石片（T2：1） 18. Ⅸ式打制石片（T4：5） 19. 圆石核（采集20号）
20、22. 残石核（采集19号、T2：2） 21. Ⅰ式尖状器（T2：4）（均为原大）

二，7）。

长方形石刃　5件。选一件标本。

T9：4，长方体，边刃薄，使用痕明显。制作精致。为装在骨槽中的石刃。长3.4、宽2.4厘米（图一二，9）。

三角形石刃石器　5件。

T9：3，扁平体，边刃锋利。红色燧石片琢制。长3.2、宽2.6厘米。是一种刮削工具（图一二，8）。

打制石片　79件。根据不同形制，分九式介绍：

Ⅰ式　9件。T8：1，长方体，断面为三角形。一面凸，一面平。为从石核上剥落下来的石片。长3.5厘米（图一二，10）。

Ⅱ式　11件。T1：4，锥体状，一端宽，一端窄。即剥落的石片稍经加工而成。长3.5厘米（图一二，11）。

Ⅲ式　3件。T6：4，两头尖，一面平，一面突起。透明玛瑙琢制。这类型的石片少见。长1.3、厚1厘米（图一二，12）。

Ⅳ式　7件。T5：4，扁平长方形。一面有使用痕。应为一种刮削工具。长2.3、宽1.6厘米（图一二，13）。

Ⅴ式　13件。T3：5，从石核剥落下来的石片。破裂面清楚，边刃锋利。长3.3、宽2.5厘米（图一二，14）。

Ⅵ式　10件。T1：5，呈不规则状。两侧边刃锋利。长3.7、宽3厘米（图一二，15）。

Ⅶ式　7件。T3：6，长方形，扁平体。一边刃，有明显使用痕。红色燧石打制。长3、宽2.5厘米（图一二，16）。

Ⅷ式　9件。T2：1，一面平，一面有突棱，边刃厚钝。仅一边有刃。长3.5、厚0.8厘米（图一二，17）。

Ⅸ式　10件。T4：5，为击落下来的碎石片。长3、宽1.9厘米（图一二，18）。

石核　发现11件。介绍3件。

采集19号，为剩余残石核，呈不规则状。长5.4、宽5厘米（图一二，20）。

T2：2，残石核，剥落痕迹明显。长3、宽1厘米（图一二，22）。

采集20号，圆柱体，台面平整。高1.9、直径2.5厘米（图一二，19）。

（三）骨器　发现6件。

骨针　1件。H2：1，扁圆体，针尖锋利，针鼻处扁薄。长7.5、宽0.4厘米（图一三，1）。

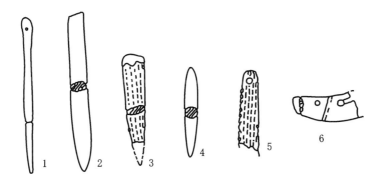

图一三　出土骨器

1. 骨针（H2∶1）　　2. Ⅰ式骨锥（H1∶2）　　3. Ⅱ式骨锥（H1∶1）

4. Ⅲ式骨锥（H3∶2）　　5、6. 骨饰（H2∶2、H3∶1）（均为 1/2）

骨锥　3 件。分三式。

Ⅰ式　H1∶2，扁圆体，尾部稍残。长 7.5、宽 0.9 厘米（图一三，2）。

Ⅱ式　H1∶1，尖与尾均残断，仅存中部。锥体扁平。存长 4 厘米（图一三，3）。

Ⅲ式　H3∶2，两端细，中间粗。为最小的一件。长 4 厘米（图一三，4）。

骨饰　2 件。

H2∶2，扁平体，残断。尾端有一圆孔。长 3.5、宽 1 厘米（图一三，5）。

H3∶1，扁平板状。一面平，一面稍有弧度。中间残断，钻有小孔，刻有骨槽。残长 3.5、宽 1.3、厚 0.2 厘米（图一三，6）。

# 四　结　语

四棱山红山文化窑址，虽然规模不大，但保存基本完好，窑场的布局井然有序。这对我们了解氏族社会的制陶作坊、工作环境、工艺发展和从事制陶业的人力，都是非常重要的科学资料。

从窑址的规模观察，应是一个氏族内进行集体劳作的窑场。根据 Y2 打破 Y4、Y5 的情况和六座窑的建筑形式及其结构的不同分析，Y2 与 Y4、Y5 不可能是同时使用的，同时使用的陶窑也只能有 2～4 座。

单室窑如果按 1 平方米的面积计算，窑柱的平面面积不到窑室的二分之一。一件器物平均占 30 平方厘米，一窑也只能烧 20 余件陶器。连室窑面积虽然扩大，一窑也只能烧 50～60 件陶器。烧大型器物数量就更少了。窑场内没有发现房址或别的附属建筑。显然冬季和雨季是不能制陶开窑的，一年只有 3～4 个月的时间可进行生产。窑场设在山上，从 1～2 里路远的山下往山上运水、运土。可见当时生产出 1 件陶器并不那么容易。我们经常看到缀补破裂陶器的穿孔就是佐证。

在 Y4 的火膛内，发现了柞木炭渣，说明所用的燃料是柞木树枝。在 5000～6000 年前，四棱山柞木丛生，气温比现在稍高，不像今天这样干旱。

六座陶窑分三式，三种不同形式的陶窑清楚地体现着陶窑从无到有，从简单到复杂的发展变化过程。Ⅰ式窑为单室窑。是在黄土上掏穴而成，窑柱为黄土台，陶窑结构非常简单原始。Ⅱ式窑，虽为单室窑，但比Ⅰ式窑有了明显的发展。不仅窑壁和窑柱已用石块砌筑，而且窑柱从 2 个增加到 4 个。Ⅲ式窑，由单室窑发展到连室窑，不仅窑室面积增加 2～3 倍，而且窑柱增加到 8 个之多。由单火膛进而演变成双火膛。显然，四棱山窑址是按照Ⅰ式→Ⅱ式→Ⅲ式窑，这样一个趋势向前发展的。

六座陶窑，不论其大小，均系横式窑。火膛都为斜坡洞状，火焰通过斜坡火道进入窑室。窑柱具有分火的作用。火膛较长，固然会减弱火力，估计当时陶坯进窑前。还没有条件对陶坯进行预热，减少陶坯本身温度与窑室温度的差距，以防止陶坯黏土中结晶水急骤脱出而引起坯体破裂。横式窑火温升高缓慢，正适应当时社会制陶业的发展水平。横式窑在我国的陶窑史上，出现比较早，中原地区，裴李岗文化就已出现。仰韶文化时期也是以横式窑为主。竖式窑则开始出现于仰韶文化而盛行于龙山文化及其以后[9]。横式窑早于竖式窑，它比竖式窑容易建造，坚固不易塌陷。

在发掘中 Y2、Y6 上部的填土中，虽有些石块堆积，但数量不多。根据窑室基本建在地下和民族学材料考虑，烧窑时可能用草泥封顶。红山文化和仰韶文化存在多方面的共同因素，四棱山窑址和仰韶文化窑址也有许多共同点。如西安半坡卧式窑、河南庙底沟陶窑都大体一致[10]。除此之外，红山文化还应存在一种比这六座窑更大的陶窑。否则，像 1 米左右高的无底大型筒形器、广肩小底瓮，这类窑是无法烧制的。

四棱山陶窑所烧制的陶器，以夹砂褐陶为主，泥质陶较少。器类以侈口罐、斜口罐、钵形器为多。

彩陶器不仅数量少，纹样也非常单一，常见的只有蝌蚪纹和窝纹，而菱形纹、鱼尾纹、人字纹、几何形三角纹、方块纹、同心圆纹、勾叶圆点纹则不见。结合窑址位置偏高和出土遗物特点考虑。四棱山窑址应是一处红山文化偏早的遗存。喀左县东山嘴遗址是红山文化晚期阶段的遗址。[14]C 测定 4895±70 年（树轮校正为 5485±110 年）[11]。从与凌源三官甸子城子山遗址[12]、阜新胡头沟遗址出土器物比较分析[13]，四棱山窑址的时代可能早到距今 6000 年左右。

（原载《史前研究》1987 年 4 期）

## 注　释

① 中国硅酸盐学会编：《中国陶瓷史》17 页，图八。

② 中国科学院考古研究所内蒙古工作队：《内蒙古巴林左旗富河沟门遗址发掘简报》，《考古》1964 年 1 期。

③ 中国社会科学院考古研究所内蒙古工作队：《赤峰西水泉红山文化遗址》，《考古学报》1982 年 2 期。

④ 沈阳市文物管理办公室：《沈阳新乐遗址试掘报告》，《考古学报》1978 年 4 期。

⑤ 刘焕民：《新乐斜口异形器用途研究》，《新乐遗址学术讨论会文集》1983 年。

⑥ 中国社会科学院考古研究所编：《新中国考古发现和研究》，178 页。

⑦ 中国科学院考古研究所等：《半坡遗址》，图版壹壹玖，5、6。

⑧ 中国科学院考古研究所编著：《庙底沟与三里桥》，30 页 A7aH327∶13 与图版叁肆，1。

⑨ 中国硅酸盐学会编：《中国陶瓷史》42 页。

⑩ 中国硅酸盐学会编：《中国古陶瓷论文集》135 页图一，176 页图六。

⑪ 郭大顺、张克举：《辽宁省喀左县东山嘴红山文化建筑群址发掘简报》，《文物》1984 年 11 期。

⑫ 李恭笃：《辽宁省凌源县三官甸子城子山遗址试掘报告》，《考古》1986 年 6 期。

⑬ 方殿青、刘葆华：《辽宁阜新县胡头沟红山文化玉器墓的发现》，《文物》1984 年 6 期。

# 红山文化玉雕艺术初析

我国古代绚丽多彩的玉雕艺术在世界文明史上享有很高的声誉，不仅产生的时代早，而且具有独特的民族风格和令人神往的艺术魅力，从古至今始终被人们所珍视。

笔者根据近年来辽河流域红山文化和燕山南北所出的一批玉器，对红山文化的玉雕艺术谈谈自己的一些粗浅认识，就教于同志们。

## 一

在辽宁省新石器时代的遗址中，玉器出现得既早而又普遍。沈阳新乐下层文化 F2 出土的 4 件小型玉石工具，磨制尤为精致（图一，1、2），据 $^{14}$C 测定最早数据为距今 7245±165 年[①]；辽南广鹿岛土珠子遗址中层，出土有小玉环（图一，4），$^{14}$C 测定距今为 6275±200 年[②]；本溪县马城子二号洞穴下层出土有玉斧（图二，2）、玉凿[③]（图一，3），年代为距今约 5000 年左右。

我国北方红山文化的遗址，墓葬中出土的玉制工具和玉雕饰品就更为丰富。红山文化不仅有与中原仰韶文化相联系的高度发达的彩陶工艺，而且还有古朴新颖的玉雕艺术品。前者早已为人们所熟悉，而后者则是近年来逐步认识的。随着燕山南北田野考古工作的长足发展，从 20 世纪 70 年代末到 80 年代初，辽宁西部、昭乌达盟、承德地区，红

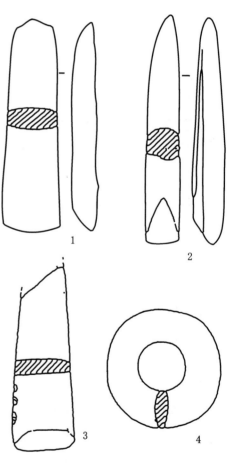

图一　石制工具、饰品

1. 玉锛　2. 玉刻刀　3. 玉凿　4. 玉环（1、2. 沈阳新乐，3. 本溪马城子二号洞穴，4. 长海县广鹿岛吴家村。均为原大）

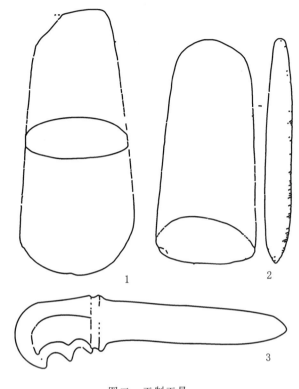

图二　玉制工具

1、2. 玉斧　3. 玉勾刀（1. 内蒙古宁城县打虎石水库，2. 本溪马城子洞穴，3. 内蒙古林西县南沙窝子。均约 1/4）

山文化玉器的出土不断增多，丰富多彩的北方玉器群，引起了考古学家和专业工作者们的极大关注。

早在 20 世纪 60 年代，红山文化就有玉器出土，文化部门也有零散的收集品，只是由于当时认识上的局限，多把红山文化的玉器看成是商周时代的遗物。进入 80 年代以来，对北方出土玉器的研究，提到了重要日程。现将红山文化玉器被认识的过程概述如下。

（一）1971 年春，昭乌达盟翁牛特旗三星他拉村，群众在北山岗造林时挖出一件墨绿色大型玉龙[④]，送到县文化馆。省专业考古人员看后众说纷纭，但对其时代的估价一般都偏晚。而玉龙出于红山文化遗址，这是客观事实，很显然与红山文化有关，玉龙有可能属于红山文化的想法开始活跃起来。此后，考古工作者们更加注意积累、收集有关这方面的资料。

（二）1973 年，辽宁省博物馆在阜新蒙古自治县化石戈乡台吉营子大队胡头沟[⑤]，发掘的几座古墓葬中，出土了一批玉器，并在墓葬上部的土层中发现了红山文化的彩陶片。从此，人们开始注意玉器与红山文化彩陶的关系。

（三）1974 年 6 月，在昭乌达盟克什腾旗好鲁库羊种场石板山花岗岩巨石下，牧工发现了玉棒、玉斧、玉凿、玉锥状器、玉环、绿松石串珠、石镞等珍贵文物。当我们赶赴现场清理时，又挖出几件琢制规整的细石器和被烤过的几段人骨。对遗址进行全面考察时，在出土玉器地点附近，又采集到一些带篦点纹的粗砂陶片，根据出土遗物和人的烧骨推断，该处无疑应是一座古墓葬。这一材料的获得使我们了解到玉器与细石器共存，玉器与早期篦点纹陶片有关。石板山遗址是目前出土玉器较多的一个地点，同时也是最北的一个地点。

（四）1979 年 6 月，辽宁省文物普查学习班在凌源县凌北乡三官甸子大队城子山，发现了一处红山文化遗址，同年 10 月进行试掘时，发现了三座地层关系明确的红山文化墓葬，其中 M2 出土了玉佩饰、玉箍形器等 9 件完美的玉器。这为辽河流域出土的早期玉器属于红山文化的问题，找到了科学根据，多年来悬而未决的问题得到了解决。

在三官甸子城子山遗址试掘的同时，喀左县东山嘴遗址亦发掘出土了淡白色小玉龙和臀部、乳房肥大，女性特征明显的陶塑像，并揭露出一处与女塑像有关的建筑规模较大的圆形石筑祭坛。它的布局是中部以一个长 11、宽 9.8 米的方形基址为中心，内置成组立石，西部为一直径 25 米的圆台址，东西两侧各距 6 米，分别有一道南北走向的基石带。整个建筑所用石料都经加工，建筑址南北长 60、东西宽 40 米。经放射性碳素测定，遗址距今 5385±100 年（经树轮校正）⑥。

1981 年秋，又在距三官甸子遗址东北约 5 公里的牛河梁，发现了出有玉器的红山文化的大片墓地。到目前为止，据粗略统计，红山文化的玉器，目前已发现 300 余件，出土玉器的地点已达 30 余处。

二

现将红山文化的玉器作简略介绍。

红山文化的玉器，大体可划分为三类。

一类是从事生产的工具（包括兵器）；当时一器多用，工具和武器不分，一件石斧既是从事生产的工具又是护身自卫的武器。

二类是人身佩戴的饰品，其中多数是为了美化生活，有少量的大型佩饰具有体现不同身份和地位的含义。

三类是专供观赏用的玉雕动物群，其中有部分是用虚构方法雕刻而成的特殊动物形象，这种玉雕含有氏族徽号与权力象征的意义。

从制造方法看，多数玉雕为现实生活的写实，但是也出现了冥想虚构的想象作品，如玉龙、玉虎和一些勾纹玉佩等。所谓虚构，当然也是客观事物在人们头脑中反映的产物，只不过是根据需要作了抽象概括。而不是单纯的对某一形象作具体摹仿。在我国新石器时代的艺术作品中，这种题材的艺术作品并不多见。1958 年甘肃省武山西坪出土的一件仰韶文化的陶瓶上，画一幅人首蛇身相结合的"龙"的想象画。原始社会艺术匠师们，经过构思，把人和虫体相结合，创造出能体现人们思想意志的"龙"，这种思维活动，比单纯的摹仿写实作品要复杂得多。这种把两种不同性质的动物体，各取所需，结合成一体，赋予其新的生灵，这在艺术发展史上无疑是一大进步，对后来艺术形象塑造影响颇大。红山文化的玉龙、玉虎，表现得尤为突出。红山文化的玉斧、玉铲、玉锛、玉刻刀比较普通。1976年我们在昭乌达盟宁城县打虎石水库调查时发现的玉斧长18、宽6.3厘米（图二，1）。林西南沙窝子1975年出土的玉勾刀长17、宽2～3.5厘米（图二，3）。凌源县三官甸子M2出土的两件玉钺，圆角，方形，中间施孔，一件长11.5、宽10.1、厚0.7厘米，圆孔直径2.5厘米。两件玉钺均出土于腰部左侧。从形制和无刃边及钻有小孔分析，应是悬挂起来显示神威的一种象征性武器。

红山文化的长方形、方形圆勾纹玉饰，多用青绿色晶莹的玉料雕刻而成。图案简洁疏朗，做工精致细腻，阳线和斜面棱线琢磨规整，有的棱线触之有感，视之不见，制作技术非常娴熟。玉饰背面制有先开沟槽斜打眼的四鼻，钻孔技术比较原始。根据出土于头部推测[7]，当是头饰。三官甸子M2出土的一件长22.5、宽11.2、厚0.8厘米。该遗址采集的另一件勾纹玉佩，一角稍残，长23.6、宽11～11.7厘米（图三，1）。雕刻这样一件大型玉饰品，需要花费相当多的时间和劳力，在当时社会生产力极低下的情况下，这类饰品数量估计不会太多。三官甸子M2处于遗址中心位置，出土的玉器较多，推测墓主人生前应是一位氏族首领。他所佩戴的勾纹玉饰不仅具有装饰意义，更重要的是在于向全氏族成员显示其权力和威严。类似这种玉饰，还有些遗址出土过，但大小各有差异，而形状大体相近。昭乌达盟巴林右旗出土的一件近方形[8]（图三，2）。阜新胡头沟出土的一件勾纹玉饰最小，长7.9、宽4.8、厚0.6厘米。这种勾纹玉饰是红山文化玉雕饰品中最富有特征的艺术佳作，而在其他文化中则少见。

红山文化墓葬中出土的斜口筒形玉器，已有十多件。斜口筒形，体微偏，上粗下细，有的底部边沿钻一小孔，器壁厚薄不匀，大小不等。有的里壁因长期使用被磨成凹槽。器一般长10～15厘米。三官甸子M9：4，通长14.2、粗径6.8～9.8、细径

图三　红山文化勾形玉饰

1. 凌源县三官甸子　2. 内蒙古巴林右旗（1约1/3，2为摹绘）

6.2～7.2厘米。青绿色玉磨制，随葬于腰部。建平县也曾出土过一件。这种玉器究竟是饰品还是工具，尚有待研究。

红山文化的墓葬中，还经常出土三连环形状的玉佩，有的呈扁平状，有的两端雕刻成动物头像。三官甸子遗址采：2，就是一件两端雕刻着猪头形状的三连环玉佩，中间钻有三个圆孔，猪头前额突出，长嘴，圆鼻孔菱形眼，形象逼真，全长8.9、宽2、高2.7厘米。

红山文化的玉雕，有展翅欲飞的鸟，有伸头起足的龟，有目不转睛的鸮，有长鸣不止的蝉和双龙首的玉璜等。充分显示出匠人非凡的创造力。他们热爱生活，玉雕刻品栩栩如生，静者欲动者有神。难怪起初人们不敢把这批玉雕艺术品认成是红山文化的遗物。红山文化的玉雕，常见的是鸮（图四，1、6）、鸟（图四，2、3）、蝉、蚕、龟（图四，4、5）、猪等。

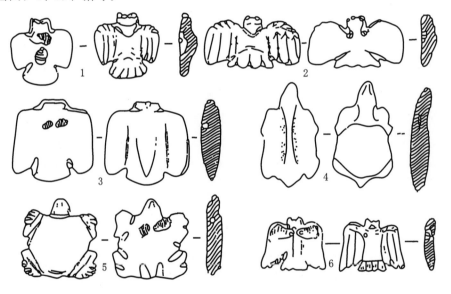

图四　红山文化的玉制品
1、6. 鸮　2、3. 鸟　4、5. 龟（均阜新胡头沟 M1 出土，1、3、4、6. 为1/3，2、5. 约2/3）

上述玉雕皆系写实作品。

翁牛特旗三星他拉出土的玉龙，墨绿色玉料制成，可作为红山文化玉龙的代表作（图五），猪头蛇身，浑然一体，前额突出，圆嘴斜伸，龙脊施有勾形利刃，体卷曲，呈"C"字形。龙背中心处钻有一圆孔，无疑是系绳悬挂之用，高26、直径2.3～2.9厘米。从龙的形象分析，创作者以猪、蛇作模特，这种抽象龙，显然与一般玉雕动物不同，含有特定的思想内容，不是为了单纯欣赏娱乐的龙。早期的龙可能是友好、吉

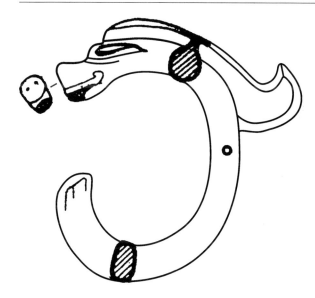

图五　红山文化的玉龙

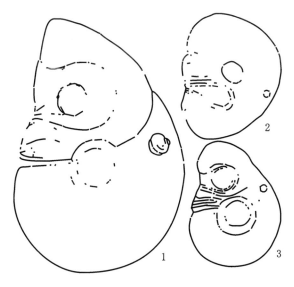

图六　红山文化的玉虎
1. 朝阳建平　2. 天津　3. 承德围坊县
（1 约 1/2, 2、3 绘约 1/4）

利、善良的代表。《说文》："珑祷旱玉，龙文从玉。"古代传说龙能致雨。为什么将龙体雕刻成曲身呢，据考证，直则凶，曲则吉⑨，卷曲的龙更显得温静、善良。可见，曲龙为善的思想渊源甚古。

红山文化的玉虎已出土 10 余件，大小有别，形体相若。均圆形大头，双耳直立，中间呈圆环状，额头突出，嘴巴前伸，两目横视，神态凶猛，令人望而生畏。多数玉虎背部钻有小孔，和玉龙一样也是系绳悬挂之物。艺术加工主要集中在头部，有的眼睛用阴线表示，有的浮雕与阴线结合。用虚构夸张的艺术手法，使虎体显得稳重端庄。每件玉虎的神态都是雄姿勃勃。朝阳建平出土的一件玉虎，长 15、宽 10、厚 3.5 厘米（图六，1）。赤峰市巴林右旗羊场出土的一件玉虎高约 15 厘米。天津、承德地区也均有出土（图六，2、3）。《说文》曰："发兵瑞玉为虎。"兵威如虎，因以取象。孙贻让曰："战斗用琥，大旱用龙。"⑩从文献记载可以看出，龙、虎体现着两种不同的形象。

红山文化出土的玉龙、玉虎，性格上形成了鲜明的对照，它们作为出征前悬挂起来的仪仗也好，挂在集体活动场合作为永久性的崇拜偶像也好，玉龙、玉虎，一善一恶，一文一武两相对照，确实体现着一种原始氏族社会精神。

关于玉龙的名称，目前还不尽统一，有的叫兽形玉环饰⑪，有的称龙首玉饰⑫，也有的称之为玉饰⑬，玉虎，有的称之为玉兽，如何更科学准确地命名，尚待进一步研究。这批玉雕艺术品，都是北方古代先民们社会生活和艺术创作的代表作品，是红山文化的艺术杰作。

三

通过上述材料，使我们初步了解到长城内外新石器时代早期遗址出土的玉器，多为小型玉斧，还有玉铲、玉锥、玉刻刀、玉坠等。这些玉器往往与燧石、玛瑙做的石镞、细石器伴出，说明小型玉器出现的时代偏早，而含有彩陶的红山文化遗址出土的玉斧、玉铲、玉锥、玉棒，器形较大，而且偏晚，玉雕动物、玉佩饰、斜口筒形玉器和大型勾纹玉佩饰等则多出土于红山文化的墓葬中。

从上述情况不难看出，最早出现的玉器是以生产工具为主（包括兵器）。古人称之为"玉兵"⑭。由于玉质柔润，色泽美丽，从开始就被人们所喜爱，进而玉饰和专供玩赏的艺术品不断增多。随着社会生产的发展，生活资料日益丰富，氏族首领的私欲越来越大，数量众多的玉雕艺术品，多集中在氏族首领手中，他们为了显示其神威，又不惜代价琢制成含有特定意义的大型玉佩、玉龙、玉虎。

红山文化的玉器，具有古朴雅拙的原始风貌和浓郁的地方特色。无论是写实的玉雕动物，还是经过严密创思构造出来的玉龙、玉虎，都具有构图完美，比例适中，造型别致，工艺精湛，形式与内容协调统一的特点。

红山文化玉雕工艺，还具有规范化的特征，玉器的种类和形式大体固定。估计当时有可能出现了专门从事玉雕工艺的作坊，不少形状奇异的玉雕佳作为红山文化所独有，若没有长期的实践经验和熟练的雕刻技术是不可能创造出这样的好作品来的。

燕山南北出土的玉器，构成了我国北方玉器的一派新风。在雕刻技术上对后来玉雕工艺的发展，产生了深刻的影响。这在夏家店下层文化和殷墟出土的玉器中最显而易见。如殷墟出土的钩形器（946）⑮，与昭乌达盟林西县南沙窝子和翁牛特旗发现的玉勾刀，在形制与风格上很相似；夏家店下层文化的墓葬中，同样也出林西南沙窝子类型的玉勾刀；妇好墓出土的玉龙和殷墟虺形玦，外形和头尾与红山文化的玉龙很接近⑯，只是红山文化的玉龙体圆硕大浑厚，少纹饰。这种构图方法和创造风格，雕刻技术的共同点和相似处，绝不是偶然的巧合，正反映着北方与中原玉雕艺术的有机联系。

在红山文化的玉器中，不见玉琮、玉璧，也很少看到玉玦。长城以北，似乎到了小河沿文化的发展阶段或是夏家店下层文化时期，玉玦、玉璜才逐渐增多。而黄河下游的大汶口文化⑰，多象牙雕筒、象牙琮。长江下游的马家浜文化，玉璧、玉琮则比较普遍。江苏武进县郑陆乡三皇庙大队寺墩遗址的一座墓就出土三十一件玉琮和三十余件玉璧⑱。

红山文化的玉饰，玉佩中阴线雕刻既少而又简，除与发展阶段有关外，也可能与雕刻技术和传统习惯有关。

红山文化的玉器，所用玉料颜色有墨绿、青绿、淡白三种，这些玉料采自何方尚待研究。考虑到在 5000～6000 年前，氏族林立，各占一方，交通极不方便，大量玉料从千里之外而来，虽说并非没有可能，但也是很不容易的事。那为什么这一带玉雕工艺如此发展？我们应尽力在当地去寻找玉矿。

红山文化为何能较早地出现玉雕工艺？较高的钻孔、阴刻、切割技术又作何解释？我们认为应从细石器的传统技术中去寻找答案。

（原载《史前研究》1987 年 3 期）

## 注　释

①　曲端琦：《试论新乐文化》，《新乐遗址学术讨论会文集》，沈阳市文物管理办公室编，1983 年。

②　辽宁省博物馆等：《长海县广鹿岛大长山岛贝丘遗址》，《考古学报》1981 年 1 期。

③　辽宁省博物馆 1983 年作者发掘材料，见《马城子》12 页图七，1。

④　翁牛特旗文化馆：《内蒙古翁牛特旗三星他拉村发现玉龙》，《文物》1984 年 6 期。

⑤　方殿春等：《辽宁阜新县胡头沟红山文化玉器墓的发现》，《文物》1984 年 6 期。

⑥　《燕山南北、长城地带考古专题座谈会纪要》，《文物》1983 年 12 期。

⑦　甘肃省博物馆：《甘肃彩陶》，文物出版社，1979 年。

⑧⑯　昭乌达盟文物工作站：《昭乌达盟文物选集》，1980 年。

⑨　孙守道：《论夏、商、周三代龙的发展演变》，见辽宁省考古、博物馆学会成立大会会刊。

⑩　郭宝钧：《古玉新诠》。

⑪　承德地区行政公署文化局：《承德地区文物普查报告》，1978 年 10 月。

⑫　天津艺术博物馆：《天津艺术博物馆》图 174。

⑬　《越绝书外传》记宝剑云："至黄帝之时，以玉为兵，以伐树木为宫室凿地。"

⑭　同⑨。

⑮　《越绝书外传》记宝剑云："至黄帝之时，以玉为兵，以伐树木为宫室。"

⑯　见《殷墟玉器》图版 28，（413）（H14），1986 年。

⑰　《殷墟玉器》彩版 3。《殷墟妇好墓》彩版二七，（422）。

⑱　山东省文物管理处、济南市博物馆编：《大汶口》，文物出版社 1974 年。

⑲　《我国又一次罕见的重大考古发现》，见 1982 年 11 月 24 日《新华日报》。

⑳　北京市玉器厂技术研究组：《对商代琢玉工艺的一些初步看法》，《考古》1976 年 4 期。

# 试论我国北方出土的原始玉雕陶塑艺术

　　伟大古老的中华民族，有着悠久的历史，在其发展的长河之中，众多的氏族群体，部落集团，都在不同的历史时期，创造出了丰富多彩的古代文化。价值连城的玉雕、陶塑艺术珍品，是中华民族勤劳智慧创造精神的体现，是激励我们勇往直前的动力。今天我们研究它，对促进社会主义精神文明建设仍具有现实意义。

　　本文主要对北方几个新石器时代文化遗址，近年来出土的原始玉雕、陶塑艺术品，谈点自己的粗浅认识。

一

　　原始艺术的出现，大体萌芽于旧石器时代中期，到了旧石器时代晚期，出现了较完整的绘画艺术。在这一时期，考古发现的原始绘画中，内容多以狩猎为题材，皆为动物图像，这与远古时代的采集、狩猎的经济生活是相一致的。

　　新石器时代，在人类历史上，是一个全新的时代。在这一时代人类社会发生巨大变革，众多的发明创造，新领域的开辟，为人类进入文明社会创造了条件。农业的出现，纺织技术的发明，制陶和房屋建筑的创新，文字的产生，冶铸业萌芽等；又如母系氏族社会的解体和父系氏族社会的产生，私有制孕育萌芽等等。特别是专用生产工具的定型化，都是在新石器时代奠基的。我国新石器时代大体距今一万年至四千年。在这个时期内，我国北方原始文化遗址中，出现了内容丰富的大量原始艺术品。现将重点遗址出土的具有代表性的玉雕、陶塑艺术品，试析如下。

　　（一）1978年5月，在发掘沈阳新乐遗址F2大房址时，在房址的西北角，发现一件木质鸟形雕刻品[①]，刻工精细，刀法娴熟流畅，通体两面雕刻。两面阴文大体一致，均匀对称。全长38.5、宽4.8厘米。可谓是我国北方早期木刻的杰作。有同志著文称之为鹏鸟[②]。

　　新乐下层文化的古代先民，还利用煤精雕刻成圆形耳珰、圆泡饰等。小巧玲珑、黑光发亮的耳珰和圆泡饰，虽然造型简单，但却开煤精雕刻史上之先河。新乐下层文化的时代，距今七千年左右。

（二）1972 年，黑龙江省密山县境内的新开流遗址，出土一件骨雕鹰首③。先磨制，再雕刻出鹰头和颈部。嘴上、下两侧刻有平行短道，形象逼真，鹰眼炯炯有神。长 7.3 厘米。该遗址出土的用鹿角雕刻的鱼形艺术品，构图准确，栩栩如生。

（三）1982 年以来，丹东市东沟县马家店乡三家子村后洼遗址出土四十余件小型雕刻艺术品④。其中以滑石雕刻的动物图像为大宗，其次是陶塑图像。滑石雕刻动物群有龙、虎、猎狗、鸡、鸟、回首鹅等。小的长 2 厘米，大者高 5～6 厘米。生机盎然的人头雕像特别引人瞩目。丰富多彩的动物群，有同志著文认为是原始图腾崇拜的体现，无疑也是研究环渤海原始文化的宝贵资料。后洼遗址下层遗物与大连长海县小珠山遗址的遗物相近，时代距今六千年左右。

（四）进入 80 年代以来，红山文化有许多振奋人心的新发现。前后在辽宁省阜新县胡头沟⑤、凌源县三官甸子城子山⑥、喀左县东山嘴⑦、建平县牛河梁⑧，发现了红山文化的墓地。并在墓葬中出土了一批精美、新颖的玉雕艺术品。内蒙古赤峰地区的翁牛特旗三星他拉⑨、巴林右旗那斯台⑩、克什克腾旗石板山等地，也出土了一大批玉雕动物群。据不完全统计，红山文化出土关系明确的玉雕器，已达千余件。加之各地收藏品多达四百余件。

根据玉雕器的不同形制，大体可分为四类：

1. 动物类：有鸮、鸟、蝉、蚕、猪、龟、鱼。

2. 神兽类：龙、虎。

3. 牌饰类：勾纹玉饰、马蹄形玉箍、三联环玉璧、玉环。

4. 兵器类：斧、钺、勾形器等。

红山文化的玉雕动物群，不仅内容丰富，时代早，而且构图新颖独特。在创作思想上富于想象。有的作品是摹拟写实，有的是经过抽象、虚构创造出来的符合人意的神灵偶像——龙、虎。

红山文化除玉雕艺术品外，东山嘴、牛河梁遗址，还出土一批泥塑女神像。有的比人还高大，有的相当于真人。小的仅 6～7 厘米。大量的肢体残件，有头、肩部、手、乳房等。多数肢体残件女性特征突出。无论是大像、小像还是盘座站立姿势都比例准确，形态自如和谐。制作方法是先用植物秸秆捆成架，再往支架上抹泥，表皮部分进行艺术加工。处理得极为细腻，有的还施有衣纹。从红山文化陶塑艺术群体的题材、内容、风格分析，已形成了我国北方早期原始艺术创造体系。完整的艺术题材和创造性思维，深刻地反映了北方原始宗教的形成，佛教盘坐姿势有可能是从这时起始的。

（五）1982年，内蒙古敖汉旗小山遗址出土的一件陶尊形器，“尊形器上（T2②：30），动物形图像的头部系分别根据现实生活中的猪、鹿和鸟首的形象提炼而成，但猪首下作蛇身，鹿首和鸟首右侧纹饰则似由羽翼抽象出来，它们已不是单纯现实动物形象的写照，而是人们创造的崇拜对象，神化了的灵物。”⑪这种神化了的灵物图像，应是氏族崇拜的图腾。这种创造题材，在我国北方产生颇早，对后来我国绘画艺术的发展影响甚大。小山遗址经 $^{14}C$ 测定，时间相当于公元前4850年。

（六）小河沿文化的彩陶雕塑艺术，更是光彩夺目，颇有意趣。1973年内蒙古敖汉旗南台地房址F2出土的一件大耳、噘嘴、长额陶塑猪头，形象极为逼真生动⑫。F11出土的一件小耳、短嘴、勾形眼陶塑狗头，头前额上绘有两道粗线黑彩，使这件陶塑动物艺术图像达到极佳的艺术效果。F4出土的彩陶器座，是北方罕见的艺术珍品。其上绘制的八角星图案，设计巧妙，构图对称，线条粗细套用，层次分明。使图案显得尤为端庄古朴，其图案花纹可与大汶口文化八角星纹的彩陶盆图案媲美。

（七）1974年，内蒙古翁牛特旗石棚山墓地，M67出土的一件鸟形壶⑬，昂首、张嘴长鸣、扬尾。鸟头顶部绘有黑色圆眼和装饰彩纹。用陶塑和彩绘相结合的方法，把这件稀有的彩陶壶装点得尽善尽美，这种陶塑与彩绘花纹相结合的方法，可谓是我国北方原始艺术较早的一种尝试。对后来的艺术发展产生了深远影响。

M36出土的一件彩陶折口罐，罐口沿下施有彩绘图案，并在口沿下捏塑一只翘尾巴的小狗作装饰。小狗既可当器耳用，又是一件可供欣赏的艺术品。这种艺术与使用相结合的创作手法，在我国北方民族文化中也是不乏先例的。

M55出土的一件折口罐，在罐的肩部绘有几何形花纹，并在彩绘花纹图案空白处，绘有双鹿纹。两种图案配合使用的构图方法，不仅使图面活跃生动，而且赋予彩陶罐一种艺术魅力。这种艺术效果同样也是古代先民们的创新之作。

上述几件小河沿文化陶塑、彩绘艺术品，足已充分显示出北方原始先民们的智慧和艺术才华。整个北方的原始艺术领域，好似一座古代文化的艺术宝库，亟待更多的辛勤园丁耕耘研究整理，使其在社会精神文明建设中，起到古为今用的作用。

## 二

毛泽东主席曾指出：“一切种类的文学艺术的源泉究竟是从何而来的呢？作为观念形态的文艺作品，都是一定的社会生活在人类头脑中的反映的产物。”⑭精美的玉雕艺术品，出自金属工具尚未出现的新石器时代。究竟用什么工具，采用什么方法制造，在学术界至今仍是一个谜。

分布在东北地区的几个原始文化，有的位于北方草原地区，有的地处我国农、牧交界地带。文化内涵兼有农、牧经济的双重特点。反映在生产工具上，有磨制石器和打制石器两类。打制石器主要是细石器。细石器多采用硬度较大的燧石、石英、黑曜石制成。从坚硬的石核上，打下石片，然后将石片加工制成三角形石镞、长条形石片（刃）和各种不同形状的刮削器等，并非是一件容易的事，恐怕比磨制一件石斧更困难。如果把制好的石刃，坚固地镶嵌在骨、木柄凹槽内，制成复合工具，就要使石刃的厚度与骨、木柄凹槽的宽度相一致。在新石器时代制作成一件锋利适用的骨、木柄刀，需要有丰富的实践经验和具备各种技术条件。这些经验和技术，是先民们在从事生产的伟大实践中，不断地总结经验，吸取教训，革新创造出来的。硬度较大的细石器三角形石镞及复合工具的出现，孕育着玉雕艺术的产生。事实上玉雕艺术工艺的制造，有可能是细石器工艺的延续和发展。

沈阳新乐遗址出土四件玉石磨制的小型刻刀，刃薄而锋利。本溪洞穴遗址，丹东后洼遗址，同样也出土同类性质的玉石小刻刀。新开流遗址出土多件小型尖状器。这些小型工具中，有些既不是农具，也非牧业工具，应是专门制作雕刻用的小型刻刀。上述遗址出土的骨、木原料刻成的鸟类图像和滑石动物图像，无疑，是这种小型刀具刻制的产品。

从出土的人头雕像及鸟类等动物图像观察，都具有造型美观、形态生动、刻线流畅、技术娴熟等特点。很显然这并非是北方最早的艺术雕刻品。可以肯定，原始雕刻艺术，与其他事物一样，必然有其自身的发展过程。反映在雕刻艺术上，也应有早、中、晚的差别。新石器时代的先民们，在他们生存的不同时期，刻画出的各种各样的艺术佳品，都闪烁着别具一格的创造风貌，具有明显的时代特征。

产生原始雕刻、陶塑艺术的社会基础是什么？作为观念形态的上述原始艺术品，到底反映的是怎样的一种社会经济生活？现仅以红山文化的经济形态为例，加以阐述。过去人们习惯于把红山文化称作草原文化或是混合文化，就是说，红山文化具有农、牧业两种经济文化特征。这是红山文化的独特之处，或者称为特殊性。唯有红山文化能吸收、融合南北两种经济形态的文化优势。相互补充来发展自己，农业歉收靠牧业，牧业有灾靠农业。在生产力低下的原始社会，在一定程度上能摆脱自然灾害所造成的困境，使其能够长足不停地向前发展。

红山文化有著名的农业工具，如大型石耜、磨制精致的双孔石刀和锋利的扁平弧刃石斧。先进的生产工具，无疑是农业发展的标志。

红山文化的陶器群，极为丰富，彩陶花纹图案新颖别致，富于变化，尤其是发展到后期，雄厚的经济物质基础表现得更为突出。大型积石冢墓的出现，具有一定规模的山顶神祭遗址的形成，大批雕塑神像的烧制，这一整套反映意识形态的设施和建筑，没有发达的农、牧业经济作基础，五千年前，是不易在辽河流域出现较大规模原始建筑群的。

三

红山文化的先民们，为何把珍贵的高级玉雕艺术品和彩陶筒形器作为随葬品埋在地下呢？这又是一种什么思想意识在起作用呢？确实是耐人寻味的新问题。

众所周知，墓葬是保护尸体的一种建筑幽宅，是灵魂不灭意识的反映。虽然是处理埋葬死者的尸体，实际反映的皆为活人思想。从目前掌握的材料看，红山文化墓葬的一个重要特点，就是专门烧制一种无底筒形器，陈放在墓地上，而石棺内却不见随葬生产工具和生活器皿的情况，棺内随葬的多为玉雕艺术品。这种葬俗，确实前无先例，就是出土几十件玉琮、玉璧的良渚文化墓葬，亦随葬陶器和工具，在红山文化先民们的意识中，认为随葬富有神灵的玉雕艺术品，比随葬工具和器皿更为重要。这不仅关系到死者灵魂，而且对于生者也是至关重要的。强烈的思想寄托和信念，促使他们这样做。遗址、墓葬中出土的每件木雕鸟类和每件玉雕动物图像，在先民们的心灵深处，寄于无限希望的神灵——或为氏族所崇拜的图腾偶像。

在人类的早期阶段，征服自然的能力很低；对生、死、梦、幻各种现象不理解。对风、雨、雷、电所造成的灾害，产生恐惧心理，形成了万物有灵的观念。在这一时期，同时对各种鸟类接触较多，感到鸟类羽翼美观，善良，能高飞翻越高山、江河，逐渐对鸟类产生了崇拜心理。在实践生活中，经常观察到鸟类如何产卵，又如阿孵化出小鸟的过程，故此，常把鸟类作为自己氏族图腾。我国古代把鸟类作为图腾的文献记载很多，如《史记》卷三，"三人行浴，见玄鸟堕其卵，管狄取吞之，因孕生契"。《诗经·商颂》中也有"天命玄鸟，降而生商"的记载。东北鄂伦春族、鄂温克族和赫哲族共同信仰熊图腾。鄂伦春族称熊为"老爷子"；鄂温克族称公熊为"祖父"，母熊为"祖母"；赫哲族称熊为"老年人"、"长者"。[15]

我国传说时代的历史人物，黄帝、尧、舜均为动物的变形。卵生在我国各族中都有传说，由此看来，古代传说、文献记载和考古发现材料是相吻合一致的。

　　图腾崇拜，是人类历史发展到一定阶段的产物，又与早期的渔猎生活紧密相联，因为崇拜图腾才把图腾作标志并加以美化颂扬。由于对图腾倍加熟悉，特征掌握得准确，刻画出来的图像就逼真、生动。因此，原始社会的雕刻与陶塑艺术品，往往与崇拜的图腾有关。

　　红山文化出土的玉雕群中，动物种类繁多。这里只选择重点加以分析研究。

　　玉龟是常见的一种，龟是古代神话中的水母。红山文化后期以农业经济为基础。所以龟含有祈雨祝丰收的意思。龟在我国古代被认为是吉祥之物。《中华古今注》下卷记载，龟"能行气导引至神"。龟当时也有可能是作为一种神灵动物或图腾被崇拜的。

　　红山文化玉龙，是经过抽象构思、糅合多种动物体态特征，并把其重要部位加以夸张而创造出来的符合人意的一种神灵。既是权力的象征，又是原始宗教信仰的标志。龙能凌驾于人神之间，能从地通天，呼风唤雨，降福除祸。可见龙的神通概念，早在红山文化的先民们的意识中，就打上了烙印。红山文化的玉龙多呈卷体状，两耳直立，双目横视，神态凶猛，使人望而生畏。内蒙古翁牛特旗三星他拉出土的一件玉龙，高达26厘米，可谓是典型的玉龙之首。

　　东山嘴和城子山遗址，还出土一种陶制葫芦瓶（有同志称作塔式瓶），细长颈，亚腰处施有凸起的条棱带，腰部多制有圆坑纹，喇叭形底座上刻有三角形和方块形镂孔。从奇特的器形和别致的花纹装饰上，可以看出陶工们对葫芦瓶的制作是别具匠心的。

　　从葫芦瓶的造型分析，通体穿孔，半器镂孔。在实际生活中没有什么使用价值。而是一种具有神祭色彩的祭葬器。植物学家相信葫芦的来源只有一处。而古代在非洲、亚洲、美洲都有发现。有人想象印第安人过白令海峡时，腰里就挂着葫芦。葫芦可食，可作容器、盛酒装药。由于它古老，一物多用，古代传说中葫芦是一种宝器。红山文化的先民选择葫芦瓶为祭器，也是很自然的。

　　使我们感到奇怪的是，在红山文化出土的千余件玉雕艺术品中，没有发现一件玉琮、玉璧。根据文献记载，琮、璧在我国出现较早。《周礼》就有"以苍璧礼天，以黄琮礼地"的明确记载。我国古代很早就有天圆地方的传说。玉琮是最能全面体现这种思想的。外方代表地，内圆代表天，中间的圆筒作为通天的媒介。从以上情况考虑，红山文化出土的马蹄形玉箍和陶制筒形器，有可能是作为神灵通天工具——天梯、天柱，而创造出来的。

四

　　通过对上述几处原始文化遗址出土的玉雕、陶塑艺术品的分析，使我们认识到，我国北方原始艺术的发展，是随着社会经济、物质技术条件的发展而出现的，是随着社会分工的进一步精细化而逐步发展起来的。这些艺术品，富有浓郁的地方色彩和古朴的艺术风格。无论是陶塑神像，还是玉雕动物群，所反映的思想内容，都是氏族社会的人与动物图腾，人与神灵的关系。特别是墓地出土的祭葬器——筒形器，有可能是为人死后灵魂升天所准备的工具——上天梯。这些材料都真实生动地反映了北方氏族社会的丧葬习俗。同时也说明，北方原始文化的发展及其艺术的出现时间，并不比其他地区晚，大体是与我国中原地区同步发展的。其中玉雕艺术的发展，还处在率先的地位，并对以后夏、商、周玉雕艺术的发展产生了深远影响。

新石器时代的鸟类雕刻图像、龙兽纹动物图像，在夏家店下层文化墓葬出土的彩绘陶器图案中，有了进一步的发展、升华，构成一种新的彩绘图案艺术。如勾云纹、鸟纹、龙纹，结合为一体，形成了一种意境深奥、神奇莫测、色彩艳丽的新的动物群体彩绘图案艺术。有的彩绘图案与商代青铜器上的饕餮纹极为相近，更显得繁缛、阴森、恐怖。

综观我国北方原始艺术的发展，其艺术传统有着明显的承袭性。很多迹象表明，北方陶器上的彩绘图案，与夏、商、周青铜器上兽面纹和饕餮纹装饰有着统一的渊源关系。

艺术是现实生活中的反映，氏族社会的艺术品往往与图腾、祖先崇拜、宗教信仰相关联并融为一体。原始艺术品，多为氏族社会崇拜对象和徽号标志。大型的勾纹牌饰，玉钺（兵器）之类，还是权力的象征。《左传》有句名言："国之大事，在祀与戎。"这句话，生动概括地反映了奴隶社会的实际情况。大量的考古材料说明，就是在原始社会末期，祭祀活动也是极为重要的社会活动。原始社会的大部分艺术品，是与祭祀活动有关的。所以研究原始社会的发展，不可不涉及原始崇拜和原始信仰。原始艺术与原始崇拜、信仰似乎是一对孪生姐妹，共同降生于氏族社会的母体。

（原载《史前研究》1987 年 3 期）

## 注　释

① 沈阳市文物管理办公室：《沈阳新乐遗址试掘报告》，《考古学报》1978 年 4 期。
② 孙庆永、王菊耳：《新乐木雕艺术品初探》，《新乐遗址学术讨论会文集》1983 年。
③ 黑龙江省文物考古工作队：《密山县新开流遗址》，《考古学报》1979 年 4 期。
④ 许玉林：《后洼遗址》，《辽宁省本溪、丹东地区考古学术讨论会文集》1985 年。
⑤ 方殿春、刘保华：《辽宁阜新县胡头沟红山文化玉器墓的发现》，《文物》1984 年 6 期。

⑥ 李恭笃：《辽宁凌源县三官甸子城子山遗址试掘报告》，《考古》1986 年 6 期。

⑦ 郭大顺、张克举：《辽宁喀左县东山嘴红山文化建筑群址发掘简报》，《文物》1984 年 11 期。

⑧ 辽宁省文物考古研究所：《辽宁牛河梁红山文化"女神庙"与积石冢群发掘简报》，《文物》1986 年 8 期。

⑨ 翁牛特旗文化馆：《内蒙古翁牛特旗三星他拉村发现玉龙》，《文物》1984 年 6 期。

⑩ 巴林右旗博物馆：《内蒙巴林右旗那斯台遗址调查》，《考古》1987 年 6 期。

⑪ 中国社会科学院考古研究所内蒙古工作队：《内蒙古敖汉旗小山遗址》，《考古》1987 年 6 期。

⑫ 辽宁省博物馆等：《辽宁敖汉旗小河沿三种原始文化的发现》，《文物》1977 年 12 期。

⑬ 李恭笃、高美璇：《试论小河沿文化》，《中国考古学会第二次年会论文集》，文物出版社，1980 年。

⑭ 毛泽东：《在延安文艺座谈会上的讲话》。

⑮ 宋兆麟等：《中国原始社会史》71 页，文物出版社。

# 辽宁原始文化区系划分与类型研究

辽宁有着悠久的历史，远在几十万年前，我们的祖先就在辽河流域居住、生产、繁衍，为我们留下了珍贵的文化遗产。研究认识先民们生产生活留下来的遗迹、遗物，对了解人类自身的发展，特别是早期远古人类与大自然抗争的史实，对振奋中华民族自强精神和社会主义精神文明建设，无疑都是非常重要的。

一

辽河流域发现的旧石器时代遗址，到目前为止，已达 9 处之多。按时代早、晚划分，属于旧石器时代早期的遗址有营口市金牛山遗址下层[①]、本溪市庙后山遗址下层[②]、大连市龙王塘遗址[③]。属旧石器时代中期的遗址有喀左县鸽子洞[④]、庙后山遗址上部文化堆积。属旧石器时代晚期的遗址有锦县沈家台[⑤]、建平县南地乡[⑥]、凌源县西八间房[⑦]、海城县孤山子仙人洞[⑧]、东沟县前阳山城子洞穴[⑨]。上述遗址除建平县南地乡和大连龙王塘遗址外，均进行过发掘。这些旧石器时代的遗存，通过发掘获得有明确地层关系的打制石器计 428 件，遗址中采集的打制石器 200 余件。为了更好地阐明问题，进行区系划分与类型研究，现将各遗址剖析如下。

1. 金牛山遗址，位于营口县永安乡西田屯村西一座孤立的海拔 69.3 米的小山丘上。1974～1984 年，10 年间进行过 6 次发掘。1974 年第一次发掘时，曾在第一层中，发现一件上臂骨化石和由鹿类一节尾椎剖成一半制成的有孔骨器和许多件石器及多处用火痕迹。其时代相当于旧石器时代晚期。

1984 年北京大学考古系对该遗址的发掘，获得一个相当完整的猿人头骨化石和 50 余件肢骨化石。经有关学者研究，认定为 25～30 岁的男性成年人头骨，肢骨化石即同一个男性个体。时代要早于 20 万年[⑩]。

金牛山遗址发现的打制石器，在石器类型和制作方法上与北京猿人的石器相似。上述材料证实金牛山遗址，是远古祖先长期居住、生活过的地方，与北京猿人文化关系密切。

2. 本溪县山城子庙后山遗址，1978～1980 年进行过两次发掘，A 点下洞的中部地层中，发现一颗人牙和若干石器以及共生的动物化石。其中有肿骨鹿、三门马、硕猕猴、梅氏鹿、大河狸等。这些古动物群与华北古动物群有密切关系。庙后山遗址是我国目前旧石器时代早期最北的一个地点。

A 点堆积第四、五、六层中，发现 70 余件打制石器。主要类型有石核、石片刮削器、砍砸器、石球等。石器制作方法，多采用锤击和碰砧法，而不见修理台面技术。

庙后山 A 点上洞，属旧石器时代中期，石器制作比早期有了发展，出现了修理把手和交互打击的技术。并在庙后山 B 洞发现旧石器时代晚期的人骨化石。上述两个遗址，面积大，堆积厚，早、中、晚不同时期的遗存均很丰富。是我国东北旧石器时代文化中，具有连续发展的典型遗址。

3. 喀左县鸽子洞，是辽西较为重要的旧石器时代中期的洞穴遗址，稍晚于北京周口店 15 地点，距今约 15 万年。

遗址紧靠大凌河西岸，高出河床 35 米。1973～1975 年两次进行过发掘。洞内有近 2 米厚的灰烬层，可见古人类在洞内活动的时间比较长。从角砾层和灰烬层中发现 300 余件打制石器和 31 种哺乳动物化石。石器制作多选用硬度较大的石英岩，在石器的制作上，掌握了台面修理技术，并出现了第二步加工和交互打击法。石器中，小型者居多。主要有刮削器、尖状器，砍砸器次之。从石器类型、打片方法和制作技术观察，比金牛山遗址有明显进步。

4. 凌源县西八间房，属旧石器时代晚期的黄土台地遗址。1972～1973 年，曾两次进行过发掘。获得 49 件具有细石器特点的石器。所用石料有燧石、火石、蛋白石和石英岩等。同层位出土的动物化石有原始牛、普氏羚羊、斑鹿等。

5. 海城县小孤山子洞穴遗址，中国科学院古人类研究所与辽宁省博物馆，1983 年进行过发掘。在厚约 4 米的黄褐色粉质亚砂土含角砾层堆积中，获得一批珍贵的人类化石和文化遗物及第四纪哺乳动物化石。

人类化石有股骨一段，牙齿三枚，与现代人基本一致，属晚期智人阶段。特别值得注意的是，在洞内还发现多枚用动物牙齿和石料制作的钻孔装饰品和用鹿角及骨片磨制的骨针、骨锥和渔叉等。另外，在该遗址还采集到大量的石片和上万件石英石器，文化内涵十分丰富。

6. 1983 年 3 月，在丹东东沟县前阳乡山城子洞穴内发现一个智人的头盖骨化石。同年 5 至 6 月进行发掘时，又出现了同一个体的下颌骨化石。经研究断定，为不足 20 岁的女性头骨。同层还出土有最后鬣狗、赤鹿等动物化石。并获得一件砍砸器、二件石片石器。时代相当于更新世晚期，距今 18000 年在右。

综上所述，不难看出广阔的辽宁大地，远古人类活动的遗迹、遗物十分丰富。越到旧石器时代晚期，遗址点的材料越多。辽宁省境内发现的打制石器，无论从类型、大小和制作技术上，都与北京周口店第一地点和第十五地点的石器相近⑪。在文化性质上，与北京猿人文化最密切。辽宁旧石器时代的文化遗存，应是北京人文化的延续和发展。

更为重要的是，金牛山猿人头骨化石和多种肢骨的发现，引起了国内外学术界和人们的极大关注。头骨保存之完整，是国内外所没有的标本，其总的特征和北京猿人头盖骨相似。这批化石材料不仅为研究猿人的体质特征和当时人类改造自然的能力提供了重要资料，也为研究北京猿人与金牛山猿人文化的承袭关系找到了有力依据。

从海城县小孤山子洞穴遗址发现的 5 个层位堆积和出土的大量遗物（石器、骨角制品、渔具、装饰陶器）观察，上层的扰乱层中，既有旧石器时代晚期的打制石器，还有新石器时代乃至于青铜时代遗物。尽管是经过扰乱，也是非常重要的。因为在同一个洞穴内，发现了新、旧石器的叠压层，为研究从旧石器时代晚期向新石器时代过渡提供了难得的线索。

凌源西八间房草帽山旧石器时代遗址，发现过不少细石器和彩陶片。细石器在我国沿用的时间相当长，从旧石器时代中、晚期，经中石器时代一直延续到新石器时代晚期。凌源草帽山遗址的细石器与彩陶共存，说明该遗址具有承上启下的过渡性。在新石器时代文化的内容和性质上，呈现出接近的趋势。贾兰坡先生认为，该遗址是我国目前唯一有明确地层关系，从旧石器向新石器过渡的遗址。

从旧石器到新石器时代，一般来说中间有一个过渡时期，称作中石器时代。有关中石器时代的文化遗存，我们了解得颇少。辽宁是否存在这个时期的文化遗存，还是值得研究的问题。

辽河流域的考古文化，从旧石器时代如何过渡到新石器时代，就目前掌握的材料看，中间还存在着很大一段空白。沈阳新乐遗址是新石器时代早期偏晚的文化遗存，距今 7000 年左右。前阳洞穴是旧石器时代较晚的遗址，距今 18000 年。如何通过工作尽早地填充这段历史空白，是我们考古工作者义不容辞的责任。

我国南方几个省区发现的几处新石器时代较早的洞穴遗址，距今都在万年以上。如广东省封开县黄岩洞遗址⑫，阳春独石仔洞穴遗址⑬，江西万年大源仙人洞遗址⑭，广西桂林甑波岩洞穴遗址⑮，这些遗址使我们知晓，寻找新石器时代的更早期遗存，应在洞穴遗址中下工夫。同时也使我们了解到，新石器时代早期遗址出土的石器，石料基本上都采集河滩上的砾石作原料。生产工具中打制石器、穿孔石器、磨光石器三类共存。

海城仙人洞遗址，文化内涵非常复杂，从出土的遗物观察，旧石器、新石器、青铜时代遗存都有。如何根据辽宁省洞穴遗址的具体情况，掌握好旧石器时代晚期与新石器时代早期的界限问题，是一个比较关键的问题。如仙人洞旧石器时代晚期的渔叉、骨锥、石球与马城子洞穴新石器时代的同类遗物难于区分。

关于进入新石器时代标志问题，曾认为有四个标准。（一）陶器的产生；（二）磨光石器的出现和使用；（三）原始农业和畜牧业的出现；（四）定居的形成。但国外在第二次世界大战以后，在西亚和爱琴海地区，发现最早的农耕文化没有陶器。因此，陶器的有无，就不再是新石器时代的起点了。

根据海城仙人洞地层和遗物提供的线索，可以断定，同类性质的遗存绝不只此一处，更早的新石器时代文化遗存，可能会在辽河流域的洞穴中找到。

## 二

辽宁新石器时代的文化遗存，内涵异常复杂。各种不同的文化类型，往往交错存在，与外来因素的影响交织在一起，发展的接续关系极其繁杂。根据目前考古工作的进展，辽宁新石器时代的文化遗存，大体可划作辽西、辽东，辽南三个区系，或称为三个不同的文化系统。

（一）辽西新石器时代原始文化的特点，尤为明显，反映在生产工具上，即打制、磨制、细石器三者共存，之字纹陶贯穿始终。并在一定的发展阶段上出现了彩陶。经济形态兼有农耕和草原畜牧经济的特色。如果按时间前后排列，有如下的几个考古文化。即红山文化→小河沿文化→夏家店下层文化→魏营子文化"类型"→夏家店上层文化→燕文化。

红山文化是一个综合概念，它包括草原畜牧经济为特点的细石器文化，也包括以大型石耜为特征、以农业经济为主的彩陶文化。以往凡是长城南北发现的含有彩陶、之字纹陶和细石器的遗址，一般都称作红山文化。目前，根据所掌握的材料，依据其不同的文化内涵，红山文化可划分为四个不同的地方类型。

1. 敖汉四棱山类型[16]　　四棱山遗址分布的位置高，离河岸近，面积大，堆积薄。四棱山遗址是一处烧陶器的窑场，陶器以夹砂陶为主，泥质和彩陶颇少。器形以直筒罐、斜口器、钵、碗、器座等为主。纹饰以压印之字纹和刻划纹为最多。具有这种文化面貌的遗址，在昭乌达盟发现的有赤峰县转山子、官地、翁牛特旗头分地等。

2. 赤峰红山后类型[17]    遗址多分布在距河岸较近的山丘和台地上。遗址比较集中，地层堆积较厚。泥质红陶和彩陶发达，并与红褐色夹砂压印之字纹、刻划纹陶共存。生产工具以大型石耜、舌状刃扁平磨光石斧、梭形石刀、磨谷器等为主。陶器有泥质红陶、彩陶和夹砂陶。器类有深腹罐、直颈双耳壶、钵、碗、盆、圆口广肩灰陶瓮、器座、器盖等。纹饰盛行之字纹、弧线篦点纹。彩陶纹样多绘菱形纹、涡纹、蝌蚪纹、垂帘纹等。这一文化类型，发掘过的遗址有赤峰红山后、蜘蛛山、西水泉、敖汉三道湾子；翁牛特旗的红山水库、海金山。

3. 城子山类型[18]    凌源县三官甸了城子山遗址，文化遗存丰富。即有夏家店下层文化和红山文化两个不同时代的堆积。根据地层叠压关系，红山文化还可分为早、晚两期。尤其是晚期的遗存，具有鲜明的地区特色。这个时期的居住址，往往和墓地连接在一起。陶器和石器与红山后类型相比较，有了较大的发展变化。出现了许多前所未有的新因索，这些新因素表明红山文化已进入了它的晚期阶段。

城子山文化类型出土的生产工具中，大型石耜和细石器明显减少而出现了新型的亚腰石锄。灰陶、黑陶的比例增大，陶器中带有祭祀色彩的随葬专用无底筒形器发达，平底盆增多，钵形器减少。新出现的器类有小三足器、镂孔豆、镂孔瓶、带流壶、黑陶圈足豆、新型鼓状器座等。彩陶花纹多人字形三角纹、相叠压的几何三角方块纹、粗放的宽带纹，植物花纹等。蝌蚪纹甚少，彩陶中内外施彩的器物增多。东山嘴遗址中还发现有方格纹、篮纹陶片。

城子山红山文化类型的遗址中，玉雕艺术和陶塑技术达到了一个相当高度。东山嘴遗址出土的女性神像，比例适中，匀称合理，特征突出。上述新器类、新因索、新技术的出现，正与小河沿文化和夏家店下层文化早期阶段的某些因素相一致，或说是相衔接。郭大顺同志认为朝阳地区的红山文化是一种地方类型[19]。城子山类型重点遗址有阜新胡头沟、喀左东山嘴、凌源牛河梁等。

4. 山神庙类型[20]    锦县巧鸟乡四道沟山神庙遗址是锦州市文物普查中发现的一种新文化类型遗存。目前已掌握的典型遗址有绥中县大台山、兴城黄山果园、红毛山等。该文化类型的分布主要集中在六股河，烟台河和大、小凌河下游一带。生产工具以大型打制亚腰石锄、扁平磨光石斧、直刃双孔石刀、石球为主。陶器单纯，主要是器壁厚重的夹砂粗陶直筒罐。器表多饰压印之字纹和刻划纹，泥质陶甚少，不见彩陶。陶片的质地疏松，火候低，均系手制。陶器里壁黑色抹光。器表仍近似黄土色。

从上述类型特征考虑，山神庙类型在锦州地区具有一定的分布面和典型性，应是红山文化系统更早发展阶段的一种地区性文化类型——兴隆洼文化。由于目前掌握的多是调查材料，对整个文化内涵尚未完全掌握，有待进一步工作研究。

另，小河沿文化是有别于红山文化的一种新的彩陶文化遗存，它处于红山文化和夏家店下层文化之间，具有承上启下的意义（从略）。

综上所述，不难看出，辽宁西部地区的原始文化是以之字纹陶为特征的，这一特征贯穿其发展过程的始终，自成系统，故称之为辽西红山文化系统。

（二）关于辽河以东原始文化的考古工作，虽然过去做过些调查，但基础十分薄弱。进入 20 世纪 70 至 80 年代以来，辽东地区的考古工作有了较大的进展和突破，尽管还不够完善，但大体上按时代前后，构成了一个清楚的发展脉络。

1. 沈阳新乐下层文化　1973 年，沈阳市文物管理办公室发现了北陵新乐高台地遗址，并在 1975、1978 年两次进行了发掘[21]。因该遗址位于辽宁中部，文化内涵新颖，时代早（[14]C 测定距今 7245±165 年），引起了国内外学术界的极大关注。

新乐下层文化，生产工具中打制、磨制、细石器共存，磨制石器占 1/3。有石斧、石凿、磨谷器、沟磨石。打制石器有石铲、敲砸器、刮削器、石网坠。细石器以石叶为主，石片石器次之，石镞系平底三角形。原料多用燧石、玉髓、碧玉等。

陶器以直筒器（罐）为主，约占 90%。其次是斜口器和少量的高足钵，陶器的质地多为夹砂陶，砂粒细小均匀。泥质陶甚少。器物色调以红褐为主，黑色少见。陶质疏松，火候低，胎质软，器壁薄，手制。但制陶技术娴熟，非常注意对器物口沿的修饰。多采用泥条、泥片叠筑法，器形端正对称，器壁里外排压的平整光滑。从口沿至器底通体施纹。纹样有人字纹、弦纹和压印之字纹。纹饰在器物上的布局，以横排顺序为多。

1978 年第三次发掘时，在房址 F2 北壁西端，出土一件木质鸟形雕刻品，雕工之精细，刀法之流畅，可以说是我国早期木雕艺术史上的佳作。用煤精雕刻的圆形耳珰、圆泡饰品，开拓了我国煤精工艺的先河。新乐下层文化内涵丰富，它的发现对探索辽宁地区原始文明的起源和辽东、辽西两个不同文化系统的纵横关系，具有重要意义。

2. 后洼上层文化类型　丹东后洼遗址的发掘[22]，主要收获是发现了上下相叠压不同发展阶段的文化层。下层与小珠山下层文化大体相似，应属于小珠山文化系统，陶器以夹砂红陶为主，其次是夹砂褐陶，陶质多含有滑石粉，内外抹光，手制。器形有筒形罐、鼓腹罐、陶勺、陶杯等。纹饰多压印之字纹、刻划纹、编织纹、网格纹等。生产工具有纺轮、陶刀、石网坠、研磨器、石镞、石斧。雕刻工艺品丰富，有陶人头雕像、滑石回首鹅、刻划的鱼形纹图案等。

后洼上层出土的陶器，有夹砂红陶和泥质红陶两系。陶质中含有云母片和滑石粉。直筒罐的特点为平唇、敞口、斜壁、小底，并施有各种不同形式的刻划纹、凹点纹、锥刺纹、乳丁纹。上下两层文化有着明显的承袭关系。

这里应该提及的是本溪县马城子二号洞穴遗址[23]，1983 年发掘时，在洞内发现了两个不同的文化层堆积。上层属洞穴墓葬，其时代与庙后山文化类型相近[24]，下层与后洼上层文化内涵有许多共同因素。出土的直筒罐含有云母和滑石粉，并施有弦纹、刻划纹、凹点纹、篦点纹等。与陶器共存的有亚腰石锄、扁平磨光石斧、玉刻刀、玉斧、渔叉、渔标、石网坠。时代大体与后洼上层相当或略早。

3. 庙后山文化类型　在太子河流域的广阔山区，在距今 3000 多年以前，一支强悍的民族部落集团发展了起来。他们的居住址多选择在河流两岸的台地或斜坡上。死后习惯于把尸体葬在河岸附近的岩洞内。1976～1982 年我们曾对本溪庙后山 B、C 两个洞穴墓地进行过两次发掘。出土的石器和陶器，既不同于辽西、辽南的青铜文化遗存，也有别于辽宁其他地区的早期青铜文化，具有独特的地区土著文化的特点，故命名为庙后山文化类型[25]。进行过发掘的洞穴遗址还有谢家崴子水洞、马城子 1～3 号洞穴墓地。

该文化类型墓葬中出土的随葬陶器，有实用器和明器两大类。实用器皿多夹砂粗陶，器形大，素面，手制。器类有斜颈削肩双耳壶、直口平底罐、钵、碗等。明器多小型陶壶，其特点为小口、鼓腹、器壁薄。陶土细腻，打磨光滑，制作精致。底部有平底、假圈足、圈足三种。部分器物口沿施有薄叠唇、凹坑纹和划纹。明器中还有一定数量的小陶钵、杯等。随葬的石器有板状石斧、石锛、石凿、石刀、石镞、圆形环状石器、陶石纺轮和网坠。

值得重视的是，在庙后山 C 洞最晚的一座墓 CM2 中，出土的陶壶与二道河子Ⅵ式石棺墓出土的陶壶形制特点极为相似，说明庙后山文化类型洞穴墓葬的晚期，已与辽阳二道河子石棺墓文化相衔接。

4. 辽阳二道河子文化类型　这一类型以辽阳二道河子石棺墓为代表。二道河子村，位于辽阳东南 40 公里，河栏乡的汤河西岸。1955 年曾在这里发现过青铜短剑墓。河东一里许的岔沟山坡上，是一处石棺墓地。据不完全统计，被破坏的石墓棺就有 20 余座。1975 年在这里清理两座[26]。出土的一组器物很有特点，其中有青铜斧、凿、短剑和陶器，这组遗物在辽东地区具有典型意义和代表性。就是说二道河子石棺墓，既不同于出青铜小件饰品的接官厅石棺墓[27]，也不同于锦西乌金塘、大连后牧城驿[28]出车具、短剑、工具、饰品，并伴出战国刀币的墓。从二道河子石棺墓出土青铜工具和兵器观察，说明生产工具和武器以石器为主的时代已过去。这个时期，辽东地区的青铜铸造业已有了飞速发展，青铜工具完全代替了石器。

二道河子石棺墓在埋葬习俗上，同庙后山洞穴墓相一致，也用猪、鹿下颌骨随葬。陶器种类制法与庙后山洞穴墓也极为相似。二道河子石棺墓文化类型，有可能是由庙后山洞穴墓文化类型发展来的。当然在衔接关系上还有比二道河子更早的石棺墓，如辽阳接官厅石棺墓、清原县湾甸子石棺墓[29]。二道河子石棺墓代表着一个更高的发展阶段。这种类型的石棺墓在抚顺、辽阳、丹东、吉林东南部均有着广泛的分布。

通过对辽东原始文化的研究分析，辨明这一地区的原始文化同样自成系统。按其考古文化时代的早晚，大体能展示出这样一个发展系列，即新乐下层文化→后洼下层文化类型→后洼上层文化类型→庙后山文化类型→二道河子石棺墓文化类型→燕文化。当然这只是个极粗略的轮廓，各文化类型之间的缺环，还有待于今后更多材料补充解决。

（三）辽南地区的考古工作，开展甚早。20世纪30年代，文官屯遗址就发现过彩陶，獐子岛曾发现过压印之字纹陶[30]。新中国成立后旅顺博物馆做了大量工作。岛屿和沿海遗址文化内涵复杂，头绪繁多，很久以来，未能摸清其发展规律。进入70年代以来，考古发掘工作主要集中在辽东半岛南端。1974～1976年，对渤海与黄海分界处的郭家村遗址进行了发掘。1978年又发掘了长海县广鹿岛小珠山遗址，获得了三个相叠压的不同时代的文化层堆积，使辽南地区原始文化的发展序列，在认识上有了新的突破，为研究这一地区原始文化的发展，提供了科学依据。这里的小珠山下层、中层、上层与上马石上层等四个文化类型，体现着辽南地区原始文化发展的四个不同阶段。小珠山遗址下、中、上三层文化遗存属新石器时代，上马石上层文化类型已进入了早期青铜时代。（从略）

## 三

综观以上材料，辽宁发现的具有不同特征的原始文化遗存，按地区大体分属三个不同的文化系统：1. 辽西红山文化系统；2. 辽东新乐下层文化系统；3. 辽南小珠山文化系统。这三个文化系统大体是同步发展的，又是相互联系的。三者在其初期阶段文化共性较明显，施压印之字纹的直筒罐普遍存在于三个不同地区的文化系统中。红山文化系统，除自身的文化特征而外，较多地受中原仰韶文化和北方草原细石器文化的影响。辽南小珠山文化系统与山东大汶口文化有一定联系。大约距今5000年左右[31]，小三足器在红山文化城子山类型中开始出现，而小珠山中层文化时期，鼎和瓠形器已普遍存在。这样看来，似乎大汶口文化对小珠山中层文化的影响，略早于仰韶文化对红山文化的影响。

辽东原始文化系统，也有其独特之处，即东南沿海后洼遗址的上层文化与本溪县马城子二号洞穴下层文化遗存相衔接，并与浑河、太子河流域普遍存在的石棺墓文化渊源关系密切。由于地处山区，交通不便，辽东地区原始文化古朴的土著文化因素浓厚，外来的影响颇少。

在距今5000年左右的时间里，三个文化系统逐步形成了各自的地区特点。从进入青铜时代以后，各文化系统的信息来往，文化交流，相互接触，文化融合的趋势变浓。其标志是普遍施花边、叠唇、附加堆纹的陶器广泛流布。青铜工具和兵器在辽河两岸及东南沿海发展盛行起来。应把这种现象看作是不同族系的原始文化，互相吸取进步因素，共同提高的过程。即中原文化与东北诸少数民族文化融铸成一体的过程。发展到夏家店上层文化时期，各地不同文化系统均有了较多的共同因素，虽然还存在地区性差异，但这时不同民族文化的融合形势，占了主导地位。诸如汉民族成组的青铜礼器、兵器、生产工具、鼎、鬲、豆，陶器与少数民族的青铜兵器，连珠状青铜饰件，各种不同形状的动物纹牌饰和各种不同式样的青铜刀具，往往在同一个遗址或墓葬中共存。如果不注意研究形成这种复杂现象的历史过程和原因，笼统地把多种因素组成的文化实体，说成是哪一个民族的文化，均不够妥当。这个时期考古文化中错综复杂现象的存在，正好反映了我国东北地区集中了诸原始民族文化的精华，为燕文化的形成奠定了基础。

关于辽宁乃至于东北原始文化的渊源问题，是来自中原，还是来自山东半岛，还是由当地土著文化发展而来，我们认为有可能是后者而不是前者。但目前在辽宁境内，发现7000年以上的新石器时代遗存甚少。待我们努力工作，发现更多距今15000年左右新石器时代的遗址和基地若干处时，再研究文化渊源问题，才会比较有把握。

（原载《辽宁大学学报》1988年2期）

**注　释**

① 　金牛山联合发掘队：《辽宁营口县金牛山旧石器文化的研究》，《古脊椎动物与古人类》第16卷 2期。

② 　张镇洪：《辽宁地区远古人类及其文化的初步研究》，《古脊椎动物与古人类》第19卷2期。

③ 　1933年杨钟健先生等在大连龙王塘附近公路旁红土中发现2件石器。

④　鸽子洞发掘队：《辽宁鸽子洞旧石器遗址发掘报告》，《古脊椎动物与古人类》第 13 卷 12 期。

⑤　辽宁省博物馆发掘材料。

⑥　吴汝康：《辽宁建平人类上臂骨化石》，《古脊椎动物与古人类》1961 年 4 期。

⑦　辽宁省博物馆：《凌源西八间房旧石器时代文化地点》，《古脊椎动物与古人类》第 11 卷 2 期。

⑧　张镇洪等：《辽宁海城小孤山遗址发掘简报》，《古人类学学报》1985 年 2 月第四卷 1 期。

⑨　王连春、崔双来：《丹东地区旧石器时代末期人类化石的发现》，1984 年本溪、丹东考古学术讨论会论文集。

⑩　吕遵谔：《金牛山猿人的发现和意义》，《北京大学学报》哲学社会科学版 1985 年 2 期。

　　黄蕴萍：《金牛山猿人化石发现侧记》，《化石》1985 年 2 期。

⑪　辽宁省博物馆：《概述辽宁省考古新收获》，《文物考古工作三十年》1979 年文物出版社。

⑫　宋方义等：《广东封开黄岩洞洞穴遗址》，《考古》1983 年 1 期。

⑬　丘立诚等：《广东阳春独石仔洞穴文化遗址发掘简讯》，《古脊椎动物与古人类》1980 年第 18 卷 3 期。

⑭　江西省文管会：《江西万年大源仙人洞洞穴遗址试掘》，《考古学报》1963 年 1 期。

⑮　广西壮族自治区文物工作队等：《广西桂林甑皮岩洞穴遗址试掘》，《考古》1976 年 3 期。

⑯　辽宁省博物馆：《辽宁敖汉旗三种原始文化的发现》，《文物》1977 年 12 期。

⑰　滨田耕作：《赤峰红山后》，1938 年。

⑱　李恭笃：《辽宁凌源县三官甸子城子山红山文化遗址试掘报告》，《考古》1986 年 6 期。

⑲　郭大顺：《辽宁省喀左县东山嘴红山文化建筑群址发掘简报》，《文物》1984 年 11 期。

⑳　李恭笃：《一种时代偏早的原始文化类型的发现》，《北方文物》，1986 年 3 期。

㉑　沈阳市文物管理办公室：《沈阳新乐遗址试掘报告》，《考古学报》1978 年 4 期。

㉒㉓　见《中国考古学年鉴》94、95 页，1984 年文物出版社。

㉔　辽宁省博物馆等：《辽宁本溪县庙后山洞穴墓地发掘简报》，《考古》1985 年 6 期。

㉕　李恭笃：《辽宁东部地区青铜文化初探》，《考古》1985 年 6 期。

㉖　辽阳文物管理所：《辽阳二道河子石棺墓》，《考古》1977 年 5 期。

㉗　辽阳文物管理所：《辽阳市接官厅石棺墓》，《考古》1983 年 1 期。

㉘　旅顺博物馆：《旅顺口后牧城驿战国墓地》，《考古》1960 年 8 期。

㉙　清原县文化局、抚顺市博物馆：《辽宁清原县近年来发现一批石棺墓》，《考古》1982 年 2 期。

㉚　参见梅原末治：《东亚考古论考》，第一 333 页 1944 年。

㉛　北京大学考古系碳十四实验室：《碳十四年代测定报告（六）》，《文物》1984 年 4 期。

# 从出土的骨柄石刃刀
# 看北方的原始文化发展

## 一

骨柄石刃刀，顾名思义，可知是由细石器与骨柄结合而成的一种复合刀具。这种刀具主要出土于我国北方干旱寒冷地区，是我国北方草原文化遗存中的一种典型工具。

骨柄石刃刀，最早是 1930 年 10 月考古学家梁思永先生首次在黑龙江省齐齐哈尔市西南的昂昂溪墓葬中发现的[①]。1962 年，中国科学院考古研究所内蒙古工作队，在内蒙古东部巴林左旗富河沟门遗址二号灰坑中发现一件[②]。1973 年，甘肃省博物馆文物工作队在永昌县鸳鸯池墓葬中发掘出土 2 件[③]。1974 年辽宁省博物馆文物工作队，又在内蒙古翁牛特旗石棚山墓葬中发掘出土 13 件[④]。1984 年 6 月吉林省文物考古研究所，在白城西郊靶山墓葬中发掘出土 4 件[⑤]。据粗略统计，半个多世纪以来，我国共出土骨柄石刃刀 21 件之多。从目前所获得的资料看，骨柄石刃刀的分布范围大体在北纬 38°以北，东经 125°以西的广袤地区。

国外发现镶嵌石刃的工具，有骨枪、骨锯、骨刀。分布范围相当广泛，如欧洲的瑞典、丹麦、意大利等国均有发现[⑥]，其时代也大体相当。

这批材料都是正式发掘出土的，而且保存较好，种类丰富，不仅为进一步研究我国先民用细石器制作复合工具的技术发展提供了实物资料，而且为探讨我国北方原始社会经济形态，原始文化的发展，提供了新的资料。

## 二

昂昂溪、靶山、石棚山、鸳鸯池四处墓地出土的骨柄石刃刀，从随葬的位置看，有的置于脚下（靶 M4、昂 M1），有的陈放于头部（靶 M5）。有的随葬一件（鸳 M93），亦有的随葬两件（石 M60、M33）。无论是成年男女，还是儿童（靶 M1）均有随葬。在富河沟门遗址的灰坑中也有出土。可见这种制作精致、工艺先进的复合工具，在我国新石器时代晚期，已普遍成为人们日常生产和生活中不可缺少的工具。根据其不同的形制特点和不同的用途考虑，大体可分为三类。

第一类　为单面刃骨柄石刃刀，是专门用于切割、刮毛、拉皮、剔骨、割肉等，同时还可作为食肉用的刀具。这类刀具的骨柄，常用牛、鹿、羊的腿骨加工而成。牛、鹿、羊的骨料不仅骨质硬度大，而且富有韧性和弹力。制成的骨柄石刃刀，坚固耐用。单面刃的骨柄石刃刀形体虽各有特点，但大体可分为五种不同的形式。

1. 骨柄石刃刀的全长，都镶嵌上石刃（石 M32：2）。脊背平滑，刃部略洼，两尖端均磨成抹斜刀尖，同时只能手握刀背中部，这种类型骨柄刀的优点是切割面大。但手握处面积小，不便于用力。使用时笨拙不灵活，具有一定的原始性。通长 18.5、宽 2.7、刃宽 0.5～1 厘米。中部刃宽，两端逐渐变窄。

2. 骨柄前窄后宽，刀尖呈抹斜状。前端三分之二镶嵌有石刃，后半部三分之一为刀柄，并施有一系绳的小圆孔。刀柄宽，手握紧便于用力，操作时得心应手。从类型学的角度观察，比第一种适用。由三片石刃组成。刀体宽 2.2～3.7、石刃宽 0.6～1 厘米（石 M60）。

3. 骨柄呈剑形，两侧厚而中间薄，刀尖锋利，尾端圆角弧形，并施一椭圆形小孔。刀体前三分之二的长度镶嵌有石刃，后三分之一部分为刀柄。通长 18、宽 2.2～2.7 厘米。整个骨柄磨制光滑，这种刀同前两种有明显的不同。是否另有专用，尚待深入研究（石 M20：10）。

4. 鸟头状柄，整个刀体中间洼，两端上翘。石刃呈弧线状，尖稍残。由四片石刃组成。体长 22.7、刃宽 3 厘米。石刃镶嵌平齐，紧密，并用黑色胶质物粘固。做工细腻，刀形美观。近似现代刀的造型，为骨柄石刃刀中的珍品（靶 M4：47）。

5. 柳叶形骨柄石刃刀，是所有骨柄石刃刀中最长的一件。通长 46、宽 4 厘米，刃长 16.5 厘米。中部石刃已脱落。由刀体和刀柄两部分组成。是在原有石刃刀的基础上又出现的一种新形式。在制作工艺上创造出的一种衔接新技术。新兴技术的出现，可根据需要把刀体适当延长。这种骨柄刀是目前所见复合刀具中最臻于完美的佳品（鸳 M93）。

第二类　双面刃骨柄石刃刀，也有的同志称为匕首。目前国内仅发现三件。昂昂溪出土的一件已残断。石刃全部脱落，两面的骨槽尚存。柄端施一圆孔。残长 13.3、宽 2、骨槽深 0.4、宽 0.2 厘米。

靶山 M1：2 仅存骨柄的前半部。磨制光滑，石刃全部脱落，两侧骨槽尚存。刀体宽刃窄。残长 15.4、凹槽深 0.3 厘米。

鸳鸯池 M92 出土的双面刃骨柄石刃刀，保存完好。该刀是由刀体和刀柄两部分组成。工艺造型和镶嵌技术都非常讲究。其特点是刀尖锐利，冲刺力强，兼有剑和匕首双重功能。可能是一种屠宰牲畜和致敌于死命之武器。通长 33、宽 5 厘米。见骨柄石刃刀统计表。

第三类　为锯齿形石刃器，目前我国还未见发表的材料。北欧有些国家出土有这类工具。即将短小的石刃，等距离地镶嵌在骨柄上，使石刃形成锯齿状。还有的将大石刃石片镶嵌在带有一定弯度的鹿角和动物骨骼上。整个刀体近似长柄镰刀形。因为接上了长柄，石刃硬度又大。这种镰刀要比一般常见的陶、蚌、石镰刀锋利得多。这类锯齿形骨柄石刃刀应是细石器工具的最佳品，其造型最先进，可谓是功效最高的一种刀具。

骨柄石刃刀之所以先进，是因为做到了物尽其用，将先进的镶嵌衔接技术变成生产力。这里有两个重要的环节是不能忽视的，一是将长期以来的笨重石器大大减轻，二是轻质的骨、木、角作原料，稍加修整与石刃衔接成一体，带柄工具的应用就等于大大延长和增大了人类的臂力。在我国新石器时代多种复合工具的制造和应用，不仅是工具制造技术上的飞跃，而且是社会生产工具的一大变革。

复合工具的应用，比起手拿石斧、石片去从事生产劳动，其工作效率不知要提高多少倍。制作石刃刀具，有两个关键性问题，其一是如何打制出细长、两端平齐、符合要求的薄石片。打制两端平齐的石片，并不是一件容易做到的事，需要先进的打制方法和打制技术。最省力的方法是先将石核上下两端磨制出台面，剥落下来的石片才能两端平齐。然后将石片进行修整，第二步细致琢压加工。石核的石料，多选用透明的燧石和白色石英及色彩鲜艳的玛瑙石。硬度越大，石刃就越锋利。红、白石刃相间镶嵌在同一把刀具上，会增加工具的风采。其二是如何把石刃牢固、平齐、严密并略带弧度地镶嵌在骨柄上。这就要求中间石刃宽一些，两端的石刃窄一些。特别是尖端的石刃要略呈斜三角形，只有把宽窄不同的石刃调配好，才能形成圆弧状。同时所刻骨槽的宽窄、深浅要适度，主要是根据石刃的具体情况而定。一把骨柄石刃刀的制成是打片、刻槽、用胶状物粘贴、镶嵌，多种综合技术的应用，比单纯磨制一件石器，工艺过程要复杂得多。

在对石刃进行第二步加工过程中，压制形成了许多细小的尖齿和凹槽，这些尖齿、凹槽在切割中像锯齿一样锋利。先民们在长期磨制和琢制石器的劳动实践中，丰富了对不同石料性质的认识，积累了新的矿物学知识。正是这些认识和知识的积累，为以后金属冶炼业的产生打下了坚实的基础。

我们目前所看到的我国有关骨柄石刃刀的材料，多为新石器时代晚期的遗物，或者说是制作复合刀具技术条件臻于成熟时期的材料。究竟这类骨柄石刃刀——复合刀具出现于何时，专题进行研究讨论的文章还不多见。为了引起有关方面的关注，在这里不妨做一简略的推论。

远在旧石器中晚期，我国就出现了弓箭。峙峪、丁村、小南海等旧石器时代遗址，就出现了打制的石镞。打制和琢制石镞与打制和琢压石刃器，在打制方法和制作技术方面，似乎没有什么大的区别。能把石镞安装在箭杆上，亦一定能把石片石刃镶嵌在骨槽里。能把石镞、木弓和富有弹性的皮条（绳）巧妙地构成一体，创造出远射性弓箭——武器。具有如此智慧和思维能力的早期人类，制作骨柄石刀等各种复合工具，当然已是水到渠成的事。因此，我们认为制作骨柄石刃刀的工艺，可能产生在新旧石器时代交替的时期。这种工艺亦是一种古老的传统技术。这种综合工艺技术的出现，无疑亦是我国北方早期居民的一大贡献。

## 三

任何一种原始文化的产生和发展，都是与当地的自然环境和气候条件相适应的。当气候条件和生态环境发生变化时，社会文化经济结构亦将随之变化。在人类的幼年时期，社会生产力还相当低下的情况下，尤其是这样。在人类早期的生产和生活活动中，首先是适应环境，利用自然所提供的条件，然后才能去改造自然。千差万别的生态环境，各种不同的气候条件，是构成大千世界各种不同风格、民情、民族文化的重要基础。

骨柄石刃刀均出于我国北方，北方环境的共同特点是，干旱缺雨风沙大，气温低，有霜期长，生长季节短。在这样的环境下，只靠原始的锄耕农业和采集食品，很显然生存没有保障。我国的北方人，在同大自然的长期斗争中，早已总结认识到，只有进行多种经营，才能适应环境，建起家园，繁衍子孙。北方的古代遗址和墓葬中出土的遗物，充分显示和反映了这一事实。我国北方原始文化，另一个重要特点，即多种工具并存，多种经营形式并存。打制石器、磨制石器、细石器共存，农业、牧业、渔猎、采集业并存。在北方不同性质的文化遗址中，各种经济成分所占比例也不相同。但陶器仍然是生活器皿中所不可缺少的。

如果我们对上文所涉及的几处遗址出土遗物作具体考察，各以何种经济为主导，与遗址所处的地理位置和环境大体是相一致的。以农业经济为主的群体，必然有充沛的水源、肥沃的土地、适合作物生长的气温条件。以畜牧业为主的群体，必然有广阔无际的草原供人们流动迁徙放牧。前文中提到的几处遗存，都证实了这一规律性的发展，现试做进一步剖析：

昂昂溪遗址，位于我国的北端，地处嫩江流域的沙岗上，在黑沙层中获得文物千余件。主要是石器，其次是陶片，骨制品较少。在 506 件石器中，有磨制石器和细石器两类，但以细石器为主，有石核、石钻、石片、尖状器、雕刻器、石镞、石刀、石刃器等。磨制石器中仅有小型石锛、单孔垂珠饰品。骨器 10 件。有骨刀柄、骨鱼镖、骨锥、骨枪头等。完整的陶器仅发现两件陶罐。

从出土骨枪、鱼镖和大量的细石器可以看出，昂昂溪遗址是以渔猎经济为主体的。从出土的少量陶器和磨制石器，也意味着还兼营一定成分的原始农业和采集业。这与昂昂溪一带沙岗从前是大湖边的湖象堆积，又是一种水边文化的性质是相一致的。

白城靶山五座墓出土文物 267 件，其中主要是细石器，磨制石器颇少，其次是骨器和少量蚌器，不见陶器。器类有石镞、刮削器、尖状器、雕刻器、石核等。骨器的种类较为丰富，有骨锥、骨刀、骨鱼镖、骨柄石刃刀和部分骨牙饰品。

从出土生产工具的种类和数量，可以看出死者生前主要是从事狩猎活动，农业和季节性的捕鱼作为生活中的补充。这种经营形态的形成是与干旱、缺雨、风沙大的自然环境相适应的。

五座墓的九具骨架中，8、9、11、16、20 岁的各占一人，三具成年女性的年龄都在 30～40 岁，仅一成年男性活到 55 岁。从其生存年龄，可知他们生前的生活是很艰苦的，生活资料的获得是不容易的，只有多种经营才能获得生存。

富河文化，已形成了较大的居住区，在斜坡遗址不大的范围内，竟发现 37 座房址，屋内有土坑灶址、柱穴和储存物品的窖。从其房址设施不难看出，富河文化居民，已过上安稳的定居生活，陶器主要是施有简单之字纹的筒形器。出土的 2000 余件石器，可分为大型打制石器和小型细石器两类，打制石器多数经第二步加工，器形有石斧、石锛、石锄。工具的形体基本固定，正向着规范化、专业化方向发展。细石器除常见的几种类型外，长条形石片、石刃器打琢技术格外先进。骨器有鱼钩、鱼镖、骨锥、骨柄石刃刀、带齿的条形工具等。

从富河文化的房址、生产工具和大量石器，使我们感到，其经济形态已发生了巨大变化，农业经济已上升到主要地位，渔猎经济降到了次要地位。富河遗址地处乌尔吉木伦河旁，发展农业有足够的水源。背依高山，挡住了北来的寒风、黄沙。耕耘肥沃的土地可获得农业的丰收。

石棚山是属于小河沿文化性质的墓地。墓地分区有序排葬。共发掘 77 座墓葬。既有土坑墓，亦有土洞墓。葬式比较复杂，有仰身直肢葬、俯身葬、无头骨葬和屈肢葬。墓口多留有火烧痕迹。墓地内虽然都是同一个氏族内的成员，但在埋葬形式上和对待每个成员葬礼的态度上，确实已出现了差别。墓葬出现的多层次，意味着氏族成员之间，已有了高低贵贱之分。每个成员在氏族内的地位、权力、作用已有明显的不同。氏族内部盛行的民主、平等制度，已在发展过程中逐渐削弱。

墓葬出土的生产工具也有两种：一种是磨制石器，斧、锛、刀；另一种是丰富多彩的各种类型的细石器，有三角形石镞、长条形石片和各种形制不同的骨柄石刃刀。特别是大量图案花纹新颖的彩陶器的出土与双室房屋和墓葬的出现，已显示着小河沿文化的农业已有了更高层次的发展。

小河沿文化的遗址，皆选在西辽河两岸的台地上，但其墓地却选择在山顶上。这种迹象反映出小河沿文化的先人，是从狩猎畜牧活动的游动群体，在流动迁徙中，来到了利于农耕的辽河两岸肥沃的土地上，使农业得到了发展。但他们所熟悉的古老传统生产方式，畜牧狩猎活动却总是不肯轻易丢弃，仍作为生产和生活的补充。或许这就是细石器长久留存下来的社会原因和客观基础。

鸳鸯池墓地位于河西走廊，是一处仰韶文化马厂文化类型的墓地。仅在 600 平方米的范围内，就发掘清理出 151 座墓。墓葬排列密集，多为土坑墓，埋葬方法有单人葬、合葬、二次葬和瓮棺葬。葬式有仰身直肢葬、侧身屈肢葬和割体葬。

墓葬排列密集，体现着氏族内部随着生产的发展，人口有了较大幅度的增加。葬法、葬式的复杂化，意味着原始的单一葬法已不能适应氏族内部思想发展的要求。开始由单一向多种葬法、葬式转化。每一种新的葬法和葬式的出现，都含有更细致更深刻的社会内涵。尽管目前我们还不能一一做出满意的解释，但每一种新葬式的出现，都是对葬礼内容的一次充实和深化。是该文化思维能力和宗教意识发展的一种新高度。

鸳鸯池遗址和墓地，正处于鸳鸯池南侧，金川河西岸的台地上。这里地势低洼，土地肥沃，自然环境有利于农业发展的一面。但在遗址和墓区的南北两侧，存在着较大的沙窝区，干旱多风沙，显然又是对农业发展的一种威胁，自然环境也和其他事物一样，没有尽善尽美的地方。再好的地区，也有不可耕种的贫瘠土地。这些土地正好作为放牧场地。也许就是这种缘故吧，在农业高度发展的鸳鸯池马厂文化类型的墓葬中，也还有相当丰富的细石器存在。

综观讨论研究过的几处墓地和遗址材料，似乎呈现出这样一种趋势。从北向南随着气温升高，农业在各遗址的经济成分中所占的比重，逐渐从次要地位上升到主要地位。

骨柄石刃刀是由北方细石器文化一直延续下来的一种古老多用工具。在金属刀具尚未普遍使用以前，不管是在农业为主的文化社区，还是牧业为主的文化社区，无论在生产和生活上，均得到了广泛的利用。或许这是细石器为什么传至很晚的理由之一。

在我国北方这个人类活动的大舞台上，有过众多的人类群体流动迁徙，都留下了他们的历史遗迹。骨柄石刃刀，无疑曾是推动早期北方人类历史发展的动力。今天我们研究认识细石器这种小型工具，在各个不同历史时期，不同的经济形态和文化领域中，所起的作用以及对进一步研究、探索细石器文化中，不同文化类型之间的发展联系是有着重要意义的。

## 骨柄石刃刀统计表　　　　　单位：厘米

| 遗址地点 | 出土单位 | 形状 | 刀长 | 刀宽 | 石片数量 | 面刃 | 备注 |
|---|---|---|---|---|---|---|---|
| 内蒙古富河沟门遗址翁牛特旗石棚山墓地 | H2：11 | 直背 | 23 | 2.0 | 不清 | 单面刃 | 仅存刀梗 |
| | M73：9 | 柄宽尖部斜窄 | 14.3 | 2.9 | 2 | 单面刃 | 抹斜尖 |
| | M60 | 斜尖 | 18.3 | 2.2～3.7 | 3 | 单面刃 | 柄端施一圆孔 |
| | M34：1 | 斜尖 | 18.5 | 2～3 | 4 | 单面刃 | 宽柄 |
| | M33：2 | 两端均为斜尖 | 18.5 | 1.7 | 7 | 单面刃 | 尖端上翘，全部施刃 |
| | M20：10 | 尖窄柄宽 | 19 | 1.8～2.2 | 4 | 单面刃 | 仅存一片石刃，刃长9.5 |
| | M50：6 | 尖窄柄宽 | 14.5 | 2～2.5 | 3 | 单面刃 | 刃长9 |
| 黑龙江省昂昂溪 | M1 | 刀柄长条形 | 17.3 | 2 | 不清 | 双面刃 | 仅存刀梗 |
| 吉林省白城靶山墓地 | M4：47 | 柄尾呈鸟头状 | 26.7 | 3 | 3 | 单面刃 | 完整 |
| | M1：3 | 刀柄尾厚坚同 | 24.8 | 3 | 4 | 单面刃 | 中间石刃脱落一片，单面加工 |
| | M5：1 | 刀柄一面鼓一面平 | 17.8 | 2.75 | 仅存刀片 | 单面刃 | 未经二步加工 |
| | M1：2 | 柄部窄 | 14.2 | 2.5 | | 双面刃 | 凹槽深0.3 |
| 甘肃省永昌县鸳鸯池墓地 | M92 | 匕首状 | 33.2 | 5 | | 双面刃 | 石刃中间鼓两侧凹 |
| | M93 | 前尖后宽 | 46 | 4 | | 单面刃 | 刃长16.5 |
| 总计 | 14墓 | 出土14件 | | | | | |

注：1. 各地共出土21件，较完整的14件。2. 总计5个地点，4处墓葬，1处遗址。

（原载《辽海文物学刊》1989年2期）

## 注　释

①　梁思永：《昂昂溪史前遗址》，《梁思永考古论文集》，科学出版社 1959 年。

②　中国科学院考古研究所内蒙古工作队：《内蒙古巴林左旗富河沟门遗址发掘简报》，《考古》1964 年
　　1 期。

③　甘肃省博物馆文物工作队等：《永昌鸳鸯池新石器时代墓地的发掘》，《考古》1974 年 5 期。

④　中国大百科全书，考古学彩图插页 11，石棚山遗址出土。中国大百科全书出版社 1986 年。

⑤　吉林省文物考古研究所：《吉林白城靶山墓地发掘简报》，《考古》1988 年 12 期。

⑥　K·D·奥古莱著，周明镇译：《新石器时代文化》84～85 页，科学出版社 1965 年。

# 红山文化考古新发现及研究动态

从 20 世纪 30 年代开始，我国老一辈著名考古学家们就非常注重东北地区的原始文化考古研究。他们所取得的研究成果和论著，为后来的红山文化考古研究工作奠定了基础。

红山文化，是分布在我国燕山南北的一支具有代表性的原始文化，分布地域之广，文化内涵之丰富，是长城以北任何一种原始文化所不能比拟的。它与中原仰韶文化，既有密切联系，又有相互影响，是在不同区域、不同环境，大体相同的历史阶段，发展起来的两种不同类型的原始文化。

红山文化，具有北方草原畜牧经济和中原农业经济的双重特点。自 1935 年，日人发掘赤峰红山后第二住地遗址，于 1938 年发表了发掘报告书《赤峰红山后》①，经著名考古学家尹达先生研究命名为红山文化②，已经历了近一个世纪。迄今红山文化作为我国北方所特有的一种主要新石器时代的考古文化而驰誉于世。

近些年来，在辽阔的巴林右旗草原上，已发现多处红山文化的遗址，那斯台遗址就是其中的一处③。说明红山文化的北界已越过了西拉木伦河，其南界已达到河北省玉田县、天津一带④，西界可到河北省张家口地区⑤，东至辽河这样一个广阔区域。其分布中心，主要集中在赤峰、朝阳、承德地区，即老哈河、大小凌河流域。据各地文物普查材料统计，所发现的遗址、墓地和遗物散布点计有 300 余处。

近十几年来，特别是进入 20 世纪 80 年代以来，红山文化的发现和研究，确实有了新的较大突破。下面试就有关红山文化的新发现、研究动态等有关问题作一简略介绍。

## 一　红山文化的内涵

红山文化的一个明显特征，即打制细石器与磨制石器共存。细石器有燧石打制的作复合工具用的扁平长条形石片（石刃），短小刮削器，柳叶形、三角形凹底或平底石镞等。

　　磨制石器，以大型鞋底状或三角形石耜（石犁）为特征。其次是弧刃磨光石斧，精致梭形双孔石刀，马鞍形石磨盘、石磨棒等多种不同用处的石器。

　　陶器普遍流行压印之字纹陶、泥质素面红陶、泥质红底黑花纹彩陶。彩陶纹样极为丰富，有松散古朴的蝌蚪纹、鱼尾式窝纹、交叉形成的人字纹、三角方块纹、菱形纹、枝叶纹等。器形有直筒罐、斜口器、直颈壶、双耳罐、叠唇钵、红顶碗、器座、大型炭陶瓮等。

　　从赤峰西水泉遗址发掘得知，当时先民们居住的房屋为方形或长方形半地穴式建筑⑥。烧制陶器使用横式窑⑦，按着男女体力和技术的不同进行分工，大家在窑场集中劳动。氏族成员死后，习惯安葬在山顶氏族墓地里⑧。原始宗教信仰有了较高程度的发展，玉雕和陶塑艺术，在国内外原始艺术史上占有重要地位。

## 二　红山文化的新内容

　　随着我国社会主义建设的全面开展，长城以北的考古发现不断地传来佳音，并引起了学术界极大的兴趣和关往，至 1986 年 9 月 17 日中国考古学会第六次年会在沈阳召开，把红山文化的研究推上了一个新高度。要说明红山文化研究方兴未艾并达到高潮的原因，还得从考古发现了玉龙谈起。

　　1971 年春，内蒙古翁牛特旗三星他拉村民，在村北山岗红山文化遗址植树造林时，距地表 0.5～0.6 米深的地层里，发现一件高 26 厘米、体蜷曲呈"C"字形、墨绿色的玉龙⑨。玉龙吻部前伸，嘴紧闭，双眼突起呈菱形，眼尾细长上翘，颈脊施长鬣，龙体正中钻有系绳的小孔。其雕塑技术精湛，想象丰富，如此活灵活现的大型玉龙在我国新石器时代考古中还是首次发现。1975 年以玉龙为线索，辽宁省博物馆派专业人员前赴现场做了详尽勘测调查，在出土玉龙的遗址和附近山丘上，采集到许多件石耜、石磨盘、石磨棒、压印之字纹和篦纹陶片。从采集的石器、陶片分析，这一山丘遗址确系红山文化遗址无疑。玉龙的出土启迪考古工作者考虑，玉龙应与红山文化有关。红山文化的先民们能否雕琢出如此珍贵的玉雕艺术品？探索原始玉雕艺术渊源的火花，开始在考古学界活跃起来。正当人们思绪万千，奥秘难解的时候，1973 年 7 月在辽宁省阜新蒙古自治县化石戈乡台吉营子大队，胡头沟考古工地清理发掘出一个大石围圈，并在石围圈的边缘发现排列有序的彩陶筒形器群。石圈中央地下及其南侧揭露出两座玉器墓，一座为单室石棺墓，另一座为联室石棺墓。两座墓出土 18 件玉雕饰品，有玉璧、玉环、勾云形玉佩、玉棒、玉珠、玉龟、玉鸟、玉鸮⑩等。正当人们面对这两座红山文化墓葬出土的玉雕动物群赞叹不已时，又有新的线索发现。

1974 年 6 月，在内蒙古克什克腾旗好鲁库羊种场石板山花岗岩巨石下，放牧员发现了玉棒、玉斧、玉环、玉锥状器，绿松石串珠以及制作特别精致的，刃带细齿的石镞等珍贵文物。消息传到赤峰宾馆，当时贾兰坡教授正在昭乌达盟进行综合考察。当我们陪同贾老驱车赶到现场时，调查又在巨石下灰土中清理出几件琢制规整的石镞和数件细石器以及被烧过的人骨，并在附近采集到一些带划纹、篦点纹的夹砂陶片。依据出土的陶片、石器和人骨推断，亦应是一座红山文化性质的墓葬。

这一墓葬材料，又提供了玉器与细石器共存，玉器与早期划纹陶片、篦纹陶片有密切关系的佐证。从目前所获得资料看，石板山是出土原始玉器最北的一个地点，其坐标为东经 117°16′，北纬 43°26′。

1979 年 5 月，辽宁省文化厅组织的全省文物普查工作开始后，凌源队在凌源县凌北乡三官甸子城子山发现一处红山文化遗址。同年 10 月试掘时，揭露出三座地层关系明确的红山文化墓葬。M2 出土 9 件玉器，M1 出土 3 件玉器。有大型玉钺、马蹄形玉箍、勾云纹玉佩。小型玉器有玉环、玉鸟、双首猪头饰、竹节状玉饰、玉锥状器等。为了慎重对待，省文物普查队领导将辽宁省博物馆的主要业务人员招集到现场，仔细观察核实了地层，面对地层堆积情况进行了现场分析讨论，一致认为地层清楚无误。墓葬确属红山文化，红山文化的玉器墓终于找到了科学的地层依据。至此燕山南北出土的原始玉雕艺术品，确系红山文化成了定论。这不仅解决了红山文化有高度发展的玉雕艺术，而且使一大批早年出土的传世玉器有了归宿。以往错把红山文化玉器，当作商周玉器看待的历史结束了。从此红山文化的玉器成为我国北方原始玉雕艺术的一个研究中心。

在凌源县三官甸子城子山红山文化玉器墓发现的同时，喀左县大凌河西岸一个高出河床 50 米的东山嘴遗址正中，揭露出一组南北长 60 米、东西宽 40 米的石砌建筑址，以中部方形基址为中心，内直立石，南侧有一直径为 2.5 米石砌圆台址。东西两侧分别建有南北走向的基石带。在圆台址附近，出土有小型孕妇陶塑像，大型坐式人物残肢块，精致的双龙首玉璜、绿松石雕琢鸮形饰件等。遗址 [14]C 测定距今 5485±100 年。专家们普遍认为，这种讲究方位，前后方圆对称，主次分明，具有我国传统文化特色，成组的原始建筑群址[11]，在我国新石器时代这是第一次发现。联系遗址的地形选择，建筑群址的严格布局及其成群陶塑人像的出土，该遗址的建筑群，显然与原始社会中的祭祀活动有关。所以又把该遗址称作红山文化的祭坛遗址。

1981～1985 年在凌源、建平两县的交界处牛河梁，发现了红山文化的大型积石冢墓地多处。牛河梁山顶东西排列的四座积石冢，其范围长达 110 米。虽然各冢的结构不尽一致，从外形观察，大体有方、圆两种建筑形式。冢下和四周均葬有数量不等的石棺墓群。

二号冢，主体呈方形，东西长 17.5、南北宽 18.7 米。中央是一座大型石棺墓。墓平顶，似一石砌方台，边长 3.6 米。

三号冢，整体结构呈圆形，该冢选用红色花岗岩砌筑三道同心圆圈，外圈直径 15 米左右。

一号冢的北侧外缘，还筑有整齐的石墙及有目的陈放成排的彩陶筒形器。也有的冢内，把筒形器组成圆圈，作为永久性的纪念。

如此宏伟完整的墓地建筑，和结构复杂的积石冢群，含义深远奥秘，确实是一座研究我国新石器时代思想意识的博物馆。上述建筑究竟反映了一种什么样的社会意识，是尚待深入研究的大课题。

1983 年 10 月，在牛河梁墓地西北侧梁顶，发现一处南北长 175、东西宽 159 米的近方形平台。平台边缘砌有石墙。并在平台广场南侧 18 米处的山坡下冲沟旁，发现了一座神奇的"女神庙址"或称神殿址。庙址平面呈长方形，结构为半地穴式。由一个单室和一个复室两组建筑构成。单室在南，多室在北。经 1983～1985 年三年的探掘，获得遗物大体可分三类。一类是建筑构件，包括乳丁泥团构件及彩绘墙壁面残块。有的墙面绘赭红，间黄白色交错的三角纹几何图案或施凹窝纹。二类遗物主要是女神塑像肢体残块，有人头、肩部、手、乳房等。这些残肢体块，女性特征明显，从乳房观察，就有各种不同年龄的女神塑像存在。也发现有少量猪、禽局部残块⑫。三类遗物主要是陶祭器，如镂孔豆形器盖、圈底钵、大型彩陶无底专用祭器等。联系积石冢群、神庙址和宽阔的平台广场，无疑，这是一处对我国新石器时代文化进行综合研究的理想遗址。

## 三　研究动态

因为红山文化所分布的地理位置，正处于我国中原与东北相连接的中心地带。即北方草原经济形态向农业经济形态过渡的地区。所以红山文化是解决长城南北新石器时代文化相互联系的关键。

过去，依据红山文化内涵的复杂情况，有的笼统地称作北方草原细石器文化⑬，也有的称为混合文化⑭。或认为是仰韶文化影响的一种变体。

近些年来，由于考古材料的大量发现，研究工作的不断深入，同时根据我国早期新石器时代遗址普遍存在篦纹陶和细石器，上述情况越来越使我们感到，红山文化细石器文化的名称有些太笼统。应从细石器文化或红山文化中，再区分出带有某些具体特征的考古文化。

1973 年，配合沙通铁路建设工程，在内蒙古敖汉旗小河沿乡南台地遗址，发掘出一批有明显特征的陶器。既区别于红山文化又与红山文化有联系。根据上述主导思想，故命名为小河沿文化，并指出敖汉旗石羊石虎山墓葬应属小河沿文化及《赤峰山后》一书中也混有小河沿文化陶器。1977 年内蒙古翁牛特旗石棚山和 1979 年老鸹梁两处墓地的发现和发掘，进一步充实了小河沿文化内容。小河沿文化的发现，揭开了我国北方地区原始文化研究的新一页，它与红山文化相区别的重要意义在于从"细石器"的范畴中，划分出各个考古文化。致使研究细石器的重要课题有了新的突破[15]。它的确定，填补了我国北方地区新石器时代文化发展序列中的一段空白。

1984 年，中国社会科学院考古研究所内蒙古工作队，杨虎先生在内蒙古敖汉旗兴隆洼遗址，发现了早于红山文化，距今七八千年原始的兴隆洼文化，把我国北方原始文化的认识与研究又向前推动了一步[16]。根据上述文化内容可以看出，北方原始文化的发展脉络，大体呈现出这样一条轨迹，即兴隆洼文化→红山文化→小河沿文化→夏家店下层文化→燕文化。

近十多年来发现的胡头沟、城子山、牛河梁三处红山文化墓葬，其最大的特点是墓地地面上举行埋葬仪式兴建的建筑遗迹与墓地陈设遗物有机地构成了一个整体。这是我国新石器时代其他文化所未见过的新现象。积石冢群的建筑规模也是独一无二的。石冢范围内的墓葬有垒砌的大型石椁墓、石棺墓和立砌的石板墓。墓葬有单室和联室，有单人葬和多人葬，有一次葬和二次葬。积石冢墓地多用彩陶或素面红陶无底筒形器，组成一排，或围成圆形图案，作为永久性的纪念。墓室内不见生活器皿和生产工具。所随葬的遗物皆是含有原始宗教信仰、图腾崇拜色彩的玉雕饰品、动物群等。红山文化丰富多彩的玉雕群，已构成研究红山文化玉雕艺术的一个重要课题。不仅时代早，数量多，而且造型新颖别致，构图方法奇特。创作思维广阔，富于想象。有实有虚，有抽象有概括，虚构协调合理，概括真实生动。对后来夏、商、周三代玉雕艺术的发展，有着深远的影响。

目前已发表的有关研究红山文化玉器的论文，有孙守道先生所撰的《三星他拉红山文化玉龙考》[17]，李恭笃同志撰写的《红山文化玉雕艺术初析》[18]。夏鼐先生指出：全世界有三个地区的玉器工艺闻名，即中国、中美洲（主要是墨西哥）和新西兰。尤其以中国最为古老源远流长[19]，中国又以北方红山文化玉器时代为早。

关于红山文化的渊源问题，苏秉琦教授认为，"红山文化虽然与仰韶文化有关，但各有渊源，不能混为一谈"，并提出沈阳新乐文化第一期是东北地区含有细石器和之字纹陶的较早的原始文化，是探讨红山文化渊源的线索[20]。

东山嘴祭坛、牛河梁神殿址出土的泥塑妇女群像，从肢体残块分析，有十多个个体，绝大多数残件为女性特征。未发现男性肢体残件。东山嘴祭坛旁出土的妇女陶塑像，臀部、乳房硕大，前腹突出，是典型的孕妇形象。

牛河梁神殿址出土的女神像，从肢体局部特征分析，有大、中、小三种类型。大型的以主室中部位置出土的耳、鼻残件为依据，要大于一般人耳、鼻的 2～3 倍。可以推知大型塑像要高于真人 2～3 倍。中型神像，相当于一般人体。圆形主室西侧出土的完整女性彩色人头像，与真人头部大小相仿，从出土的碎块肩、臂、乳房制作滑瑞程度观察，似青年少女的肢体。另外，从肢体残件的固定姿态看，有的伸掌五指展开，有的四指并拢攥拳拇指张开。从部分大腿、臀腰残件的姿势看，有立、坐和双腿盘坐等姿态的神像。

塑像比例准确适中，肌肉健美柔和，神态优美逼真，呈现出绝佳的艺术效果。通过艺术加工，把富有生命力、神化了的女性形象塑造得更加臻善完美。从出土残肢体的位置和体形的比例大小，可以推测神殿内陈设大神像居中，中小神像在两侧。

红山文化泥塑像的出土，引起了国内外学术界的极大关注。这不仅使我们看到了五千年前我国原始艺术匠师们精湛熟练的雕塑艺术，同时也使我们了解到中国原始社会先民们创造出来的辉煌艺术成果。可以设想，随着这座"女神庙"艺术宝库的全面揭开，将为我国原始艺术史、宗教史、思想史的深入研究提供大量的实物资料。

## 四　红山文化考古新发现的学术价值和意义

燕山南北长城地带的考古工作，大体与黄河流域同步进行。红山文化与仰韶文化一样自成体系，有自身的发展规律。同时又与我国诸原始文化有着密切的内在联系。从其文化特征和经济形态观察，它与古代当地的自然环境、气候、动植物生态等的南北影响保持平衡的发展。向南有逐渐变晚的趋势。

我国北方从古至今，是一个多民族居住区域，其历史发展极为错综复杂，反映在物质文化上，也是多层次、多类型、多流动，逐步稳定汇集到古老传统文化之中。燕山南北地区，是我国中原连接欧亚大陆广阔草原的中心环节，在我国古代文明史上具有特殊地位。对这一地区的历史性问题进行研究具有普遍意义。

目前对红山文化祭坛、女神庙、积石冢群址的认识，还在深入，尚待进行综合研究。

（原载《先秦史研究动态》1988 年 1 期）

## 注　释

① 滨田耕作、水野清一：《赤红山后》，东亚考古学会 1938 年。

② 尹达：《中国新石器时代》，生活、读书、新知三联书店，1955 年。

③ 内蒙古巴林右旗博物馆调查材料。

④ 马洪路：《河北玉田县发现新石器和青铜时代遗址》，《考古》1983 年 5 期。

⑤ 张家口考古队：《一九七九年蔚县新石器时代考古队主要收获》，1981 年 2 期。

⑥ 中国社会科学院研究所内蒙古工作队：《赤峰西水泉红山文化遗址》，《考古学报》1982 年 2 期。

⑦ 李恭笃：《内蒙敖汉旗四棱山窑址发掘报告》，《史前研究》1987 年 3 期。

⑧ 李恭笃：《辽宁凌源县三官甸子城子山遗址试掘报告》，《考古》1986 年 6 期。

⑨ 翁牛特旗文化馆：《内蒙古翁牛特三星他拉村发现玉龙》，《文物》1984 年 6 期。

⑩ 方殿春：《辽宁阜新县胡头沟红山文化玉器墓的发现》，《文物》1984 年 6 期。

⑪ 郭大顺、张克举：《辽宁省喀左县东山嘴红山文化建筑群址发掘简报》，《文物》1984 年 11 期。

⑫ 辽宁省文物考古研究所：《辽宁牛河梁红山文化"女神庙"与积石冢群发掘简报》，《文物》1985 年 8 期。

⑬ 《新中国考古收获》37 页，文物出版社 1962 年。

⑭ 佟柱臣：《东北原始文化的分布与分期》，《考古》1961 年 10 期。

⑮ 《新中国考古收获》，文物出版社 1962 年，李恭笃、高美璇：《试论小河沿文化》，《中国考古学会第二次年会论文集》1980 年。

⑯ 中国科学院考古研究所内蒙古工作队：《内蒙敖汉旗兴隆洼遗址发掘简报》，《考古》1988 年 10 期。

⑰ 见《文物》1984 年 6 期。

⑱ 见《史前研究》1987 年 3 期。

⑲ 夏鼐：《汉代的玉器——汉代玉器中传统的延续和变化》，《考古学报》1983 年 2 期。

⑳ 苏秉琦、殷玮璋：《关于考古学文化的区系类型问题》，《文物》1981 年 5 期。

# 红山文化的玉雕艺术与图腾崇拜

红山文化的玉器以其时代早、造型独特、色泽美观、工艺精湛著称于世。自 20 世纪 70 年代开始，相继在辽宁阜新县胡头沟①，凌源县三官甸子城子山②，建平县牛河梁积石冢墓地和喀左县东山嘴祭坛遗址③，内蒙古翁牛特旗三星他拉④，巴林右旗那斯台、羊场⑤，敖汉旗大洼乡⑥，巴林左旗⑦，河北围场县下伙房村，吉林农安左家山⑧出土了一批珍贵的红山文化的玉石器，并在凌源县城子山、阜新县胡头沟获得了可靠的地层依据。近年来，文化交流空前繁荣，致使多年来流散在国内外历史博物馆、艺术馆和收藏家手中的红山文化玉器相继展出或在刊物上发表，引起史学界的极大关注，在国际上形成了一股强劲的红山文化玉器研究热。

1973 年，笔者在凌源三官甸子城子山调查和发掘红山文化的墓葬过程中，接触过一些玉器材料，并写了《红山文化玉雕艺术初析》一文⑨，20 多年过去了，笔者对红山文化玉器研究仍怀有浓厚兴趣，现就红山文化玉器的产生时代、类型、发展演变、图腾崇拜等有关问题，再作进一步的分析和研究。

一

分布在我国北方的红山文化遗存，主要集中在西拉木伦河、老哈河及大小凌河流域，即在内蒙古东部、辽宁西部、河北省北部的广袤地区内。红山文化石器的突出特点是打制石器、磨制石器、细石器共存。赤峰以北的遗址多分布在山坡沙丘上，地势偏高。石器中细石器所占比例较大，如敖汉旗四棱山遗址、巴林右旗那斯台遗址⑩、赤峰县哈拉道口遗址等⑪。而大凌河流域的遗址虽然也分布在平坦的山坡和台地上，但细石器在石器中所占比例明显比赤峰以北遗址减少，而泥质红陶、彩陶器类则明显增多。

红山文化的制玉工艺，是在继承我国北方旧石器文化晚期和细石器蛇纹石、水晶、玛瑙、燧石为原料而制作的三角形石镞、长条形及三角形石刃器和小型饰品工艺技术基础上发展起来的。上述石料硬度大、加工细，不仅为红山文化精湛玉器的产生创造了物质基础，而且积累了丰富的经验。所以我国北方原始文化的遗存，往往是细石器、玉器、磨制石器共存，这并非是偶然现象。这种文化具有从放牧经济向农业经济过渡的性质。

1974 年 6 月，贾兰坡先生率团在内蒙古克什克腾旗好鲁库羊种场考察时，在石板山花岗岩巨石下发现了玉棒、玉斧、玉凿、玉锥、玉环、绿松石串珠、打制精致的三角形透明燧石石镞等珍贵文物，并在附近清理出被烧的人骨残段、篦纹粗砂陶片。这是迄今为止在玉器发现中，时代较早，位置最北的一个地点⑫。1993 年辽宁省文物考古研究所在阜新查海距今八千年的新石器时代遗址发掘中，出土的玉器有工具和饰品两类。工具有玉斧、玉锛、玉凿、玉匕。饰品有玉玦、管珠等。其中四件玉玦、一件管珠、两件玉匕为透闪石软玉制成，玉凿为阳起石软玉。上述 8 件玉器皆为真玉⑬，而且不只是单一质地的玉料，说明查海遗址的先民鉴别玉料已达到相当高的水平。再从玉器精湛的造型、抛光、钻孔等工艺水平观察研究。此时的玉器已脱离了用玉的起始阶段。我国北方应有比石板山、查海遗址更原始的玉器。

红山文化墓葬、遗址出土的玉龙，玉佩，玉箍形器，玉璧，玉丫形器，玉勾形器，鹰、鸮、龟、鱼、蚕等动物玉雕群，在构图思维、琢玉技术、艺术风格、器形种类、应用范围等方面都比石板山、查海玉器阶段向前跨越了一大步。石板山、查海时期玉器以应用工具为主，饰品种类尚少。牛河梁阶段墓葬出土的大型玉龙、勾云纹玉璧、玉箍，已演变成了氏族社会文化、权力的象征。也可以看成是统治阶层进行庆典祭祀活动的一种礼器，可谓是达到原始玉雕艺术的顶点，并为社会上层所垄断，一般小墓不见这类玉器出土。至于红山文化玉器对后来我国玉雕艺术发展的深远影响，可从夏家店下层文化、商妇好墓玉器中看到一些线索。从红山文化亚腰石锄、石耜、梭形石刀、蜷曲玉龙形象，仍然可寻觅观察到查海玉玦、玉环和各种工具的影子。无疑，红山文化的玉器、陶器是在承袭兴隆洼、查海物质文化的基础上，有了长足的发展。

目前玉器研究的学者们普遍认为红山文化玉器是自北向南，从东向西逐步发展的。从时间概念上看，石板山、兴隆洼、查海遗存距今约 8000～7000 年，并且分布偏北。而红山文化距今约 6000～5000 年，其分布普遍偏南。红山文化玉雕艺术的发展大体经历了 5000 余年的历程。

从文化性质上考察，红山文化与草原细石器文化存在着诸多共同因素。反映在石器工具上，如用料、制作技术、工具种类、器形等均有许多相同之处。陶器中的筒形器、陶纹中的之字纹、篦点纹都有明显的承袭性。

红山文化的玉雕玉器群，归纳起来有如下几方面的特点：

（一）就地取材，多软玉，玉的色泽有碧绿、淡青、淡黄、黄褐等。

（二）玉器种类有玉龙、玉佩、动物图像、牌饰、玉璧、法器等。

（三）工艺技法：有圆雕、浮雕、透雕、两面雕、打洼、压地、镂孔、切割（沙锯）、抛光、线刻、边缘琢磨成刃等。

（四）玉器的功能：有图腾崇拜的图像，巫师所用法器，象征权势的标志。

（五）在宣扬美化玉器的同时，着重对工具、兵石器的刃部、禽兽利齿、鸟喙、尖爪、神兽灵敏的五官、耳目口鼻的刻划。

（六）玉器的组合关系：马蹄形玉箍与玉龙（玉玦）为一种组合，马蹄形玉箍与勾形玉佩为另一种组合。

（七）中原龙山文化和南方良渚文化的大型琮、璧及牙璋、圭等玉器则不见。

# 二

（一）玉龙

红山文化的玉龙是动物写实与神兽幻想多种因素相结合的产物。从总体观察多呈C字形。突出头部前额，集中反映了兽类面部特征。如耸立灵敏的双耳、闪烁有神的圆眼、多道皱纹的前额、脊背上刀形刃饰，均体现着工具、兵器、石刃的威力。这种既抽象又具体，既概括又真实的原始创作艺术，构成了红山文化独有的玉器风格。

出土及传世的玉龙，目前见于发表的已有千余件。依据其不同的造型，可归纳为A、B、C三型。

A型玉龙的最大特点是龙体蜷曲呈圆形。肥头大耳，吻部前伸，眼睛外突，并用刻线表现出独尊神态。尾端斜尖状，中间施有断开的缺口。首尾不相连接，脊背上方有系挂的小圆孔。

出土A型玉龙的遗址有内蒙古巴林右旗那斯台遗址、巴林左旗十三敖包乡刘家屯东山坡尖山子、翁牛特旗三星他拉、牛河梁1号冢四号墓、敖汉旗下洼乡和乌兰乡。传世品天津市文化局、博物馆、艺术馆收藏多件。辽宁省博物馆、旅顺博物馆均有收藏。台湾养德堂收藏一件。

A型玉龙大者高为26厘米，小者高仅4.2厘米。中型高为8～14厘米不等。从玉龙的大小可以看出当时玉龙的制作已有了严格的规范。不同规格的玉龙可能反映着更复杂更深层次的文化内容。对玉龙的使用，当时在氏族内部很可能有了约束和规定，使用时，不同的阶层、场合当有所区别。

A型玉龙构图明快，造型古朴，写实因素浓厚。从出土地点看，多出自赤峰以北

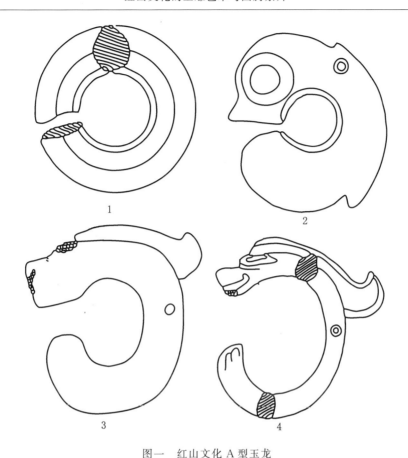

图一　红山文化 A 型玉龙

1. 查海玉玦　2. 巴林右旗那斯台石龙　3. 养德堂藏品玉龙　4. 翁牛特旗三星他拉玉龙

的西拉木伦河流域（图一）。

　　B 型玉龙与 A 型玉龙相比较，确实发生了较大变化。龙体呈扁平椭圆形，龙头硕大而长，突破了圆形概念的约束。双耳直立，两眼炯炯有神。额下内收，吻部前伸。下半部浑厚仍为圆形。首尾相接处缺口甚深，但相连未断。从整体看，头部呈三角形，占了龙体的 1/2。对玉龙形象的刻画，主要集中在五官部位，吻部前突，口微张，獠牙外露，背蜷曲如环，扁圆厚重。神态生动逼真，显示出神威不可侵犯，但脊背上施刀的装饰（鬃）已消失不见了。B 型玉龙双目横视，形象恐怖，在艺术手法上比 A 型玉龙表现得更加强烈。

　　B 型玉龙亦分大、中、小三种。大者高 15、宽 10 厘米，中者高 8～9、宽 5～6 厘米，小者高 4.1、宽 3～3.9 厘米。可见 B 型玉龙的制作和使用也是遵照一定的社会规范生产的。这种獠牙外露的玉龙在红山文化中并不多见（图二，3）。在表现手法和艺术创造上应该说是一种突破。对后来饕餮纹的萌生和形成具有启蒙作用。B 型玉龙的

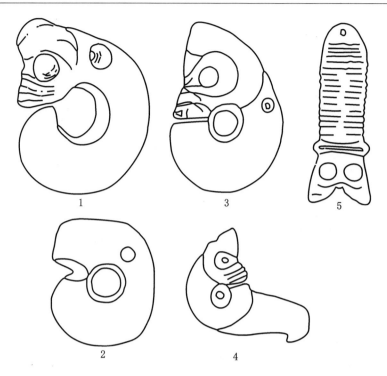

图二　红山文化玉龙与丫形器

1.A 型玉龙（辽宁省博物馆藏品）　2.B 型石龙（吉林农安县左家山出土）

3.B 型玉龙（辽宁省博物馆藏品）　4.C 型玉龙（台湾传世品）

5.玉丫形器（辽宁省博物馆藏品）

出现可能较晚，相当于 A 型玉龙某一阶段或后期，与 A 型玉龙有接续关系并一段时期内共存。

　　从有明确出土地点的 B 型玉龙看，其出土区域明显南移。形象最原始的 B 型石龙（T4②：1）出土于吉林省农安县左家山新石器时代二期文化。系用灰白色霏细岩雕制而成，体呈蜷曲状，首尾相衔接，缺口较浅。头部有突起，五官隐约可见，龙体光素无纹。造型古朴粗放，脊背上部钻有小孔。时代相当于小珠山遗址下层，距今约 7000～6000 年。在 B 型玉龙中，左家山石龙应是时代较早，形体最小的一件（图二，2）。

　　C 型玉龙，目前仅见一件，即台湾古玉收藏家吴之方先生的藏品。该材料发表在《故宫文物月刊》上，虽是孤品，但不可忽视，有承上启下的作用。该玉龙造型奇特、别致、新颖。对 A、B 型玉龙而言，在创造思想上有了大的突破、进展和创新。C 型玉龙与勾云形玉饰构成一体，这是玉龙发展史上的转折点，突破了以前玉龙的固定模式，为红山文化玉龙注入了更加丰富的文化内涵，使这种社会意识升到一个更高层次，进入到一个崭新的境界。这种新型龙的出现，应看作是红山文化向文明社会过渡的火花和信息。

红山文化 A、B、C 三型不同的玉龙，都被后来出现的长方体兽面纹丫形玉器所代替。丫形器是对玉龙进一步抽象、简化形成的。红山文化的玉雕艺术发展到牛河梁坛、庙、冢阶段，可谓是北方的原始制玉工业，走完了自己的全过程。

以上观点的主要根据是：

1. 大量考古材料证实，红山文化的北部遗存比南部遗存时代早。

2. 红山文化玉玦比 A 型玉龙时代早。

3. B 型玉龙在构图、神态雕刻、艺术表现手法上，比 A 型玉龙更臻于完美生动。

4. C 型玉龙具备 A、B 两型玉龙的特征。出现的时代偏晚，由于历史变革等原因，C 型玉龙和丫形器很快也就消失了。

（二）丫形玉器

如果说查海玉玦是红山文化玉龙的源头，那么丫形器则是玉龙发展的归宿。丫形器的出现反映着玉龙从写实、抽象、虚构到图案化的全过程。丫形器是玉龙发展过程中的大变革的产物，是玉龙头部的正视及蜷体的展开。仅剩下头部和五官部件，使玉龙的精神长存，而圆形浑厚笨重的龙体，演变成了佩戴方便、轻盈、秀美的长方形图像。这种变化不可能是在短时期内完成的，必然经历一个相当长的演化过程。这可从丫形器底部钻孔得到证明。如果佩带丫形器的先人是氏族社会的首领或巫师，他们应最懂得礼仪，同时也是龙的最忠实的崇拜者，他们如果知晓丫形器是玉龙的化身，就不会把系孔钻在丫形器的下方，使被崇拜的神灵头朝下，既不雅观，又不能表达尊崇之意。丫形器的出现，反映出由多种玉龙形式逐步走向统一的趋势，同时也体现着龙崇拜各种思想的统一和氏族社会组织由小变大、由弱变强、由分散走向统一的格局。

我们认为 A 型玉龙出现的时代偏早，B 型玉龙出现的时间可能稍晚些。A、B 两型玉龙有一个交错共存阶段，两者最终被兽面纹丫形玉器所取代。目前有明确出土地点的丫形玉器材料还不多，只见阜新福头地出土的一件。辽宁省博物馆收藏 2 件。一般均系长方形，长 12～15、宽 2.8～3.4 厘米。红山文化玉龙的演变是由查海的圆形玉玦起始→到环形→再到长方形。玉玦是红山文化玉龙的先驱，丫形玉器则是玉龙升华的顶峰（图二，5）。

（三）玉佩

在红山文化玉雕艺术品中，玉龙排在榜首，玉佩位居第二。玉佩形式多样，造型美观，构图和谐，为其他文化所罕见。为便于研究，依据其不同形状，将玉佩分为 A、

B、C、D 四种类型。

A 型玉佩均系扁平圆角长方形。边线大体平直，有的上边线略有弧度。玉佩中央部位正面，惯用镂孔技法雕刻出一幅弯眉圆眼兽面纹图像。上边中央钻有系挂的小圆孔。下边雕有一排数量不等、坚固锋利的兽牙状图案。两侧雕成鸟首状，四角做成弯勾、兽爪、鸟喙形。若视作勾云纹，恐是一种误解。

从 A 型玉佩的完美结构和古朴典雅的图像分析，创作玉佩的意图是对崇拜图腾的颂扬和尊奉。以写实夸张的艺术方法表现出古人所崇拜的正是图腾动物的眼睛、利齿、尖爪和鸟喙。上述器官正是所有动物赖以生存的基础。古人崇拜动物也就是崇拜动物的特殊功能。现代仿生学仍是以研究动物的特异功能为人类服务的。

A 型玉佩是从红山文化常见的梭形石刀发展演变来的，创作者巧妙地把石器的刃部和动物牙、爪这本来不相干的两种切割工具和谐地融为一体，构成一种艺术品。可见原始艺术品的产生一时一刻也离不开生产工具和劳动过程。艺术的产生，从一开始就是在对崇拜物颂扬和美化过程中产生的。

A 型玉佩中央呈透雕双弧线眉和对称双眼与下缘一排锐齿构成一幅生动的兽面图像。玉佩上的每一处花纹，利齿、尖爪、鸟喙、耳、目等无不是被崇拜的动物的关键器官，这些图案是对被崇拜的动物器官的绝妙赞美，是力量的象征。

A 型玉佩也有大、中、小三种，大者长 20、中者长 15、小者长 5 厘米左右。除牛河梁出土两件外，其余皆为传世品（图三）。

B 型玉佩有圆角方形和不规则鸟形两种。四角多系鸟头状，上下边缘凹凸不平，中央镂孔呈勾曲形，近镂孔处有一圈凹槽纹。边缘呈石刃状。上边中央有一或二小孔。B 型玉佩凸起部分中间刻有小槽，显然也是兽牙的图案化。中央镂孔比 A 型玉佩大，一端呈勾形图案，无疑是由动物头部形状演化而来，但尚保持着原始的神韵。

B 型玉佩形状大小相若，长 10～11、宽 8～10 厘米。内蒙古翁牛特旗五分地乡南窝铺村出土一件，巴林左旗出土一件，其余皆为传世品（图四）。

C 型玉佩均系圆角长方形。四角圆滑，长短不一。鸟首形象已不甚明显。上下、左右对称，上下边缘虽高矮错落，但兽牙、禽兽形象早已模糊不清，只有仔细观察方可见到蛛丝马迹。玉佩中间镂孔部分，有的呈半月形，也有的为半圆形。动物眉目早已消失，完全变成一种抽象的图案。为了使正面图案结构完美，凌源县三官甸子城子山 M2 和牛河梁第五地点出土的 C 型玉佩均在背面四角斜打四个牛鼻孔。这样可把玉佩缝制在衣服上，显然比挂在脖子上典雅气派。C 型玉佩不论是在设计构思还是在钻孔上，都出现了新形式。牛河梁 M14 出土的一件，上边中央钻三个圆孔，胡头沟墓地

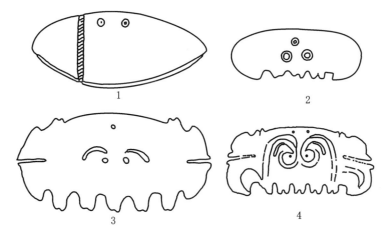

图三　红山文化石刀与玉佩

1. 石刀（巴林右旗那斯台出土）　2. A 型玉佩（牛河梁出土）

3. A 型玉佩（天津市文化局藏品）　4. A 型玉佩（养德堂藏品）

2、4. 缩至 1/2

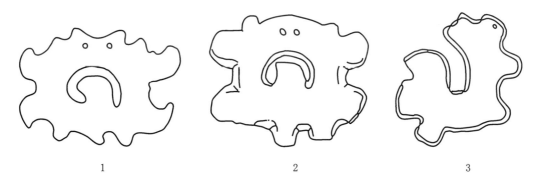

图四　红山文化 B 型玉佩

1. 巴林左旗出土　2. 翁牛特旗五分地乡南窝铺出土　3. 见 1993 年 4 月 25 日《中国文物报》

出土的一件仍钻有两个圆孔。巴林右旗那斯台遗址出土的两件，一件形制规整，凹凸分明，精致古朴。而另一件为圆角方形，凸起部分较高，但两角鸟头（勾云纹）趋向一个方向。上述情况，都呈现出一种不断突破常规，向多方位发展的趋势。

　　C 型玉佩依据形状的长短亦有大、中、小三种规格。大者长 22～23、中者 15～18、小者 8～10 厘米（图五）。

　　D 型玉佩即勾形玉器。整个器形似一把扁平勾形刀子。前部为刀体，后部为刀柄，刀体与刀柄之间制有过渡凹槽。刀锋呈弯勾形，援部下缘为半月形，有一定弧度，上缘稍鼓呈弧形。柄部尾端棱角规整。柄端中部钻有系挂小孔。D 型玉佩是其他玉佩的

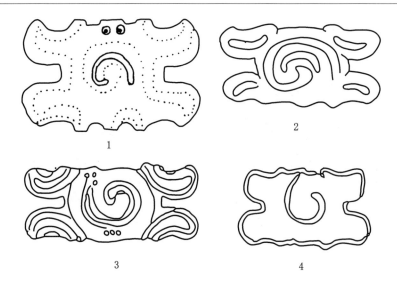

图五　红山文化 C 型玉佩

1. 巴林左旗那斯台出土　2. 凌源县城子山出土　3、4. 牛河梁遗址出土

一种简化变异形式。虽然玉佩图形有较大变化，但所反映的内容还是未脱离对动物器官功能的赞誉范畴。D 型玉佩一般长 7～10、宽 2～4 厘米。目前出土与传世品均很少见。

D 型玉佩的图形大致相仿，但也有区别。如天津市艺术馆收藏一件传世品，整个器形如一把勾形刀，刀体弯度大。中部两侧凸起，其上琢有小凹槽。圆孔不在尾端而在玉佩的正上方（图六，4）。D 型玉佩的某些部位仍然保留着具有生命力的早期因素。

D 型玉佩不仅形体变小，而且进一步简单化，但其发展演变脉络却依然清晰。D 型玉佩是在红山文化晚期出现的一种新形式。这种器形在夏家店下层文化和商妇好墓玉器中仍可见到。这就说明：其一，红山文化的玉雕艺术对后来玉器的发展影响颇大；其二，D 型玉佩与夏家店下层文化、商文化相隔时间较近；其三，在夏家店下层文化和商文化玉器中，是否有红山文化玉器的传世品，有待深入研究。

（四）马蹄形玉箍

马蹄形玉箍是红山文化墓葬中出土的一种造型别致的玉器。扁圆筒状，上口粗，斜口平面呈马蹄形，薄口沿呈刃状。下口细，平面呈椭圆形。下壁钻一或两个小圆孔。玉箍的色彩有淡绿、黄褐、墨绿三色。依据玉箍长短、粗细的不同，可分为大、中、小三种类型。大型玉箍长 18.6、中型长 13.1～16.4、小型长 8～11 厘米。建平县牛河梁、凌源县三官甸子城子山、内蒙古巴林右旗葛家营子等地都有出土。

关于玉箍的用途，众说纷纭，莫衷一是。概括起来有帽饰、护臂、祭器、发箍、

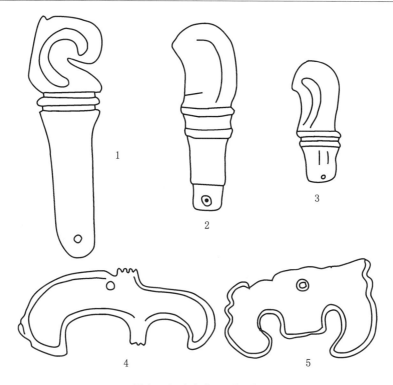

图六　红山文化 D 型玉佩

1. 北京外贸公司藏品　2. 辽宁省博物馆藏品　3. 巴林右旗那斯台出土

4. 天津市艺术馆藏品　5. 台湾《日月坊》藏品

工具、乐器、通天器、束发器八种不同的观点。

　　从目前发掘材料看，玉箍多出于墓葬，并葬在头部，个别的在腰间。李文信先生生前认为是束发器，即将头发束好后装在筒内，然后用笄子插入箍形器小孔中，把箍形器别好固定在头顶。从箍形器的结构特点和出土位置考虑，这种观点有一定道理。

　　我们注意到出土玉箍的墓，都是大型墓、中型墓或处于墓地及积石冢的中心位置的墓葬。这类墓葬一般规模大，随葬玉器丰富，并多为男性。从上述情况分析，随葬玉箍者应是当时社会地位最高的部族首领或巫师。目前出土玉箍的墓有牛河梁第二地点一号冢四号墓，该墓出土的玉箍长达 18.6 厘米。是目前所出玉箍之王。伴随玉箍出土的还有两件不同色彩的玉龙。能获得大型玉箍和双龙保驾的死者，其社会地位不言而喻。牛河梁第五地点一号冢中心大墓的死者胸前葬有小型箍形器。三官甸子城子山二号墓出土的玉箍长 14.2 厘米，属中型。虽然石棺结构规整讲究，并建在花岗岩下，但明显不如牛河梁第二地点一号冢 4 号墓气派。

# 三

　　丰富多彩的玉雕艺术品是红山文化的精髓，是青铜文化的先导。从红山文化玉雕艺术品的不同种类，可推测出崇拜不同图腾的原因、作用和目的。多数大型玉雕动物图像属氏族社会的崇拜图腾，如玉龙、玉鹰、玉鸮、玉龟、玉蝉、玉蚕、玉鱼等。氏族社会的不同发展阶段，其组织结构不断地发生变革，氏族内部所崇拜的图腾也随之发生变化，涌现出新的图腾。氏族、胞族、氏族部落联盟等每种组织都有其所崇拜的图腾，甚至于家庭、个人也都有自己崇拜的图腾偶像，所以氏族社会的图腾构成也是相当复杂的。我们今天所能看到的红山文化的玉雕图腾，只不过是其中的一部分，大量的陶、石、皮、骨、羽毛、枝条编织的以及木刻的图腾像、图腾柱，多已被历史所淹没，红山文化的玉雕图腾群，只不过是高雅、尊贵图腾的代表。

　　玉龙、玉鹰、玉龟、玉鸟，分布面广，延续时间长。在西拉木伦河、老哈河、大、小凌河流域以及长城南北广大地区都有发现。玉质图腾应是氏族内部共同尊奉的图腾偶像。制作这类图腾，从选料，打形、精雕、钻孔、抛光等每道工序都要求严格。雕琢技术复杂，形象生动逼真，需要技术熟练者去完成。这类图腾是氏族的标志，是巩固团结全体氏族成员的纽带，在氏族内具有强大的生命力和凝聚力。氏族间的战争，新疆域的开拓，大型祭坛、神庙、冢群工程的修建，都得依靠共同崇拜信仰的图腾来作号召，动员驱使全体氏族成员齐心协力去完成。氏族首领依仗图腾的权威和本人的智慧、胆略率领全体成员团结一致，战胜敌人，求得生存和发展。到新石器时代晚期，为了更广泛地号召动员氏族成员去完成某项事业，就把图腾进一步人格化。将图腾崇拜、祖先崇拜、首领崇拜融为一体。从写实动物龙到虚构神龙，形成了古代先民们统一崇拜的神灵。

　　小型的动物图腾，如玉蝉、玉蚕、玉鱼应是氏族社会家庭或个人所崇拜的图腾——保护神。其特点是体形小，精致美观，活泼可爱，有一般动物所不具备的特殊功能，也是人类器官所不及的，这正是原始崇拜的原因所在。

　　在长期的生活实践中，红山文化玉雕的大师们，积累了丰富的经验，对动物观察细致入微，对动物图腾特殊功能了如指掌，对各类动物赖以生存的重要器官雕刻得栩栩如生。如对玉龙着重表现的是耸立的双耳，圆鼓的大眼，望而生畏的獠牙和凶狠的前额及脊背上的长刃。对玉鹰则着重精雕翼大善飞，搏击迅猛，嘴喙如刀，爪尖如锥，眼视远准等特长。不论玉雕图腾形式如何演变、发展、升华，但着力进行刻画宣扬的实质仍然是动物的本能和实力。

古人对鹰的超常本领早有认识，为此才创造出驯鹰技术，让鹰为人类服务。抓兔、衔鱼、狩猎。可见先民们对鹰的崇拜不是偶然的。

龟是一种吉祥动物，古人对龟有深刻认识。龟在古代神话中称作水母，水陆都能生存。风雨不惧，雷电无恙，耐饥耐渴，长寿不死。中国传统文化对龟刮目相看，颇有好感。官印上有龟纽，碑座为龟趺。龟是四灵之一，能通天、通神，夏商时期龟甲曾作过货币，也用来占卜凶吉。龟还能行气导引至神，故称作神龟。可见氏族社会把龟作为图腾崇拜是务实精神的再现。

玉蝉作为图腾，也有值得崇拜之处。蝉能长鸣，蝉壳能作药用，中药叫"蝉蜕"。古代巫师多懂医药，常用蝉壳为民治病去祸。据生物学家研究，蝉在一年四季生长的过程中，历尽磨难，就是为了能在盛夏鸣叫为人类增添欢乐。所以古人对蝉崇拜尊奉不无道理。

鱼生活于江、河、湖、海，一刻也离不开水。水是生命的源泉，鱼游跃水中使人向往。鱼在人类生命进化史上占有重要地位。自古鱼被看作是吉祥之物。

蚕能吐丝，作茧，为人类造福。人们颂扬蚕的美德诗曰："春蚕到死丝方尽。"

特别值得提及的是红山文化的玉龙，是中华民族文化的重要组成部分，龙的图像至今仍是我们民族的象征。红山文化的先民们创造了龙，对龙文化的发展作出了巨大贡献。历代先民宣扬龙，赞美龙，海内外炎黄子孙都认为自己是龙的传人，龙的子孙。中华民族历经沧桑而繁荣，与龙文化的作用分不开。就是当今世界，不论是东半球，还是西半球，凡是华人都把龙作为中华文化繁荣昌盛的标志和喜庆胜利的象征。

从上述情况可知，凡是红山文化的玉雕动物图腾，都能从其躯体器官上找到值得崇拜发扬的可贵之处。红山文化的每一件玉雕图腾艺术品，都是先民们给我们留下的珍贵的物质财富和精神财富。使人看后永远情趣昂然，寓意无穷。它是一束文明的曙光，照亮过去，也启迪未来。

（原载《辽海文物学刊》1996 年 2 期）

## 注　释

①　方殿春、刘保华：《辽宁阜新县胡头沟红山文化玉器墓的发掘》，《文物》1984 年 6 期。

②　李恭笃：《辽宁凌源县三官甸子城子山试掘报告》，《考古》1986 年 6 期。

③　郭大顺、张克举：《辽宁喀左县东山嘴红山文化建筑群址发掘简报》，《文物》1984 年 11 期。辽宁省文物考古研究所：《辽宁牛河梁红山文化"女神庙"与积石冢群发掘简报》，《文物》1986 年

8 期。

④ 翁牛特旗文化馆：《内蒙古翁牛特旗三星他拉村发现玉龙》，《文物》1984 年 6 期。

⑤ 巴林右旗博物馆；《内蒙古巴林右旗那斯台遗址调查》，《考古》1987 年 6 期。

⑥ 敖汉旗博物馆调查材料。

⑦ 巴林左旗博物馆调查材料。

⑧ 吉林大学考古教研室：《农安左家山新石器时代遗址》，《考古学报》1989 年 2 期。

⑨ 李恭笃、高美璇：《红山文化玉雕艺术初析》，《史前研究》1987 年 3 期。

⑩ 李恭笃、高美璇：《内蒙古敖汉旗四棱山红山文化窑址》，《史前研究》1987 年 4 期。

⑪ 内蒙古昭乌达盟文物工作站沙通铁路调查材料。

⑫ 辽宁省博物馆考古队调查材料。

⑬ 闻广：《中国古玉的研究》。

⑭ 尤仁德：《勾云形佩及相关玉器探研》，《故宫文物月刊》，总第 143 期。第 12 卷 11 期。

# 斧钺与王权

石斧，是人类创造的一种原始工具，在原始农业经济发展中，曾起过重要的作用。石斧有多种功能，还是护身、攻击敌人的有力武器。石钺，是由石斧派生出来的一种古代工具，后来发展演进成了刑具武器和标志性礼器。在原始社会末期石钺呈现出兵权、征伐的象征。"王"字，就是从石斧发展演变来的。王权的形成与斧钺存在着深刻的内在联系。斧钺的文化内涵博大精深，在早期国家王权的形成过程中，是一种不可忽视的重要因素。

在人类社会的发展过程中，不同的历史时期，推动历史车轮前进的动力也有所不同，当我们面对前人走过的足迹追溯到新石器时代时，使我们感到石斧这类普通而广泛使用的生产工具，曾在创造氏族社会的物质、精神文化上发挥过不可低估的作用，这种作用与我国古代王权的形成，有着内在的密切联系。

在我国新石器时代晚期和青铜时代早期阶段的墓葬、遗址中，经常出土磨制精致、钻孔装柄类型的斧钺，这种考古现象颇值得我们重视，因为目前，对我国古代早期国家形成的诸多问题，尚在深入研究中，对王权的形成过程在认识上亦还处在一种朦胧状态，或许，这一重要的学术问题，其关键就隐藏在斧钺生产活动的背后。本文通过一些考古和古文献材料，对这一问题进行考察。不妥之处，敬请专家学者指正。

一

石斧，是出现较早的一种重要工具，约在万余年前，伴随着原始农业的兴起，生活在祖国辽阔大地上的先民们，就已经创造使用了这类生产工具。到北辛、磁山、裴李岗、老官台、河姆渡、兴隆洼文化时期，就已经创造出了各种不同类型的石斧、并逐步完善，向规范化、专业化方向发展。由于用途和使用角度差异，进而出现了直刃、弧刃、斜刃三种不同的类型。

我国地域辽阔，气候、土质差异性较大，不同区域出土的石斧形状也不尽一致。从石斧制作发展演变规律分析，先打制，后磨制，再向钻孔装柄发展。装柄石斧的出现，无疑是石斧使用技术上的一次重大创新，并在新石器时代晚期得到了迅速的普及和推广，这就大大提高了社会生产力。对我国早期农牧业经济的发展起到了极大的推动作用。

石斧与一般石器不同，是具备多种功能的工具。不仅刀耕火种开辟田地需要它，而且还是制作各种木质工具的"母器"。氏族社会砍树建房，剡木为舟，村社四周修筑防御性沟壕、木栅栏以及祭坛、神庙墓葬，都需要它。在金属工具未出现前的原始社会，石斧始终代表着先进的生产力。部分石斧后来还演变成了参与重大社会活动的礼器——石钺。

由于石斧的功能多、作用大、用途广，所以男性氏族成员死后，常把生前使用过的石斧随葬在身旁，并且斧刃朝外。这种充满丰富文化内涵的葬式，生动地体现着先民们对石斧的爱惜之情和崇拜心理，在先民们的心目中当然占有重要地位。

从男性墓多葬有石斧这一考古现象分析，无疑，石斧还是我国原始社会最早成为私有财富的工具。

由于氏族社会生产力的低下和认识能力的局限性，先人们对石斧在社会生产中所发挥的作用和所产生效益尚不能作出全面正确的理解和解释。当前，考古学界对石斧深层次的研究，突显不足。

从氏族社会的墓葬考察得知，当时制作精致的装柄石斧多掌握在生产能手和氏族首领手里。先进的劳动工具与生产能手的结合，就构成了最活跃、最先进的社会生产力。氏族社会里的先进生产群体，也就是氏族社会里的首领英雄群体。自然他们就成了新生产力的体现者和代表。故此，在氏族社会里就出现了颂扬美化崇拜石斧的风潮。古人云，诗言其志，歌咏其声，画显其形，舞动其容，那时动情的诗歌我们是无法听到，也无法进行考察了。可是遗留下来的赞美颂扬石斧的艺术作品如刻划在陶器、石器上的图像，及彩绘在陶器上的舞蹈场面、岩画等，确实极为丰富。当我们面对这一幅幅生机盎然、朴实无华的原始画卷时，不能不使我们联想到，代表氏族成员心声的古代艺术家们萌发出来对石斧的赞美之情而创作出来的大量艺术作品，确实生动感人，反映了先民们的思想感情和现实生活。

大汶口墓地里，19座男性墓均葬有刃部朝外的带孔斧钺[①]。大甸子墓地800余座墓葬中，出斧钺的男性墓101座，一墓一件，皆系大理岩磨制，斧钺体上均留有装柄痕迹[②]。上述考古材料说明，斧钺不仅是当时生产生活资料的重要工具，而且还是生产进入文明社会精神财富的基石。

石钺，是由石斧发展演变来的一种新型兵器。有玉、石两种质地，一般说来，斧钺之间没有严格界定，有时，一件器物，有人称之为石钺，也有人叫石斧，古书中有大斧为钺的说法。《说文》曰："戊，斧也。"郑玄注："钺，大斧也。"

《太公六韬》曰："大柯斧重 8 斤，一名天钺大于斧也。"孔颖达疏："俱是斧也，盖钺大而斧小。"石钺除具有一般兵器砍杀功能之外，还具有礼器、刑具、领兵征伐之功能。综观，石钺的形体较宽大，近似方形。弧刃，两侧边内凹呈弧线状，顶端有的平直，也有的上中部施内，内的中部钻有圆孔。石钺比石斧有更严格的规范，其神秘色彩更加浓郁。

## 二

在我国新石器时代的中晚期，出现了一种颇值得重视的考古现象，即在用料讲究、制作精致的大型斧钺体上，经常看到刻划、涂朱、绘制等不同形式的花纹图案：有人头像（神像）、工具图、饕餮纹等。如内蒙古敖汉旗小山遗址 F2 房址出土的一件大型带孔石斧顶端，一面刻有圆形人头像（神面），面部轮廓清晰，眼睛有神，鼻嘴近三角形[③]。中国社会科学院考古研究所还收藏一件托克托县发现的，刻神头图像的大型石斧（编号为 30029），斧身上部钻有两个对称的圆孔作为神眼。眼上刻出两条弓形眉毛，鼻子为三角形，嘴呈横短线状，神面外轮廓线清晰。石斧的时代相当于仰韶文化末期[④]。

安徽潜家岗遗址第四层墓葬中，出土三件带孔、孔周围绘有红色图案的石斧。其中 M44：7，平面呈梯形，弧刃，锋利，圆孔周围绘花果纹图案。M58：8，斜刃，比 M44：7 略小，在石斧相同部位亦绘有花果纹图案[⑤]。良渚文化反山 M12：100 出土的玉钺，质地优良，有透光性，光瑞闪亮，刃上角的两面均饰一浅浮雕"神徽"，刃部上角的两面均刻一浅浮雕"神鸟"。该钺原装在 80 厘米长的木柄上，柄前端装着白玉的钺冠饰，后端饰有白玉端饰。反山 M14 的钺柄镶嵌着玉料；瑶山 M7，出土玉钺的柄两端，还挂有极其珍贵的小玉琮[⑥]。内蒙古敖汉旗大甸子 M715：14 出土的石斧细长，斧柄前端装一个铜冒，在后端装一个铜镦，柄长 79.5 厘米[⑦]。

山东日照两城镇龙山文化时期的一件玉斧上，近顶部刻有精致的饕餮纹，刻线纤细，刀锋流畅，构图严谨，画面抽象生动，寓意深远，略有恐怖感[⑧]。

江苏海安青墩，丹徒磨盘墩出土的连体有柄陶斧上[⑨]，及山东莒县陵阳河遗址出土的陶缸上，均刻划有装柄石斧图像（或称图像文字）。

特别引人注目的是，1978 年河南省临汝县阎村遗址仰韶文化墓葬的陶缸上绘有

《鹳鱼石斧》图，整个画石清秀美观，鹳鱼、石斧醒目突出，被人誉为国画之祖⑩。这幅画，除了画面布局严谨，主体突出而外，更值得深思的是，为什么石斧在这个时期登上了绘画的大雅之堂！并且构成了艺术创造的主旋律。

很可能与新石器时代晚期，部分石斧演变升华成祭器、礼器有关。斧钺由一般工具、武器升华到宗教信仰精神文化之领域，这绝不是什么偶然的变故，应有着深厚的历史背景和久远的传统文化渊源。应该说刻划在斧钺体上的神像、饕餮纹、石斧图，给了我们很大启示，世界上没有任何例外，一切艺术作品都来自生活劳动实践和生产过程。

红山文化，东山嘴祭祀遗址西侧北部房址 F1 东墙下，在一座长方形灰坑中出土一件磨制精美的石斧，刃部向南⑪。河南濮阳西水坡遗址蚌壳堆塑第二组龙虎鹿图案的右上角也发现一件石斧⑫。很明显上述两件石斧都含有建筑奠基祭祀的意图和色彩。

上述我们所介绍的有关斧钺的图像材料，呈现出一个共同的特征，即器形大，精薄，为扁平体，棱角规整，光瑞，多刻划有神像图案纹饰，经仔细研究考察，取得了如下共识。

1. 部分精品斧钺已脱离了工具范畴，演变成了具有某些神灵礼器特征的标志物。否则刻划在斧钺体上的各种图像，就不会长久地保存下来。

2. 斧钺，确实为早期人类社会的发展，创造出了极为丰富的物质财富，提高改善了先民们的衣食住行条件和生存环境，为文明社会的来临，奠定了物质和精神基础。先民们颂扬美化斧钺的热情，形成了一种社会文化时尚和潮流。就是在这种历史背景下，原始氏族社会的巫师艺术家们，把斧钺进一步神格化，并赋予其特殊使命，使其从原来经济基础地位升华到上层建筑范畴。从此，斧钺与"神"形成统一体。也就是物质与精神的统一。这是我国古代"王"权神授形成过程中不可忽视的关键环节。这种变化，远离那个时代的人们，已难以体会到。可见研究社会问题，只注重物质的变化，是不够的。"刑政不用而治，甲兵不起而王"，所反映的就是这个自然过程。

"王"者，兵、神双权在握，执在手里的斧钺自然就成了统率全军的标志。在牛河梁红山文化的积石冢的中心大墓中，神权表现十分清楚。

良渚文化反山墓 M12：100 的装柄玉钺、内蒙古敖汉旗大甸子墓 M715：14 装柄石斧和辽西水手营子墓青铜连铸铜柄戈，三件兵器的柄长均为 80 厘米，这绝非是偶然巧合现象，应是当时领兵标志物逐渐走向规范化的反映。

3. 装柄斧钺的出现，虽然促进了社会生产力的飞速发展，但在充满了超自然神灵社会意识的影响下，人们尊重崇拜偶像的思想感情，自然会倾注在斧钺之类的特殊器具上，因此，就出现了《鹳鱼石斧》画和刻划在陶器上的带柄石斧图。当然我们所能看到的斧钺图像，只不过是诸多作品中保留下来的一小部分，更多的材料或许早在变迁的历史长河中消失，也或许还保留在地下。如果把这个时期的作品分为早、晚两个阶段的话，早期作品，更显得古朴，生动活泼、写实，其代表作品如敖汉旗小山房址下 F2 下层和托克托县石斧上的人头像。晚期阶段的作品，则增加了饕餮纹、兽面纹，渲染了更加浓厚的恐怖气氛。

在科学技术尚不发达的氏族社会里，原始宗教意识和迷信活动，几乎是无处不有，无时不在，对不认识的事物和不理解的自然现象，常用上天神灵的旨意来解释。

氏族首领们的实干精神、表率作用、组织才能及其号召力，是看得见，摸得着的，是得到氏族成员拥护获得权力的基础。人类早期社会权力产生于天下为公，无私无畏，众望所归旗帜下的。古者"王"，即天下为公的象征。《说文》曰："王，天下所归往也。"《老子》曰："知常，容，容乃公，公乃王，王乃天，天乃道。道乃久。"至于，奴隶社会、封建社会的王道，那是另一回事，本文不再论述。

物、神、人，三位一体，构成了我国古代氏族社会权力的框架。其中物是基础，神是灵魂，人是能动的执行者。权力的应用往往借助于原始宗教所崇拜的最高意识，所以，中国古代王权神授的概念，很早就已反映在史前社会里。在原始社会末期，祭祀活动是天经地义的事，先于一切，大于一切，重于一切。"国家大事，在祀与戎"的思想，其实早在新石器时代晚期就已逐渐显露了出来。

牛河梁大积石冢，无疑埋葬的都是巫师阶层的人物，其中的中心大墓应属于氏族的首领——顶头人物。石冢建筑规模之大，随葬的玉器之精，并且，还都是祭器、礼器、法器，在国内实属罕见。但在积石冢大墓中，唯独不见或少见生产工具和生活器皿，这就充分说明红山文化晚期的神权已升至重要位置，而与此相反，生产指挥和兵权却退到了次要位置。所以红山文化高层墓葬所反映的社会现实，是以祭为本，以祭为重，以祭为圣的思想。祭权，即神权，可见神权是统帅。这种思想意识在红山文化的先民中，早已根深蒂固。兵权和生产权对红山文化的统治者来说，早已失去了昔日的主导地位。

苏秉琦先生生前说得好："红山文化是曙光，红山文化比我国其他地区先走一步，其意义也就表现在此。"⑬

而良渚文化的瑶山祭坛，修筑在瑶山顶部，祭坛南半部有东西成行的南、北两列墓，都以随葬玉器为主。但玉琮、玉（石）钺，只见于南列男性墓，玉璜、纺轮，见于北列女性墓。

上海福泉山墓 T23M2 有琮无钺，T27M2 钺与纺轮共存。但琮与钺不共存。琮是专门用于祭天的礼器，玉钺是兵器，说明瑶山南列男性觋师墓，生前既掌握着神权，也掌握兵权，而上海福泉山墓，琮与钺不共存，意味着神权和军权可能是分管的，另外还显示出某些巫师（女性）亦可能掌握军权。通过上述材料对比，可以看出，红山文化与良渚文化的墓葬在思想意识上还存在着若干差异，在文化发展层次上还有一定差别。

通过考古材料的对比分析，使我们较清楚地认识到，早在国家权力集中形成的酝酿阶段，斧钺确实起到了关键作用，至于进入青铜时代以后，各地铸造的不同形式的青铜斧钺更加丰富，其对王权形成的作用，就更加一目了然。

三

从原始农业诞生起，斧钺就伴随而至，前文从考古材料考察了斧钺在我国历史上所发挥的重要作用。下面我们看看有关神话传说和文献中对斧钺的记载。对斧钺的记载，在我们民间流传最广，家喻户晓的神话故事，是中华民族最古老的始祖盘古，他就是用板斧开创世界的。雷公神也是用大斧兴云布雨劈开天穹为人类造福的。神话传说和考古发现的一致性，说明神话，其实也是人话。

《诗经·齐风南山》云："析薪如之何，匪斧不克。"

《孟子·告子上》云："中山之木赏美矣，以其郊于大国也，斧斤伐之，可以为美乎？"

司马法曰："夏执玄戈，殷执白戚，周佐仗黄戈，右执白髦。"

《尚书·牧誓》曰："（周武）王左杖黄钺，右秉白髦以麾。"纣王兵败自焚后，武王又以黄钺斩纣头。西周王时，虢季子白盘铭文有："赐用钺，用征蛮方。"

《尚书·顾名》曰："一人冕执刘，立于东堂；一人冕执钺，立于西堂。"

《史记·殷本纪》载有这样一段史实：周文王献给商纣王一片土地，要他废除炮烙之刑，纣王答应了，并授给文王弓矢斧钺，表明文王具有征伐的权力。

《三国志·吴书·陆逊传》说，孙权拜为大都督，并授予黄钺，使其率军迎击曹休的进犯。

上述，不同历史时期的古代文献，都对斧钺的社会功能、作用及其历史地位作了真实、客观的记载。特别是在商周时期，统治阶级用斧钺砍掉了成千上万俘虏、奴隶的头颅。在商周墓葬、废墟的发掘中，经常在坑穴中看到成堆的人头骨，成排的人骨架。斧钺在我国古代，既是征伐的象征，又是镇压威胁平民百姓的刑具。进入阶级社会后，用青铜铸造的部分斧钺，便成了专门为统治阶级服务的刑具与礼器。

根据甲骨文的研究成果，"王"字是从斧钺演变来的。"王"，即不纳柄之斧钺形。

林沄先生早在 20 世纪 60 年代在《说"王"》一文中，就论述了"王"字的读音和斧钺之古名有关[14]。

张忠培先生在《中国通史》二卷中写到：斧钺是金甲玉字的初形，商周王权是前一个时代斧钺者权力的发展，"执斧钺者的权力，也存在着一个发生发展的过程"。

说王字与王权是从斧钺发展演变来的，乍听起来似乎有些神奇，其实，也非常自然简单纯朴。因为这与我国上万年的古老文化传统是一脉相承的。凡是神秘的文化内涵，往往都有其实实在在的物质基础。例如，我国的甲骨文，就植根于古人创造的原始工具和饲养培植的动植物群系以及变化着的人天象日月星辰等宇宙现象。

丰富的考古、文献材料都显示出，我国古代王权的形成过程和私有财富的积累是同时并行的，但过程是漫长的，模式是统一的，脉络线索是清晰的。当然，中国王权的形成与原始宗教的思想意识，巫师阶层对祭、礼、法器的占有也是密不可分的，与古代文明进程亦是相辅相成的。

（原载《韩国湖南考古学会第 11 届学术研讨会论文集》2003 年 5 月）

## 注　释

① 山东省文物管理处、济南市博物馆编：《大汶口》，文物出版社，1974 年。

② 中国社会科学院考古研究所编著：《大甸子——夏家店下层文化遗址与墓地发掘报告》，科学出版社，1996 年。

③ 中国社会科学院考古研究所内蒙古工作队：《内蒙古敖汉旗小山遗址》，《考古》1987 年 6 期。

④ 陆思贤：《人面纹石斧、人面纹石铲的神话学考察——兼论匈奴"龙祠"祭典的神话学传统》，《内蒙古文物考古文集》第一集。中国大百科全书出版社，1994 年。

⑤ 吴诗池：《中国原始艺术》103～104 页，紫禁城出版社，1996 年。

⑥ 浙江省文物考古研究所：《浙江余杭反山良渚墓地发掘简报》，《文物》1988 年 1 期。

⑦ 中国社会科学院考古研究所编著：《大甸子——夏家店下层文化遗址与墓地发掘报告》，科学出版社，1996 年。

⑧ 南京博物院：《江苏海安青墩遗址》，《考古学报》1983 年 2 期。

⑨ 山东省文物管理处、济南市博物馆编：《大汶口》，文物出版社，1974 年。

⑩ 见《中国通史》第二卷 126 页。

⑪ 郭大顺、张克举：《辽宁省喀左县东山嘴红山文化建筑群址发掘》《文物》1984 年 11 期。

⑫　李中文、万洪瑞：《西水坡龙虎图案及其原始宗教思想》，《中国文物报》，1998 年 8 月 5 日。

⑬　苏秉琦：《中国文明新探》，商务印书馆（香港）有限公司。

⑭　林沄：《说"王"》，《考古》1965 年 6 期。

# 红山文化——北方文明的新曙光

## 一　红山文化的由来与发展

在内蒙古自治区赤峰市北郊东侧，英金河的右岸，坐落着一座红色山峰——红山（蒙语叫乌兰哈达）。赤峰地名，即由此而来。

山前岩石陡峭挺拔，怪石林立峥嵘，蓝天白云，绿水红岩，在夕阳朝晖的映照下，显得格外清新神圣。

红山海拔 746 米，高出河床约 100 米。红山后则是一大片景观迷人的斜坡地，著名的红山文化遗存，最早就是在这里发现的。

红山文化自发现起，就向世人放射出耀眼的光辉，为海内外专家学者所关注。

早在 1908 年，日本人类学家鸟居龙藏就前来赤峰英金河流域作考古调查，发现了一些原始文化的线索和遗迹①。

1921 年 6 月瑞典的地质学家安特生，应聘在辽西走廊进行煤矿调查时，在葫芦岛市南票镇沙锅屯惊喜地发现了洞穴古文化遗存，并进行了发掘，获得一批新石器时代的刻划纹陶罐、彩陶片、石器和 42 件个体人骨材料。1923 年在《中国古生物杂志》上发表了发掘报告②。

1924 年法国学者桑志华、德日进在内蒙古东南部调查，发现数处新石器时代遗址，也曾到赤峰红山一带作过调查③。

1935 年抗日战争时期，日本东亚考古学会宾田耕作、水野清一随军在赤峰红山后进行了调查盗掘，1939 年发表了《赤峰红山后》考古报告书④。从此，我国北方红山文化的丰富内涵引起了海内外考古学、历史学者们极大的兴趣与关注。

中国老一辈考古学家，对我国北方史前传统文化的发现，也投入了颇大的热情，进行调查和研究，取得了不可磨灭的成果。1930 年，梁思永先生就在内蒙古的东部林西县和赤峰英金河流域调查过原始文化的早期遗存。他与著名的考古学家裴文中先生、尹达先生特别关注我国北方长城地带磨制石器与细石器，彩陶与之字纹陶，中原文化与北方文化双重因素共存的考古现象。早在 20 世纪 30 年代他们就意识到了我国南北原始文化的差异性，并指出长城南北是研究南北文化接触的重要地域。

40 年代，裴文中先生就提山，沙锅屯、红山后的遗存是中原彩陶文化与北方细石器文化在长城地带相遇后，所产生的一种"混合文化"。并研究阐述长城以北地区新石器时代文化由北向南发展的总趋势⑤。

1951 年，北京大学历史系考古专业在吕遵谔先生带领下，调查发掘了红山后遗址，进一步明确验证了红山后遗址的文化内涵，于 1958 年发表了考古调查报告⑥。

1955 年，尹达先生撰写的《中国新石器时代》一书向世，书中把赤峰红山后遗址的（第一期文化）遗存，正式命名为红山文化⑦。

1963 年以后，中国科学院考古研究所内蒙古工作队在刘观民、徐光冀、刘晋祥诸先生的带领下深入到内蒙古东部地区先后调查发掘了赤峰西水泉遗址⑧、蜘蛛山遗址⑨、林东南杨家营遗址等⑩。

1974 年辽宁省博物馆、昭乌达盟文物工作站（原赤峰市博物馆）共同协作发掘了内蒙古敖汉旗白斯朗营子遗址、四棱山遗址、三道湾窖穴⑪。

从 1979 年春天开始，辽宁省文化厅文物处，根据国家文物局文物保护工作精神，组织全省文物干部，分三个工作队深入喀左、朝阳、凌源三县进行文物普查和试掘，摸清文物古迹的底数和分布规律，作好文物保护工作的全面规划。这一年对辽宁考古工作来说，可谓是不平凡的一年。通过调查首先在喀左县东山嘴遗址发现了红山文化的祭坛遗址群⑫，在凌源县城子山发现了红山文化玉器墓⑬，又相继在牛河梁发现了积石冢群、女神庙"金字塔"等大型建筑群址和遗物⑭，使多年来进展缓慢的红山文化研究顿时又红火了起来。

1984～1986 年，随着阜新县胡头沟⑮、凌源县城子山红山文化玉器墓材料的发表和内蒙古翁牛特旗三星他拉⑯、广德公黄谷屯 C 字形玉雕龙的出土⑰，引起了人们对研究我国北方红山文化原始玉雕艺术的极大爱好和兴趣。

就是在这个关键时期，中国考古事业的旗手、总设计师苏秉琦先生把他的主要精力投到对我国北方诸原始文化的研究上来了。1982～1986 年先后在朝阳、兴城等地主持召开了有关研究红山文化和长城南北地区、环渤海地区原始文化的数次座谈会，会上着重阐述了辽西古文化、古城、古国、中华文明的新曙光从氏族社会向文明社会转变过程中北方红山文化先行一步的主导思想，对中国乃至于世界史前文化的研究都起到了极大的推动作用。

1996 年 9 月，古老的沈阳城秋高气爽，中国考古学会第 6 届年会在辽宁大厦隆重召开，会议期间与会的 160 余名专家、学者，驱车前往牛河梁考察参观红山文化的坛、庙、冢古遗址群；红山人的礼制思想，玉雕艺术精品和新型的氏族组织结构，都大大地启迪了远道而来的学者、教授们，使他们跃出了固有的思维空间，登上了未知领域的殿堂，用新视角、新观念去考评思索红山文化的诸多问题。在世纪之交，随着红山文化遗迹、遗物的更多出土，正当红山文化研究热潮燃起之际，以苏秉琦先生为首的一大批考古专家、学者们，呕心沥血，使红山文化向巅峰领域的研究，向前迈进了一大步，他们对红山文化卓越的研究成果，将永载考古学史册。

## 二　红山文化的分布规律

红山文化是分布在我国北方的一支，重要的新石器时代的考古文化，从多年来调查掌握的材料看：

其分布的中心主要集中在河北、辽宁、内蒙古三省区的交界地带，即赤峰、朝阳、承德地区。其北界越过了西拉木伦河，延伸到克什克腾旗大草原。

南界越过燕山山脉延伸到华北平原的渤海沿岸，东界扩展到下辽河两岸，西界发展到河北省张家口桑干河上游地区。

依据红山文化的双连璧、三连璧、圆角方形玉璧、玉锛、玉龙已在黑龙江、吉林两省的西南部 30 余个地点发现分析[18]，红山文化遗存实际已遍及整个中国东北地区。

遗址的分布以老哈河、大凌河的中上游最为密集。赤峰、宁城、敖汉旗、翁牛特旗、喀拉沁旗等 5 个旗县共发现红山文化遗址 2000 余处，仅赤峰县英金河 15 公里长的地段内就发现 18 处遗址[19]。敖汉旗发现了 502 处[20]，牛河梁一带发现 20 余个遗址点，辽宁省凌源、喀左、建昌、建平、阜新、康平 6 县发现百余处遗址[21]。这并不是遗址的全部，因为年长日久，必然会有些遗址遭到自然和人为的破坏，如河水冲掉一些，开垦农田兴修水利破坏一些，再加上调查疏漏的，估计加起来要占全部遗址的 30%。

红山文化遗址多数分布在台地上，部分遗址分布在山顶或斜坡上，选择在山顶上的遗址颇少。总体来看，遗址区地势开阔，靠近水源，交通便利，有足够的活动空间。

红山文化的遗址群，多是按河系、分地段有规律地分布，如敖汉旗的牤牛河、教来河、孟克河、蚌河、老哈河两岸都有大小不等的遗址群。在每个遗址群里，总是几个小遗址围绕着一处大遗址分布。遗址群体里的遗址点，数量多少和大小差别也很大。小的遗址群即 3～5 个遗址点，大的遗址群即多到 20 个遗址点，小的遗址点面积 4000～5000 平方米，大的遗址面积 3 万～10 万平方米。

关于红山文化的分期问题，目前，正在研究探索中。不过我们认为分布位置较高的遗存无彩陶，而红顶碗多的遗址时代偏早，接近仰韶文化的后岗类型。位置偏低的遗址多泥质陶、彩陶和大型磨制石器。少细石器的遗址，时代偏晚，更接近仰韶文化的庙底沟类型。

红山文化的年代问题，根据[14]C测定数据，距今约在 6000～5000 年。

红山文化与兴隆洼文化、赵宝沟文化、富河文化、小河沿文化、夏家店下层文化有交错叠压存在的现象，总体看来，它们是具有内在联系的大的文化系统，有或明或暗的接续关系，但是在多种文化因素中，具体如何演变发展尚是个待研究的问题。

# 三　红山文化的重大发现

（一）红山文化的聚落址

远古时代，人类还不会建造住房，为了躲避风雨和野兽的侵袭，只能寻找一处向阳的天然洞穴栖息生存。

洞穴狭小，阴暗潮湿，往往远离水源，不适宜长久居住。为了适应长期的定居生活环境，必须学会建筑自己的新家园。考古研究得知红山文化的先民们，是以农牧业经济为生，聚落址分布相当密集。

1963 年，中国社会科学院考古研究所在赤峰北 9 公里处发掘水泉遗址时，发现了三座红山文化时期的房址，均系方形半地穴式，顺山势修建。居住地面经过捶打，地面坚硬，中央位置有瓢形灶址，房门朝南，有斜坡门道，但没有发现柱洞[22]。

13 号房址，每边长 4 米，面积 16 平方米，属于小型房址。

17 号房址，南、北两壁各长 9 米，东、西两壁各长 11.7 米，面积 100 余平方米，属于大型房址。房址内出土成套的生产工具和生活器皿。上述房址都属于红山文化时期的早期房址。

1979 年 10 月，辽宁省博物馆考古队，在凌源县三官甸子城子山发现一座红山文化时期的房址，圆角近方形，半地穴式，南北向，北偏东 20°，四面都用石块筑墙。东西长 2.7、南北存宽 1.8～2.5 米，面积 7 平方米。地面平整，上施一层白灰色硬土面，其下抹一层 4～5 厘米厚的草拌泥。房址的东南有一块烧土面，但没有发现门道和柱穴[23]。

（二）红山文化的窑址

1973 年春天，辽宁省博物馆、昭乌达盟文物工作站，在内蒙古敖汉旗白斯朗营子村南四棱山上，发掘了一处红山文化时期制作陶器的窑场，窑址建在黄沙层下黑土层上。整个窑址东西长 200、南北宽 50 米，面积约 1 万余平方米。地表散布着丰富的泥质灰色之字纹陶片，器形有钵、罐、碗、器座等。采集到的石器有打制、琢制、磨制的三种，其中有石磨棒、石磨盘、亚腰石锄、石斧、石刀、细石器等。

这次发掘在窑址中心部位，开 5 米×5 米的探方 9 个，连扩方在内共发掘面积 300 余平方米，发现保存较好的窑址 6 座，编号 Y1～Y6。6 座陶窑可分为两种。一种为单室窑，另一种为连室窑。陶窑结构由窑室、火膛、火道三部分组成，均系土、石结构建成。

单室窑 Y1，平面呈马蹄形，全长 2.6 米。窑室南北长 1.4、东西宽 1.38 米。窑壁存高 0.4 米。火膛长 1.2、宽 0.6～0.8 米。窑门处最窄，窑门至窑室的尾部逐渐升高，呈斜坡状，窑室里壁抹一层 0.8～1 厘米厚的草拌泥，窑室内建有窑柱，窑柱将窑室中心分成十字形火道。火焰在窑室内畅通。陶器放在窑柱上，使火焰能均匀地与陶器接触。单室窑的建筑特点是结构简单，但面积小，适宜烧制小型器物[24]。

连室窑 Y6，平面为长方形，南北宽 1、东西长 2.7 米。窑壁现存高度 0.4～0.5 米。全窑可分前、后两部分，前边是火膛，后面是窑室。火膛与窑室之间有一道隔梁，火焰从斜坡火道直入窑室。窑室内建有 8 个大小不同形状的窑柱。窑壁与窑柱为土石结构，窑壁里侧抹一层厚 0.5～1 厘米的草拌泥。两个火膛分设在两边，现存高 0.6～0.9、全长约 1.8、宽 0.8～0.95 米。火膛两头窄、中间宽，呈椭圆形，火膛直接在黄土上掏洞而成。连室窑是从单室窑发展扩大而来，所以比单室窑进步。窑内出土多件陶器，已修复三十余件。器类有罐、钵、盆、碗、瓮、器座、斜口器、带流器、船形器和器盖等。其中以夹砂褐陶为最多，泥质灰陶次之，泥质红陶少，不见彩陶。窑址出土的陶器，质地粗松，火候低，吸水性强，遇水极易破碎。器形不够规整，器口不圆，器底不平，器表灰色粗糙。纹饰有之字纹、弧线加篦点纹、划纹、绳纹、锥刺纹、水波纹、指甲纹、编织纹、附加堆纹、弦纹等。然而，四棱山下的塔山遗址和西辽河台地三道湾子遗址灰坑内，则有丰富的彩陶片出土。可见分布于地势偏高的遗址其时代就早，而分布在河岸台地的遗址相对时代偏晚。规模更大，技术更先进的烧制彩陶，大型筒形器，女神像的人形陶窑尚待我们去发现（图一、二）。

（三）东山嘴祭坛遗址

东山嘴祭坛遗址是多年来唯一发现的一处专门用于祭祀天地的大型遗址。该遗址位于大凌河北岸，坐落在距河岸约百米的一座山梁顶部正中，居高临下，气势磅礴，意境深邃。

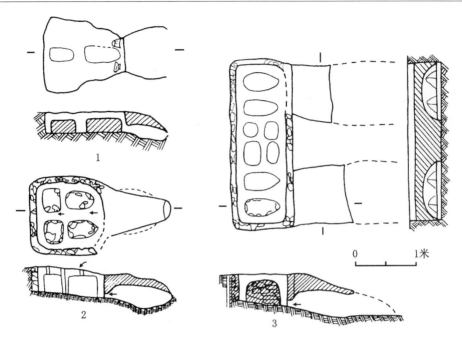

图一　四棱山红山文化窑址平、剖面图
1、2. 为单室窑　3. 为双火膛连室窑

1979 年辽宁省进行文物普查时，发现该遗址并进行了试掘，1982 年辽宁省博物馆文物工作队继续发掘，两次发掘面积 2250 平方米。整个遗迹保存比较好，遗址南北长 60、东西宽 40 米，面积 2400 平方米。山坡海拔高度 353 米。遗址全部为石砌建筑。北部为一边长 10 米的正方形建筑址，南部为一直径 2 米、用白色石块铺砌的圆形祭坛。两侧砌石分别与中轴线保持

图二　四棱山窑址 Y6

等距，形成以南北轴线为准的整体布局，南圆北方，左右对称的一组完整建筑群址[25]。遗迹建筑形式单纯，理念规范统一，建筑特点新颖别致，布局明快敞亮，祭坛专为祭祀天地祖神而建，在设计上，以南北轴线为基础，左右建筑格局对称。南圆北方理念

图三　陶塔形祭器（东山嘴遗址出土）

的确立，看来从五千年前的红山文化建筑原始宗教祭坛就开始了。

祭坛出土遗物：

东山嘴祭坛遗址出土的特异形陶器有：无底镂孔塔形器、内外绘彩的盖盆、黑陶圈足盘、三足小杯（三足鼎）、最多的是无底筒形器（图三）。

出土的陶塑人像有大小两种，大型人像相当于真人的二分之一。塑造特别精致的有2件，均出土于圆形祭坛东侧，为人体上下部残件各一块。上部残件为双臂交叉，左手握右手腕；另一个下部残件为双腿盘坐，右腿压在左腿上。从陶质、大小比例和出土时又叠压在一起的情况分析，两个残件应属于同一尊女人像。塑造技法追求逼真，突出女性特征并富于动感（图四）。

小型人像，较完整，皆无头部。呈倚坐式，腹、臂、大腿、阴部有突出的表现，当为一件孕妇塑像（图五，2）。

双龙首玉璜，龙首大，长吻，与三星他拉C字形龙的首部相近。出土的绿松石鸮形饰，体形甚小，雕刻精致。

东山嘴祭坛出土的祭祀陶器、女人像、双龙首玉璜和绿松石鸮，这些遗物，都与红山文化原始宗教活动有关。红山文化的先民盛兴祭天拜地、敬祖、信神的道德理念，进而使我们对红山文化的内涵有了更深入的了解。

（四）红山文化的巨型建筑"金字塔"

在牛河梁红山文化积石冢群遗址区南部"转山子"的山冈顶部，发现一座古老的圆丘形建筑，称之为红山

图四　女陶塑像残件（东山嘴祭坛遗址出土）

图五

1. 女神头像（牛河梁女神庙出土）　2. 女陶塑像（东山嘴遗址出土）

文化的"金字塔"，依据牛河梁考古编号，这里称第十三地点。海拔高度 564.8 米，土丘直径 40 米。与其他积石冢山头相比，地势较低。"金字塔"建筑为正圆丘形的土石结构，中央部分为土丘，土丘外包砌有积石，金字塔直径 60～100 米。总面积近 10000平方米。中央土丘以夯土筑起，每层水平夯土以黄上、灰黑土、风化基岩土各一小层构成，每层厚 8～15 厘米，边缘夯土呈斜坡状。从山冈基岩面到现存土丘顶部，残高为 7 米。夯土层十分坚硬，用铁镐掘之还相当困难[26]。

在夯台接近山冈基岩面的底部，出现了另一种夯土，为红黄色，土质纯净，每层厚 10 厘米。此层夯土共 50 厘米厚。以下为基岩。建筑物顶部位置，散布有大片被扰动的炼铜坩埚片层、陶器和瓦的碎片。

圆丘形建筑外包砌的积石，全部用白色硅质石灰岩，与积石冢所用石料相同，但规格较大，每块石料一般长 40 厘米，宽高约 30 厘米，积石范围直径约 100 米。保存较好的是围绕夯土台的一圈石台阶，直径为 60 米的正圆形状，该石台阶的正南面有一段保存 1 米高，即 3～4 层是用石块砌筑的，外壁保持整齐。从这道石台阶到中心夯土台边缘有宽约 10 米的积石，积石虽大都被扰动搬移过，但仍可看出有逐层起台阶的迹象。

"金字塔"在建筑结构与石料使用上，都与积石冢群址相一致。它在牛河梁整个遗

图六

1. 彩陶筒形器（胡头沟墓葬出土）　2. 彩陶Ⅳ式筒形器（三官甸子城子山 T3③出土）

3. 彩陶Ⅸ式筒形器（三官甸子城子山 T1②出土）　4. 熏炉器（牛河梁女神庙）

图七　牛河梁巨型建筑——中国式金字塔

址中占有相当重要的位置。其文化内涵、建筑规模、社会用途，是任何一座积石冢墓
不能与之相比的，只是目前对其确切用途尚不清楚。在一个生产力发展水平还相当低
下的氏族社会里，动用上万计的土石方量，建成如此巨大的工程，没有强大的人力、
物力和组织才能是难以实现的。红山文化的巨型建筑"金字塔"是中国北方文明曙光
的重要组成部分，5000 年前建筑总面积 1 万平方米，7 米高的土石结构圆丘形工程，
及红山文化的积石冢、女神庙等古老的原始建筑祭葬工程，均对后来的小河沿文化、
夏家店卜层文化的兴起和发展起着重要的影响作用（图七）。

（五）女神庙

女神庙位于牛河梁积石冢分布区的北部，紧靠山坡根下，海拔高度为 671.3 米，
像女神庙这样大规模的考古发掘，在辽宁这是第一次。

人居的房，神居的庙。女神庙的发掘为人们展现出了一个神的世界。到底氏族社
会女神庙是怎样一种建筑，有多大面积，庙内出土了什么样的神，出土了多少件神像，
都是大家所关注的问题。

女神庙是一个大范围的建筑群体，可分为主体和附属两部分建筑，主体部分除女
神庙以外，还包括庙北的山台和北侧外的"上庙"遗迹。附属部分包括了主体周围已
发现的多处窖穴。

图八　牛河梁女神庙遗址

女神庙是庙区建筑群址中保存较好的一座主体建筑，发掘者说："到目前为止，虽只进行过局部性试掘。"所获材料对这座庙址，只不过是有了一个概括性认识（图八）。

女神庙平面呈长条形，南北长22米，东西宽9米，最窄处仅2米。方向南偏西20°。庙为半地穴式建筑，和当时民居相近，现保存地下部分深0.8～1米。从地下部分与地上部分交接处保留的弧形墙面观察，穴壁地下部分竖直，从地面以上呈拱形升起。庙分主体和单体两个单元，主体部分为多室相连。主室部分为圆形，左右各有一个圆形侧室。北部为一个长方形室，南部从平面看似为二圆形室与一东西横置的长方形室相接。庙主体部分为七室相连。南北总长18.4米。主体部分以南横置一单室，横长6米，最宽为2.65米。主体与南单室间隔2.05米。

庙为土木结构未用石料。从南单室四边成排分布的炭化木柱痕分析，地上原有立木柱，柱内侧贴有成束的禾草，再涂抹一层草拌泥，形成墙面。墙面上做出多种规格的方形仿木条带，宽4～8厘米不等。从已有标本知道，方横木与圆竖木相交接。多层墙面上，层层黏合，内层墙面上常做出密集的圆洞，如蜂窝状。好似一种墙壁装饰。但墙面上还发现常用朱、白两色绘制的几何形勾连回字纹图案做装饰。

庙内出土的遗物主要有：人物塑像、动物塑像、祭器等。

1. 人物塑像

庙内出土的人像残件，都为红色粗泥胎，外表打压光滑细腻，皮肤感颇强，有的表面涂朱或有彩绘。发现的残件有腿部、肩部、乳房、手部、臂部、眼球等。这些人塑像残件，女性特征非常明显，人体可分为 7 个不同个体。依形体大小可分为三类。

第一类为主室中央发现的一件残鼻头和一件大耳，从质地大小观察，它们应属同一个体，大小相当于真人的三倍。

第二类为西侧室清理出来的腿部和手臂，均相当于真人的两倍大小。

第三类为主室发现的人塑像残件，有右肩部、乳房和左手及肩臂部，相当于真人的原大。

庙内最重要的发现是出土一件保存较完好的女神头像，出土于圆形主室的西侧。头向东北，面向西，除发顶部分、左耳、下唇略有残缺外，面部完整保留了下来。女神头像高 22.5、通体宽 23.5 厘米。黄土泥塑，未经火烧，内胎泥质较粗。捏塑各部位用细泥，外表皮打磨光滑呈红色，唇部涂朱，面部圆润，眼神炯炯有光。具有明显的女性特征（图五，1）。

神庙内还出 4 件陶祭器：第一件是镂孔彩陶祭器，壁厚 2 厘米，红底黑彩，图案为宽条带组成的几何纹，条带十分规整，有长方形镂孔，造型奇特，规格颇大，其腹径达 1 米以上。

第二件为敛口盆，短圆唇，鼓肩，饰压印条纹和之字纹，壁甚厚，器形特大。第三件为熏炉盖（其实是一件镂孔豆），细泥红陶，大宽沿折腹处的折棱直而锐，盖面饰细密的之字形压印篦点纹，间有四组长条状镂孔，整体遍布镂孔，可能是熏炉之类的陶祭器（图六，4）。

第四件为一种小型圆盖式器，形如腹钵，共出土 4 件，造型大小完全相同，其用途尚待研究。

女神庙内除出土女神头像和陶质祭器外，也出土有动物肢体残件。其中龙形残件分属 2 个个体。一个个体发现于主室堆积上部，龙头向正北，有长吻，双爪前伸。另一个个体发现于南单室内，只有下颚部分，为彩塑，长颚涂朱，硕大的獠牙绘成白色。

鸟类残件只发现一对鸟爪，出土于北室北壁下，趾节与爪尖长度为 15 厘米，似一大型猛禽残足节部。

（六）积石冢

1981 年辽宁省文物普查时，在建平、凌源两县的交界地带牛河梁遗址，发现了红山文化积石冢大型墓地，1982 年经试掘进一步确认，该墓地的学术地位十分重要。1986 年《文物》8 期发表了 1983～1985 年发掘获得的重大成果简报[20]。

牛河梁遗址坐标：东经 119°30′，北纬 41°20′。现呈半山坡、半丘陵地貌，海拔高度 600～650 米。从建平县张福店到凌源县三官甸子，逐渐隆起，形成东西宽、南北窄，北高南低，南北走向主梁顶。地表沟壑纵横，水土流失严重，环境干旱，植被贫乏。新中国成立后，经大面积的治山造林，针叶林连绵不断，环境大有改观，名扬海内外。极具有传奇色彩的女神庙和积石冢群就分布在这一区域的梁顶上。遗址分布面积达 1.2 平方公里，到目前为止，牛河梁已发现遗址点 20 余处，有编号的地点 13 处[28]。经过重点发掘的积石冢墓地有：第二、三、五、十六四个地点[29]。第一地点为女神庙，已部分发掘。红山文化积石冢分布广泛，除牛河梁外，在阜新胡头沟[30]凌源县三家乡田家沟[31]，三官甸子城子山都有发现。红山文化的积石冢规模大，结构复杂，类型多样，埋葬规律独特新颖，短文作系统介绍委实困难，只能根据建筑风格和特点作一概略介绍。

1. 红山文化的积石冢时代早的，多建在冈顶部，其建筑结构可分为地上、地下两部分，地下部分主要是凿穴为圹，运送石板砌筑石棺、石椁。地上隆起部分，是围绕墓葬修建石围圈。在石圈里积土、积石形成土丘坟或积石冢。也筑有层层升级台阶状的积石冢，并在台阶石墙里侧摆放无底彩陶筒形器。

《尔雅》载："山顶为冢。"《说文》载："冢，高坟也。"可见，古代把建筑规模较大的坟丘，都称作积土为封，积石为封，当然就是积石冢了。红山文化的积石冢并非孤例，稍晚于红山文化，良渚文化的大墓都营造于人工堆筑的大型土墩里，称之为"土筑金字塔"，也是一种地上大坟丘的形式。

大连市四平山、老铁山、于家砣头山顶都有青铜时代的积石冢墓群。吉林省集安市高句丽时代积石冢群墓的建筑规模更为壮观。

2. 牛河梁积石冢群情况异常复杂，有的一冈一冢，大有占山为王之势。但也有一冈两冢的，如牛河梁第 2 地点。1～4 号冢连成片，构成一体，结构非常复杂。

牛河梁地势南低北高，是经过修整后形成的平坦冈地，在东西长 150 米、南北宽 80 米的范围内，共布置了 6 个建筑单元，已确认性质的为 4 冢 1 坛。其具体布局为：祭坛居中（牛＝Z3），正西依次排列两座积石冢，远端为 5 号冢（牛＝Z5），近端为 4 号冢（牛＝Z4），圆坛正北为一片积石，但可看清又一单独立单元（牛＝Z6）。

3. 每座积石冢的中心部位，都有座中心大墓，建筑规格高，用材讲究，凿穴甚深，墓底至地表 3～5 米不等，圹坑又长又宽。砌筑棺椁的石板都经过加工，棺、椁壁砌筑规整，工程宏大，质量严格。墓主人随葬的玉器规格高而精致，多为红山文化典型礼器。

牛河梁第二地点 2 号冢，形状近正方形，南北向，长 18.8、宽 17.5 米，南侧最高处 0.89 米。正中建有大型规整的石棺、石椁。墓的上部用白色石块筑起一方台式石椁，边长 3.6 米，高约 1.5 米。方台中央深入地下为一座东西向石棺，棺室内壁平直，棺底铺有石板。棺口也用大型多层石板封盖。

牛河梁第 16 地点一号冢 4 号墓是一座中心大墓，墓圹距地表深 5 米。圹口长 3.9、宽 3.1 米。石棺东西长 2.1～2.38、南北宽 1.38～1.7 米。棺壁砌筑十分规整。棺底铺石板，棺口并用多层石板封闭。该墓工程巨大，费时、费力，没有强有力的社会组织能力和号召力，在短期内，用石质工具完成如此巨大工程是难以想象的。

4. 牛河梁第二地点 1 号冢（牛＝Z1）是一座正南北方向长方形积石冢，位于墓地的最西端，与二号冢并行排列，距二号冢 3.3 米。该冢第一级石台阶只保存了东、北两边。北边存长 26.8 米，东边存长 19.5 米。北与东两边相交处的东北角保存最好。冢界由外向内层层升高，升至三层台阶。在第二、第三层台阶内侧，排列彩陶筒形器，但在冢的中心位置未发现中心大墓，而在东西轴线以南，却发现 20 余座中、小型石棺墓，呈东西排列、头尾相接，共 4 排。

这些石棺墓，均东西向，墓室较窄，砌筑简单，无墓坑。有的墓用长条形石块砌棺，也有的用石板立砌。多系仰身直肢葬，唯有 7 号墓独特，平面呈凸字形，葬有三具人骨，还都是二次葬，每堆人骨上，分别葬有玉环、玉璧。从玉器的质地种类、大小观察与大型墓中出土的同类玉器没有什么不同。

第二地点一号冢 M24，是一座保存完好的双室石棺墓，圆角长方形，长 3.3、宽 1.95 米，墓口距墓底 2.22 米，并凿入风化基岩层内，棺口封盖二层石板。北室宽 0.4 米，内葬一成年女性，仰身直肢葬，右腕部葬 1 件玉镯。这类连室墓结构简单，双室用一个隔墙，似乎两者关系很密切。这种墓葬的性质很奇特，可能另有寓意。在阜新胡头沟 M3，有 5 个石棺相连，墓顶石板相互叠压，几座墓的顶盖连在一起（图九）。

5. 积石冢的地上建筑墓主入葬之后，一般

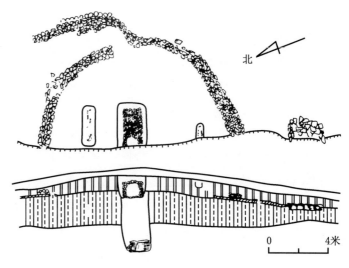

图九　胡头沟红山文化墓地平、剖面图

墓口用 2～3 层石板封闭，石板上再堆一些碎石块。然后将墓地平整好，撒一层纯净黄土，在细黄土层上砌筑冢基。一般先修建三层叠起的白色石圈墙，石圈墙从外向里，层层缩小升高，每圈石墙里侧陈设无底彩陶筒形器，寓意通过筒形器，墓主人可随时与天保持联系（图六，1～3）。

积石冢有方形（牛＝Z2）、长方形（牛＝Z1 和胡头沟积石冢）、圆形（牛三、牛五、Z1）、前方后圆（牛二、Z4）4 种类型。最后在冢的顶部封土积石，形成完美的积石冢体。

可以想象 5000 年前，在这片用黄土、白石墙、红彩陶器建成的积石冢群，高高地耸立在山顶上，在灿烂阳光的照射下会显得格外庄严神圣（图一○）。

图一○　牛河梁第五地点一号冢 1 号墓

6. 在积石冢大墓近旁还有成排的小墓

在大墓近旁的小墓中，以中、小型石棺墓为主，其头向有南北、东西两种。葬式多为仰身直肢葬，也有少量的二次葬（牛＝Z1M7）。随葬品与大墓一致，都是祭祀专用的玉制礼器和从事原始宗教活动的法器。小石棺墓中随葬的玉器只有数量多少的差异，在玉器的种类、规格、质量上没有什么本质的不同。中心大墓随葬玉器最多的墓（牛＝Z1M21）随葬 20 件玉器。胡头沟 M1 随葬 10 件玉器，三官甸子城子山 M2 随葬玉器 10 件，M4 随葬玉器 8 件。小石棺墓随葬 1～3 件玉器，无随葬品的小墓约占 1/2

图一一　牛河梁第二地点一号冢 21 号墓

（图一一）。

　　牛河梁第二地点一号冢北部，有两座东西向墓 M24、M25，墓圹宽大深入基岩，为便于向下开凿，上部形成台阶状，北壁陡直向下，最深处超过 2 米，石板叠砌石棺，并随葬有高级别的玉器，两墓独占该冢的北部，墓顶封石，不积土呈敖包状态。冢南部中、小型石棺墓密集，头尾相接，成排分布，并且还可分出上、中、下早晚三个层位。石棺墓规格比北区墓小许多，有的小墓还是二次葬。从中、小型石棺墓的建筑规格，可看出墓主人的身份地位也不尽相同。

　　下层墓规模较大，埋葬甚深，随葬玉器亦较多，其中 M21 出土 20 件玉器，是目前牛河梁出土玉器最多的一座墓。下层墓均为一次葬。

　　中层墓规模明显变小，埋葬浅，石棺也短窄，并出现了二次葬。随葬玉器数量减少，值得特别注意的是，这层墓中出土了玉雕龙和勾形玉牌饰。

　　上层石棺变得既简陋，又短小，石棺砌筑极其草率，又全部为二次葬。

　　牛河梁——第二地点一号冢南区的石棺墓群，是经历了一定的历史时期形成的，墓上封土不积石与北区做法迥然不同，积石冢墓地的死者②，虽都是一个有着相同血缘关系的亲人，但存在着辈分地位的差异。

　　7. 在内蒙古克什克腾旗南台子遗址和林西县白音长汗遗址，发掘一批红山文化的早期墓葬，在南台子墓中除 M7 外，均系长方形竖穴土坑墓和圆形土坑墓。墓有积石或封土，有单人葬，也有多人合葬。葬式有仰身直肢葬和侧身屈肢葬。头向，有正北或东北向。在 M1 中出土两件精美玉玦，M13 出土有筒形罐、敞口钵、石磨盘、石磨棒等生活工具和生产用品。

白音长汗墓地中，除 M5 外，也均系土坑竖穴墓，墓上有积石。而且墓中也不见随葬生活器皿。多为小型的玉、石贝制品。南台子 M7 和白音长汗 M5 都是长方形竖穴土坑石棺墓。这类墓都位于墓地中心或最高点，说明等级制已普遍存在，而且地位较高，土坑墓是氏族社会的一种普遍埋葬形式并且流行较早，体现出氏族首领与氏族成员同葬于一个墓地的风俗习惯。相对牛河梁大型积石冢而言，少数氏族首领已开始逐步脱离氏族群体，走上唯玉为葬、唯我独尊、占山为王的境地。

# 四 红山文化的玉器精粹

自 20 世纪 80 年代，在牛河梁发现红山文化积石冢墓群以来，发掘出土的玉器大约有 150 余件，其中胡头沟 13 件，牛河梁第二、三、五等几个地点 100 余件，三官甸子城市山（牛十六地点）40 余件。

依据其种类造型及文化性质的不同，可分为十类：

（一）动物类：鹄、鸮、鸟、龟、鳖、鱼、蚕；

（二）通天器类：玉箍、琮形器、玉管、玉筒、玉竹节；

（三）玉雕龙类：C 字形龙、玉雕龙、Y 字形龙、兽面玉雕牌饰龙；

（四）玉璧类：方形玉璧、勾云纹形玉璧、双连璧、三连璧；

（五）兽面齿形镂孔器；

（六）圆角方形、双孔玉钺；

（七）三孔玉器、人首三孔玉器、猪首三孔玉器、兽首三孔玉器；

（八）玉雕人像；

（九）玉佩饰类：玉环、玉镯、玉坠；

（十）杂玉类：玉锥（牛十六，M1）、玉臂饰（牛三，M9）。

下面对具有明显特点和具典型意义的红山文化玉器作些粗线条分析研究。

牛河梁坛、庙、冢遗迹是红山文化中、晚期的遗存。"唯玉为葬"制度的形成，说明氏族社会已出现了不平等和不同的阶层，在同一座积石冢内，既出现了建筑规模宏伟的大墓，同时还存在极为简陋的小墓，大墓中随葬 10 多件到 20 余件精美珍贵玉器的不乏其例，而小墓连玉器的影子都看不到。大墓中不见劳动工具和生活器皿随葬。

1. 玉鸮：因头部长得像猫，俗称猫头鹰，它怕强光，善于夜间活动捕食，嗅觉灵敏，深夜鸣叫令人感到神秘。在红山文化墓葬中，也成了一种神鸟。在辽宁阜新胡头沟1号墓、3号墓、凌源三官甸子二号墓、喀左县东山嘴遗址、内蒙古巴林右旗那斯台等遗址都有出土。其形体雕刻生动逼真，特别是头部、翅部、嘴部雕琢极细，腹面施有瓦沟纹。

图一二　绿松石鸮（东山嘴遗址出土）

构图准确，注重写实，美观生动，栩栩如生。多呈双目远视，展翅欲飞之势。把鸮鸟性情特征表现得淋漓尽致，古人认为鸮有通神的本领，可以为氏族除害降福（图一二）。

2. 玉鹄：俗称白天鹅，2002年三官甸子城子山 M4 头骨下出土1件。该墓主45～50岁，男性，随葬7件别具特色的玉器，是该冢的中心大墓，具有特殊身份地位和权势。

玉鹄整体呈椭圆形，扁平略鼓，弯颈、回首、高冠、圆眼、疣鼻、带钩扁啄，背羽上扬，尾羽下垂。雕刻以阴线为主，分翅尾羽双层展现，翅根和尾端刻有草叶纹做装饰。线条优美流畅大方。玉鹄以性情温顺的性格，陪墓主人安然入梦。

玉鹄长21、宽12.7、厚1.24厘米，背面有斜向对穿四个系挂小孔。玉鹄是牛河梁首次出土的神鸟，其文物艺术考古价值极为珍贵。玉鹄俗称白天鹅，善高飞远行。民间有架鹤升天之说，它美丽善良的神姿，深受先民们的喜爱。比红山文化更早的兴隆洼文化，兴隆沟第一地点聚落址，7号居室葬中，出土的人头骨牌饰上，就刻有弯颈、回首的天鹅图。在赵宝沟遗址也发现过白天鹅的遗骨。尤其是在赤峰哈拉海沟小河沿文化墓葬出土的彩陶豆上，也有白天鹅的形象。

从兴隆洼文化到小河沿文化的先民们，一直把白天鹅作为自己氏族图腾神鸟崇拜，可见这种理念的形成源远流长。

3. 玉龟：龟在我国古代是四神之一，是一种长寿的水生动物，有灵性。

我国商周时期的甲骨文，就是把占卜内容刻在龟甲上，形成甲骨文。其内容多是王室问天、施政、用兵、请命、农业丰收、人类祸福的事，所以灵字是关键，神龟就是灵验的载体。

龟，性情温和，不争食伤害其他动物生命，能洞察微小的变化，预测自然灾害。呼吸常处在一种平和的气功状态，有强大的抗压力。1954 年曾有人在湖南洞庭湖捕捉到一只背甲上刻有"大清乾隆十二年"字样的放生龟，乾隆十二年是公元 1747 年，说明这只龟已经活了二百余年。

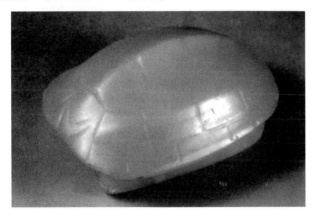

图一三　玉龟（牛河梁第二地点一号冢 M21 出土）

任昉《述异记》载："龟一千年长毛，寿五千年，谓之神龟，寿万年曰灵龟。"龟的寿命令人类羡慕。古人认为灵龟能为人类造福，所以受崇拜。玉龟，牛河梁目前仅第二地点一号冢 21 号墓出土一件，置于墓主人左胸部，龟背向下，只雕出龟壳，未雕头、四肢及尾部，龟背上有三道棱脊，并刻有龟背纹和裙边，细部十分逼真。背甲和腹甲之间前后穿孔并与腹甲大孔相互贯通。龟背长 5.3、宽 4.1厘米，龟体高 2.7 厘米。整体造型精巧传神，玲珑晶莹（图一三）。

4. 玉鳖：红山文化墓中出土的玉鳖，头呈三角形状，无尾巴，脚趾有蹼，体形略扁，背甲光滑。从其形体特征观察分析，应是中华鳖。

牛河梁第 5 地点一号冢 M1 出 2 件，分别握在墓主人的左右手中，左手鳖头向西，右手鳖头向东。阜新胡头沟 M1 也出土 2 件鳖，出土部位因墓被扰动，尚不清楚。

玉鳖不但是成对出土，而且是一雌一雄，雌雄代表着阴阳，有阴阳，才会有灵性。双手握鳖的葬俗，牛河梁遗址第一次出现，反映出先民们对生殖、性命观念的追求。

鳖和龟一样，有很强的生存能力，可以在很长时间内少进食或不进食，每年天冷后便潜入泥中不吃不喝，直到第二年春暖花开又复苏过来活动。古人误认为龟、鳖有死而复生的能力，所以特别崇拜龟、鳖，渴望人也能死而复生。

胡头沟玉鳖青绿色，鼓背、缩颈、六边形，长 3.9、宽 3.6、厚 0.6 厘米（图一四）。

5. 马蹄形玉箍：是红山文化墓葬中出土数量较多的一种玉器，有明确墓葬出土关系的就有 20 余件。出土玉箍的墓有牛河梁第二地点 1 号冢 M4、M21，第五地点 1 号冢，第十六地点 M2、M4、M14。这 6 座大墓中（牛十六 M4、M14，牛五 1 号冢）三

图一四　玉鳖（胡头沟 M1 出土）

墓均为成年男性，年龄 45～50 岁。随葬在头下的（第二地点一号冢 M21、M4），置于胸前的（第十六地点 M4）。还有的墓随葬两件玉箍，一件葬在头下，另一件葬在胸部（第二地点一号冢 M25、M15）。

玉箍：扁平体，斜口筒状，斜口处甚薄，似刃有磨制沟痕，两端平面呈椭圆形，底端两侧钻有两个小孔，多岫岩玉制。玉箍的造型特点相近，长短差距较大。大中型的通长 15～18 厘米，粗径 6.2～8.3、细径 5.4～6.5、厚 0.2～0.3 厘米。小型的一般通长 5～6 厘米。

多年来，不少学者对玉箍用途进行过潜心研究，大体有三种观点：护腕、工具、发箍。我们认为发箍论者较符合实际。

从玉箍的出土位置分析，它是所葬玉器中最关键、最重要、最核心的位置，否则不会葬在头下和胸部。古人的心愿，最好莫过于死后升天，如何能升天呢？需要借助媒介天梯。北方氏族先民最早创造出来的陶制天梯是斜口器、彩陶筒形器、陶尊等。红山文化发展到中后期，又为身份高贵的人群创造出天梯——玉箍。除了玉箍之外还有普通的琮形器、玉管、玉筒、玉竹节形器等，这种以玉箍为首的专门用于通天的玉制筒形神器，可称之为系列通天器。

人有高、低、贵、贱之说，当然通天器也有优劣、精粗之别。牛河梁第十六地点 M4 头下葬白天鹅，胸部葬一玉箍，腰间还葬一件玉人。这位男性死者，墓葬建筑规模之大，令人震惊。深凿岩穴 5 米，墓圹南北长 3.9、东西宽 3.1 米。无疑是氏族社会顶级人物，否则不会有如此高雅珍贵的神器，好似有专门巫师为其组织设计了这场不平凡的葬礼。

### 6. 红山文化玉龙奇观

玉龙是社会高精端古代艺术珍品，寸玉，寸金，玉比金贵。玉龙既是昂贵的物质文化，又是难求的精神文化。智慧的红山先民，将物质与精神结合在一起，创造出了玉龙文化，这不能不说是对中华文明的一大贡献。

龙是华夏民族的图腾，又是中华文明的象征，所以提起红山文化的玉龙，就特别引人关注。本文不研究龙到底是从什么动物发展变化来的，而是想说明一个观点，即，红山文化玉龙时期，是龙从多元向统一龙转化发展的重要时期。

如果从距今 8000 年的兴隆洼文化起始，到红山文化后期 5000 年为止，这期间大致经过了 3000 余年时光，这个时段考古发现有关龙的资料可谓丰富多彩。有兴隆洼文化的石块堆塑龙，陶器上的泥塑龙，葫芦岛市杨家洼遗址的土龙，河南濮阳贝壳堆塑龙，安徽含山凌家滩玉龙，山西陶寺彩绘龙，小山陶尊图案上的猪龙、鹿龙、鸟龙等等。到红山文化中晚期，卷体玉雕兽面龙占据了主导地位，其他质地形式的龙逐渐减少。因为不论在材质上，还是在雕刻工艺水平风格上，都不能与红山文化玉雕龙相比，所以红山文化阶段的玉龙文化，才有条件和机会向统一的方向发展，定格在玉雕龙文化上。

玉龙文化内涵丰富，有物质的、精神的、自然的、人文的。凡是人类美好的东西，在玉龙身上都有所体现。直到 2002 年，在二里头遗址发现了方形巨头、长身、蜷尾、长 64.5 厘米的绿松石巨龙，在龙文化的发展史上才更清晰地呈现出龙形象的发展轨迹[34]。

红山文化的玉龙，迄今为止，我们认为有四个类型，即 C 字形龙、兽面玉雕龙、Y字形玉龙、兽面玉雕牌饰龙。

玉雕龙：孙守道先生称之为"猪首龙"，也有人称之为"玉玦龙"，我们称之为玉雕龙。这种形式的玉龙在辽西和赤峰地区采集品比出土者多，但它在红山文化玉器中，占有相当重要的地位。

辽宁建平县征集的一件玉雕龙，形体较大，制作规整，大头、肥耳、圆睛、獠牙突出，缺口未完全断开，通体浑厚圆滑，刻线流畅，以阴刻为主。高 15、宽 10.2、厚 3.8 厘米。白色蛇纹页岩制成。对比观察，应为早期类型。

C 字形龙：只发现两件。1971 年内蒙古翁牛特旗三星他拉出土一件，1987 年翁牛特旗广德公乡黄谷屯出土一件。两件 C 字形龙特征相近。三星他拉玉龙高 26 厘米，墨绿色，体卷曲，吻部前伸，眼突起呈菱形，颈脊起长鬣。两件 C 字形玉龙，早已名扬四海，震惊世界，影响全球。

Y 字形玉龙：郭大顺先生在《考古人和他们的故事》一书中，称之为玉璋形器。《牛河梁红山文化遗址与玉器精粹》一书，称之为兽面玉璋形牌饰，从人们对 Y 字形器的命名可以看出，目前学者们对其认识还存在相当大的差异。

目前掌握的 Y 字形龙，数量不多，并且多是征集品。辽宁省文物商店征集的一件，为淡绿色，长方形板状。头部双耳分开，圆圈形双眼，眼下钻两个小鼻孔，大嘴横长超出体外。体下施有横向瓦沟纹，末端呈三角形，钻一小孔。长 12.2、宽 4.1、厚 0.2 厘米。从正面看好似兽面玦龙正视图像。

兽面玉雕牌饰龙：仅牛河梁第二地点一号冢 M21 出土 1 件，葬在腹部。双耳占去兽面面积的三分之二，两只眼孔相距较远，眼下面钻有四个小孔，眼下嘴的位置，刻有四条相对应的阴线。构图抽象，美观大方，应是进一步简化的兽面玉龙。从随葬位置看，正好相当于随葬兽面玉玦龙的位置。M21 出土 20 余件玉器，除此件兽面玉雕牌饰龙外，无兽面玉玦龙出土。

我们认为这件兽面玉雕牌饰龙，应是兽面玉雕龙经二次简化的新形象，呈现出红山文化玉雕龙的发展脉络。即：兽面玉雕龙→Y 字形玉雕龙→兽面玉雕牌饰龙→二里头方形巨头绿松石龙。从 C 字形玉雕龙的特征来看，有学者认为其时代可能偏晚，或许另有发展线索。

7. 玉璧

《说文解字》说："璧圆象天。"《周礼·春官·大宗伯》说："以苍璧礼天。"看来璧既是天的象征，又是通天之神器。

《尔雅·释器》曰："肉倍好谓之璧，好倍肉谓之瑗，肉好若一谓之环。"从红山文化墓葬出土的玉璧观察，离这一古代标准还有相当的距离。依据玉璧的实际出土情况和形状，可分为方形璧、圆形璧、双连璧三种。

方形璧：牛河梁第二地点 1 号冢 M11 出土 1 件，白色大理石制，方形边缘磨成刃状，中央钻有直径为 3.4 厘米的圆孔，靠近上边的中部钻两个小孔。长 13.4、宽 12.1、厚 0.8 厘米，璧面呈红铁锈色（图一五）。

圆形璧：牛河梁第五地点一号冢中心大墓出土两件，均葬于头骨下方左右。黄绿色，边薄似刃，上边钻两个小圆孔。应是保护身体的石钺之类武器。称璧又与上边钻的两个小孔有矛盾。大的外径 12.9、孔径 3.3、厚 0.7 厘米。这类圆方一体璧形神器，

图一五　方形玉璧（牛河梁第二地点一号冢 M11 出土）

是红山文化玉璧的一大特点。

双连璧：牛河梁第二地点出土 1 件，白色玉表面呈淡黄色。下璧大而圆，上璧形近似圆三角形，璧体较厚，高 13、最宽 8、厚 1 厘米（图一六）。

三连璧：辽宁阜新胡头沟 3 号墓出土 1 件。淡绿色玉，间有红褐瑕斑，三璧一体，垂直相连，外侧边有一条弧线，断有缺口，自上而下逐渐增大。下璧下圆上方，中璧扁方，上璧近似三角形（图一七）。

8. 玉佩

图一六　双连玉璧（牛河梁遗址出土）

图一七　三连玉璧（胡头沟 M1 出土）

红山文化玉佩特征明显，造型别致，内涵丰富，大小齐备，既有长方形勾云纹玉佩，也有方形勾云纹玉佩，还有兽面齿形玉佩。

长方形勾云纹玉佩：三官甸子城子山 M2 出土 1 件，长方形板状，中间镂孔，形成一鸟头，上下左右四角对称，中间部位施凹沟纹，四角突出，器形平整规范，边线曲折对称美观。反面无纹，斜钻四个小孔，上下左右对称，图形设计巧妙，为红山文化所独有。通长 22.5、宽 11.5、厚 0.5 厘米。是红山文化玉器中的典型重器，为防病、护身、升天的媒介之宝（图一八）。

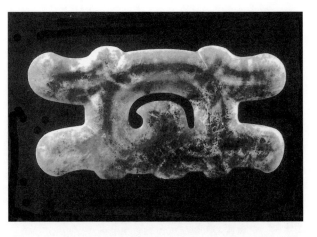

图一八　长方形勾云纹玉佩（三官甸子城子山墓葬 M2 出土）

方形勾云纹玉佩：辽宁省文物商店征集，青灰色玉。长 11.3、宽 8.9、厚 0.35 厘米。整个图形与长方形勾云纹玉佩相若，仅稍短，近似方形，方形玉佩正面也有镂孔和凹沟纹，四角短，下方又伸出两个突状物，上外线弧度较大（图一九）。

图一九　方形勾云纹玉佩（辽宁省文物商店征集）

兽面齿形玉佩：1994 年牛河梁第二地点 1 号冢 M27 出土 1 件，通长 28.6、宽 9.5 厘米。是迄今为止红山文化墓葬出土玉器规格最长的 1 件。器形规整，雕刻精美，极具神秘感，下面有五个齿形突，呈牙齿状，上面雕出两只兽眼，眼中心还钻有小孔。阴线突出，给人一种恐惧感。器表凹凸不平。光线从不同角度照射，明暗变化显著（图二〇）。

2003 年在牛河梁十六地点 15 号墓中出土 1 件兽面形玉佩，图形比前者略小。出土部位均在胸前平放竖置，反面朝上。其用途为法器事神，是红山文化玉神器中最富有

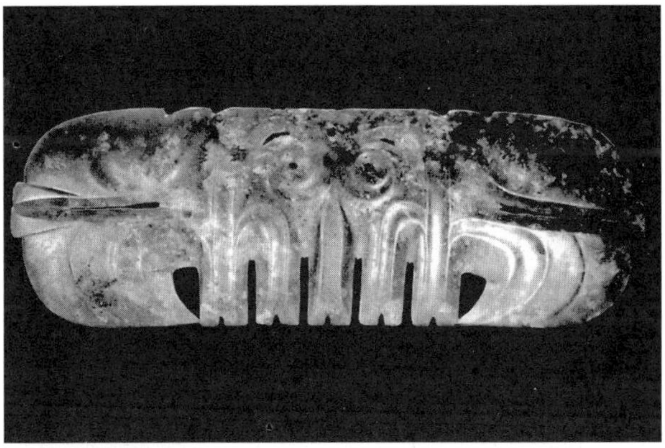

图二〇　兽面齿形玉佩（牛河梁第二地点一号冢 M27 出土）

文化特色和时代特点的玉器之一。

9. 玉镯

玉镯是牛河梁积石冢墓中最为常见的饰物，男性和女性墓都有出土。出土一件时，多戴在右手腕。如是两件左右手腕各戴一只，圆形，光素无纹，大小略有差别。外径 7～8、内径 5～6 厘米，断面有圆形、半圆形、三角形、方形等多种形式。

牛河梁第三地点 9 号墓出土 1 件，第五地点 1 号冢 1 号墓出土 1 件，第二地点 1 号冢 14 号墓出土 2 件，并上下相叠压。仰身直肢葬者，多佩戴在腕部，二次葬者，多置骨骼上或墓室内不同位置。有男性佩戴 1 镯，女性佩戴 2 镯的趋向。

10. 双首玉器

双首玉器是红山文化玉器的一种创作题材，作为墓葬的随葬品出现，其含义应是显示智慧和力量，与三头六臂之说同义、同源。

双猪首玉器：三官甸子城子山采：2，长方体中间钻三个大孔，两端雕刻两个猪头，长脸大耳，噘嘴，形象生动。三孔直径 1.9 厘米，体长 8.9、宽 2.6 厘米，底面平钻四个小孔。造型奇特，工艺精湛。

双人首玉器：牛河梁第二地点 1 号冢 M17 出土 1 件，长方体两端雕刻双人头，高鼻大眼，下颌前突下垂，唇微开。形象庄严，并且有神秘感的韵味。体长 6.8、宽处 3.1、厚 0.6 厘米。三个大孔直径 1.5 厘米。对这类玉器的用途和性能尚不清楚。

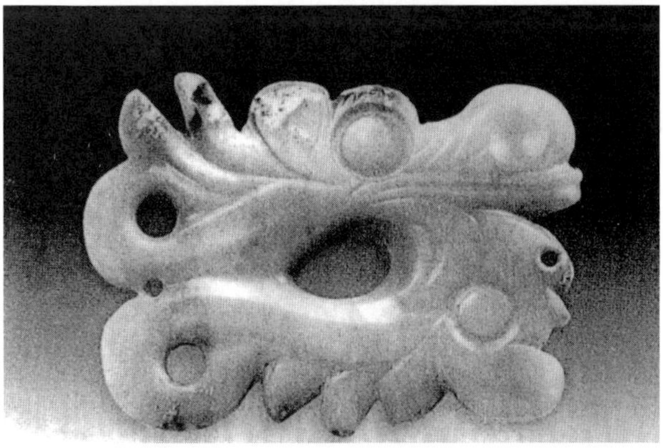

图二一　鸟兽形玉器（牛河梁第二地点一号冢 M23 出土）

鸟兽形玉器：牛河梁第二地点 1 号冢 M23 出土。长方体扁平，外轮廓线起伏有致，雕刻一鸟一兽依附交源，形体抽象，生动传神。设计构思巧妙，雕琢技艺精良。通长 10.9、宽 7.8、厚 0.8 厘米。出土于腹部，正面朝上，鸟头向墓主人头部，兽在下方（图二一）。

关于双首动物图形古代艺术品，在《山海经》海外西经有双首猪图。文曰："并封在巫咸东，其状如彘，前后皆首，黑。"

1998 年在安徽省含山县凌家滩遗址墓葬中出土 1 件玉鹰，玉鹰前后雕出两个猪头，其含义多为推测，寓意深奥。

### 11. 玉人

牛河梁第十六地点 4 号墓下腹部出土一件玉人，玉人头向与墓主人同，玉人高 18.5、最厚 2.34 厘米。玉人体由四部分组成，即头部、上身、双腿、脚足。大头、长耳、宽鼻，五官用阴线雕刻而成。整个身体重心前倾，足尖着地，身姿挺拔，双臂屈肘紧靠胸前，十指张开，手心向里，姿态深沉。颈部两侧和背面有三个圆孔，背面颈部正中有空心，管钻一孔，这些孔内相连相通，其含义表明，玉人智慧与天神、巫相通。其实玉人应该就是死者的化身。从玉人神态立姿看，与凌家滩文化玉觋像接近。从墓主人墓的建筑规模之大，随葬玉器之精、之新颖来看，其生前社会地位和权势，应高于一般氏族首领和巫师（图二二）。

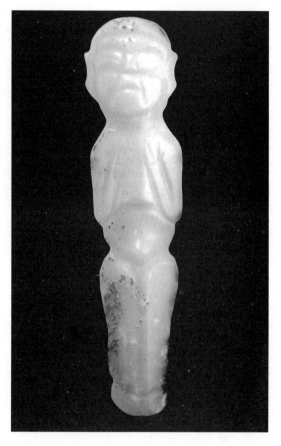

图二二　玉人（三官甸子城子山 M4 出土）

# 结　语

### 一、坛、庙、冢，对我们的启迪

牛河梁墓地庞大的积石冢建筑群宏伟而壮观，是红山文化重要工程的核心，是我国北方文明的火花。

积石冢是先祖灵魂的家园，是祭祀先祖功德并获得保佑降福的圣地。祭坛，无疑是氏族社会高层巫师首领阶层祭拜天地的地方。庙，当然也是巫觋祭拜天地、神鬼等社会活动的场所。

从上述重要遗迹，可以看出，氏族社会对祭祀天地、先祖的重视。并对红山文化以玉事神，唯玉为葬有一个初步的认识。

山坡上的每座积石冢，应为一个氏族墓地。这些积石冢都是每个氏族独立建造的吗？还是在"植基于公社，又凌驾于公社之上的高一级的社会组织形式"[35]，古国完成的呢？我们认为在红山文化的中晚期，所使用的生产工具并无太大变化，还是石犁（石耜）、石斧、石锄、石刀。在氏族社会里，用石头工具，在较短的时间内完成，山顶上凿岩穴5米深的积石冢，其难度可想而知。根据东北鄂温克族人的原始资料[36]，一个氏族里，也就20多个男劳动力，就更难以想象。所以，我们认为积石冢，应是氏族联盟或古国性质的社会组织统一调配人力，分工协作完成的。

在每座积石冢内，除有一座中心大墓外，还有中型墓和若干座小型墓，如牛河梁第二地点一号冢，除中心大墓外，还发现20余座中、小型墓，其中M25、M26，是两座并列规模较大的墓。M25为一成年女性，葬有7件玉器，即玉箍2件、玉镯2件、耳坠2件和1件管状玉饰。M26葬有4件玉器，即鸮2件、玉镯1件和管状玉饰1件。M24是一座成年男、女合葬墓，石棺砌筑标准颇高。其余皆为砌筑简陋的小型墓。有的小墓，葬1～2件玉器，多数小墓无随葬品。

凌源县三官甸子城子山，作为一处完整的氏族墓地，中心大墓M4，葬有6件极为精致珍贵的玉器，玉鹄（白天鹅）1件、玉箍1件、玉人1件、玉环2件、玉镯1件。石棺砌筑整齐讲究，埋在深5米的岩穴中，墓主人为一成年男性。M2随葬9件玉器，但石棺的建筑规模及埋葬深度明显低于M4。其他小墓建造颇简陋，多数小墓为氏族一般成员，无随葬品。

上述举例的两座积石冢中，均有大、中、小三种不同规格的墓。墓与墓之间的大、小差距，显而易见。一般大型墓所葬玉器6～20件不等（牛河梁第二地点一号冢M21就出土玉器20件）。中型墓葬玉器3～5件，小型墓玉器甚少。在牛河梁大墓中，有4座墓为成年男性（第十六地点M4、M14，第二地点一号冢M4，第五地点一号冢中心大墓）。可见在氏族社会组织里，起主导作用的为男性而非女性。

牛河梁积石冢中出现的大、中、小型墓之间的差距也好，随葬玉器数量多少也好，氏族墓地出现成年男女合葬也好，中心大墓以男性为主也罢，这些现象都是氏族社会生活的真实写照，又是对氏族社会制度的重大冲击，说明氏族社会正处在一种风雨飘摇的大变革时期。红山文化坛、庙、冢大型建筑祭祀遗址的出现，一方面反映着氏族社会逐步走向消亡，另一方面又体现着新兴社会体制古国即将诞生。

山顶葬取意升天，每座积石冢对氏族首领及巫师们来说，都意味着永久性地独占山头，一人独尊，高高在上，霸占一方，显示其权势地位和尊严。但是，他们最恐惧的是，怕失去来之不易的特权和神权以及精湛珍贵富有灵气的通神玉器。而不惜动用大量人力、物力，深挖墓穴，用多层石板严封墓口来保护。这是藏在大墓主人内心挥之不去的秘密。即氏族社会的深层次矛盾和危机。

从积石冢的建筑形式、规模和用材来看，似乎是按着统一社会礼制信念，统一规划，统一部署建成的。经过仔细研究发现，冢与冢之间，墓与墓之间，都存在着较大的明显差异和突出的个性。如在氏族首领和巫师这个高级阶层，玉器的随葬并没有形成有规律的组合模式。随葬玉器的种类和数量，并不受约定俗成氏族社会制度的约束。有的墓头下葬玉箍，有的墓头下葬白天鹅，还有的墓头下葬玉璧（玉钺）。更引人关注的是，有的墓葬 2 件玉雕龙，有的墓葬 2 件玉箍，更有甚者，头下葬 2 件圆形玉钺。可谓个性突出，五花八门。牛河梁第二地点一号冢 21 号墓，从头到脚随葬 20 件玉器。是目前的红山文化积石冢墓随葬玉器最多的一座墓。

从积石冢外部结构观察，有方形、圆形和长方形，有的积土，有的积石。其规格长宽、直径、长短差别颇大。社会的演变，历史规律的发展，总要比人们想像的快得多，氏族故有的常规制度似乎尚未来得及进一步得到改善和完备，就将被新的体制所取代。一个具有国家雏形的原始文明社会正在这里起步、形成和发展。

二、龙由多元向一元转化

为什么红山文化玉龙一出世，就名扬海内外，得到世人的关注呢？因为它诞生于中国东北，因为它工艺精湛、造型新颖独特，因为它出土区域集中，因为它出土数量大，因为它时代早，因为它是用"美石"岫岩玉雕刻而成的。

红山文化的玉器，有上万年的根系，早在兴隆洼文化时期，距今 8000 年前，就有成套的 10 多件玉器集中出土，经鉴别都是用真玉雕琢，器形有玉玦、玉匕、玉管、玉锛等，说明当时人们对玉的认识就有了相当高的水平。但这还不是中国最早的玉器，推测，兴隆洼文化时期的玉器使用已经超出工具和饰品的范围，已向原始宗教祭器、礼器方向发展，查海玉器应是后来发达的红山文化玉器的源头。

1994 年我国北方查海遗址发现了石龙，距今 8000 年。1996 年葫芦岛市杨家洼遗址发现了两条土龙，距今 8500 年。1986 年小山遗址出土的陶尊上发现了遨游云端的鸟、猪、鹿、龙形象的图案，距今 7000～6000 年。另外在河南省濮阳西水坡还发现蚌壳摆塑龙，在安徽省凌家滩遗址发现玉雕龙，山西省陶寺遗址陶盘上发现了彩绘龙等等。

牛河梁红山文化积石冢出土的玉龙，造型各异，姿态非凡，神气十足，其艺术造型达到了登峰造极的地步，令人叹为观止。

从考古发现的这些不同年代、不同质地、不同形象龙群分析，到红山文化时期，中国原始龙的发展应该说是达到了顶峰。苏秉琦先生的考古理论认为：中国的原始文化，像满天星斗一样，是从多元向一元转化的。而中国的龙文化，也应是由多元向一元统一体转化的。龙是中华民族的象征，龙文化是中华文明的标志，龙精神凝聚蕴含着中华民族融合、团结和谐统一的伟大力量。红山文化时期的龙形象已基本上形成了中华龙的雏形，是这以前任何时期的文化出土龙的形象所不见和无法与之比拟的，对以后中华龙文化的演变和发展起到了重要的推动作用。

三、龙与玉的结合

当红山文化的先民，对玉的本质和特性有了感悟之后，就把玉雕成了玉龙。玉是物质的东西，龙是人类创造的一种超自然的动物（神灵）。龙文化是一种精神文化，龙和玉的结合，实际上是物质和精神的结合，即物质和精神的一种统一。古人又赋予玉诸多的社会意义，如仁义道德、礼制观念，把玉的特点作为衡量人的标准和品德价值观念等。玉对人有修身、养性、安神、保平安、去祸降福的特殊意义。龙和玉的结合，使两者扩展升华到更深邃的领域，玉既温润又刚毅，龙既奥秘又神灵，两者结合形成玉龙后，其性质的变化，作用和功能之巨大，对现实社会生活的深刻影响，都已被几千年来博大而精深的中华文化所证明，使龙文化象征的意义更加广阔、深奥和现实。

琢玉、雕刻玉器是一个艰苦而繁重的工程，切割、定形、精雕细琢、打眼、抛光等等，每道工序都充满了艰辛。人需要有像玉一样的硬度，即要有坚定的意志和信念。红山文化的先民们，对龙、对神不但崇拜而且虔诚。他们心灵手巧，充满了灵感和智慧，富有无穷的创造力和创新精神。对玉专业加工，就会促使社会分工，社会分工就会导致社会分化，所以是文明的起步。

龙与玉的结合，使红山文化龙的形象更加多姿多彩，更具独特的风格、魅力和个性，其工艺和艺术水平更加精湛高超。玉雕龙所表达出的审美观和神化境界也达到了超越非凡的高度，是中华玉龙文化发展史上的一次大飞跃。红山文化的玉雕龙及其玉雕动物群，是中华民族精神和物质文化遗产中不可多得的重要组成部分。它灿烂辉煌，以无限的生命力，世代传承、延续和发展。

## 注　释

① 鸟居龙藏：《赤峰英金河畔先史遗迹调查》见《赤峰红山后》第 3 页注。

② 安特生：《奉天锦西沙锅屯洞穴层》，《中国古生物志》丁种·第一号第一册，地质调查所，1923 年。

③ 见《赤峰红山后》第 3 页。

④ 滨田耕作、水野清一：《赤峰红山后》，《东方考古学丛刊》甲种第 6 册，1938 年 9 月。

⑤ 裴文中：《中国史前时期之研究》，商务印书馆，1948 年。

⑥ 吕遵谔：《内蒙赤峰红山后考古调查报告》，《考古学报》1958 年 3 期。

⑦ 尹达：《关于赤峰红山后的新石器时代遗址》，《中国新石器时代》三联书店，1955 年。

⑧ 中国社会科学院考古研究所内蒙古工作队：《赤峰西水泉红山文化遗址》，《考古学报》1982 年 2 期。

⑨ 中国科学院考古研究所内蒙古工作队：《赤峰蜘蛛山遗址的发掘》，《考古学报》1979 年 2 期。

⑩ 南杨家营遗址未见报告，可参阅《新中国的考古发现与研究》，文物出版社 1984 年 177 页。

⑪ 李恭笃、高美璇：《内蒙古敖汉旗四棱山红山文化窑址》，《史前研究》1987 年 4 期。辽宁省博物馆、昭乌达盟文物工作站、敖汉旗文化馆：《辽宁省敖汉旗小河沿三种原始文化的发现》，《文物》1977 年 12 期。

⑫ 郭大顺、张克举：《辽宁省喀左县东山嘴红山文化建筑群址发掘简报》，《文物》1994 年 11 期。

⑬ 李恭笃：《辽宁凌源县三官甸子城子山遗址试掘报告》，《考古》1986 年 6 期。

⑭ 辽宁省文物考古研究所编：《牛河梁红山文化遗址与玉器精粹》，文物出版社，1997 年。

⑮ 方殿春、刘葆华：《辽宁阜新县胡头沟红山文化玉器墓的发现》，《文物》1984 年 6 期。

⑯ 翁牛特旗文化馆：《内蒙翁牛特旗三星他拉发现玉龙》，《文物》1984 年 6 期。

⑰ 中国地域文化大系：《草原文化》，上海远东出版社商务印书馆（香港）1998 年。

⑱ 孙长庆、殷德明、干志耿：《黑龙江省新石器时代玉器研究——兼论黑龙江古代文明的起源》，《考古学文化论集》4，1997 年。

⑲⑳㉑　见《牛河梁红山文化遗址与玉器精粹》，辽宁省文物考古研究所编。

㉒ 中国社会科学院考古研究所内蒙古工作队：《赤峰西水泉红山文化遗址》，《考古学报》1982 年 2 期。

㉓ 李恭笃：《辽宁凌源三官甸子城子山遗址试掘报告》，《考古》1986 年 6 期。

㉔ 辽宁省博物馆、昭乌达盟文物工作站、敖汉旗文化馆：《辽宁敖汉旗小河沿三种原始文化的发现》，《文物》1977 年 12 期。

㉕ 郭大顺、张克举：《辽宁省喀左县东山嘴红山文化建筑群址发掘报告》，《文物》1984 年 11 期。

㉖ 辽宁省文物考古研究所编：《牛河梁红山文化遗址玉器精粹》，文物出版社，1997 年。

㉗ 辽宁省文物考古研究所：《辽宁省牛河梁红山文化"女神庙"与积石冢群发掘简报》，《文物》1986 年 8 期。

㉘　辽宁省文物考古研究所：《辽宁省牛河梁红山文化"女神庙"与积石冢群发掘简报》，《文物》1986
　　年 8 期。

㉙　辽宁省文物考古研究所编：《牛河梁红山文化遗址与玉器精粹》16 页。

㉚　方殿春、刘葆华：《辽宁省阜新胡头沟红山玉器墓的发现》，《文物》1984 年 6 期。

㉛　2011 年辽宁省文物考古研究所，考古工作汇报会材料，未刊。

㉜　辽宁省文物考古研究所：《牛河梁第十六地点红山文化积石冢中心大墓发掘简报》，《文物》2008 年
　　10 期；吕学明、朱达著：《重现女神——牛河梁遗址》，天津古籍出版社。

㉝　内蒙古自治区文物考古研究所：《内蒙古林西县白音长汗新石器时代遗址发掘简报》，《考古》1993
　　年 7 期。

㉞　朱乃诚著：《中华龙》起源和形成，2009 年。

㉟　苏秉琦著：《华人·龙的传人·中国人》——考古寻根记 81 页。

㊱　迟子建著：《额尔古纳河左岩》，北京出版社。

# 第三编　小河沿文化

从目前调查发掘材料所知，小河沿文化是早于夏家店下层文化而晚于红山文化的一种新石器时代文化遗存。时代大约距今5000~4000年。遗址发掘材料甚少。内蒙古敖汉旗白斯朗营子南台地遗址，1974年发掘一批房址材料，发掘的墓葬材料较丰富，有敖汉旗石羊石虎山、翁牛特旗大南沟石棚山、扎鲁特旗南宝力皋吐、赤峰市元宝山哈拉海沟、辽宁省喀左县双龙洞、河北省阳原县姜家梁等墓地。

小河沿文化墓葬排列有序。葬式独特新颖，有土坑竖穴仰身屈肢葬、侧身屈肢葬、竖穴土洞屈肢葬。双人合葬墓有头向相反的屈肢葬、双人并排的屈肢葬、双人上下叠压的屈肢葬等。有的有棺，多数墓无棺，死者骨骼多经轻度火烧。从小河沿文化的埋葬习俗观察分析，与红山文化的埋葬制度存在着明显区别。小河沿文化与夏家店下层文化的关系更加错综复杂，有前者对后者影响的一面，也有来自四邻文化影响的一面。考古文化之间的关系千丝万缕，一时难以理清，尚待更完备更丰富的材料证实。

# 辽宁敖汉旗小河沿三种原始文化的发现

　　1973 年我们在昭乌达盟敖汉旗小河沿公社老哈河、蚌河两岸进行了调查，在四道湾子大队三道湾子生产队村南和白斯朗营子大队的塔山、南台地、四棱山下发现了六处古代文化遗址（图一）。1974 年 6～8 月，在辽宁省博物馆文物工作队协助下，由昭乌达盟文物工作站和敖汉旗文化馆共同进行了发掘。现将所获材料分述如下。

## 一　三道湾子遗址

　　三道湾子遗址位于三道湾子生产队村南老哈河东岸，地表分布有红山文化、夏家店下层文化和战国时期的遗物。该遗址早期文化层堆积极薄，且被后期文化遗址所破坏。我们这次清理了红山文化的灰坑（编号 H1）一个。

　　灰坑坑口已暴露于地表，平面呈椭圆形，口大底小，坑壁倾斜，不甚规整。坑口长 2、宽 1、深 1.5 米，底径 0.8～1 米。坑内堆积黑灰色土，包含遗物较单纯，除两件石器（石磨盘、石叶石器）外，其余全是红山文化的陶片，其中彩陶占多数，泥质红陶次之，泥质灰陶和夹砂陶极少。陶质细腻，火候高，均为手制。器表有的涂红陶衣，钵和碗的口沿有红色、杏黄色两种，器底多为深黑色，少数浅灰色，这种现象可能是由于在烧制陶器时，几件器物叠套在一起，氧化不均匀所致。彩陶均系红地黑彩，烧前绘好，器形有钵、碗、盆、罐等。

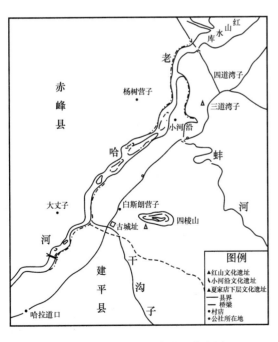

图一　小河沿地区文化遗址分布图

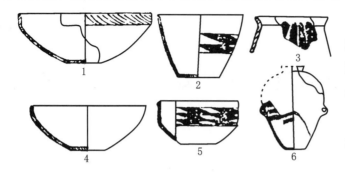

图二 三道湾子遗址出土红山文化陶器

1. 折腹钵（H1∶14） 2. 红顶碗（H1∶13） 3. 彩陶罐口沿（H1
∶17） 4. 敛口钵（H1∶1） 5. 彩陶碗（H1∶12） 6. 陶罐（H1
∶16）均为1/6

钵 有敛口和折腹之分，浅腹，小平底。又可分为红陶和彩陶两种，彩绘多施于器物口沿。标本 H1∶1，敛口，口径 19、高 7 厘米（图二，4）。标本 H1∶4，折腹，口沿有似蝌蚪形斜线纹，口径 22、高 8 厘米（图二，1）。

碗 复原两件。标本 H1∶13，为斜壁敞口红顶碗，口沿杏黄色，下部黑灰色，口径 14、高 9 厘米，器身施两道菱形黑彩（图二，2）。标本 H1∶12，直口，平底，口沿施菱形彩绘纹，口径 13、底径 6、高 7 厘米（图二，5；三）。

盆 一件（H1∶4）。叠唇，斜腹，小平底。口沿施菱形纹。口径 26、底径 7、高 9 厘米。

罐 三种。一种（H1∶16）小口，鼓腹，平底，双耳，底部有压印"之"字纹，底径 10、高约 39.4 厘米（图二，6）。这类罐翁牛特旗的红山水库、海金山、赤峰红山遗址部曾出土过。一种（H1∶17）为口沿残片，直壁，深腹，颈部施竖行宽线条黑彩花纹，口径 12 厘米（图二，3）。另一种（H1∶18）仅存口沿，叠唇，器口呈喇叭状，口沿施 2 厘米宽的菱形彩绘花纹，口径 9.5 厘米（图四）。

初步统计三道湾子出土彩陶花纹有蝌蚪形斜线纹、勾叶纹、菱形纹、平行线纹、垂帘纹等。有的器物绘一种纹饰，有的两种花纹结合使用，就是同一种纹样，因器物不同，

图三 彩陶碗（H1∶12）

图四 彩陶罐口沿（H1∶16）

纹饰也有长短、粗细、疏密之别。彩绘技法熟练，线条流畅，充分显示出古代劳动人民的创造才能。

# 二 四棱山遗址

白斯朗营子村南的四棱山下，为一片起伏不平的沙丘。沙丘之间有较为平坦的低洼处，沙层较浅，黄沙被风刮走后，地面暴露出大片黑灰色土层，新石器时代遗址就分布在这层灰土中。遗址东西长 200、南北宽 50 米，面积约 1 万余平方米。地表散布有"之"字纹夹砂褐陶和泥质陶片，器形有钵、罐、器座等。采集的石器有打制、琢制、磨制三种，其中有磨谷器、亚腰石锄、石斧、石刀、细石器等。我们开了 5 米×5 米探方九个，连扩方在内，发掘面积近 300 平方米，发现窑址六座（编号 Y1—Y6），陶窑建筑在黑灰土与黄色生土之间，保存均较好，Y1、Y2、Y3、Y6 距地表 0.3 米，Y4、Y5 距地表 0.45～0.6 米，Y4 窑室局部被 Y2、Y6 打破。根据窑室结构的不同可分三式。

Ⅰ式：一座（Y3）。为长方形单室窑，直接在黄土上挖成窑室和火膛，窑室内有两个窑柱，窑柱与窑壁都利用原来的黄土面加抹一层掺砂粒的草拌泥，建筑形式比较原始。窑长 2.9、宽 0.6～1.1、窑壁现存高度 0.3 米。窑室与火膛的底部呈漫坡状（图五）。

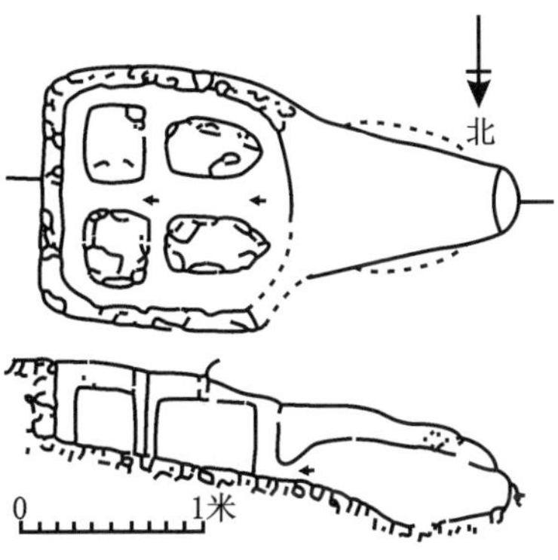

Ⅱ式：三座（Y1、Y4、Y5）。为马蹄形单室窑，结构比Ⅲ式简单，和Ⅰ式也有所不同。现以 Y1 为代表介绍如下。

Y1 位于窑址的北部，南距 Y6 有 6.5 米，由窑室、火道、火膛三部分组成（图六）。全长 2.6 米。窑室南北长 1.4、东西宽 1.38 米，窑壁现存高度 0.4 米。火膛长 1.2、宽 0.6～0.8 米。窑门处最窄。窑门至窑室的底部逐渐升高，呈斜坡状。窑室用石块砌成，里壁抹一层泥土，泥层厚 0.8～1 厘米，已烧成砖灰色。窑室内有四个排列有序的窑柱。窑室中心形成十字形火道。后排两个窑柱为圆角方

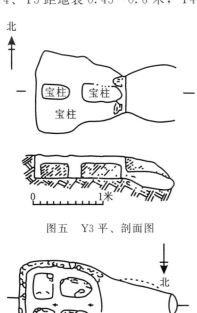

图五　Y3 平、剖面图

图六　Y1 平、剖面图

形，长 0.4、宽均为 0.34、高 0.34 米。
前排两个窑柱呈圆角三角形，柱面长
0.52～0.56、宽 0.3、高 0.34 米。四
个窑柱皆用石块砌成，四周抹一层草
拌泥。火焰在窑内可以畅通，陶器放
在窑柱上，直接与火接触，前排两个
窑柱既起到分火的作用，也起到窑床
的作用，窑室建筑形式比较先进。

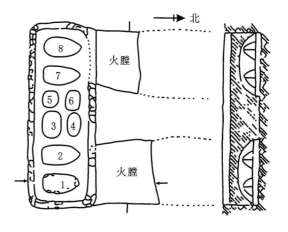

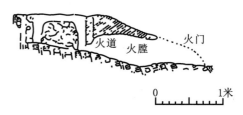

图七　Y6平、剖面图

　　Ⅲ式：二座（Y2，Y6）。Y6 为双
火膛的连室窑（图七），窑室平面为长
方形，南北宽 1、东西长 2.7 米，窑壁
现存高度 0.4～0.5 米。全窑可分前、
后两部分，前边是火膛，后面是窑室，
火膛与窑室之间有一道隔梁，斜坡状
的火道经过隔梁进入窑室。窑室内有
八个窑柱（编号 1～8），1、2、7、8
四个窑柱平面呈圆角三角形，长 0.5～0.6、宽 0.3、高 0.4 米。3、4、6 三个窑柱为圆
角长方形，唯 5 号窑柱近圆形。窑壁与窑柱均系土石结构，里壁抹一层厚 0.5～1 厘米
的草拌泥，两个火膛分设在两边，火膛现存高度 0.6～0.9、全长约 1.8、宽 0.8～0.95
米，火膛两头窄，中间宽，呈椭圆形。火膛直接在黄土上掏洞而成，发掘时还保存局
部"券顶"。连室窑应是单室窑的扩大和发展，比单室窑先进。

　　六座陶窑内出土不少陶器，已复原三十余件，器形有罐、钵、盆、碗、瓮、器座、
器盖、斜口器、带流器、船形器等，以夹砂褐陶最多，泥质灰陶次之，泥质红陶较少，
彩陶少见，夹砂陶的含砂量约占陶土的二分之一，少数器物超过百分之五十，夹砂陶
质地粗松，火候低，吸水性强，遇水极易破碎。其形制特点是：器口不圆，器底不平，
器物制作不够规整，器表粗糙，里壁多经磨光，特别注意口沿的修饰。器表颜色均为
灰褐色，里面有褐色与黑色两种。制陶技术比较原始，皆为手制，但花纹丰富多彩，
这是该遗址出土器物的一个鲜明特点。初步统计：纹饰有"之"字纹、弧线纹、弧线
加篦点纹、划纹、绳纹、锥刺纹、水波纹、指甲纹、编织纹、附加堆纹、弦纹，而以
前三种纹饰和编织纹最为普遍。一种花纹在不同器物的排列上，也有疏密、横竖之别。
纹饰有拍制、压印、手划、锥刺、附加五种，都是在陶坯制好未硬干前，拍、印、划、

刺上去的。泥质灰陶大部分素面磨光，有纹饰的只占少数。器底有编织纹和绳纹两种，光面的数量较少。以下将主要器物作一介绍。

罐　两种。一种为筒形罐，已复原五件，敞口，斜壁，平底，口沿下多有一圈附加堆纹，器表多施弧线纹、"之"字纹和三条线并行的划纹，器底为编织纹。器形有大、小的不同，器耳和口沿有许多不同特点。标本 T4：1，口径 24、高 24.5、底径 11厘米（图一五）。另一种为高领小口罐，以口沿残片较多，以泥质红陶和灰陶为主，夹砂陶较少，又可分为直领广肩罐和斜领广肩罐两种。根据器形和口沿的不同，还可以细分成十多种不同的形式。以上是红山文化常见的器物。这次发现一件直口圜底鼓腹罐（T6：2），罐的中间有一圈凸状饰，颈部有划纹，腹部素面磨光，和半坡遗址出土的尖底罐很相似，口径 17、高 24、底径 8厘米（图一六）。

钵　数量最多，可分为敛口、叠唇、折腹、尖唇四种。

敛口钵　完整的三件，有红陶和彩陶两种。标本 Y1：1，浅腹，圜底，口沿红色，下部米黄色。口径 19、高 7.8厘米（图二〇）。

叠唇钵　四件。敛口，小平底，口沿断面呈三角形。叠唇是附加上去的，衔接处有明显的痕迹，这种钵以泥质灰陶为主。标本 T5：1，口径 33、底径 8、高 11.8厘米（图二二）。

折腹钵　一件（T3：3）。平唇，直口，折腹处有明显折棱。口径 14、高 5厘米（图二一）。

尖唇钵　二件（T7：1）。口径 23、高 7.4厘米，腹部外鼓（图二四）。

盆　两种。一种为泥质灰陶，敞口，斜壁，小平底，叠唇，器表施指甲纹。另一种为泥质红陶，尖唇，口沿断面较厚，折腹处有明显的棱线。

碗　完整的一件（Y1：3）。敞口，斜壁，小平底，器表有压印的之字纹。口径 20、高 10、底径 9.4厘米（图一八）。

瓮　复原一件，其余都是残品，可分三种类型。一种平口，直壁，器表饰绳纹，口沿有两排凹进去的手指纹，指纹中间又施一圈锥刺纹，器里留有圆洞，器表鼓起圆凸状纹饰，器形少见。一种是泥质灰陶瓮，广肩，圆口，平底，口沿低于肩部，素面磨光，器身有大有小，但形状大体相似。第三种一件（F11：6），直口，平底，薄壁，口沿下有一圈附加堆纹，堆纹上压印指甲纹，瓮的上部有两个对称的皮扣纹，器表施斜方格划纹，这种划斜方格纹所用的工具呈凹字形，划痕中间形成两道沟，从器形和纹饰上看，与辽宁锦西县沙锅屯洞穴遗址出土的陶罐相近[①]，口径 15.2、高 22、底径 8厘米（图一七）。

器座　泥质灰陶，多数素面磨光，施指甲纹的仅发现一件。侈口，束腰，喇叭口状，口沿多数为叠唇。有的上下口沿直径相等，有的上径小于底径。标本 Y2：7，底径稍大于口径，口径 18、高 8 厘米（图二三）。该窑址出土的器座和豫西陕县庙底沟仰韶文化出土的器座非常相似[②]。

器盖　一件（Y4：5）。圆形，盖顶有一桥状耳，耳中间有凸出的两条棱线。盖顶部施压印的弧线纹和四段对称的附加堆纹，盖的边沿较薄，中部有一圈明显棱线，棱线上施松散的指甲纹。口径 14.5、高 11 厘米。此盖和红山后遗址出土的器盖基本一致，但红山后发现的器盖顶部没有耳[③]。

带流器　一件（Y6：8）。敞口，斜壁，小平底，流在中部，器表施"之"字纹。为一个带流的筒形罐。这是过去红山文化中没见过的新器形，为进一步研究辽西地区的红山文化提供了新的资料。口径约 25、底径 9、高约 28 厘米（图二五）。

斜口器　一件（Y6：7）。敞口，斜壁，小平底，口沿呈漫坡状。口沿下有一圈指甲纹和两个对称的鸡冠耳，器表施横行弧线加篦点纹，底部有编织纹。口径约 24、底径 10.4、高约 17 厘米（图一九）。在该窑址中，还发现很多斜口器的陶片口沿，这种器形在沈阳北陵新乐也发现过[④]。

船形器　仅存口沿部分（T7：8），从局部看，器口呈圆角长方形，器壁较厚，口沿下有一圈附加堆纹，堆纹上再施指甲纹，器表有压印的弧线纹，圆角下有一对鸡冠耳，整个器物形状不详，现存长 27、宽 16、高 8 厘米。

从以上情况看来，四棱山窑址出土的器形和红山文化有许多共同点，但也出现了新器形，我们初步认为四棱山窑址是接近于红山文化的遗存。

石器　十六件。有耜、斧、杵、刀、磨盘、磨棒、细石器等。

耜　一件（T4：4）。前端呈三角形。青灰石磨制而成。边刃锋利，有使用痕迹。长 16.5、最宽处 11.5、厚 0.8 厘米（图八，1）。

斧　五件。可分三式。Ⅰ式，一件（T9：5）。弧刃，两面磨光，断面呈椭圆形。通长 16.5、最宽处 7 厘米（图八，2）。Ⅱ式，一件（采集）。刃部弧度较小，两面磨光，肩部呈椭圆形。长 9.8、刃宽 5.5 厘米（图八，4）。Ⅲ式，二件（采集）。斜刃磨成 45 度角，肩部呈椭圆形，斧身保留原石皮未磨。长 15.5、刃宽 6 厘米（图八，3）。

锛　一件（Y6：10）。已残，一面刃，两面磨光，器身稍加磨制。现存长 5、宽 4 厘米（图八，5）。

刀　二件。标本 T1：15，梭形，弧刃，刀身上部有两个两面钻的圆孔，现存长 6.8、宽 4.4 厘米（图八，6）。

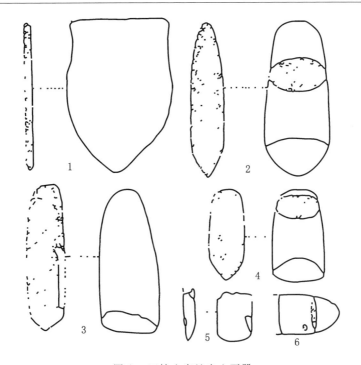

图八　四棱山窑址出土石器

1. 石粗（T4：4）　2. I式石斧（T9：5）　3. Ⅲ式石斧（采集 16）
4. Ⅱ式石斧（采集 14）　5. 石锛（Y6：10）　6. 石刀（T1：15）均为 1/4

## 三　南台地遗址

南台地位于白斯朗营子西南第一级台地上，台地高出老哈河河床 20～25 米。该遗址东西长 242、南北宽 85 米，总面积约 2 万平方米。遗址南端紧靠沙丘，地势由南向北逐步降低，遗址东西两侧沟壑纵横，沙丘起伏，两端的断崖上露有灰层。地表采集到的遗物有菱形压印细绳纹陶片、红烧土块以及夏家店下层文化遗物。地表暴露二十多个圆形灰土圈，经发掘得知，它们是古代的房址与灰坑。

遗址地层堆积比较单纯，文化层较薄，一般在 0.3～0.5 米，最厚的有 2 米，包含有两个不同时代的文化遗物，早期的是新石器时代遗存，晚期的是夏家店下层文化遗存。在探方 T5 和 T15 中，发现夏家店下层文化的房址 F3、F12 打破新石器时代彩陶文化的地层。现以 T15 南剖面为例说明如下（图九）。

第一层：表土层，是土质松软的黄沙层，厚 0.2 米。

第二层：黑灰土层，厚 0.1～0.3 米，遗物较丰富，除红烧土块外，还有彩陶文化陶片。

第三层：生土层。

这次在南台地清理房子七座，其中
属于新石器时代彩陶文化的房址四座
（F2、F4、F8、F11），属于夏家店下层
文化的房址三座（F3、F9、F12），另

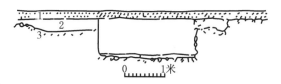

图九　南台地 T15 南壁剖面图
1. 耕土层　2. 小河沿文化层　3. 硬土层

外还发掘不同时代的灰坑九个。除 H1 为夏家店下层文化灰坑外，其余八个均属彩陶文
化灰坑。

属于彩陶文化的四座房址，皆为半地穴式建筑，根据房址形制的不同，可分两种。

第一种：圆形双室房址（F4），在遗址的中部，位于 T6 的东北角，房址东西长
3.1、南北宽 2.7 米，房口至底部现存高度 0.46～0.6 米。该房子的东边另设一小屋，
形成双室。小屋南北长 2.15、东西宽 0.9，壁现存高度 0.5～0.6 米。小屋与大屋之间
有一道 0.1 米厚的夯土隔梁，小屋比大屋地面稍高，略呈漫坡状，在发掘过程中，发
现小屋陶片成堆，其中有大型双耳罐（F4：2）、彩陶尊（F4：1）、八角星彩陶器座
（F4：3）、带孔圆形石器和彩陶器口沿（F4：6），由此可见小屋是专门用来存放物品的
地方。

大屋的中间有直径 0.9 米的圆形灶址，有五块石头摆放在中央，被火熏成黑色，
在灶旁发现有成堆的螺丝、蚌壳及动物碎骨，最大的蚌壳长 1.6 厘米。房屋地面平整
坚硬，经过夯打，挖土形成的四周穴壁，
没发现涂抹草筋泥的现象。

在遗址地面和屋址的填土中，发现很
多草筋泥红烧土块，有许多较大的烧土
块，还保存有一定的弧度，一面抹光，另
一面印有粗枝条沟痕，沟痕都在鼓面（图
一〇）。根据该房子没有发现柱洞推测，
原来的房子结构可能为半地穴蒙古包式的
房子。屋顶在地面打起，未施中心柱，屋
顶用树条茅草铺平，为防火、挡风、遮雨
涂抹一层草筋泥。推测可能和洛阳孙旗屯
袋形半穴居房址相似⑤。房子的门道，经
仔细观察，仍不清楚，只在房子的西南发

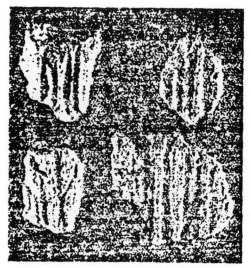

图一〇　带沟痕的红烧土块（T4：7）

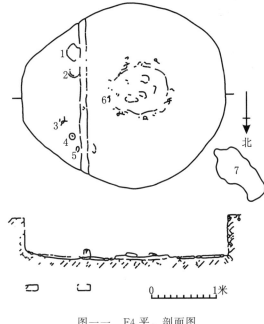

图一一　F4平、剖面图

1、2.尊　3.器座　4.石器　5.石锛　6.灶址
7.路土　8.夯土隔梁

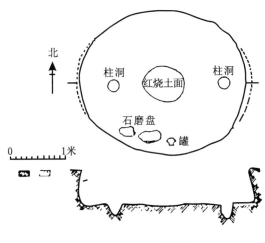

图一二　F8平、剖面图

现有 0.8 米长的一片路土面，根据这一现象推测，门可能设在西南方向（图一一）。

第二种：椭圆形半地穴式房子（F8）。位于遗址南部，靠近沙丘。房口距地表 0.3 米，至底部 0.6 米。房子东西长 3、南北宽 2.58 米。房子底大口小，穴壁有一定的倾斜度，屋内有灶址，灶址处有直径 0.6 米的红烧土面，屋内发现两个柱洞，东边的深 0.3、直径 0.2 米，西边的柱洞深、直径均为 0.2 米。在屋内南壁下发现一个陶罐（F8：1）和两块石磨盘（F8：1、2）（图一二）。F8 结构比较原始，和中原仰韶文化的房子基本相同，共同点都是半穴居，房子中间有灶址，屋地多数有柱洞，为了采光取暖，房门多向南开。

在房址四周分布大小不等的圆形灰坑，坑口均在耕土层下发现，和房址在同一个层位上，可见灰坑的形成和使用与房子有密切联系。灰坑一般口大底小，呈锅底状，坑壁和底均不甚规整，有椭圆和圆形两种。现以圆形灰坑 H16 为例说明如下：H16 在探方 T1 内发现，位于 F4 西部，因距 F4 较近，推测该灰坑可能和 F4 有关。坑口距地表 0.3 米，为不规整的圆形灰坑，口径 1.9、底径 1.2、深 1.9 米。堆积基本上一层，填土为黄色灰土，包含物有红烧土块和少量碎陶片。在距地表 1.3 米的深度，发现一具狗骨架，在挖到底时发现口向下倒放的两件完整器物，一件是双耳红陶罐（H16：1），另一件是筒形瓮（H16：2）（图一三，1）。根据狗骨架分析，灰坑的形成可能和祭祀活动有关。

在房址和灰坑中获得一批完整的陶器,有瓮、罐、尊、器座、钵、豆、盘、猪狗头饰、纺轮等。其特点是,夹砂陶占98.4%,泥质陶仅占1.6%,其中以夹砂褐陶最多,夹砂红陶次之,夹砂灰陶较少,夹云母和贝壳羼合料的仅发现一件大型陶罐,泥质陶只发现几片碎片。这里出土的所有彩陶也都是夹砂的。

夹砂褐陶以敞口平底筒形瓮为主,制作粗糙,器形不规整,里壁磨光,器表多施拍印的菱形细绳纹和斜方格纹,器底有编织纹。

筒形瓮　五件。标本 H16:1,大口,小平底,口沿下有一圈附加堆纹,器壁有四个对称的小圆饼,器表饰菱形细绳纹,拍印后稍加打磨,有的局部纹饰不够清楚,底部有编织纹。口径 30～31、高 34～35、底径 15 厘米(图二九,2)。

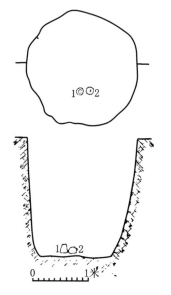

图一三　H16 平、剖面图
1. 筒形瓮(H16:2)
2. 双耳红陶罐(H16:1)

罐　为夹砂红陶。有两种。一种侈口,双耳,小平底,口沿外折,器表刷一层红陶衣。标本 H16:2,口径 36、高 30、底径 15 厘米(图二九,1)。一种直领,广肩,口沿微向外折,腹部有一对桥状耳,耳下斜向里收,器壁薄,素面,淡红色。陶土掺有云母和贝壳粉,耳部有席纹。标本 F4:2,口径 18、高 42、底径 17 厘米,最大腹径与高相等(图二九,3)。

尊　有彩陶和红陶两种,根据形制不同可分两式。

Ⅰ式,一件(F4:1)。敞口,斜颈,鼓腹,双耳,小平底。口径 27、高 28 厘米(图二六,1;二七)。内外施彩。器表的绘彩方法是,先刷一层白色陶衣,在白衣上绘红彩,然后用黑彩勾边,花纹可分三组。

第一组:在尊的颈部有四幅对称的图案,图案中心是两个对称的三角形,围绕三角形,以连续的三角形与平行斜线相结合构成几何形图案。四幅图案的中间用四条花纹彩带填充颈部空白,上下画两条轮廓线,使颈部图案形成一个完整的整体。

第二组:腹部图案花纹,在构图方法上大体和颈部一样,不同的是在彩绘图案中出现了回纹。腹部花纹既可成为一个完整图案,又正好与颈部图案花纹相衔接,使陶尊图案显得协调一致。

第三组:在陶尊的口沿里面,两个相连的三角形构成四对三角形图案,与颈外四条彩带花纹内外相互对应。

Ⅱ式：标本 F2：16，短颈较直，口沿略向外折，颈部和口沿里面均有彩绘花纹，器表刷一层红陶衣，在红地上画黑彩，因只存部分花纹，整个图案不详。从残存部分看，口沿里面的三角形图案，正当颈外两组图案的中心。口径 30、现存高度 8 厘米（图二九，4）。

彩陶器座　二件，复原一件。标本 F4：3，侈口，束腰，下口比上口稍大。上部口径 22、高 13.8 厘米（图二六，2；二八）。器身花纹为一个八角星，器座上下口沿绘有斜平行线组成的图案，口沿里也画有四组三个相连接的三角形。我们把Ⅰ式陶尊放在器座上正好合适，陶尊下端没有花纹，陶尊下部花纹与器座花纹正好衔接，构成一幅完整的图案。

钵　一件（F11：1），已残。敞口，平唇，直口沿，素面磨光，手制。口径 27、高约 11 厘米（图二九，7）。

豆　五件，已残。其中一件是彩陶豆盘（T3：1），外施一层红陶衣，绘三道回纹黑彩，豆盘直径 11.5 厘米（图二九，6）。两件豆座。一件为喇叭形彩陶豆座（T1：2），边缘画两道黑彩，豆座直径 13、豆把直径 7.5 厘米（图二九，10）。另一件（H4：2）为喇叭形深豆座，口径 9.5 厘米。二件豆把，其中 H6：1 有两排三角形镂孔，现存长 6、直径 5.5 厘米（图二九，11），另一件（H14：1）是红陶豆把，直径 6.5 厘米。

盘　一件（F11：2）。口沿外折，浅腹，平底。器表灰褐色。口径 21.5、底径 16、高 4.5 厘米（图二九，9）。

猪头饰　一件（F2：8）。大耳，长嘴，小眼，耳下有一连通小孔，头内空心。雕塑得真实生动，可能是器皿上的装饰品（图二九，5）。

狗头饰　一件（F11：5）。头顶画两道黑彩，张嘴，直耳，头下有一连通小孔，头内空心，高 4 厘米（图二九，8）。

石器　十二件。包括砍砸器、斧、锛、铲、刀、圆形有孔石器、圆磨器、磨盘、石杵、细石器等。

斧　一件（F2：4）。弧刃，平肩，断面呈椭圆形，斧身扁平，通体磨光。长 11、刃宽 5 厘米（图三〇，2）。

锛　一件（F4：4）。梯形，一面磨刃，通体磨光，刃部有崩裂痕。长 5、宽 4 厘米（图三〇，3）。

铲　一件（F2：12），已残。鞋底状。窄肩，宽刃，通体磨光，中间厚，周边薄。

现存长 8、宽 4.5～8、厚 7 厘米（图三〇，1）。

刀　一件（H1∶1），已残。长条形。一面磨刃，刀背平直，尖端平齐，中间凹，石质坚硬。残长 9.2、宽 4.8、厚 7 厘米（图三〇，6）。

圆形有孔石器　三件。标本（T12∶1），中间有孔，孔的斜度很大，通体磨光，直径 6.5、孔径 2～2.5、厚 4.5 厘米（图三〇，5）。

细石器　一件（H13∶1）。水晶石质。斜尾，弧刃，一面平，另一面稍鼓，经第二步加工，有使用痕迹。长 4.3、宽 2.5、中间厚 0.3 厘米（图三〇，4）。

南台地遗址的发掘，使我们对这一类型文化遗址的内含有了进一步的认识。这一类型的遗物，过去曾有过发现[6]，但因材料太少，没引起人们的足够注意。相同类型的遗址，曾在喀喇沁旗屡子店西山、翁牛特旗有所发现，另外，在赤峰县三座店、林西县锅撑子山等地都发现有菱形细绳纹陶片。关于这一类型遗址的分布范围，尚有待今后进一步工作。由于出土遗物具有自身的特点，是一种新的文化类型，应该初步予以定名，经讨论商定把该类型的遗址命名为小河沿文化。

# 四　夏家店下层文化

在南台地遗址还发掘了三座夏家店下层文化的房址（编号 F3、F9、F12）和一个灰坑（编号 H1）。F3、F12 都打破了小河沿文化的地层，证明小河沿文化早于夏家店下层文化。

另外在白斯朗营子塔山下，还清理了两座夏家店下层文化的房址（编号塔山 F1、F2）。下面叙述 F12 与塔山 F1 两座房子的结构。

F12 位于南台地遗址的东北角，打破了小河沿文化的地层（图九），房子平面近方形，系半地穴式建筑，东、北两面房口边缘保存比较完整，南面的房口有一定弧度，西壁已被破坏。F12 南北长 2.4、东西宽约 2.4、房口至房底深 0.85 米，房子口小底大，穴壁有倾斜度。东壁下有一直径和深度均为 0.2 米的柱洞。柱洞四周贴一圈陶片，用来防止柱头腐烂。西壁下还应有一柱洞和它对称，因地面被破坏未能搞清。房子的西南角有一片直径 0.6 米的红烧土硬面，可能是灶址。地面有 10 厘米厚的夯土。穴壁就利用原来的生土面，没发现任何加工以及涂抹草筋泥的痕迹（图三一）。

塔山 F1，位于塔山下，在 F12 西南约 200 米。为半地穴式的方形房址，东西长 2、南北宽 1.9、穴深 0.7 米。门向东开，门道长 0.9、宽 0.6 米，进门口处有两层台阶。房内堆积分三层。

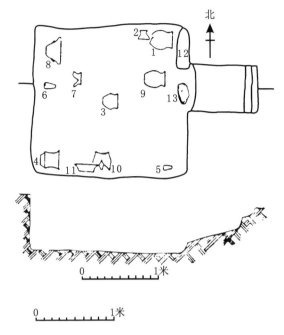

图一四　夏家店下层文化塔山 F1 平、剖面图
（屋内为器物位置）

1、7、9. 罐　2. 豆　3、4. 折腹盆　5、6. 石铲
8、11. 盆　10. 鬲　12. 红烧土　13. 石块
（1～8. 第一层出土，9～11. 第二层出土）

第一层：厚 0.3～0.5 米，为土质较硬的浅灰土，遗物较少。

第二层：厚 0.25～0.4 米，为黄灰土，遗物丰富，出土六件完整陶器，二件石器（图一四）。

第三层：厚 0.1～0.25 米，为黑灰土，出土三件陶器，门口出土一件平底罐，罐外面还保留火烧黑灰。西南壁下出土一件矮裆实足鬲，鬲旁有一件卷沿陶盆，一鬲足放在盆内。

从 F1 的堆积物看，房子沿用时间较长，并在二、三层的堆积中出土不少完整器物，为研究房子的时代提供了资料。

这两座房子均为半地穴式，没有发现用石块、土坯砌墙的现象，也未发现用草筋泥涂抹穴壁的痕迹，这和同一文化的赤峰药王庙、香炉山、敖汉渗金吐、朝阳丰下等遗址出土的房子不同，它们或者反映了发展阶段上的不同[⑦]。

房子内出土的陶器以夹砂褐陶和夹砂灰陶为主，泥质灰陶次之，泥质黑陶和夹砂红陶数量较少。泥质陶多数比较粗糙，细腻的极少，夹砂陶的砂粒大小不均匀，但陶质却很坚硬，火候比较高，以手制为主，少数经慢轮修饰，多为泥条盘筑法，器壁里面衔接处往往留有泥条叠压痕迹。制作三足器的程序，一般分为两个步骤，先做好器足和裆部，然后捏合成一体，再加打磨修饰。陶器的纹饰较简单，绝大多数为绳纹，划纹一般与绳纹配合使用。附加堆纹多施于鬲的腰部，既起到加固器物的作用，又是一种花纹装饰。篮纹、方格纹比例很少，多施于盆类器表。器形有鬲、甗、盆、罐、瓮、折腹盆等。

鬲可分三式。

Ⅰ式，一件（F9：1）。敞口，亚腰颈，直腹，矮裆，实足根，腹部施绳纹。口径 17、通高 20 厘米（图三二，1）。

Ⅱ式，一件（F1：10）。口沿已残。奶头状足，下接锥形实足根，最大径靠足部，肩颈部素面，下腹施绳纹，现存高度 15 厘米（图三二，2）。

Ⅲ式，一件（F2：1）。敞口，直腹，高档，足细瘦，有尖锥形实足。口径 13.5、现存高度 11 厘米。

甗　一件（F12：12）。甑部已残，袋足，高档，空足下接尖锥形实足，细腰处和三足间施附加堆纹，器表为绳纹，现存高度 26 厘米（图三二，3）。

盆　五件。可分二式。

Ⅰ式，一件（F1：11）。敞口，斜壁，平底，无纹饰。口径 24.4、通高 7、底径 15 厘米（图三二，11）。

Ⅱ式，四件。可分篮纹和方格纹两种。标本 F1：8，敞口，深腹，小平底。腹部施篮纹，有一对鸡冠形耳。口径 26、通高 21、底径 10 厘米（图三二，4）。

罐　根据口沿的不同，可分很多式，但大多数均残破。完整的仅一件（F1：9），敞口，深腹，平底，腹下施绳纹，器表留有火烧黑灰。口径 17、高 20.4、底径 10 厘米（图三二，6）。

瓮　一件（F3：4）。敞口，短颈，圆腹，小平底。腹部施排列整齐的附加堆纹，在堆纹上有规整的沟槽印纹，器形较大，颈部为素面磨光。口径 40、高约 49 厘米。这种器形与宁城南山根Ⅱ式瓮相似⑧（图三二，7）。

折腹盆　三件。可分三式。

Ⅰ式，一件（F1：3）。敞口，斜腹，平底。腹下起棱里收。口径 17、通高 15、底径 7 厘米（图三二，5）。

Ⅱ式，一件（F2：13）。敞口，唇部外折，直腹，小底。口径 12.5、高 14、底径 5.5 厘米（图三二，8）。

Ⅲ式，一件（F1：4）。平沿，折腹处在中部，腹下斜收，器壁较薄。口径 13、高 11.5、底径 5.4 厘米（图三二，9）。

豆　一件（F1：2）。敞口，深盘，高圈足。口径 13、高 8 厘米（图三二，10）。

石器共发现二十余件，有打制和磨制两种。打制的器形较大，显得粗笨，以敲砸器、亚腰石锄、大型石斧、磨谷器、圆形盘状器为主。磨制的器形小，加工细，通体磨光，刃部锋利，以铲、刀、镞为主。

斧　可分二式。

Ⅰ式，一件（F2：5）。长方形，扁平，方肩，斧刃较钝，用青灰色河砾石打制而成。长 18、宽 7.5 厘米（图三三，1）。

Ⅱ式，一件（F2：12）。梯形，扁平，斜刃，器身局部磨光，肩部有敲裂痕。长

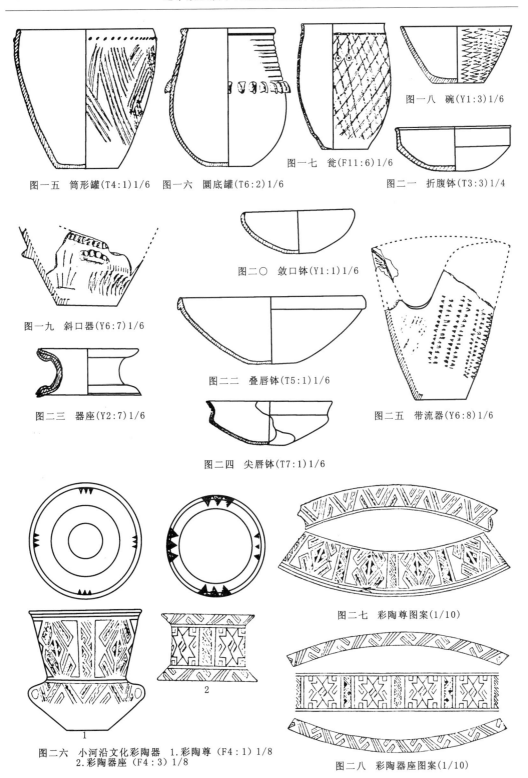

图一五　筒形罐(T4:1)1/6　　图一六　圜底罐(T6:2)1/6

图一七　瓮(F11:6)1/6

图一八　碗(Y1:3)1/6

图二一　折腹钵(T3:3)1/4

图二〇　敛口钵(Y1:1)1/6

图一九　斜口器(Y6:7)1/6

图二二　叠唇钵(T5:1)1/6

图二五　带流器(Y6:8)1/6

图二三　器座(Y2:7)1/6

图二四　尖唇钵(T7:1)1/6

图二七　彩陶尊图案(1/10)

图二六　小河沿文化彩陶器　1.彩陶尊（F4:1）1/8
　　　　2.彩陶器座（F4:3）1/8

图二八　彩陶器座图案(1/10)

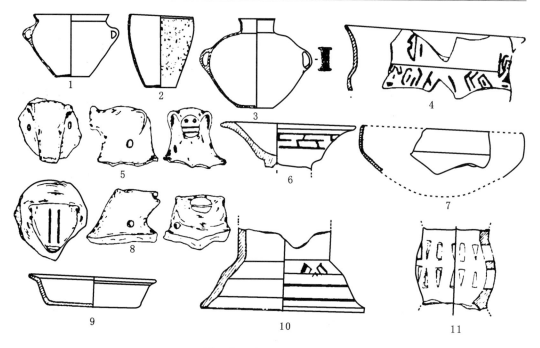

图二九　小河沿文化陶器

1. 侈口罐（H16：2）　2. 筒形瓮（H16：1）　3. 直领罐（F4：2）　4. Ⅱ式尊口沿（F2：16）　5. 陶猪头
（F2：8）　6. 豆盘（T3：1）　7. 陶钵（F11：1）　8. 陶狗头（F11：5）　9. 陶盘（F11：2）　10. 豆座
（T1：2）　11. 镂孔豆把（H6：1）

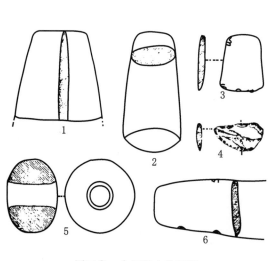

图三〇　小河沿文化石器

1. 石铲（F2：12）　2. 石斧（F2：4）　3. 石锛
（F4：4）　4. 细石器（H13：1）　5. 圆形有孔石
器（T12：1）　6. 石刀（H1：1）约 1/3

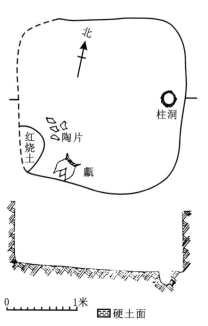

图三一　夏家店下层文化 F12 平、剖面图

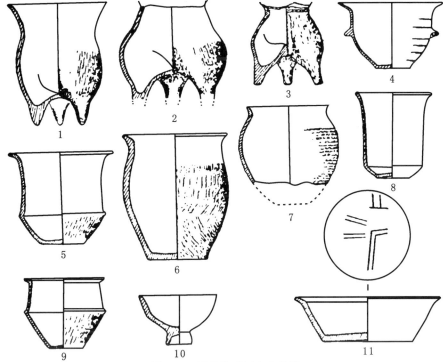

图三二　夏家店下层文化陶器

1. I式鬲（F9：1）　2. II式鬲（F1：10）　3. 陶甗（F12：12）　4. II式盆（F1：8）　5. I式折腹盆
（F1：3）　6. 陶罐（F1：9）　7. 陶瓮（F3：4）　8. II式折腹盆（F2：13）　9. III式折腹盆（F1：4）
10. 豆（F1：2）　11. I式盆（F1：11）均1/4

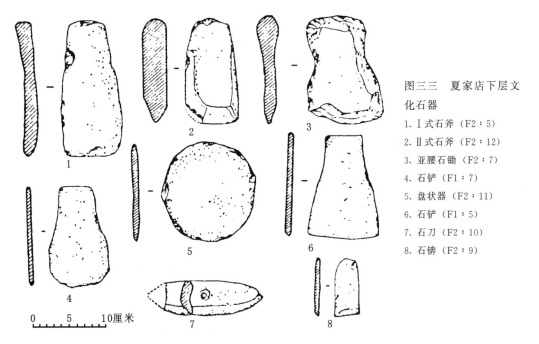

图三三　夏家店下层文
化石器

1. I式石斧（F2：5）
2. II式石斧（F2：12）
3. 亚腰石锄（F2：7）
4. 石铲（F1：7）
5. 盘状器（F2：11）
6. 石铲（F1：5）
7. 石刀（F2：10）
8. 石锛（F2：9）

0　5　10厘米

14、最宽处 7 厘米（图三三，2）。

亚腰石锄　一件（F2：7）。窄肩，宽刃，肩下两侧有打击缺口形成亚腰。长 14.3、宽 10 厘米（图三三，3）。

铲　二件。除刃部外，器形大体相同。梯形，肩部平齐，通体磨光，标本 F1：7，一面刃，刃部较陡，使用痕明显。长 13、宽 5～8 厘米（图三三，4）。标本 F1：5，两面刃，一面稍磨，另一面刃部磨制的斜度较大。长 13.5、刃宽 9.5 厘米（图三三，6）。

刀　一件（F2：10）。直背，一端刀尖残，一面磨刃，除刃部外，通体保留原来石皮，中间有一两面钻的小孔，孔上有沟痕，可能是缚在木柄上做成复合工具使用。现存长 13.5、宽 4.7 厘米（图三三，7）。

锛　二件。器形、大小均一样。标本 F2：9，梯形，一面刃，磨制精致。长 7.5、宽 3.3 厘米（图三三，8）。

盘状器　三件。标本 F2：11，器形呈圆饼状，周缘打制成刃，器形规整，断面较薄。直径 12.5～13、厚 0.8 厘米（图三三，5）。

## 五　三个原始文化时代的分析

通过三道湾子和白斯朗营子二地原始文化遗址的发掘，根据出土文化遗物的不同，大体可以分为三个不同的发展阶段，并初步认识到它们分别属于三种不同的文化类型。

三道湾子遗址属于红山文化，四棱山窑址出土的遗物，比红山遗址丰富，有很多新器类是红山文化遗址没有的，因此四棱山窑址是接近于红山文化类型的遗存。

关于小河沿彩陶文化的时代，由于夏家店下层文化的房址 F3、F12 分别打破了小河沿文化地层，说明小河沿文化早于夏家店下层文化。至于小河沿文化和红山文化，目前虽然还没有发现两者叠压的地层，但两者在器物的演变和花纹图案上，有许多共同点，这反映两者之间是有内在联系的。小河沿文化出现了许多新器类和特点，如镂孔技术的掌握，多种颜色彩陶花纹图案的出现，器物内外施彩和八角星图案的应用，猪、狗头雕塑品的出土以及陶尊、平底盘器类的增加，都与红山文化有所区别。根据以上情况分析，小河沿文化在发展阶段上可能稍晚于红山文化，相当于中原由仰韶文化向龙山文化的过渡阶段。

从上面的讨论可知辽西地区三个原始文化的发展序列是：红山文化→小河沿文化→夏家店下层文化。这三种文化的发展关系，我们认为，很可能是直接关系，而不是间接关系。小河沿文化可能是红山文化的后期阶段受到周围各种类型的原始文化影响发展而来的。当然从现有材料看，三种文化之间还有一定距离，它们之间还缺少中间环节，还有待今后更多的资料来解决。

# 六　三个原始文化与中原文化的关系

辽西地处长城以北，历来是中原通往祖国东北的咽喉，是以黄河为中心的古代文化同我国东北各族文化接触的地方。赤峰地区的红山文化，是属于仰韶文化系统的原始文化，有人认为"这个遗址里（指赤峰红山后）比较突出的是彩陶，无论在陶质上、制法上、器形上以及纹饰上都说明了确是属于仰韶文化系统"。⑨我们认为这种论述是比较正确的。这次发掘四棱山窑址所获得的材料，为进一步阐明这种观点提供了新的证据。窑址出土一件带有一圈二十九个凸状饰的圜底罐，和半坡遗址出土的尖底罐，在器形和纹饰上都非常相似⑩，窑址出土的器座和圈足碗与河南陕县庙底沟仰韶文化出土的器座和圈足碗特别相近⑪，无论是器物造型还是纹饰风格都基本相同，至于红陶钵和罐类与仰韶文化的共同因素更为明显。

在彩陶纹饰方面，如果说《西安半坡》仰韶文化的彩陶花纹，是以写实的鱼形纹向图案花纹发展的话⑫，赤峰地区红山文化彩陶上连续性的平行菱形纹就象征着从写实的鱼形纹向图案花纹演变的一种过渡。在三道湾子出土的彩陶盆上，前后连接的菱形纹，多么像在水中游动的鱼，前后衔接处和半坡鱼尾的画法几乎没有什么区别。红山文化压印在陶器上的"之"字纹，同样体现着是菱形纹的简化，如果把菱形纹从中间分开，恰好是"之"字纹的结构形式。赤峰地区的原始文化发展到小河沿文化阶段时，彩陶花纹已形成具有独特风格的完美的几何花纹图案，组成图案的三角形，还可以从半坡彩陶花纹中找到其渊源关系。

通过上述红山文化器物及彩陶花纹与半坡仰韶文化器物及彩陶花纹的比较，不难看出，长城以北的原始文化与中原仰韶文化的密切联系。

窑址不仅出土了一批陶器，更为重要的是还出土了石耜和大量的磨制石器，细石器反而很少，过去把红山文化类型划为北方草原细石器文化，这种看法是值得商榷的⑬。小河沿文化器座上的八角星彩绘图案和江苏邳县四户镇大墩子（大 M44：4）出土的彩陶盆上的八角星图案非常相似⑭，无论是构图方法，还是装饰艺术都基本相似。这就意味着小河沿文化不仅和中原的原始文化有密切联系，而且和长江流域同时期的青莲岗文化也有着共同特征，这就有力地说明了我国南北文化的统一性，无论是长江以南，还是长城以北，都是中国古代文化的一个重要组成部分。以黄河为中心的华夏文化与各地区原始文化的相互影响，随着历史的发展越来越明显。

关于夏家店下层文化和龙山文化的关系，通过敖汉旗白斯朗营子和赤峰县四分地[⑮]遗址的发掘，认识逐步明确了。夏家店下层文化在辽西地区有一个相当长的发展阶段，它早期的文化遗存包含的龙山文化因素较为明显。如在夏家店下层文化遗址中，越是早期的遗址，磨光黑陶占的比重就越大，与其相反，较晚的遗存，篮纹和方格纹就相对减少。在早的遗址中兽面纹器足、圈足器、另接足的平底盘，规整薄壁器物的增多和卜骨的出现都反映了夏家店下层文化是承受龙山文化的影响发展而来的。"这夏家店下层文化可能是中原地区晚期龙山文化的一种变种。"[⑯]

（原载《文物》1977 年 12 期）

## 注　释

①　《细石器文化》，《考古通讯》1957 年 2 期 46 页图九，4。

②⑩　《庙底沟与三里桥》30 页，A7aAraH327：13 与图版叁肆，1。

③⑨　见《赤峰红山后》。

④　为沈阳故宫博物院发掘。

⑤　《仰韶文化居住建筑发展问题的探讨》，《考古学报》1955 年第 1 期 54 页图一五。

⑥　《内蒙古昭乌达盟石羊石虎山新石器时代墓葬》，《考古》1963 年 10 期。

⑦　《赤峰药王庙夏家店遗址试掘报告》，《考古学报》1974 年 10 期。

⑧　《宁城县南山根遗址发掘报告》，《考古学报》1975 年第 1 期，图六，28。

⑪　《关于仰韶文化的若干问题》，《考古学报》1965 年 1 期，并参阅《西安半坡》图一二九、一三〇。

⑫　《新中国考古收获》37 页。

⑬　昭乌达盟文物工作站 1973 年发掘。

⑭　《江苏邳县四户镇大墩子遗址探掘报告》，《考古学报》1964 年 2 期。

⑮　《我国近五年来考古新收获》，《考古》1974 年第 10 期。

⑯　《西安半坡》图版壹壹玖，5、6。

# 试论小河沿文化

小河沿文化的遗存，早在 20 世纪 30 年代就有发现，但因与红山文化混淆不分，未被人认识。有些本属于小河沿文化类型的遗物，也被当作红山文化类型的器物引用①。60 年代初，在内蒙古自治区昭乌达盟敖汉旗石羊石虎山发现的一座新石器时代墓葬②，出土了一组富有特征的陶器（图一，2），应属于小河沿文化的墓葬。1973 年为配合沙通铁路工程，在敖汉旗小河沿公社白斯朗营子大队南台地居住址③，进行了首次发掘，获得了一批较完整的资料。这批资料，表现出特殊的文化面貌。为了与红山文化相区别，后来命名为小河沿文化。

1977 年秋，昭乌达盟文物工作站、翁牛特旗文化馆、辽宁省博物馆共同组成发掘队，对翁牛特旗石棚山小河沿文化的氏族墓地，进行了发掘，又获得了一批珍贵的墓葬材料④。近年对昭乌达盟林西县锅撑子山、喀喇沁旗娄子店西山、赤峰县三座店和辽宁朝阳县庙前地，凌源县三官甸子城子山、喀左县东山嘴、南沟门，绥中县龙王山等遗址进行调查，取得一批材料，使我们

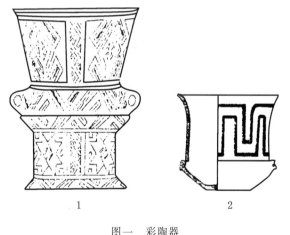

图一　彩陶器

1. 彩陶尊及其器座（南台地）　2. 彩陶盉（石羊石虎山）

对该文化面貌及其分布区域有了个初步了解。

本文即是依据近年来发掘和调查的材料，对小河沿文化的内涵、社会性质及其与辽宁、河北、东南沿海原始文化的关系，谈一些探索性的看法。

一

（一）小河沿文化的南台地遗址，北临老哈河，南靠四棱山。居住遗址的房子，按

其建筑结构可分两种。一种为椭圆形单室半地穴式，房子底大口小，穴壁有一定倾斜度，屋内有灶址和柱洞，门向南开。另一种为椭圆形双室结构，屋中间有一道土筑隔墙，形成大小两屋，小屋地面稍高。发掘时出土了成堆的陶片，并且都能复原。从出土遗物分析，大屋住人，小屋应是存放物品的仓房。

房子四周分布有大小不等的圆形窖穴，窖口和房口在同一个层位上，可见窖穴的形成和使用与房子有密切联系。窖穴一般为圆形，个别为椭圆形。其中十六号窖穴深达 1.9 米，在填土中发现一具完整的狗骨架。窖底埋有口沿朝下倒放的两件大型陶器，一件为敞口双耳红陶罐，另一阵是灰褐色筒形瓮。窖穴的形成很可能与当时祭祀活动有关。

（二）小河沿文化的氏族墓地

石棚山距小河沿遗址约 50 公里，距赤峰市约 20 公里，海拔约千余米。四周群山环绕，峰峦起伏，山上常年刮风，气温较低。山顶较平坦，往下逐渐变陡，因水土流失，整个墓地被水冲成许多条沟壑，靠近沟壑的墓早已破坏无存。近山顶的墓保存较好。该山 1.5 米以下就是岩层，故一般墓埋葬都比较浅。墓地面积约 1 万平方米，分布在近山顶部的东、西两面向阳坡上。从石羊石虎山、石棚山、朝阳庙前地所发现的九十余座墓葬来看，把死者埋葬在高山坡上，是该文化的一种埋葬风俗。

根据墓葬分布的方位和密度的不同，大体可分为三区。每一区墓葬排列皆很密集，间距甚小，近者仅隔十几厘米。墓的埋葬有南北向和东西向纵横两种排列形式，一种可能是从山顶往下埋，形成纵排，另一种是先东后西，或先西后东，形成横排。这现象可能表明，整个氏族墓地或许存在着三个母系家族墓群。

单人土坑墓，多为不规则的长方形，坑壁有一定倾斜度。葬式多为仰身屈肢，侧身屈肢颇少。有的墓在填土中发现许多红烧土块，墓口有火烧痕迹，有的腿骨和盆骨已烧成黑色。这种现象说明埋葬前要在墓地举行一种火烧丧葬仪式。

成年男女合葬墓，发现三座。皆为头向相反、脚相对、屈肢而相交错，这同常见的同向并排合葬墓不同。已鉴定的二十八号墓为成年男女合葬墓。南北向，北为女性，南为男性。这种墓葬形式和葬俗在新石器时代墓葬中颇为罕见。这种类型的合葬墓，既不同于氏族墓地的男女单葬墓，也不同于一般常见的男女合葬墓，而是氏族墓地出现的一种新的埋葬形式。它可能是由男女单葬墓向男女合葬墓发展演变的一种过渡形式。或其本身就是男女合葬墓的一种埋葬形式。

在不少墓的尸骨上，发现有腐烂的树枝和成片的桦树皮残迹。这种用树枝树皮掩盖尸体的现象具有原始葬具的意义。

在埋葬习俗上，儿童也单独埋葬，葬法与成年人相同，也有随葬品，没有发现儿童与母亲和男女分别多人集体埋葬的现象。

石棚山墓葬的随葬品多者二十余件，少者四至五件。随葬陶器组合有两种：一种是罐、豆、壶；另一种是罐、豆、钵。生产工具有石斧、石锛、石镞、细石器、纺轮、骨剑、骨刀、骨针、骨锥等。装饰品有耳坠、蚌环、蚌珠、石环、石管、发夹等。三十六号儿童墓随葬有透明自然石球和红色方形研磨石，并把这两件玩具装在一件彩陶罐里，彩陶罐的口沿下还塑造一只小狗。这几件随葬品完全符合儿童的心理，具体而生动地体现着母亲对孩子的爱。

另外还发现四座头部位置扣一陶钵的无头墓和三座无骨架墓，均有随葬品。这种特殊墓例，所反映的社会意识，值得深入研究。

整个墓地死者年龄多在四十岁左右，五十岁上下的很少。不少死者只三十多岁，可见生活在这里的古代先民，生活条件是相当艰苦的。

## 二

小河沿文化的陶器，以夹砂褐陶为最多，占出土总数的二分之一。其次是泥质红陶、泥质黑陶、夹砂黑陶、夹砂红陶、夹砂灰陶、泥质灰陶。夹云母蚌壳粉末羼合料的陶系甚少。夹砂陶有两种，一种为夹粗砂，另一种是含细砂的。陶土含有一定数量的细砂。纯净的泥质陶数量颇少。夹砂黑陶多数外表呈黑色，陶胎为灰褐色，严格地讲应属黑灰陶。夹砂褐陶器表有灰黑色或浅灰色斑。红陶计有紫红、赭红、淡红三种不同色调。当是在烧制过程中，炉温高低和在窑内位置不同所致。

南台地遗址出土的大型双耳罐、筒形瓮、彩陶尊及其器座（图一，1）和石棚山墓地出土的直筒罐、豆、盆、钵、高领壶（图二，3）等，构成了小

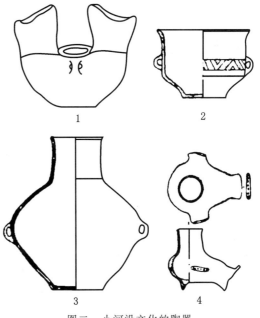

图二　小河沿文化的陶器

1. 双颈连通壶　2. 折腹盆　3. 高领壶
4. 鸭形壶（1～3 石棚山，4. 朝阳八宝庙前地）

河沿文化特征鲜明的陶器群。夹砂直筒罐一般均系煮食器具，用途相当于鼎和鬲。该文化的遗址和墓葬均未发现三足器，豆形器很发达，器形丰富多彩，可分为钵式、盆式、杯式等。有的豆座刻有三角形镂孔，有的用染料通体涂红，有的绘彩。此外，还有具浓厚地方特色的新器类。如双颈连通壶（图二，1），造型奇特，古朴别致，不仅是实用品，而且是一件原始的工艺杰作。大型鸟形壶，昂头张嘴，短尾斜背，尾端有七个小孔，原来可能插有羽毛。绘有三道黑彩绘的头顶和凹下去的一对黑彩圆眼，栩栩如生（图四，2）。1978年在朝阳八宝庙前地发现的鸭形壶，圆胸翘尾，似游水中，形象生动逼真，可与鸟形壶媲美（图二，4）。此外，绘菱形回字纹内填动物图像的彩陶罐（图四，3）和刻有原始文字符号的斜腹罐更是难得的艺术珍品。

陶器的制作方法，一般多采用泥条盘筑法，往往在器物里壁未抹平的地方，还保留着衔接痕迹。豆的制法是先把豆盘和座分别制好，然后再捏合成一体。如涂朱豆，器形较大，制豆盘时先做底，口沿和壁相连的第一层比较薄，然后再在口沿处贴一层泥加厚。从剖面观察，腹与底折角处的陶胎内，形成两层的痕迹还非常明显。罐类器形的底和壁衔接处，其做法与豆相同。双颈连通壶，腹与颈是分别制好后粘合成一体的。器物的耳、鼻和附加堆纹，因为是另外粘上去的，所以容易脱落。

陶器的制作不见模制和轮制，器物的口沿经慢轮修饰的很少。有的陶器器口不平，器底不圆，器壁薄厚不均匀，器形不甚规整。

纹饰多施在器物的肩部和腹部。制作方法主要有附加、刻划、压印、锥刺、笔绘五种。其中附加的最多，刻划的次之，压印锥刺的较少。纹样有附加堆纹、细绳纹、三角纹、回字纹、方格纹、网纹、篦纹、指甲纹、锥刺纹、动物图像、原始文字符号等十多种。彩纹有三角形与平行直线相结合（图三，3）、半圆形与平行直线相结合（图三，1）、三角形和半圆形间隔与平行直线相结合（图三，2）以及菱形与直线相结合（图三，4），构成变化多端的几何花纹图案。有的花纹以刻划的三角形和锥刺纹并用，组成完整的花纹带（图二，2）。也有的用原始文字符号与花纹图案相结合（图四，4）。有的图案可以单独成组，也有的几组一起构成完整的图案（图

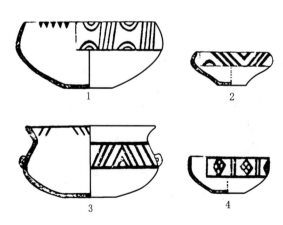

图三　小河沿文化的彩陶钵

1、2. 石棚山　3、4. 辽西出土，辽宁省博物馆藏品

四，5）。

彩陶有红地黑彩、灰地黑彩和红地红彩三种，均为烧前绘好，触水不脱落。钵、豆形器一般均内外施彩。几乎所有的彩陶均系夹砂陶，细泥彩陶颇少。这是该文化的一个突出特点。南台地遗址出土的彩陶，图案结构比较复杂，并出现了用黑、白、红三种颜色绘制的八角星图案。

小河沿文化最普遍常见的纹饰是细绳纹（图八，1）和细线菱形纹，彩陶多斜线三角纹。不见编织纹和"之"字形篦纹。

如仔细观察，南台地遗址和石棚山墓地出土的遗物还是有差别的。南台地遗址出土的陶器，不但器形大而且花纹图案结构也复杂。相比之下，石棚山墓地出土的陶器，不但器形小而且花纹图案简单。遗址和墓葬出土陶器的差异性，说明小河沿遗址在时间上比石棚山墓地要晚。

小河沿文化的生产工具有石斧、石凿、石锛、精磨的带孔石铲（图五，2）、石球，打制的石斧、凹底三角形石镞及刮削器、尖状器、石片石器等。特别是镶嵌细石器的石刃骨刀（图五，1），制作得非常精美。在骨片槽内发现有一种黑色胶状物，是专用来粘连石片的，将石刃石片固定在骨槽内。嵌入的细石器石片，一般由四至五节组成，石片都经第二步加工，形成锋利的刀刃，便于使用。这种类型的复合工具，在巴林左旗富河

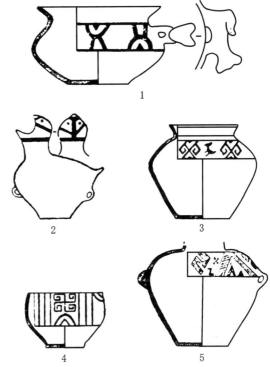

图四　小河沿文化的陶器
1. 彩陶罐　2. 鸟形壶　3. 彩陶罐　4. 直腹钵
5. 高领双耳壶（石棚山）

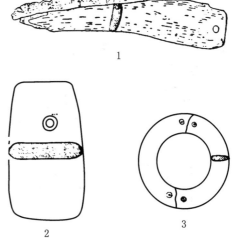

图五　生产工具和饰物
1. 石刃骨刀　2. 带孔石铲　3. 石臂环（石棚山）

沟门遗址⑤和甘肃鸳鸯池墓葬⑥都有发现,其形状大小和制作方法均大体相似。从镶嵌技术的发明和带孔石铲、石球的出现,不难看出更多的其他复合工具的使用也是完全可能的。

　　骨质器物除骨刀外,还有骨剑、骨锥、骨凿、骨针等。装在骨管内的骨针,针尖仍很锋利,针鼻处磨成扁平状,针鼻小孔相当圆,孔径不到半毫米,可见当时缝纫用的线已相当细了。从出土臂饰的粗布衬底观察,1厘米的宽度有六根线痕。估计可能是用树皮纤维和麻类物质织成的粗布,可以推断当时织布用的线比现代麻袋线还要细些。

　　小河沿文化使用的纺轮有陶质和石质的两种,最大的纺轮重98克,最小的重8克,相差十二倍。骨针和纺轮足以证明,当时根据用途的不同,用纺轮捻成的线有粗细之分。

　　从小河沿文化出土的生产工具和陶器分析,这一文化的古代居民早已过着长期的定居生活,从事着较为稳定的农业生产,其经济形态具有农牧结合兼营狩猎的特点。已发明创造出了捻线织布的原始工具,有了整洁的粗布衣裳。精美的臂环和项环已普遍成为人们所喜爱的饰品。不仅女性佩戴,男性也佩戴。精心把臂环制成各种大小不同样式,有的臂环和项环不但制作精美,而且色泽艳丽。臂环除用石料制作外,还有的用黑色胶状物质制作,并在上面镶嵌两行雪白的蚌珠。出土臂环和项环的墓葬占百分之五十以上,有的出土时还套在桡骨上。各墓随葬臂环、项环的数量不等,有的一件,多者四件。如石棚山三十二号女性墓,头骨两侧,发现了两件蚌制圆形齿轮状耳坠,其周边匀称地刻有三十个小齿,正面划三道同心圆,中间有一小孔。死者左、右臂分别佩戴绿色和白色臂环,头戴长条形雪白蚌质发夹。这一墓例不仅生动地反映了死者生前的衣着穿戴和他们的精神生活,也为该文化勾画出一个大概轮廓。

　　臂饰是用一种2毫米厚的黑色胶状物质制成,上面镶嵌着直径3、孔径1、厚0.9毫米的白色蚌珠,从工艺角度来看,制作这样的蚌珠,钻头要特别精细锋利,否则稍不注意用力过大,蚌珠就会断裂。可见当时手工艺技术水平已达到了一定高度。

　　石棚山墓地出土的四件陶器上,发现有刻划、绘制的原始图画文字符号(图六,2、

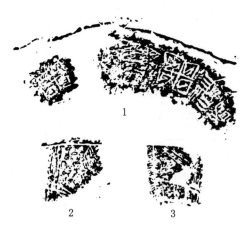

图六　原始的图画文字符号(拓片)
1. 陶罐上的原始图画、文字符号
2、3. 高领双耳壶上的刻划文字符号(石棚山)

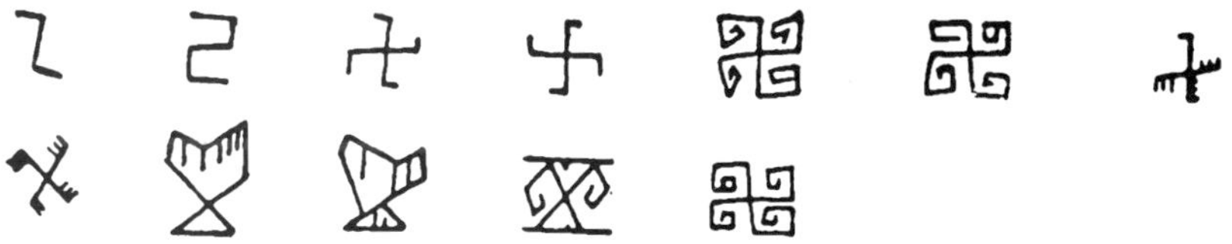

图七　原始的图画文字符号（摹写）

3），五十二号墓出土的一件斜腹罐上，一侧刻画有一座圆形尖顶状房子，房前画有方格园田，另一侧刻画有五个图像文字，构成了一幅真实生活的画面（图六，1）。这一画面生动地反映了氏族居民生前居住的房舍和生活的环境及他们的意识形态。这一发现也为中国原始绘画艺术的研究增添了新资料。

我们在器物的肩和腹部共发现十二个文字符号（图七）。从笔画的深浅粗细看，这些符号可能是用木、骨器刻划的。从符号的结构看，远比西安半坡遗址和山东大汶口文化遗址出土的原始文字符号复杂。卍和乤符号在几件器物上多次出现，很可能是氏族的族徽。某些文字符号与青海乐都柳湾墓地出土的原始文字符号有些近似[⑦]。

## 三

1973 年，首先在敖汉旗小河沿公社发现了这一文化的居住址和窖穴，当时曾一度把它归入红山文化的范畴。直到石棚山墓地的发掘，小河沿文化丰富多彩的内容，鲜明的文化特征，才明显地呈现出来。它与红山文化的差异远远超出了它的共同性，这可能是由于时代早晚发展阶段的不同，或受其他文化影响的不同而呈现出各自的特征。红山文化本身，也有一个相当长的发展过程，晚期遗址的文化内涵，要比早期遗址呈现出来的文化面貌复杂得多。从红山文化到小河沿文化所延续的时间当然就更长。无论是物质文化，还是意识形态，都发生了相当大的变革。这种差异性反映了社会发展的两个不同阶段。根据目前的材料，它们应属于同一个文化系统的

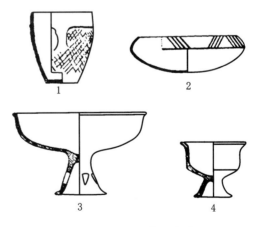

图八　小河沿文化的陶器
1. 细绳纹陶罐　2. 圜底彩陶钵　3. 镂孔豆
4. 高足杯（石棚山）

不同发展阶段的两种文化类型。值得注意的是：小河沿文化的复合工具的应用；陶系和器物种类的增多；彩陶图案黑、白、红三种颜色的应用以及八角星、鸟兽彩纹的创作；镶嵌、镂孔、泥塑等新技术的出现；原始文字符号的出现和其他新因素的大量出现。这说明，小河沿文化比红山文化进步，应晚于红山文化。在红山文化中普遍流行"之"字形篦纹。这种篦纹是迄今为止被认为是我国新石器时代较早的文化遗存，而小河沿文化的陶器中，不见这种纹饰，这也为红山文化早于小河沿文化的意见提供了有力的佐证。

小河沿文化出土的敛口圜底彩陶钵（图八，2）与河北省武安县赵窑遗址[⑧]、仰韶文化第三类型早期的彩陶碗、盆、钵等器形非常相近。彩纹的基本母题也是三至五道平行直线和三角纹构成的几种简单的花纹图案，这同小河沿文化的同类器物和纹饰极为一致。另外，河北省徐水解村仰韶文化遗址[⑨]出土的陶豆，也与小河沿文化豆形器相仿。

曲阳县钓鱼台遗址[⑩]，正定县南杨庄卧龙岗遗址[⑪]，均有平行直线与三角纹彩陶片出土。这就为进一步探索小河沿文化与内地仰韶文化的关系提供了重要线索。随着考古事业的发展，早期原始文化的陆续被发现，小河沿文化在河北、河南省会找到更密切的渊源关系。

小河沿文化与大汶口文化在文化面貌上有着多方面的内在联系和一致性。突出地表现在以下几点：

1. 小河沿文化出土有带孔石铲、单刃石锛，大汶口文化也有同形制的遗物出土。

2. 小河沿文化的豆形器普遍使用镂孔技术（图八，3），大汶口文化的豆类器物也用镂孔纹饰。

3. 小河沿文化的高足杯（图八，4）、把壶与大汶口出土的彩陶盉、罐式盘豆器形很接近[⑫]。

4. 小河沿文化彩陶器座上的八角星彩绘图案和江苏邳县四户镇大墩子墓葬出土的彩陶盆上的八角星图案非常相似[⑬]。其彩陶花纹的艺术特点和构图方法基本相同。

5. 小河沿文化与大汶口文化的男女先民们都有佩戴臂环、项环的习俗。所带石环形制大体相一致（图五，3）。

6. 小河沿文化与大汶口文化的埋葬习俗，两者均没有发现男女分别多人集体埋葬的现象，仅发现有男女分别单独埋葬，或年龄相当的成年男女合葬。

7. 小河沿文化的陶器上有刻划和画彩的原始图像文字符号。大汶口文化在陶器上也发现有原始图像文字。

8. 在发展阶段上，小河沿文化相当于大汶口文化的中期。

小河沿文化与大汶口文化上述这些相同或相似之处，绝不是偶然的，它说明从遥远的古代起，我国北方地区原始氏族与东南沿海地区诸氏族就有着频繁接触，他们互相学习，共同发展，有继承、有分化，又有融合和吸收。各自创造出富有地方色彩的古代文化，成为我们祖国悠久历史文化不可分割的一部分。

四

"在历史上出现的最初的阶级对立，是同个体婚制下的夫妻间的对抗的发展同时发生的，而最初的阶级压迫是同男性对女性的奴役同时发生的。"[14] 因此，婚姻形态和两性社会地位的变化，是古代氏族社会性质发展演变的表现。

在母权制对偶婚的条件下，两性结合是不牢固的一夫一妻制，男女双方死后各自归葬于出生的氏族墓地里，所生子女一律留在母亲氏族里，世系按女系计算。对偶婚关系下的夫妻，两性结合还比较松散，夫妻不是独占的同居，男女双方还可以随意离异。按照氏族的传统习惯，配偶、兄妹、父子不允许同坑合葬。然而石棚山氏族墓地却出现了成年男女脚相对的合葬墓。这或许是对偶婚制发生变革的一种反映，它意味着氏族内对偶婚制不准同坑合葬的传统习惯制度开始被动摇。

石棚山 M28 成年男女合葬墓，男性一侧随葬有钵 1、罐 1、盆 1、石斧 2、项环 1；女性一侧随葬有罐 3、豆 1、盆 1、项环 1、骨管 1。很明显，从骨架和两性随葬品的放置位置及质量、数量的对比来看，看不出两性间社会地位的差别。这个墓地八十余座墓中，普遍随葬生产工具。一百四十多件生产工具，出土于五十七座墓葬。男性墓多随葬砍伐工具、渔猎工具（石斧、石镞），女性墓多随葬纺织缝纫工具（纺轮、骨针），也有一定数量的砍伐工具，而不见或少见石镞、骨剑。从两性随葬生产工具的类别看，男性在主要生产部门的地位已经上升，但男性在社会生产领域中尚未能完全取得优势的地位。因而女性的社会地位并没有明显下降，更没有处于屈从地位。这与小河沿文化成年男女合葬墓数量不多，还仅仅是开始出现，这一历史进程是相符合的。而另一方面，母权制的存在还有一定的社会基础，石棚山氏族墓地还有一些单人女性墓，仍有较为丰富的随葬品。如 M27 死者为一女性。脚下置一高领壶，头部左上方随葬一组陶器，有壶、器座、高足杯、折腹罐、敞口钵和彩陶钵等七件。胸前佩戴五件蚌饰品。头戴三枚长条形蚌制发夹。左腕带臂环，右臂佩戴制作精致、黑底镶嵌白蚌珠的长方形"臂章"。"臂章"是一种权威的象征，这一女性显然是氏族的头面人物。该墓说明女性被尊崇的时代尚未完全过去，M27、M28 两种不同形式的墓葬出于同一墓地，应看作是特定历史发展阶段的产物，这种复杂的情况有力地证明父权并不是在母权制崩溃以后才开始出现，而是先萌芽，经过发展以至于最后取代母权制。这是古代氏族社会发生深刻变化的一个历史阶段。小河沿文化正处在这个发生重大变革的历史时代，也就是母系氏族社会逐步向父系氏族社会过渡的时代。石棚山氏族墓地的发掘为探索我国北方地区原始母系氏族公社的发展和演变以及如何走向解体提供了重要资料。

　　小河沿文化的发现，揭开了我国北方地区原始文化研究的新一页。它是当地新石器时代晚期的一种文化类型，它晚于红山文比，南台地遗址的地层关系证明小河沿文化早于夏家店下层文化，是当地青铜文化出现前的一种文化遗存。它与红山文化相区别的重要意义在于"从'细石器'的范畴中划分出各个考古文化"[15]，这一研究"细石器文化"的重要课题有了新的突破。它的确定填补了我国北方地区新石器时代文化发展序列中的一段空白。

　　　　　　　　　（原载《中国考古学会第二次年会论文集》，文物出版社，1980 年）

## 注　释

①　如《赤峰红山后》一书，第二十二图，二号细绳纹直腹罐、三号亚腰器座和第五十二图，一号彩陶豆，二号彩陶钵，都应属于小河沿文化的遗存。

②　内蒙古自治区昭乌达盟文物工作站：《内蒙古昭乌达盟石羊石虎山新石器时代墓葬》，《考古》1963年 10 期。

③　辽宁省博物馆等：《辽宁敖汉旗小河沿三种原始文化的发现》，《文物》1977 年 12 期。

④　辽宁省博物馆等：《内蒙翁牛特旗石棚山新石器时代墓葬发掘报告》。

⑤　中国科学院考古研究所内蒙古工作队：《内蒙巴林左旗富河沟门遗址发掘简报》，《考古》1964 年 1期，图版壹，8。

⑥　甘肃省博物馆文物工作队、武威地区文物普查队：《永昌鸳鸯池新石器时代墓地发掘》，《考古》1974 年 5 期 304 页，图 10，图版伍。

⑦　青海省文物管理处考古队、中国科学院考古研究所青海队：《青海乐都柳湾原始社会墓地反映出来的主要问题》，《考古》1976 年 6 期。

⑧　河北省博物馆、文物管理处：《河北省出土文物选集》，12 页，图五，1980 年。

⑨　河北省文化局文物工作队：《河北徐水解村发现古遗址和古城垣》，《考古》1965 年 10 期。

⑩⑪　唐云明：《试淡有关河北仰韶文化中的一些问题》，《考古》1964 年 9 期。

⑫　山东省文物管理处：《大汶口》57 页，图四七，1、2；图五一，5，1974 年。

⑬　南京博物院：《江苏邳县四户镇大墩子遗址探掘报告》，《考古学报》1964 年 2 期。

⑭　恩格斯：《家庭、私有制和国家的起源》，《马克思恩格斯选集》卷 4，1976 年。

⑮　中国科学院考古研究所：《新中国的考古收获》，文物出版社，1962 年。

# 昭乌达盟石棚山考古新发现

　　1977 年夏，在昭乌达盟翁牛特旗解放营子公社二道杖房大队南沟生产队的石棚山上，发现一处保存比较完好的原始社会氏族墓地。

　　墓地位于海拔 1000 余米的石棚山顶部东、南两面的向阳坡上，南北长 80、东西宽110 米，面积约为 8800 平方米。据传说，过去山上曾有石棚，故名石棚山。墓地正当赤峰县与翁牛特旗的交界地带，东南距赤峰市约 30 公里。

　　同年 9 月，由辽宁省博物馆、昭乌达盟文物工作站、翁牛特旗文化馆联合组成发掘队。发掘工作从 1977 年 9 月中旬开始到 11 月初结束，历时一个半月。揭露面积5000 余平方米，发掘清理古墓七十七座。

## 一　墓葬概述

　　整个墓地墓葬排列密集，并遵循着一定的规律，作东西或南北纵横排列。墓坑分为长方形竖穴土坑墓和竖穴土洞墓两种形制。根据墓葬分布位置和头向的不同，可分为三区。

　　一区，位于墓地东北部的山顶上，墓葬排列井然有序，方向 15°～16°。一区墓中，除六座竖穴土洞墓外，皆为竖穴土坑墓。

图一　石棚山 M28 合葬墓

　　二区，位于墓地南侧，发掘、清理保存较好的墓十八座。

　　三区，位于墓地西侧，墓葬多为东西向，发掘完整的墓葬四十八座。

　　墓地中，不同方向分区埋葬的特点，应是

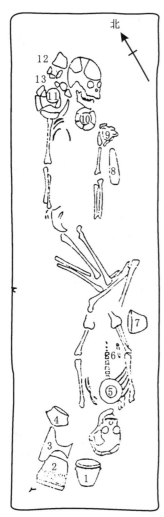

0　　　　　50厘米

图二　M28 平面图

1、2. 双耳直腹罐　3. 豆　4.
双耳罐　5、10. 项环　6. 骨
管　7. 盆　8. 石斧　9. 细绳
纹双耳直腹罐　11. 折腹盆
12. 钵　13. 小石斧

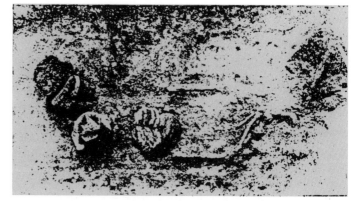

图三　M31 无头骨墓

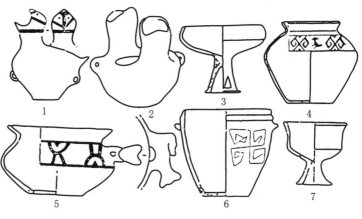

图四　石棚山墓葬出土陶器

1. 鸟形壶（M67：2）（1/16）　2. 双颈连通壶（M76：5）（1/4）
3. 高柄涂朱镂孔豆（M74：3）（1/8）　4. 折口罐（M55：5）
（1/8）　5. 折口罐（M36：1）（1/4）　6. 直筒罐（M52：1）（1/
4）　7. 高足杯（M19：3）（1/8）

氏族组织逐步分化及其血缘关系在埋葬制度上的反映。

这次发掘的七十七座墓葬，其中单人土坑墓六十四座；
合葬墓三座，无头骨墓四座；无骨架墓四座，儿童墓两座。
多数墓为头东脚西仰身屈肢葬，少数墓头向西。三座合葬墓
都是二人脚相对，头向相反，下肢屈而相互交错，已鉴定的 M28 为成年男女合葬墓
（图一、二）。这种特殊的埋葬形式，在我国新石器时代墓葬中颇为罕见，在东北地区
也是首次发现。

无头骨墓，在死者头骨的位置均扣一件陶罐。无骨架墓，只见随葬器物而没有发现骨架。随葬的器物与一般墓相同。这说明氏族成员对待以上两种特殊葬法的死者是一视同仁的。这种奇特的葬俗，可能是对本氏族内部非正常死亡者的一种埋葬方法，或是反映着氏族组织中一种特殊的意识形态（图三）。

多数墓底发现有桦树皮，有的尸骨上发现有树枝，说明在埋葬风俗上，习惯用桦树皮做葬具，埋前用树枝和树皮将尸体遮盖好，然后填土。墓口多经火烧，并在填土中普遍发现红烧土块，有的骨架部分烧成黑色。

墓地内，无论男女老少，所有的墓葬均有随葬品，多者二十余件，少者三四件。男性墓多随葬石铲（图九，1）、骨刀、石镞；女性墓多随葬纺轮、骨针、骨锥、装饰品等。男性墓死者胸前多佩戴项环（图九，5），而女性墓死者上肢骨多带臂环，头部多见蚌珠和发夹（图九，3、4）。项环和臂环除用不同颜色石料制作外，有时还在黑色臂环上镶嵌两行雪白漂亮的蚌珠（图九，2）。

生产工具石铲、骨刀、纺轮、细石器多放在腰间或上肢骨的内外两侧。陶器多置于头部左、右或脚下，而无骨架墓的随葬品则放在墓坑中央。墓葬陶器的组合有两种形式，一种是罐、豆、壶；另一种是罐、豆、钵。罐和豆比较普遍，几乎每座墓都有。七十七座墓中出土彩陶器物的二十四座，出土石器的十八座，出土细石器的十七座，出土石刀骨刀的九座，出土纺轮的十八座。

## 二 遗物简介

石棚山七十七座墓，共出土陶器二百余件。主要有罐、豆、壶、钵、碗、盆、高足杯、器座、勺形器、尊等十多种器形。墓葬中未发现三足器，夹砂筒形罐的器底皆有火烧烟熏痕迹，其用途相当于鼎和鬲。豆形器很发达，是这批墓葬一显著特点，豆盘有敛口钵式、折腹盆式、杯式等。壶类形式多样，以双颈连通壶最为独特，不失为一件很好的原始工艺品。彩陶器有各种不同形制的壶类和豆、钵等。

纹饰多饰在器物的口沿、肩部和腹部。花纹绘制方法主要有附加、刻划、压印、锥刺、笔绘、涂朱等，纹样有附加堆纹、细绳纹、三角纹、回字纹、方格纹、网纹、篦纹、指甲纹、锥刺纹、动物图像、原始文字符号等十多种。豆类器座多以三角镂孔作装饰。

彩陶花纹以三角形与平行直线相结合、半圆形与平行直线相结合、三角形和半圆形间隔与平行直线相结合，以及菱形与直线相结合，构成各种几何花纹图案。也有的用原始文字符号与花纹图案或动物图像相结合构成彩陶图案（图五）。彩陶花纹总的特点是行笔流畅，线条疏朗，别具风格。与红山文化的彩陶花纹相比虽显得粗放简略，图案布局稍逊严谨，但构图巧妙，富于变比而不雷同。

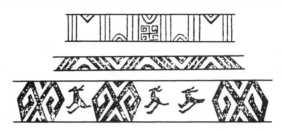

图五　石棚山墓葬出土彩陶上的纹饰

陶器中造型别致，艺术性较高，最引人注目的新器类是鸟形壶（M 67：2）；短尾斜背，昂首张嘴，展翅欲飞，尾端有七个小孔，原来可能插有羽毛。头顶和颈部分别绘有三道或一圈黑彩带。凹下去的一对黑彩圆眼生动逼真（图四，1）。

双颈连通壶（M76：5）　双颈短粗，口沿里高外低，圜腹，中空呈圆孔状，造型奇特，小巧玲珑。创作者构思巧妙，具有丰富的想象力（图四，2）。

图六　高足杯（M19：3）

折口罐（M36：1）　鼓腹小底，口沿外折。耳部塑造一只翘尾小狗，腹部绘有三角形与半圆形相结合组成的花纹图案带（图四，5）。

折口罐（M55：5）　短颈，鼓腹，圆唇外折，平底，肩部绘五组回字花纹，花纹之间填六只长腿大耳的动物图像，使彩陶花纹显得格外新颖（图四，4）。

直筒罐（M52：1）　直筒斜壁，靠近口沿处施一对小横耳（图四：6；图七）。器表周身刻画一幅完整的原始图画（图八）。画面由图像和文字

图七　直筒罐（M52：1）

图八　直筒罐（M52：1）纹饰展示图

符号组成，左侧刻画一座圆形尖顶状的氏族房舍。房前画有方格园田，右侧画五个图像文字。这一图像真实而生动地反映了当时氏族居民居住的房舍和生活环境。虽然我们还不能确切地解释画面的全部含义，无疑，这一发现为我国原始绘画艺术和原始文字的研究增添了新资料。

高柄涂朱镂孔豆（M74：3）　敛口、曲腹，柄部有三个三角形镂孔，泥质黑陶磨光，豆盘外壁涂朱（图四，3）。

高足杯（M19：3）　深腹、矮足，夹砂红陶，器壁涂红陶衣（图六，图四，7）。

墓中普遍随葬生产工具。一百四十多件生产工具出土于五十七座墓葬。其中石器有精磨的穿孔石铲（图九，1）、斧、锛、凿和打制的斧、凹底三

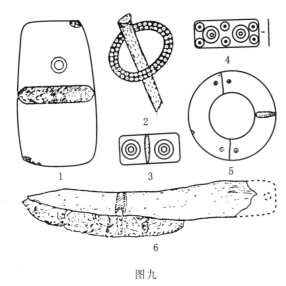

图九

1. 穿孔石铲（M38：6）（1/3）　2. 镶嵌蚌珠的臂环（1/6）
3. 发夹（M29：8）（1/3）　4. 发夹（M11：1）（1/3）
5. 项环（M51：5）（1/3）　6. 石刃骨刀（M34：7）（1/3）

角形细石器石镞、石片石器、刮削器、尖状器、六面体石核等。所用石料以燧石、玛瑙、石英为多。

生产工具中，最富有特点的是镶嵌细石器的石刃骨刀（图九，6），九座墓中共出土十三件。骨柄上制有规整的凹槽，将打制好的四件石片镶嵌在骨槽内，然后用一种黑色胶状物粘好加固。石片都经二次加工，形成锋利的弧刃，便于使用。这种刀的骨柄和嵌入的细石器及黑色胶状物，过去曾多次零散出土过，但由于柄、刃脱节，具体形制不清，黑色胶状物的用处不详，这次获得完整的石刃骨刀多把，是很难得的。

装饰品也很丰富，出土一百余件。以臂环、项环（图九，2、5）、蚌制发夹为最多

（图九，3、4）。

　　M27，死者为四十岁左右的成年女性，头向东北，侧身屈肢。脚下置一件高领陶壶，头的左上方放一组陶器，有彩陶钵、罐、杯、豆、碗、器座等七件。死者的颈部有两件带孔的螺蛳壳，胸前发现三件制作规整的蚌环。依据出土位置推断，螺蛳壳和蚌环应是系在颈部和佩戴于胸前的饰品。头后出土一件刻划有三个同心圆图案的长条形蚌制发夹。左肢带臂环，右肢佩戴制作精致、有一定弧度的长方形臂饰。这种臂饰的制作是以粗麻布作底衬，中间施一层黑色胶状物，其上镶嵌直径 3、孔径 1、厚为0.9 毫米的白色蚌珠。这是否就是马克思在摩尔根《古代社会》一书摘要中所说的易洛魁人附着于上腕的"徽章"，还有待研究。这一墓例生动地反映了新石器时代我国北方地区的一位氏族妇女的装饰概貌。

　　制作臂饰的蚌珠，孔径不到 1 毫米，需要特别锋利的钻头和高度的技巧，否则，蚌珠就会断裂。这充分说明当时在制作蚌质饰品上已具有丰富的经验和精湛的技术。

# 三　小　结

　　1973 年，在昭乌达盟敖汉旗小河沿公社南台地遗址发掘了小河沿文化的房址和窖穴①，获得了一批完整材料。这次对石棚山原始氏族墓地的发掘，又获得了这一文化的墓葬材料。两次发掘揭露出来的遗址和遗物是相当丰富的，可以说是 70 年代我国北方地区新石器时代考古方面的重要收获之一。仅从出土的陶器来看，就很有特色。鸟形壶、双颈连通壶、彩陶尊及其器座，都是新石器时代的艺术珍品。这一文化具有独特的原始文化面貌，它与辽宁和内蒙古东部广泛分布的红山文化大有区别。小河沿文化的发现，使我国北方地区新石器时代文化的领域内增添了新的文化类型，它的发现已引起了国内外考古学界的注意。因此，我们认为小河沿文化的提出是很有必要和有学术意义的。

　　关于小河沿文化的分布范围，目前尚不十分清楚，仅从掌握资料看，遍布于辽河以西、昭乌达盟境内，目前在河北境内也可找到小河沿文化的线索。小河沿文化的分布是否与红山文化遗址相交错，或相一致，是否像红山文化遗址，分布地区部分与夏家店下层文化重合。三者的分布有着怎样的联系，目前尚不能确定，但我们认为小河沿文化遗址很可能分布在更广泛的地域内。

　　小河沿文化是晚于红山文化的一种新文化类型的遗存，南台地遗址的地层关系证明，小河沿文化早于夏家店下层文化。小河沿文化出现了大量的与红山文化不同的新因素，如在陶器的器形和纹饰方面就有着显著的差异。它与红山文化的差异性远远超出了它们的共同性。但小河沿文化某些新因素的出现，却可以从红山文化中找到渊源关系。因此，小河沿文化很可能是继承了红山文化的某些先进因素而发展起来的。从夏家店下层文化的某些器形观察，有的实为从小河沿文化演变而来，因此，小河沿文化又很可能是夏家店下层文化的先驱。当然目前从小河沿文化到夏家店下层文化早期之间还是有缺环的，要揭示三者之间错综复杂的发展关系，还需做大量艰苦细致的工作，待更多新材料发现后，方能得出可靠的结论。

石棚山墓地出土的彩陶钵，与河北省武安县赵窑遗址②出土的彩陶钵，器形和花纹极为相似，这就为探索小河沿文化同河北地区仰韶文化（第三类型早期）的关系提供了线索。

小河沿文化与大汶口文化在文化面貌上，有着多方面的内在联系和一致性。这不仅表现在某些生产工具、生活用具及彩陶花纹的相同或相似上，而且两地的先民们有着某些共同的生活习俗和葬俗，以及象征文明和发展的原始图像、文字符号。

从小河沿文化与上述几种类型的原始文化的关系，我们认识到，不同地域里形成的各种类型的新石器文化，由于来源和发展关系不同，在相同或不同时期，它们之间所反映出来的某些共性是互相交流、互相影响、互相融合、共同发展的。个性则是由于自然条件和经济基础的不同，所形成的具有浓厚地方色彩的土生土长文化。在物质文化发展变化过程中，后进的经济和文化总是被先进的所融合。

关于小河沿文化时期所处的社会发展阶段问题，目前就石棚山的发掘材料看，我们认为小河沿文化正处在巨大的变革之中，即母系氏族社会逐步向父系氏族社会过渡的时代。

从葬制来分析社会性质，无疑是十分重要的，但仅就石棚山的材料分析，则不免有一定局限性。任何一种文化类型，都是在漫长而复杂的历史进程中形成的，必然包含不同的社会发展阶段，目前所发现的材料尚不能概括小河沿文化发展的全貌。随着小河沿文化遗存更多的发现，将会进一步弄清小河沿文化不同的发展阶段。

（原载《文物》1982 年 3 期）

## 注　释

① 辽宁省博物馆等：《辽宁敖汉旗小河沿三种原始文化的发现》，《文物》1977 年 12 期。

② 参阅河北省博物馆、文物管理处编：《河北省出土文物选集》，12 页图五，1、2、3。

# 试论辽西地区两种彩陶文化的
# 特征及其关系

　　辽宁省西部地区，自古以来就是中原汉民族与东北少数民族古文化相互交流、频繁接触的重要地区之一。这一地区的古物质文化遗存，一方面具有明显的地域性特点和民族风格，另一方面受中原文化影响的因素也特别浓厚。辽西古代文化遗存，充分地体现着各民族之间相互学习、共同发展、团结进步的内容。因此，这一地区的原始文化往往呈现出较为复杂的面貌。

　　这一地区原始文化村落遗址分布相当密集，其文化内涵兼有中原仰韶文化、东南沿海大汶口文化和北方草原文化的诸特点，即遗物中普遍含有不同数量的细石器和篦纹陶遗存或共存。过去习惯于把这种既有共同因素又有所区别的含有细石器的原始文化遗存，笼统地称为"细石器文化"或北方草原文化。这种认识和概括在今天看来是不够科学的。我们必须根据错综复杂的现象，从"细石器文化"中区分出具有各种不同特点的考古文化，这应是研究这一地区新石器时代考古的一个新课题。本文着重谈谈有关红山文化和小河沿文化类型方面的一些问题。

一

　　红山文化发现的时间比较早[①]，在国内外颇有一定影响。由于过去系统发掘和研究工作比较薄弱，一直进展得比较缓慢。

　　从目前所掌握的资料看，在朝阳、凌原、建平、宁城、赤峰、敖汉、翁牛特、林西、克什克腾旗等旗县都发现有红山文化的遗存。特别值得注意的是在吉林省奈曼旗满德图、大沁他拉，河北省北部以及天津地区都有红山文化的遗物出土[②]。红山文化大体分布在辽西、冀北和吉林省的西部。文化中心大致分布在老哈河、西拉木伦河、大小凌河流域。

　　依据红山文化遗址的分布及其遗物的不同，可分为两种。

　　1. 山坡遗址：分布在高出河床 100 米以上的斜坡上。一般来说，这类遗址的特点是面积大、文化层堆积薄，土质多为疏松的黄沙土。往往沙土被风刮走后，地表暴露出来的文化遗物较丰富。其中打制石器和细石器所占比例较大，陶器多夹砂陶，器形以小型钵、直腹罐为多。纹饰多施"之"字纹、划纹、篦纹。器底多印有编织纹。彩陶甚少或不见。这种类型的遗址，有敖汉旗白斯朗营子四棱山、赤峰县转山子、关地、克旗热水等。

2. 台地遗址：分布在河流两岸的台地上。地势平坦，文化层堆积比山坡遗址厚。陶器以大型的直领双耳壶、浅腹盆、罐、瓮、贮备器为主。泥制红陶和彩陶数量多。纹饰多菱形纹、蝌蚪纹、涡纹、篦点纹。生产工具以大型石犁、石斧、石磨盘、石磨棒为主。打制石器和细石器较少。典型的台地遗址有敖汉旗三道湾子、赤峰市蜘蛛山、朝阳县八宝庙前地等。

红山文化在辽西地区的发展有一个相当长的过程，其大量的文化遗存不可能是同一时期形成的，应有发展前后的不同。如赤峰克什克腾旗热水山坡遗址发现的"之"字纹陶片和器底，均有 1.5 厘米厚，陶土之粗、制陶技术之原始与敖汉旗三道湾子台地遗址制作规整的器物相比，有着很大的差距。上述这两种不同类型的遗存或许在某种程度上具有一定的时代意义。

自敖汉旗小河沿公社白斯朗营子南台地遗址③和翁牛特旗解放营子公社石棚山墓地发掘后④，使我们初步认识到辽西地区除红山彩陶文化类型外，确实还存在着一种小河沿文化类型。在这种认识的基础上，再翻阅《赤峰红山后》一书时，我们感到，该书中采集的一些所谓红山文化的遗物，如第二十二图 2 号细绳纹直腹罐、8 号亚腰器座、第五十二图 1 号彩陶豆、2 号彩陶钵，无论从器物形制，还是从彩陶花纹风格看，都应属于小河沿文化类型的遗物。我们提出这一看法，是为了更好地阐述和区别什么是红山文化类型，什么是小河沿文化类型。其根据是：

（1）在我们调查的三十几处红山文化的遗址里，尚未发现这种形式的器物和彩陶豆。

（2）在小河沿文化类型的遗址和墓葬中，这种形式的豆、钵、器座和细绳纹直腹罐已经普遍使用了。

（3）赤峰三道井子采集的这些遗物，是否出自红山文化类型的遗址不得而知。因为那时把辽西地区所发现的彩陶都认为是红山文化类型的遗物。在小河沿文化尚未被认识以前，出现这种情况并不奇怪。

从近几年来在辽西地区发掘和调查的材料看，红山文化常见的典型器物有：直领广肩双耳圆腹罐、小口深腹平底罐、双耳红陶壶、广肩平口曲腹灰陶大型瓮和敛口、

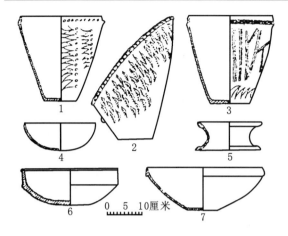

图一　红山文化出土陶器

1、3. 直腹罐　2. 斜口器　4. 圜底罐　5. 器座　6. 直口罐　7. 叠唇罐

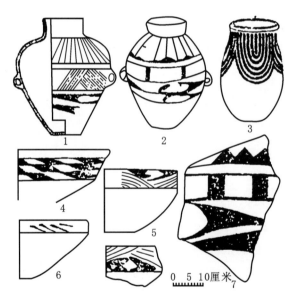

图二　红山文化出土的彩陶器

1. 彩陶壶（翁牛特旗红山水库出土）　2. 彩陶壶（吉林省奈曼旗满德图古遗址出土）　3. 彩陶罐（赤峰县水泉出土）　4. 彩陶盆　5、6. 彩陶钵　7、8. 彩陶片（4～8. 敖汉旗三道湾子遗址出土）

直口、叠唇等各种形式的钵形器以及扇面形的斜口器，口沿处带凸状饰的圜底罐。常见的生活器皿还有瓯、盆、杯、器盖、器座等。红山文化数量最多的器物是壶、罐、钵三种器形（图一、二）。

红山文化的陶质有夹砂褐陶、夹砂红陶、泥质红陶、灰陶四个陶系。其中以夹砂褐陶为主，泥质红陶次之，泥质灰陶和夹砂红陶数量较少。

彩陶以红底黑彩为主，花纹有黑色和红色两种。流行的彩纹图案有蝌蚪纹、鱼尾式的涡纹，上下前后相连接的菱形纹和曲线垂帘纹（图二）。蝌蚪纹多施于钵形器的口沿处，菱形纹常用来装饰壶、盆、罐等器形。垂帘纹多饰于深腹罐的腹部。有的器物用一种彩纹作装饰，有的几种花纹相配合构成比较复杂的彩绘图案。彩绘花纹风格是粗细线条相结合。有的线条笔锋细如毫丝，有的宽彩带有寸余。彩绘花纹图案的特点：结构简单，行笔流畅，图案在器物上的布局规整匀称。

红山文化的彩陶均系泥质陶，质地非常细腻，器形制作规整。

红山文化的夹砂褐陶，里壁多呈黑色，打磨得较光滑，器表制作较粗并施有"之"字纹、水波纹、篦纹、划纹、指甲纹等（图一〇、一一）。

红山文化虽有细绳纹，但数量甚少。泥质灰陶和夹砂红陶，多数为素面磨光。除钵形器而外，器底一般印有各种不同形式的编织纹（图三）。

综观红山文化的陶器群，其器物种类比较简单，但制作精细，造型规整。从器底的编织纹可知，红山文化的先民们已经熟练地掌握了编织技术，并积累了丰富的实践经验。无论从用料、编织技法，或是编纹的编织特点看，长城以北的红山文化与中原仰韶文化的半坡类型有着统一的传统艺术。如果把这两种文化的器底编织纹放在一起⑤，很难看出有什么差别。西安半坡遗址多钵形器和小底器，而红山文化也是如此。特别是红山文化中出土的那种叠唇钵和腹部有一圈凸状饰的圈底罐，与半坡遗址出土的同类器物形状非常相似⑥。

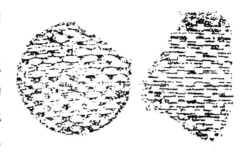

图三　红山文化器底编织纹拓片
（四棱山遗址出土，皆为1/3）

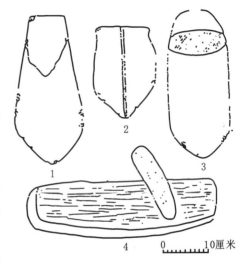

图四　红山文化出土石器（四棱山遗址出土）
1、2. 石犁（石耜）　3. 石斧　4. 石磨盘、棒

在红山文化的遗物中，虽都发现有不同数量的细石器，但在生产工具中已不占主要地位；而起着主导作用的却是大型磨制农业工具石犁（石耜），刃部舌尖状、断面呈椭圆形的石斧，中间使用凹下去的石磨盘，两端粗中间细的石磨棒，以及各种形状的砍砸器等（图四）。这些磨制和打制的大型石器是当时人们进行生产活动的主要劳动工具。像这种具有鲜明特点的石耜、石斧，不仅是红山文化的一种标志，而且充分证明红山文化的农业经济已相当发达。在当时社会生产力极其低下的情况下，人们就是手持着这些简单的劳动工具——石器，经过长期的艰苦奋斗与大自然作斗争，创造了丰富多彩的物质文化和精神文化。

畜牧业在红山彩陶文化的经济中，已经退到次要的地位。体现畜牧经济特点的生产工具细石器，在红山文化的早期阶段或以前是起过主导作用的。随着历史的发展，新型工具的出现，在中原先进文化的影响下，自然条件良好，土地肥沃，有利于农业发展的老哈河、西拉木伦河、大小凌河流域的红山文化遗址中，细石器已逐渐退居到次要地位了。

通过对红山文化生产工具、陶器、纹饰的分析，我们初步认识到红山文化应是以农业经济为主的和中原仰韶文化有着密切联系的一种北方彩陶文化类型。这种彩陶文化与以畜牧经济为主的北方草原原始文化还有着很大区别。

二

通过对石棚山、石羊石虎山墓葬⑦和南台地遗址的发掘工作，以及近几年来对喀喇沁旗屡子店西山和林西县十二吐等遗址的调查材料，我们对小河沿类型的文化面貌有了概括的认识。尽管当前对该文化的分布范围还不十分清楚，但从器形特征及纹饰特点观察，它流行的区域是相当广泛的。

小河沿文化，共有八个陶系，即夹砂褐陶、黑陶、红陶、灰陶；泥质红陶、黑陶、灰陶；另外还有一种夹云母和贝壳粉羼合料的陶系。其中以夹砂褐陶为最多，夹砂红陶次之，夹砂黑陶和夹云母的陶器数量甚少。

小河沿文化的泥质陶，陶土虽然经过沉淀淘洗，但仍含有许多细小的砂粒，这可能和当地土质有关。小河沿文化类型的彩陶百分之九十以上都是夹砂陶，这是该文化类型的一个突出特点。

小河沿文化的陶器，与红山文化陶器相比，不仅种类多，器形复杂，而且还出现了许多新颖的器形（图五）。如小巧玲珑的双颈连通壶（图八：2），造型非常奇特。又如古朴大方的直腹罐，一方面具有浓厚的地方色彩，另一方面又有该文化本身的独特风格。

小河沿文化的陶器，主要有罐、壶、豆、钵、盆、碗、杯、高足杯、折腹盆、勺形器、器座、尊等十多种器形。前三种器物的每一种，都还可以细

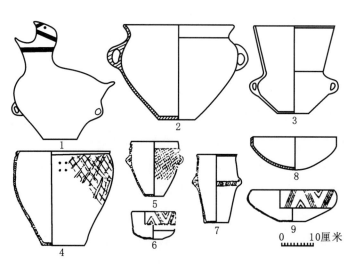

图五　小河沿文化出土陶器

1. 鸟形彩陶壶（石棚山墓葬出土）　2. 红陶罐（南台地遗址出土）　3. 彩陶尊（南台地遗址出土）　4. 直腹罐（南台地遗址出土）　5、7. 直腹罐（石棚山墓葬出土）　6、8、9. 陶钵（石棚山墓葬出土）

分成若干不同形式。有许多器形在辽宁地区来说还是首次发现，如鸟形壶、高足杯、双颈壶、镂孔豆等造型颇新颖。直腹罐虽然大体相似，但口沿、耳部及所施纹饰都有着很大的差别。陶器的种类之多，器形之复杂，远远超出红山文化（图八）。

图六　小河沿文化石棚山墓葬彩陶纹

小河沿文化类型的彩陶花纹图案，乍看起来好像没有红山文化彩纹艺术美观，如仔细观察，就会发现小河沿文化的彩纹母题虽都是些较简单的三角形和平行直线，而组成的花纹图案并不雷同（图六、七）。石棚山出土的二十二件完整的彩陶中，花纹图案没有一件是完全相同的，这足以说明图案设计者们丰富的构思能力。彩陶工艺发展到小河沿文化阶段，出现了黑、白、红三种颜色，并创造出了八角星花纹图案及鸟兽纹形的动物图像等新的艺术形式。小河沿文化的彩陶纹样，给人的感觉是：线条疏朗，图案明快。它的绘彩技巧，不如红山文化彩纹工细。

小河沿文化陶器纹饰有：三角纹、回字纹、席纹、动物图像、细绳纹、附加堆纹、方格纹、篦纹、指甲纹等（图一二）。前五种纹饰是该文化具有代表性的纹饰。后四种纹饰虽在两个文化类型中都有，但在数量和风格上都存在着不少差异。

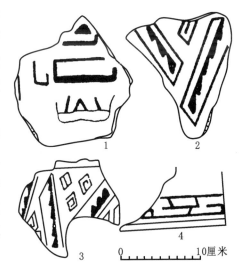

图七　小河沿文化彩陶片

1、2、4．南台地遗址出土　3．喀喇沁旗娄子店西山遗址出土

在小河沿文化的器物中，编织纹和篦纹很少见，而在红山文化中却非常盛行。细绳纹小河沿文化已经普遍使用而红山文化则较少。

小河沿文化陶纹的制作方法，归纳起来主要有压印、刻划、附加、笔绘四种。制陶工艺略显粗糙，一般器物皆呈现口径不圆、高低不平的现象。器壁薄厚不均匀，器物双耳制作不够对称，而里壁一般打磨加工得比较光滑。外表不太讲究。在制陶方法

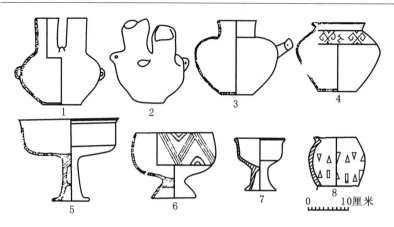

上多用泥条盘筑和套接法，往往在器物里壁的折角处还保留有未打磨平的遗痕。与红山文化相比，小河沿文化的陶质显得疏松，火候低、硬度小、吸水性强。质地色彩不够纯净。上述情况可能是由于烧窑技术和火候掌握

图八　小河沿文化出土陶器

1. 双颈壶　2. 双颈连通壶　3. 把壶　4. 彩陶罐　5. 镂孔豆　6. 彩陶豆　7. 高足杯　8. 镂孔豆把（8. 为南台地出土，其余皆为石棚山墓葬出土）

上还不够熟练所致。

　　小河沿文化的生产工具，主要有：石斧、石锛、石凿和带孔的石铲、石球、石刃骨刀、石镞及细石器等。制作工具所用的石料有：闪长岩、蛇纹石、玄武岩、燧石、玛瑙、水晶等。总的来看，生产工具比较进步。把各种制作精致、坚硬锋利的长条形石片，整齐牢固地镶嵌在骨柄和木棒上使用。这是生产工具的一个重大变革。复合工具和镶嵌技术的发明，是了不起的进步。我们发掘所看到的实物只不过是一种石刃骨刀。根据这一事实，可以设想，当时人们在石刃骨刀的启发下，会制造出一批适用于各种用途的复合工具来，如带孔的石铲、石球就是象征。只是由于木质工具易腐烂，难以发现而已。

　　小河沿文化的石器，多数为通体磨光，有少量的石器仅刃部稍磨，器身还保留原来的石皮。一般说来，小型石器棱角磨制得较规整，石斧有方肩、平肩、扁肩、圆肩、尖肩、弧肩六种类型，但刃部是圆角直刃（图九）。可能是由于复合工具出现的缘故，大型笨重的石器减少了。

　　细石器有打制和琢制的两种，大都经过第二步加工，起脊凹尾的三角形石镞制作得非常精致。打制的有刮

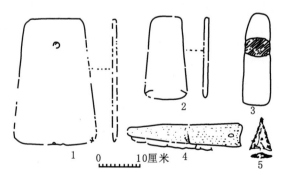

图九　小河沿文化出土石器（石棚山墓葬出土）

1. 石铲　2、3. 石斧　4. 石刃骨刀　5. 石镞

削器、尖状器等。细石器在小河沿文化的生产工具中仍占有一定的比例，但与磨制石器相比已降到第二位。这说明该文化的经济是以农业为主，同时还兼营畜牧、狩猎来补充生活资料之不足。在原始社会生产力低下的情况下，以农业为主，实行多种经营是有利的。这种经营方式与古代居民所处的自然环境是分不开的。

## 三

通过红山与小河沿文化类型的比较，使我们认识到，两者之间既有共同性的一面，又有差异性的一面，而差异性又是主要的。红山文化所不见或少见的遗物，在小河沿文化类型中却普遍使用了。总的看来，小河沿文化类型比红山文化类型进步，出现了大量的新因素，主要表现在以下几个方面：

一、复合工具的应用（包括石刃骨刀、带孔石铲、石球）；

二、陶系和器物种类的增多；

三、彩陶图案黑、白、红三种颜色的应用以及八角星、鸟兽彩纹的创作；

四、镶嵌、镂孔、泥塑等新型技术的出现；

五、原始图像文字符号的发明。

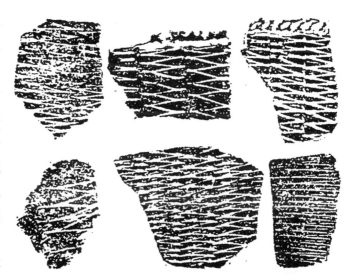

图一〇　红山文化之字纹拓片（四棱山遗址出土，皆为1/3）

图一一　红山文化划纹拓片（四棱山遗址出土，皆为1/3）

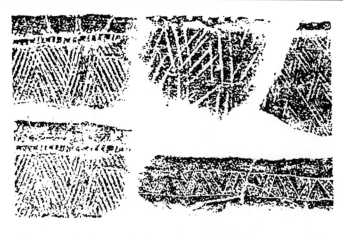

图一二　小河沿文化陶纹拓片（石棚山墓地出土，皆为 1/3）

这些新工具、新技术、新器物、新艺术品的出现，说明从红山到小河沿文化是经历了一段发展过程的。无论是生产工具、物质文化还是意识形态，都发生了相应的变革。它们是社会发展前后不同的两个阶段，小河沿文化要晚于红山文化。它的发现和确定，为辽宁地区新石器时代文化的发展序列填补了一段空白。

　　如果说，红山文化类型在某种程度上是受中原仰韶文化和北方草原文化双重影响而发展起来的一种原始文化遗存的话，那么，小河沿文化类型主要是受大汶口文化影响而发展起来的一种新的文化类型。在文化面貌上，小河沿文化与大汶口文化有着多方面的内在联系和一致性。例如，石棚山墓地出土的把壶、高足杯，与大汶口出土的彩陶盉、罐式盘豆，器形上很接近[8]。白斯朗营子南台地遗址 F4 出土的器座上八角星图案与大汶口 1974 年出土的彩陶豆和彩陶盆上的八角星图案，几乎没有什么差别。这种图案在江苏邳县四户镇大墩子（大 M44：4）彩陶盆上也有[9]。石棚山墓葬出土的制作规整带孔的石铲、石环、蚌环，大汶口墓葬同样也出土这类遗物。出土遗物的相似，意味着风俗习惯、文化传统上的一致性。这种现象绝非是巧合，应是一个文化影响另一个文化的具体体现。那么大汶口文化的影响是如何进入辽宁发展到辽西赤峰地区的呢？辽南郭家屯遗址下层和长海县广鹿岛土珠子遗址中层[10]的发掘，均发现了三角纹、平行线纹的彩陶片和三足觚形器及红陶鬶。这说明辽南地区新石器时代的古文化兼有大汶口文化的因素。这就为研究小河沿文化与大汶口文化之间的关系提供了重要线索。这些遗址同时还发现篦纹陶叠压在彩陶文化的下面，这就为我们研究辽宁乃至东北地区的篦纹陶与彩陶文化的关系提供了证据。

　　从锦西县砂锅屯洞穴遗址出土的细颈双耳瓶、直腹罐以及石环和贝环[11]，与小河沿文化的同类遗物很相近。从这些遗物分析，至少可以说，该遗址的部分堆积与小河沿文化有关。这就使我们认识到：大汶口文化对辽宁原始文化的影响，很可能是由山东进入辽南，经锦西、朝阳这样一条路线发展到赤峰地区的。

另外，在河北省曲阳县钓鱼台遗址[12]，正定县南杨庄卧龙岗遗址[13]，芋县四十里坡遗址[14]，平山县田兴村遗址，河南省安阳后岗等遗址[15]均发现有平行直线与三角纹的陶片。这说明小河沿文化类型分布范围及其与周围诸文化的关系是非常广泛而复杂的。

（原载《文物集刊》1980 年，文物出版社）

## 注　释

① 红山文化 1935 年发现于赤峰红山后。

② 天津市文物管理处：《天津北部和宝坻县发现石器》，《考古》1976 年第 1 期。

③ 辽宁省博物馆等：《辽宁敖汉旗小河沿三种原始文化的发现》，《文物》1977 年第 12 期。

④ 辽宁省博物馆、昭乌达盟文物工作站 1977 年发掘材料。

⑤ 中国科学院考古研究所：《西安半坡》，119 页图九五：1、2；161 页图一一九。

⑥ 同⑤图版壹壹玖。

⑦ 内蒙古自治区昭乌达盟文物工作站：《内蒙古昭乌达盟石羊石虎山石器时代墓葬》，《考古》1963 年第 10 期。

⑧ 山东省文物管理处：《大汶口》，图四七：1、2；图五一：5。

⑨ 南京博物院：《江苏邳县四户镇大墩子遗址发掘报告》，《考古学报》1964 年第 2 期。

⑩ 辽宁省博物馆、旅顺博物馆 1978 年发掘材料。

⑪ 安特生著，松崎寿和译注：《黄土地带》，图八十九，a、b；图九十一，图九十二。

⑫⑬　唐云明：《试谈有关河北仰韶文化中的一些问题》，《考古》1964 年第 9 期。

⑭ 郑绍宗：《有关河北长城区域原始文化类型的讨论》，《考古》1962 年第 12 期。

⑮ 《后岗发掘小记》，图版叁，见《梁思永考古论文集》。

# 小河沿文化墓葬研究

1973 年辽宁省博物馆、昭乌达盟文物工作站、敖汉旗文化馆，配合沙通铁路的建设工程，对敖汉旗小河沿乡白斯朗营子南台地遗址进行了发掘。

根据发掘的房址、灰坑和出土遗物的独特个性，将其命名为小河沿文化①。

小河沿文化，作为我国北方原始文化考古领域的一棵幼苗，经过四十余年的发展，现已长成为一棵根深叶茂的考古文化之树了。

在 20 世纪 80 年代，小河沿文化发现之初，根据内蒙古敖汉旗白斯朗营子乡南台地遗址，夏家店下层文化房址 F12 打破小河沿文化的地层关系，辽宁省凌源县三官甸子城子山遗址红山文化的积石冢墓葬 M2 叠压在夏家店下层文化之下②，而确定了小河沿文化晚于红山文化而早于夏家店下层文化。

近些年来，随着内蒙古扎鲁特旗南宝力皋吐③，昆都岭④赤峰市元宝山区哈啦海沟⑤；克什克腾旗新井乡大耗来上店村 B 点⑥，河北省阳原县姜家梁⑦。辽宁省喀左县尤杖子乡后岗沟村朝阳洞⑧等多处小河沿文化墓葬发掘材料的刊发，为深入研究探讨小河沿文化的来龙去脉，提供了重要资料。

根据目前已发表的小河沿文化的墓葬材料，对其文化墓地的分布规律，埋葬制度和埋葬习俗进行分析探究，正当适宜。

## 一 小河沿文化墓地区域分布

根据内蒙古、辽宁、河北三省区，10 多个地点统计，现已发掘清理的小河沿文化的墓葬约 748 座（见小河沿文化墓葬统计表）。墓地主要分布在：内蒙古东部赤峰市、扎鲁特旗、河北省西北部阳原县等地。所涉及的水系，有雅鲁河、绰尔河、西辽河、大小凌河、桑干河，小河沿文化墓葬的分布范围广度，远远超过了红山文化和夏家店下层文化的分布疆域。时代较早含有小河沿文化彩陶因素的遗存，在河北、河南两省仰韶文化的遗址中发现较多，如河北正定南杨庄⑨，河南后岗遗址等⑩。现将近年来发现的几处小河沿文化的重要墓地作以简略介绍。

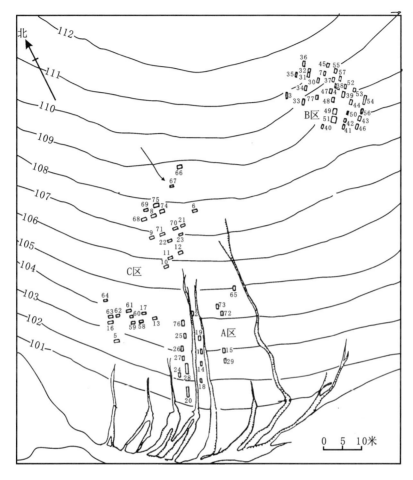

图一 大南沟石棚山墓葬分布图

（一）大南沟墓地位于石棚山，近山顶处黄土堆积较厚的南斜坡上。墓地东西长125、南北宽约75米，面积9375平方米。揭露出77座墓葬，可分 A、B、C 三区。区内墓葬按头脚顺序成竖行排列。每区的行排列，墓的多少都是根据地形和时间早晚按序排列的。有一定排葬规律可循（图一）。

（二）哈啦海沟墓地，地理坐标为东经 119°15′，北纬 42°21′。墓地东面是老哈河，西侧不远是英金河。地势西高东低，斜度颇大。墓地南北长约 60 米，东西宽约 40 米，面积 2900 平方米。2007 年 5～8 月，共发掘小河沿文化的墓葬 51 座，祭祀坑 1 个。哈啦海沟墓地规模，墓葬的排列形式，均与大南沟石棚山墓地相若（图二）。

（三）河北省阳原县姜家梁墓地与山西省大同市接壤。是太行山、燕山余脉接触区。这里从数百万年前开始，泥河湾盆地就是一个封闭的大湖。这一带一直是我国早

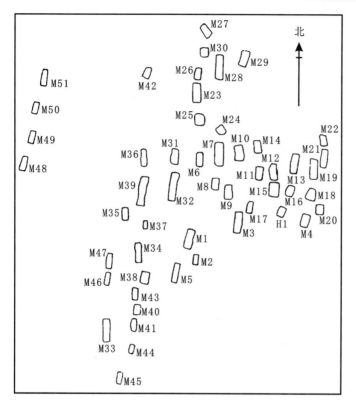

图二　哈拉海沟墓葬分布图

期人类活动的重要地域，旧石器、细石器、新石器时代等古人类文化遗存十分丰富。姜家梁墓地位于阳原县东城镇西水地村东的山丘顶部。遗址南临桑干河，其特点是遗址与墓地重合，多年水土流失，将地表冲成深沟壑谷。遗址被大自然风雨分隔成三部分。发掘时由东而西分为Ⅰ、Ⅱ、Ⅲ三区。1995年对Ⅰ区进行了发掘，发掘面积 1600 平方米。共发掘房址 9 座，清理墓葬 78 座。墓地除 M78 因时代不同之外，所有墓葬分布排列井然有序，由南向北可分为五排，每排呈东西向排列，但每排墓的数量不等。

（四）扎鲁特旗南宝力皋吐墓地

地理坐标为东经 121°19′，北纬 44°24′，海拔高度 220 米。这里地势坡状起伏，平均落差仅 5 米，属于半沙化草甸，生态植被十分脆弱，是大兴安岭南麓草原与科尔沁沙地的交错地带。2006～2007 年，两年共发掘清理古墓 203 座，其中分布在南区的 96 座，分布在北区的 107 座。墓葬排列整齐，排行规范与上述几处墓地大体一致。该墓地的学术地位和科学价值，令考古学界所关注。

1. 该墓地小河沿文化内涵，出现了新的动向，墓葬的随葬品中，小河沿文化的陶器与偏堡子类型的陶器共存。

2. 扎鲁特旗南宝力皋吐，昆都岭新石器时代大型墓地的发现，将内蒙古东部科尔沁草原与黑龙江省齐齐哈尔嫩江流域考古连成了一片。

3. 小河沿、偏堡子两个文化飞跃式的向北发展，其碰撞之急，融合之快，迁徙之速，是难以想到的。

从目前小河沿文化墓地的情况看，有建在山坡顶部的如大南沟，石羊石虎山，哈啦海沟；也有建在台地上的如姜家梁，还有的建在草原沙地上。还有部分墓葬，葬在天然洞穴里，如喀左县朝阳洞，锦西县沙锅屯等。综观小河沿文化的几处墓地，可以说小河文化墓地是有严格的规范和有计划使用的。无论是分区分片，都排列成行，有序按时间前后埋葬。或许这就是氏族社会所遵循的埋葬制度的一部分。墓地是死者的家园，墓地规模的大小，反映了当时氏族村落的大小和人口的多少。

从整体上看，一般墓穴都较浅，墓口呈现在地表土层之下，有部分墓已暴露于地表。墓地文化层堆积单纯清楚。墓地墓葬之间，很少或不见叠压打破关系，说明每个墓地都是在一个不太长久的时期内形成的。屈肢火葬很普遍，对不同年龄的死者，火焚程度是有区别的，对老人火烧时间长，青年火烧时间短。葬前焚烧墓坑，下葬时焚烧尸体。有的墓坑壁被烧成红色，人骨被烧成黑灰色。在晚期阶段出现了木馆，洞室墓被淘汰，仰身直肢葬代替了屈肢葬，大南沟以单人土坑墓为主，哈啦海沟以洞室墓为主，姜家梁以木棺墓为主。南宝力皋吐以仰身直肢墓为主。这是小河沿文化发展过程中，在埋葬制度和丧葬习俗上的一种变化。

### 小河沿文化墓葬统计表

| 地点时间 | 墓葬地址 | 墓葬数量 | 墓葬形式 | 总计 |
|---|---|---|---|---|
| 1977 年 | 内蒙古赤峰大南沟 | 77 | 土坑墓 | |
| 1979 年 | 内蒙古赤峰老鹳梁 | 6 | 土坑墓 | |
| 2007 年 | 内蒙古赤峰哈啦海沟 | 51 | 土坑墓 | |
| 2007 年 | 内蒙古扎鲁特旗南宝力皋吐 | 203 | 土坑木棺墓 | |
| 2008 年 | 内蒙古扎鲁特旗昆都岭 | 178 | 土坑木棺墓 | |
| 1963 年 | 内蒙古敖汉旗石羊石虎山 | 1 | 土坑墓 | |
| 1980 年 | 内蒙古克什克腾旗上店 B 点 | 2 | 土坑墓 | |
| 2006 年 | 内蒙古扎鲁特旗南宝力皋吐 | 142 | 土坑木棺墓 | |
| 1983 年 | 辽宁省喀左县朝阳洞 | 约 10 | 洞穴墓 | |
| 1959 年 | 河北省阳原县姜家梁 | 78 | 土坑木棺墓 | |
| 1921 年 | 辽宁锦西沙锅屯 | 不清 | 洞穴墓 | |
| 总计 | | 748 | | 748 座墓葬 |

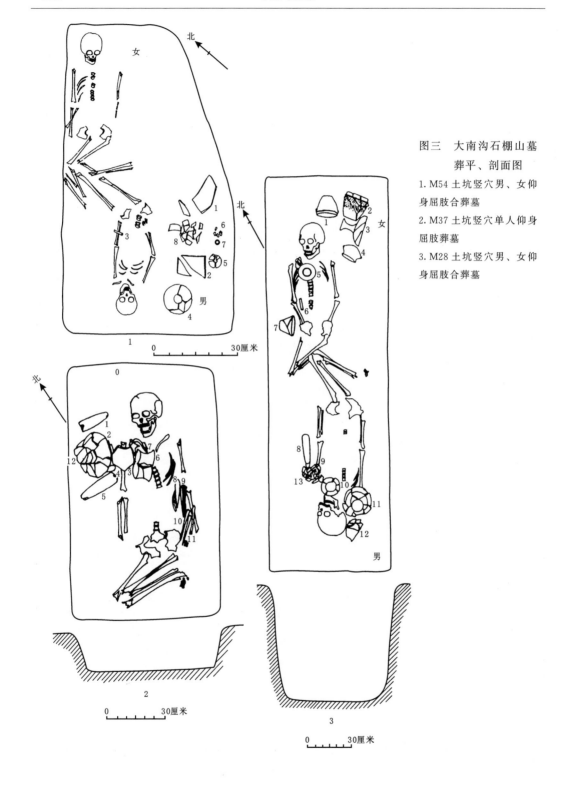

图三　大南沟石棚山墓
　　　葬平、剖面图
1. M54 土坑竖穴男、女仰
身屈肢合葬墓
2. M37 土坑竖穴单人仰身
屈肢葬墓
3. M28 土坑竖穴男、女仰
身屈肢合葬墓

# 二　小河沿文化墓葬形制与埋葬习俗

（一）大南沟墓地前后三次共发掘 77 座，可分为单人葬和双人合葬两种。其中单人葬墓 55 座；双人合葬墓保存较完好的仅有 3 座，墓号 M20、M28、M54（图三，1、3；图四）。

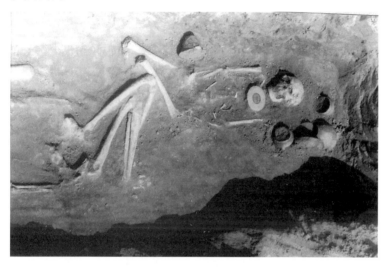

图四
大南沟石棚山 M28

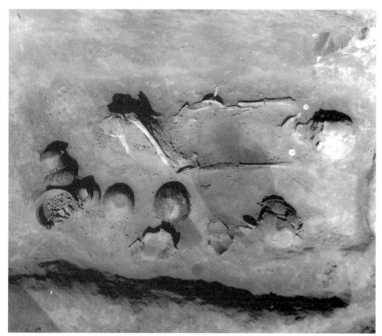

图五
大南沟石棚山 M32

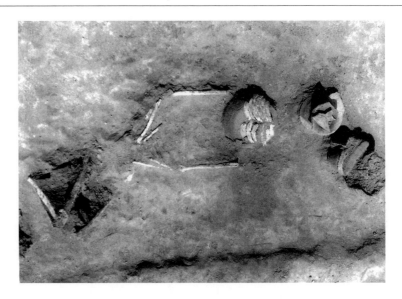

图六　大南沟石棚山 M31

1. 单人葬墓 55 座,有单人土坑竖穴仰身屈肢葬和单人土坑竖穴洞室仰身屈肢葬两种。大南沟共发现 19 座洞室墓,在数量上仅次于土坑墓。单人葬墓,墓坑格外短窄,其墓坑长度多在 100~150 厘米,宽 60~80 厘米,深 30~80 厘米。墓坑四壁均不甚规整,口大底小有一定斜度。葬式多系仰身屈肢,头面向上(图三,2;图五)。

缺头骨的墓,常在头骨位置,放置陶豆、陶罐(图六)。M76 随葬 20 余件器物,但确是一座无骨架的空墓。

大南沟只发现单人洞室墓,既在竖坑一侧挖一洞存放尸骨和随葬品,其主要目的,是不让黄土压在死者的身上,起到木棺的作用。中国有句古语:"入土为安",黄土压脸,是儿孙对父母的最大不孝。也发现有的洞室墓主人的腿骨还在洞外。说明下葬时,对亲人的安葬,并不都很细心。在发掘时,看到洞室内地下有铺桦树皮,树枝和挡洞口的木板等物。洞室墓挖掘也很简陋,高仅 20~40 厘米,深 30~50 厘米不等。洞室墓的随葬品数量、质量也并不比一般墓好,洞室墓的死者,是否比一般墓主人社会地位高些,还尚待进一步研究。

2. 合葬墓,均系长方形土坑竖穴仰身屈肢葬墓。M54 脚对脚,头向相反,面向上。东,女,17 岁,西,男,30~40 岁。随葬品都在男性右侧。女性身旁无随葬品。蚌环、石纺轮、骨管也葬在男性的身旁。从随葬品都在男性一侧分析,意味着家庭私有财产的萌生。

M28:双腿屈肢相对,头相反,面向上。北,女性 40~45 岁,南,男性 65 岁以上。女性头左侧葬骨针、骨管、石璧、陶钵、陶豆。男性头西侧葬有大小石斧、陶盆、陶罐。M28 和 M54 都是男女合葬墓，与 M54 相比较有较大差异。

M20 两位墓主人均无头骨，南，女性，成年人。北，男性，亦是成年人，男性葬品多为骨柄石刃刀、石镞、石凿、小型石斧、石锛、刮削器等。女性葬品有白色石环、石镯、彩陶钵、盂形器。该墓随葬品男女有别可能与他们的社会劳动分工有关。

（二）哈啦海沟墓葬

共发现 51 座墓，大致可分为 12 列，最多一列有 12 座墓葬，最少的一列仅 2 座墓。

在正式发掘的 19 座墓中，有一座严重破坏，一座为乱葬坑，实际发掘的 17 座墓，均系土坑竖穴洞室墓。

有 32 座墓是被盗后清理的，其中有 25 座为洞室墓，哈啦海沟墓地，共发掘清理 42 座洞室墓，洞室墓占 77％，成为主要的埋葬形式。

1. 单人葬墓，在发掘的 19 座墓中，单人葬有 9 座，占 47％，其中男性墓 3 座，女性墓 6 座，除 M44 头向南外，其余皆头向北，该墓地的埋葬形式，葬式，丧葬习俗均与大南沟墓地相近，不再赘述。

2. 二人合葬墓 8 座，占 42％，其中 2 座墓，墓主人并排葬，一座墓头对头葬（M39），其余 5 座墓皆为脚对脚（M3），M29 两位墓主人都是女性，年龄 16～25 岁，M1 两位墓主人又都是男性，年龄在 25～30 岁，除此之外，脚对脚的墓全是男女合葬墓（图七、八）。

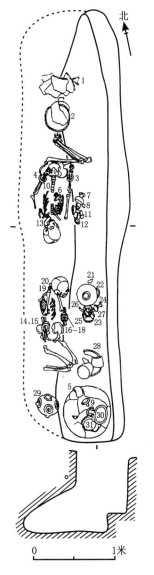

图七　头对头二女屈肢
合葬墓（M39）

3. 三人合葬墓，M33 是一字排开三人葬，三个墓主人皆男性，报告写到"发掘时清楚看到，中间墓主人是从别处迁来与另两个墓主人进行合葬的"。两端墓主人头向，一个向南，一个向北，北端墓主人随葬彩陶豆，三角形陶片，石斧两件，其他两个墓主人皆无随葬品（图九）。

（三）姜家梁墓地

墓地与遗址重合，该墓地共清理 78 座墓葬，墓葬由南向北排列，井然有序，墓向

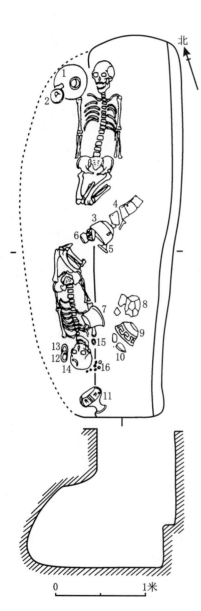

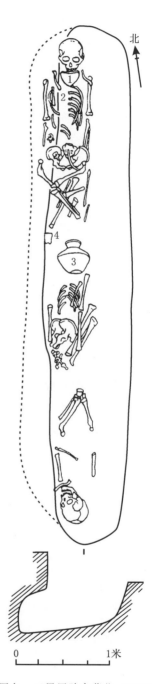

图八　脚对脚男、女屈肢合葬墓（M3）　　　图九　三男屈肢合葬墓（M33）

为南北向，大体在 340 度～355 度，可分 5 排，东西排列，每排墓的数量不等。

1. 单人葬墓，共发现 69 座，根据坑穴规模的大小，可分为宽、窄两型，宽型墓，因有木棺，墓坑宽大，木棺放置中间，故在木棺四周形成了熟土二层台。I 区宽型墓 42 座，窄型墓 27 座，窄型土坑墓，墓圹狭窄，仅能容身。

洞室墓在姜家梁明显减少，只发现 7 座。洞室内没发现木棺。M29 墓主人为男性，年龄 40～45 岁，墓主人尸骨葬于洞室内。洞口处发现有封堵洞口的木板痕迹（图一〇、1）。

2. 合葬墓，有两种，一种是双人合葬，一种是三人合葬。

双人合葬墓的葬式都是仰身屈肢葬，除 M63 的两位墓主人是平行放置外，其余合葬墓主人都是上下垂直叠压放置，并且严格地执行着仰身屈肢葬式，合葬墓均未发现任何扰动迹象。上下层骨骼紧密叠压，应是一次性埋入的。

三人合葬 M43，墓向 344 度，墓圹长、宽、深分别为 19、0.88、0.68 米。木棺长、宽、深为 1.56、0.56、0.44 米，内有三具人骨，上下垂直叠压，均为仰身屈肢葬，尸骨无丝毫扰动。为一次性埋葬。最上者为女性，约 25 岁，中间为男性，年龄 25～30 岁。最下者为男性，30 岁。一墓同时埋葬三人，无随品，有点奇特。在什么情

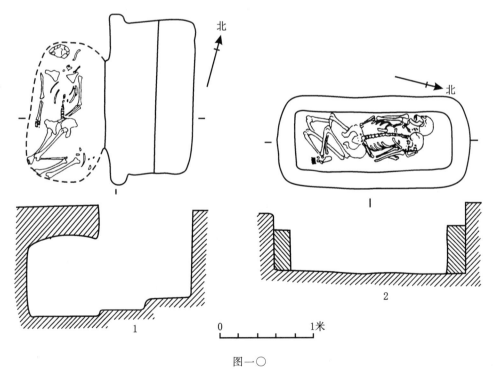

图一〇

1. 姜家梁墓葬 M29 平、剖面图　2. 姜家梁墓葬 M43 平、剖面图

况下，三人同亡一时，二男一女共葬一墓值得研究（图一〇，2）。

（四）南宝力皋吐墓地

该墓地多系长方形土坑竖穴墓，大部分墓开口于耕土层下。距地表最深者 1.5 米，浅者仅 0.3 米，墓葬规模大小不等，因为多数墓有棺，墓圹范围宽大，最长者 3 米以上，短者 1 米左右，多数墓一般长 1.8～2.5、宽 0.5～1.5、深 0.5～0.8 米。部分墓壁上发现有头龛和脚龛。但龛内未发现随葬品。墓葬头向东南，在 110 度～160 度。

1. 单人葬，有两种，一种为土坑竖穴，墓圹较小，另一种是有木棺的，墓圹大于土坑竖穴墓。该墓地的明显特点是：木棺代替了洞室墓，仰身直肢葬代替了屈肢葬，发现有少量的俯身葬墓和侧身葬墓。

2. 合葬墓发现 4 座，其中双人合葬 3 座，3 人合葬 1 座。皆为仰身直肢葬，骨骼保存不佳。BM38 为双人合葬墓，缺失头骨，葬式为仰身直肢。西侧头骨位置发现一块下颌骨，肩部以上摆放有随葬品。M205 位于南区开端位置，葬式为仰身直肢葬。头骨已被压扁，胸骨被火烧成黑色，随葬品也被烧变色。

扎鲁特旗南宝力皋吐，小河沿文化墓地与赤峰地区大南沟、哈啦海沟墓地相比较有了极其明显的发展变化，首先是墓葬中的随葬品呈现出小河沿文化和偏堡子文化两个文化类型的遗存，大大丰富了小河沿文化的内涵。其次是洞室墓、火葬墓在逐步减少。木棺葬、仰身直肢葬代替屈肢火葬。使小河沿文化改变了大南沟和哈啦海沟故有的墓葬形制出现了新的丧葬风俗。

## 三　小河沿文化墓葬随葬品分析

赤峰地区大南沟，哈啦海沟两处小河沿文化墓地，保存较好，随葬遗物丰富，埋葬习俗规范，具有典型意义，对研究小河沿文化独特的个性和思维理念十分重要。小河沿文化墓葬的随葬品，大致可分为三类，既生产工具类、陶器类、饰品类。

（一）生产工具：不论男、女，不管是单人葬还是双人葬，凡是成年人，生前有劳动能力者，大多数墓都把生前使用过的生产工具随葬在身旁，到另一个世界也要参加生产劳动，尽管社会分工不同，生产工具各异，但生活劳动意识是一致的。

墓葬出土的生产工具，具有北方细石器文化特点，磨光石器小型化，专业化，制作精致美观。如小型圆肩石斧，方肩石锛、长条形断面呈方形，石凿等，磨制都很锋利。纺轮、骨刀、骨针、骨柄石刃刀、骨柄双刃石剑、三角形石镞、刮削石器、石核等，都非常精细美观。男性多葬石斧、骨刀、石镞。女性多葬纺轮，骨针，骨管，骨梳发器等。小河沿文化的复合工具，石刃都镶嵌在骨柄槽内，然后用黑色植物胶液粘牢固定。这种复合型石刃剑骨柄刀，使用了 4000～5000 年，石刃尚未脱落说明其镶嵌技术极为高超。

值得注意的是小河沿文化墓葬中，不见或少见。像红山文化那种大型农耕石器、石斧、石犁、石耜、石磨盘、石磨棒和网坠。更多的是畜牧业生产工具细石器。这是小河沿文化墓地随葬品所反映的一种情况。红山文化积石冢墓⑩出土生产工具特少。

（二）陶器

陶器是生活器皿，阳宅使用的器皿，带到阴宅，这是氏族社会先民的信念，但也有部分陶器是祭祀器。小河沿文化墓葬的陶器以大口小底直筒罐为大宗，其次是陶壶、陶罐、陶碗、陶豆、陶盆等。直筒罐不仅数量多，而且造型别致，器形独特，个性甚强（图一一，2；图一二，1）。

从陶器的质地观察，可分夹砂陶和泥质陶两种。夹砂陶中，又可分为夹粗砂和夹细砂的不同。泥质陶又可分为泥质红陶、泥质灰陶、泥质磨光黑陶、泥质彩陶。

直筒罐是北方原始氏族社会先民们的主要饮食炊器，相当我国中原地区先民们日常使有的鼎和鬲。直筒罐是北方原始氏族文化发展的起点，即"根"，当然也是小河沿文化发展的基石。所以我们认为小河文化是在继承兴隆洼、新乐下层、赵宝沟、红山文化的基础上发展而来的。如果说细石器工具加直筒器是小河沿文化发展的"根"，那么彩陶文化艺术就是小河沿文化发展的"魂"。小河沿文化彩陶器图案与仰韶文化、红

图一一

1. 彩陶鸟形壶（哈拉海沟 M39 出土）　　2. A 型彩绘陶尊形器（哈拉海沟 M3 出土）

图一二

1. Bb 型陶钵（哈拉海沟 M35 出土）　　2. Aa 型陶豆（哈拉海沟 M3 出土）

山文化的彩陶有联系，存有共同因素，但其差异性很大，具有鲜明的个性。

如哈啦海沟墓葬（M39：29）出土的彩陶鸟形壶，四条蛇与四只兽组成的图案；Ab 型豆（M39：22）三条直线与正、背双月牙所组成的图形；Aa 型彩陶豆直线与两只站立在水中的仙鹤组成的彩画，器形和彩绘协调，红底黑彩艳丽，构图新颖别致，器形独特，彩绘独创与红山文化彩陶相比较差别明显，各有千秋（图一一，1；图一二，2）。

小河沿文化的彩陶，是直线、斜线、平行线、三角纹、半弧线纹动物纹样等多种因素组成图案。其创作理念是以写实为基础的。而红山文化是以蝌蚪纹、垂帘纹、涡纹、弧线纹组成图案，图案特点是以抽象流动，飘浮为主线，以虚、动、神为圣、为上、为美。反映在彩陶器物上以通天通神宗教理念为主导。如红山文化积石冢外摆一圈无底筒形彩陶器也是以敬天、敬祖与通天、通神的玉器精神理念相一致。其次才是表现美观庄严和神圣。无底筒形器在积石冢外侧的陈设是最形象生动的说明（图一三，1、2；图一四，1～4；图一五，1、2）。

距今 5000 年左右，正是黄河泛滥成灾的年月，"鲧治水，九年而水不息，乃劳身焦思，居外 13 年，过家门不敢入"[⑪]。当年的治水英雄们，生活尚且如此，一般氏族先民的生活可想而知。唯有向北迁徙，才有求生出路。

大量先民群体北迁，把先进的农耕经验和制陶技术传播到长城以北，大大促进了北方氏族文化的发展。同时，也为小河沿文化的兴盛繁荣创造了条件。

图一三

1. Ba 型陶钵（哈拉海沟 M3 出土）　2. Ba 型陶豆（哈拉海沟 H1 出土）

图一四

1. Ab 型彩陶豆（哈拉海沟 M39 出土）　2. Aa 型彩陶豆（哈拉海沟 M3 出土）

3. Ab 型彩陶豆（哈拉海沟 M33 出土）　4. 双耳圈足罐（哈拉海沟 M42 出土）

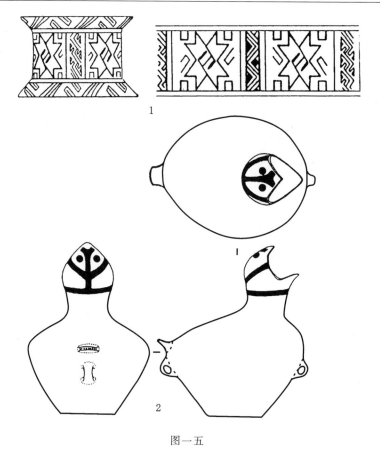

图一五

1. 彩陶器座（南台地 F4 出土）1/8　2. 陶鸮壶（大南沟石棚山 M67 出土）1/7

（三）饰品

　　饰品是一个氏族精神文化的体现，是对美好生活的追求。饰品是古代先民对自己精神文化生活的一种绽放。一处保存完好的墓地，是过往氏族生活的真实再现，对研究一个氏族精神文化的审美观和爱好极为珍贵。

　　小河沿文化的先民最爱打扮美化生活，他们心灵手巧，创造出了不少精美的饰品。从质地分，石质的最多，其次是骨质的、蚌质的，玉质的较少。

　　最多常见的是石镯，多为女性戴，也不尽然，男性戴的也不少。一般男性多戴在左手腕处，而女性多戴在右手腕上。戴一件的多，戴两件的少。哈啦海沟 M40 中的一个女性右手腕戴同样大小的石镯三件，可见石镯在女性装饰生活中流行的程度。石镯断面有两种：一种是里圈厚，外圈薄，断面呈三角形。另一种是里圈稍厚，外圈变薄，石镯外径 7～8 厘米，内径 5～6 厘米。

　　石环多系用大理岩磨制，少许为玉石磨制。石环有大小之别，多葬在死者胸前。

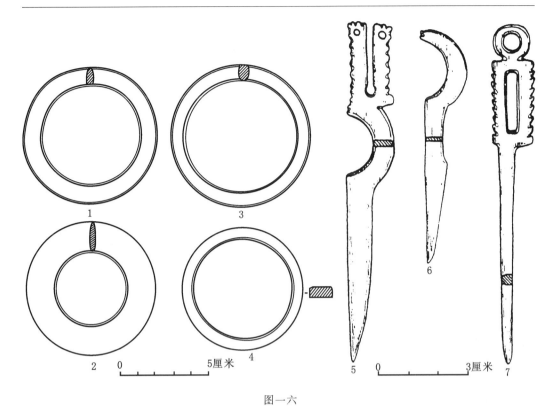

图一六

1. C 型玉镯（哈拉海沟 M39 出土）　　2. 玉璧（哈拉海沟 M36 出土）　　3. A 型玉镯（哈拉海沟 M39 出土）

4. B 型玉镯（哈拉海沟 M40 出土）　　5. B 型骨簪（哈拉海沟 M40 出土）　　6. A 型骨簪（哈拉海沟 M40 出土）

7. C 型骨簪（哈拉海沟 M40 出土）

与玉环玉璧出土位置大体一致。石珠、石管出土的部位不固定（图一六，1—4）。

　　骨饰：有骨管、骨簪、骨臂，哈啦海沟 M40 出土三件形状各不相同的骨簪。造型新颖，美观大方。M40：2，长 18 厘米。M40：12，长 10.8 厘米。M40：3，长 7.4 厘米（图一六，5—7）。

　　大南沟 M27：1，出土一件黑色胶体臂饰，把白色精美的小骨珠有规律而整齐地镶嵌在黑色胶体上，黑白鲜明技术精湛，应是氏族社会最美丽的工艺品。M39 出土了一件同样工艺技术制作的手镯（图一七，5、6）。

　　蚌饰品中，大南沟（M32：1、2）出土二件圆形刻三角形齿轮纹的耳坠，耳坠中部钻一小孔，两面刻有纤细阴线纹，在阳光照耀下五颜六色，显得格外美丽动人。小河沿文化的饰品精美别致，在一定程度上体现了先民们精神文化面貌的丰富多彩和对美好生活的向往追求（图一七，1—4）。

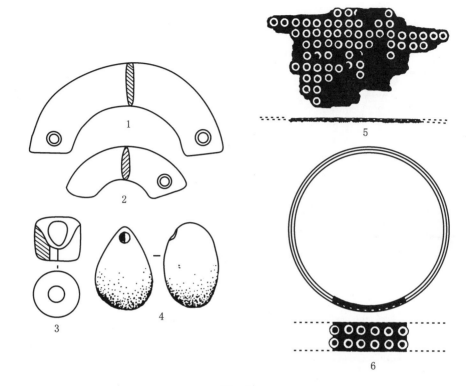

图一七

1. 玉璜（大南沟石棚山 M59 出土）　2. 玉璜（大南沟石棚山 M55 出土）　3. 绿松石珠（大南沟石棚山采集）

4. 石耳坠（大南沟石棚山 M57 出土）　5. 胶体臂饰（大南沟石棚山 M27 出土）　6. 胶体臂饰（大南沟石棚山 M39 出土）

## 四　小河沿文化刻划图像与文字符号

小河沿文化刻划图像与文字符号，从制作形式观察，大体可分两种：一种是刻划在夹砂陶直筒罐腹部和直领壶肩部，而另一种是画在彩陶图案中。夹砂直筒罐的中腹部，多饰有细绳纹和刻划纹，刻划纹饰中，又有竖行纹、横行纹和相互交叉的网格纹、三角纹。而图像文字符号多绘刻在陶器明显部位的图案中。

如：大南沟（M39：1）陶壶肩上刻划的文字符号和（M52：1）刻划在小陶罐一侧的文字符号。还有的图案与文化符号相结合，组成一幅文化内涵更丰富的新颖图像形式。这种图像刻划技术较高，刻线具有纤细密集的特点。大南沟（M52）墓主人是一位 22 岁的男性，死后葬有石钺，生前掌握兵权。随葬陶罐上，外壁一面刻犁形状的文字符号，而陶罐的另一侧是一幅刻划完整内容复杂的图像。图像中蕴涵着氏族社会复杂的文化信息，这种信息可能与捍卫氏族权益，祭祀神灵有关。虽然目前我们尚不能诠释其中的奥秘，但随着科学的发展，认识能力的提升，总有一天会读懂解析出陶罐上的图像内容。文字符号、图像无疑是先民们科学艺术、智慧文化的结晶。是氏族社会即将进入文明社会的信息火花，弥足珍贵（图一八）。

反映在小河沿文化陶器上的文字符号和图像，从结构上看，要比西安半坡遗址和山东大汶口遗址陶器上的文字符号更复杂得多[12]。如小河沿墓地陶器上卐和╳符号多次出现，而在马家窑文化的陶器上，也时常见到类似的符号。它们之间有共性，就必然存在着更深层次的内在联系。青海省柳湾墓地出土的陶器上原始图像文字符号，也与

图一八　刻划图像文字符号，拓片（上）、摹本（下）（大南沟石棚山 M52 出土）

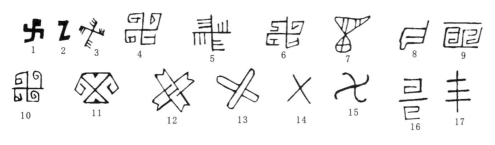

图一九

1～3. 刻在陶壶肩部（大南沟石棚山 M39：1）　　4～7. 刻在筒形罐外壁（大南沟石棚山 M52：2）

8. 画在 B 型彩绘陶尊形器上（哈拉海沟 M39：2）　　9、15. 画在彩陶双耳罐上（哈拉海沟 M39：8）

10. 画在彩陶钵上（大南沟石棚山 M20：1）　　11. 画在彩陶罐肩部（大南沟石棚山 M55：5）　　12.

画在彩陶尊上（南台地遗址 F4：1）和画在彩陶罐底上（南台地遗址 F4：3）　　13、14. 画在陶偶身上

（喀左朝阳洞墓地）　　16、17. 画在彩陶豆上（哈拉海沟 M41：1）

小河沿文化陶器上的图像文字符号相若[13]，都值得我们相互比较研究（图一九）。

# 五　小河沿文化渊源探索

通过对小河沿文化墓葬材料的研究分析，使我们对小河沿文化认识上更深入一步。为了便于比较研究，现将小河沿文化的遗存大体划分南、北、中三区。

（一）南区

黄河以北，长城以南，太行山以东，广袤富饶的华北大平原为中心。其中河北省阳原县姜家梁小河沿文化墓地为最典型，规模也最大。这是太行山与燕山余脉接触区，向东即为著名的原始文化集聚地——泥河湾盆地。

姜家梁墓地以北 50 米处，即于家沟细石器遗址，该遗址出土的打制细石器、石磨盘、石磨棒、石斧、骨角器和陶器的特点与姜家梁房址出土遗物的文化面貌非常一致，与距此不远的蔚县三关遗址，第三期的文化特征和北京昌平雪山文化一期遗物均非常相似。姜家梁墓葬出土的陶罐、陶钵等与雪山同类器物也相同。雪山一期文化，即是北京地区的小河沿文化重要遗存。从遗物观察姜家梁墓地时代与大南沟、哈啦海沟墓地的时代相比较大致相同或略晚些。

河北省正定南杨庄遗址[14]，河南省安阳后岗遗址[15]所出土的彩陶钵及其平行斜线纹，三角纹彩陶图案都应与小河沿文化早期彩陶因素有关。小河沿文化出土的敛口圜底彩陶钵与河北武安县赵窑遗址[16]，仰韶文化第三类型早期的彩陶钵、碗、盆等器形非常相似。彩陶母体也是三至五道平行直线和三角纹构成的几种简单纯朴的花纹图案，与小河沿文化同类器物及纹饰也基本一致。

河北省徐水解村仰韶文化遗址出土的陶豆[17]，也与小河沿文化的豆形器相仿。正定南杨庄卧龙岗遗址均有平行直线与三角纹彩陶片出土。上述文化遗存均与早期小河沿文化因素有关，无疑是探索小河沿文化渊源的重要资料。除豫北、冀中地区之外，其他地域甚难寻觅到如此宝贵的彩陶资料。

（二）中区

主要指分布在：内蒙古赤峰市、辽宁朝阳市地区、小河沿文化的遗址和墓地，分布的主要河系有：教来河、英金河、西拉木伦河、老哈河、大小凌河。经过发掘的地点有 10 多处。中区是小河沿文化的分布中心，时代比其他地区较早，大部分遗址与红山文化相伴而存，其共同因素，相互影响颇多。

但其文化性质的差异明显，红山、小河沿属于两个不同个性的文化。该地区土质疏松，气候环境适宜原始农牧业多种经营发展。

（三）北区

位于内蒙古东北部与黑龙江省西部交界。即大兴安岭南麓，草原与科尔沁沙地交错地区。地势开阔地貌坡状起伏，为半沙化草甸，生态植被较脆弱。扎鲁特旗南宝力皋吐，道老杜木荷叶花嘎查昆都岭墓地遗址都是分布在我国最北端的小河沿文化遗存。不仅墓地规模大，而且文化内涵丰富。特别值得关注的是：在这一地区墓葬遗址中发现了小河沿文化与辽东地区的偏堡子文化类型，小拉哈甲组为代表的松嫩平原考古学遗存融为一体的考古文化现象。具有综合性、复杂性、多元性文化的特色，展现出了小河沿文化后期发展的新动向，提出了新的课题。这一考古文化现象的出现，意味着母系氏族血缘关系，开始向地缘氏族集团文化方向的发展。

综观小河沿文化的分布疆域和发展进程，给我们四点启迪：

其一，小河沿文化，是以北方直筒罐文化为根基，彩陶艺术文化为灵魂，继承了兴隆洼、仰韶、新乐下层、大汶口、红山、庙子沟、大坝沟诸多原始文化的先进因素，发展成为具有多元性文化特色的一支原始文化。在其晚期阶段，在内蒙古扎鲁特旗广阔草原同几个时代大体相同的原始文化凝聚融合成一体构成了文化内涵丰富的新内容。

其二，在小河沿文化的早中期，就受到豫北冀南仰韶文化彩陶艺术的强烈影响，使其按着北方的生活需求规律创造出了许多新颖、奇特、美丽的彩陶器物群，特别是水器陶壶、罐类更多。并在器表绘制出富有神灵色彩的图案。

其三，小河沿文化，正处在一种社会大变革时期，社会矛盾加大，私有财产萌芽已有显现。母系氏族血缘传统文化和社会组织，开始向父系地缘社会关系集团转化。小河沿文化墓葬中山现的多种不同埋葬形式和多种文化因素的集聚，就是社会大变革的真实反映。

其四，诸多社会氏族群体，在逐渐向社会部落人群靠拢，即新生的文明社会机构将代替古老、衰弱的氏族社会组织。小河沿文化的多人葬形式开阔了我们的视野，使我们洞察到对偶婚制的不稳定性，个人私有财产和家庭私有财产之间过渡的一些轨迹。对偶婚制的不稳定性，直接影响着私有家庭财产的形成。

敖汉大甸子夏家店下层文化墓葬发现了高台山文化类型的陶器群[18]，马城子文化晚期陶器与高台山墓葬陶器有共存现象。特别使人感兴趣的是小河沿文化墓葬出现了偏堡子文化类型的陶器[19]，这就真实而准确地说明进入文明社会的信息新曙光即将到来。

## 注　释

①　辽宁省博物馆、昭乌达盟工作站、敖汉旗文化馆：《辽宁敖汉旗小河沿三种原始文化的发现》，《文

物》1977 年 12 期。

② 李恭笃：《辽宁凌源县三官甸子城子山遗址试掘报告》，《考古》1986 年 6 期。

③ 内蒙古文物考古研究所等：《内蒙古扎鲁特旗南宝力皋吐新石器时代墓地》，《考古》2008 年第
　 7 期。

④ 塔拉、张亚强：《内蒙古昆都岭遗址发掘取得的重要收获》，中国文物报 2008 年 1 月 11 日。

⑤ 内蒙古文物考古研究所：《内蒙古赤峰市哈啦海沟新石器时代墓地发掘简报》，《考古》2010 年第
　 2 期。

⑥ 内蒙古克什克腾文物志编委会：《克什克腾旗文物志》，38～40 页。内蒙古人民出版社 1996 年 6 月。

⑦ 河北省文物研究所：《河北阳原县姜家梁新石器时代遗址的发掘》，《考古》2001 年第 2 期。

⑧ 见《辽宁省博物馆刊》，第二辑 48 页，2007 年 12 月。

⑨ 河北省文物研究所：《正定南杨庄—新石器时代遗址发掘报告》。中国科学院考古研究所：《梁思永
　 考古论文集》，58 页图版叁。

⑩ 同注⑨。

⑪ 见《史记》，夏本纪第二卷。

⑫ 山东省文物管理处、济南市博物馆编：《大汶口—新石器时代墓葬发掘报告》，文物出版社 1974 年。

⑬ ①青海省文物管理处考古队、中国社会科学院考古研究所：《青海柳湾》—乐都原始社会墓地。文
　 物出版社 1984 年 5 月。

②《青海乐都柳湾原始社会墓地反映出来的主要问题》，《考古》1976 年 6 期。

⑭ 河北省文物研究所编著：《正定南杨庄》——新石器时代发掘报告，科学出版社 2003 年 10 月。

⑮ 中国科学院考古研究所编：《梁思永考古论文集》，参阅后岗发掘小记，科学出版社 2003 年 10 月。

⑯ 河北省文物管理处等：《河北武安洛河流域几处遗址的试掘》，《考古》1984 年 1 期。

⑰ 保定地区文物管理所：《河北省徐水县陵村二号墓》，《文物》1984 年 4 期。

⑱ 刘晋祥：《大甸子墓地乙群陶器分析》，夏鼐先生考古五十年纪念文集，文物出版社 1980 年。

⑲ 同注③。

# 第四编　夏家店下层文化

　　"方国时代"的夏家店下层文化是私有制产生，阶级出现，社会处在历史大变革时代。部落集团之间，为了争夺资源地盘时常爆发战争。先民们为了防御敌对势力的进攻，居住区普遍筑起了高高的城堡、城壕和围墙。就其夏家店下层文化的居住址而言，其密集程度近似现代村庄。如赤峰英金河流域山顶密集的城堡连接起来似乎就像中国古长城的雏形。遗址集中的平地古城面积，从几万平方米发展到十几万、几十万平方米。内蒙古赤峰市三座店、迟家营子和辽宁省北票市康家屯古城，墙外都筑有半圆形马蹄状"马面"。由此可看出当时古城的防御设施相当完备。各种先进武器，也应运而生，如辽宁锦县松山乡水手营子一座墓中，出土的一件铜柄戈，通长80.2厘米，戈身与铜柄连铸，戈柄通体施方格纹。铸造技术和工艺水平格外独特、先进。赤峰市敖汉旗大甸子第715号墓出土的一件大理石磨制的石钺，钺身细长，钺柄长78厘米，柄两端还铸有圆管形附件，加固装饰美化石钺。

　　这种精致兵器是特定社会的产物，是社会地位和权力的象征。总而言之，无论是修筑城堡。研制武器，还是制作的珍贵玉器，以及具有特殊意义的彩绘陶图案，都是城邦征战中闪烁的文明火花，都孕育着新文明的到来，新型王朝和国家的诞生。

# 内蒙古赤峰县四分地东山嘴遗址试掘简报

1973年秋，配合沙通铁路工程，对四分地东山咀遗址进行了试掘，现将这次试掘工作的收获简报于后。

图一　东山嘴遗址位置示意图

遗址位于赤峰县（现已划归内蒙古自治区）初头朗公社四分地大队东南，西路嘎河西岸的东山咀斜坡黄土台地上，距赤峰市约50公里（图一）。整个遗址坐落在南高北低的斜坡上，从遗址断崖上断续可以看到堆积两米多厚的文化层。遗址东西长280、南北宽100米，总面积为28000平方米。遗址南端尽头的最高处，遗存一段

长27、宽1米的残石墙。这里应是一处夏家店下层文化的原始村落居住址。地面遗物丰富，多为夏家店下层文化的鬲足、瓿腰、豆柄、器底和大量的绳纹陶片及一定数量的篮纹陶片。遗址南部较远的山坡上，分布有夏家店上层文化的石棺墓。遗址中还发现一些夹砂红陶片和残坏的环状带孔石器等夏家店上层文化遗物，这些遗物可能是由于风刮水冲和农耕活动等原因，从山上流失下来的。

遗址保存较好，仔细观察地表可隐约看出一个个大小不等的灰土圈。揭掉30厘米的耕土层，房址和灰坑就显露出来。这次发掘清理的房址9座，灰坑18座，揭露面积450平方米。发掘工作从1973年10月12日开始至11月5日结束，历时二十三天，参加这次发掘工作的有郭大顺、于庚寅、邵国田、郑瑞峰、唐汉三、李恭笃等同志。

## 一　遗　迹

（一）房址

这次发掘的九座房址，按其发掘的前后顺序，编号为F1—9。根据九座房址和十八座灰坑在遗址中所分布的位置，自然形成了南、北、中、西四片（图二）。

北片由 F4、F5、F6 三座房址和 H1—H6 六座灰坑组成。中片由 F1—F3，三座房子和 H7—H13、H19、H20 九座灰坑组成。南片仅由 F9 和两个大型灰坑 H14、H15 组成。西片由 F7—F8，两座房址和 H16—H18 三座灰坑组成。F7 与 F8 相距 20 米，而北片和中片房址则基本相邻，如 F1 与 F2 斜对门而居。从房址和灰坑的分布位置和开口的层位关系，可以清楚地看出它们是密切联系在一起的。有的灰坑面积很大，形状不甚规则，如 H1、H7，应是当时堆放垃圾的地方。但也有的灰坑面积较小，如 H17 底部还经过火烧，在填土中出土

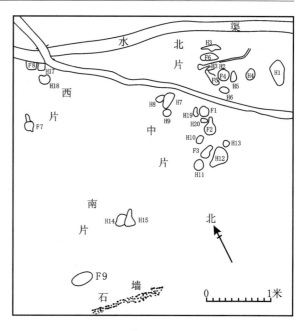

图二　东山咀遗址房址、窖穴、灰坑分布图

有生产工具和生活器皿，或许是 F8 的附属建筑，专门用来存放物品的地方。F9 位于遗址的最高处，离南边的石围墙较近，从整体观察距遗址中心部位偏远，具有村落防御哨所的性质。

从九座房址的建筑特点看，有一个共同特征，即挖穴而居，只是穴室有大小深浅不同之别。穴壁深均在 0.3～2 米，面积 5～15 平方米不等。在整个遗址发掘过程中，未见白石灰地面和用土坯石块砌墙的现象，就是用草拌泥抹地和抹穴壁的情况也并不普遍。房址的端壁皆为原生黄土壁，壁上凿有大小不等的壁龛，龛底略低于地面，龛内被烟熏黑，可见壁龛是经常生火的地方。因为穴居，非常潮湿，需要经常烘烤，而火焰上升容易烧着房盖，凿壁龛以防火灾。总的来说，房子的建筑形式比较原始简陋，但与其他同时代遗址的房舍建筑相比较，有其独特风格。现将不同形状的典型房址分别作一介绍。

1. 圆形半地穴式房址　5 座（F1—F4、F7），介绍两座。

F1　圆形，位于遗址的中部与 F2 相邻，直径 2.9～3 米，门向不清。周壁规整，壁高 0.6～0.7 米。南面和西侧有两个弧形灰坑 H19、H20，室内东侧有一片 0.4 米宽的红烧土，靠近烧土的地方发现一堆陶罐碎片。在居住面上发现十九个柱洞（图三，1—19），中部有两个大柱洞，其余均为小柱洞。大柱洞，口大底小，呈锅底状，底和

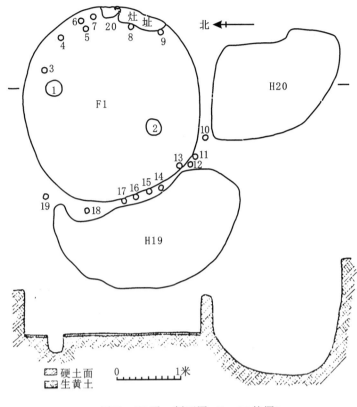

图三　F1平、剖面图（1～19柱洞）

壁均贴有一圈碎陶片，防止柱头腐烂。柱洞口径25、深30厘米。两个柱洞中心距离1.8米。一号柱洞距北壁0.4米，2号柱洞距南壁0.7米。周围小柱洞皆直壁筒形，有可能是埋木栅栏时遗留下来的痕迹。这种有两个大柱洞的半地穴式建筑是夏家店下层文化常见的典型房址（图三）。

　　F2　位于F1的南侧，圆形，直径2.2～2.3、壁高1.8米。门向北开，方向30°，门道长1.6、宽0.7～0.9米，有四层台阶通向地面。第一级台阶高0.3、宽0.9米，第二台阶高0.2、宽0.45米，第三台阶高0.15、宽0.2米。第四层台阶高0.2米。该房址穴壁上凿有四个大小不同的壁龛。各龛的大小见F2壁龛统计表。

　　墙壁凿设壁龛，是与这种地穴式房子相适应的。壁龛可作灶址，烟火顺墙而上，屋内避免烟熏。壁龛可以挡火，起到安全的作用。

　　地面发现7个柱洞，1—2号为大柱洞，3—7号为小柱洞。1

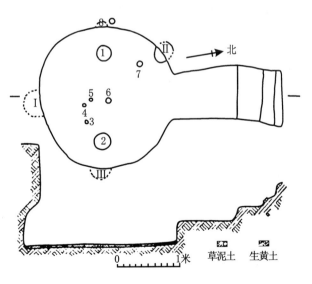

图四　F2平、剖面图
1～7.柱洞　Ⅰ～Ⅳ.壁龛

号柱洞口径0.27、深0.31厘米。2号柱洞口径0.3、底径0.12、深0.29厘米。大柱洞周壁和底部均贴有碎陶片。房子的底部抹一层草拌泥（图四）。

2. 椭圆形房址　3座（F5、F6、F9）。

F5　位于遗址北片，整个房子为不甚规则的椭圆形，南北长1.98、东西宽1.5米。门道长1.78、宽0.8米与H2相接。门道高出居住面0.4米，其尽头有一条高出门道0.3、长0.7米的土坎，应为保护房子的防水设施，也可起到台阶的作用。门向南开，方向60度。穴壁存高1.8米。南壁下凿有壁龛，龛高0.9、

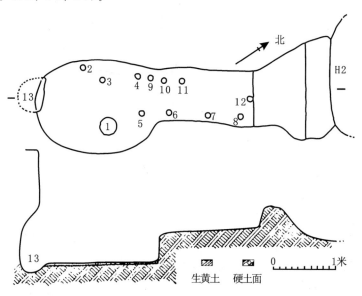

图五　F5平、剖面图
1～12. 柱洞　13. 壁龛

宽0.52、深0.5米。龛底略低，有火烧痕迹。室内和门道两侧发现一个大柱洞，十一个小柱洞。整个房子口大底小呈袋状，居住面有一层0.5厘米的硬土面（图五）。

F9　位于遗址的最南端，地势较高，紧靠遗址南侧的残石墙，离其他房址较远。平面呈椭圆形，面积较大。东西长4.6、南北宽2.2～2.8、壁高1.2～1.4米，室内未发现柱洞和遗物。

**F2 壁龛统计表**（单位：米）

| 龛号 | 龛高 | 龛宽 | 龛深 |
|------|------|------|------|
| 1号 | 0.7 | 0.5 | 0.25 |
| 2号 | 0.38 | 0.38 | 0.2 |
| 3号 | 0.35 | 0.2 | 0.17 |
| 4号 | 0.3 | 0.2 | 0.15 |

F6　位于遗址的北部与F5相邻，是一座东西向的长方形双室结构的地穴式建筑。房子的北边揭露出一个长条形大型灰坑，编号为H3（未做完）。靠近房子南侧发现一道长6、宽0.3米的防水沟，水沟西端通向直径1.4、深0.5米的灰坑。根据房子和水沟的位置断定，无疑是为防水而设置的。

该房址全长4.4、宽1.8～2米，壁高1.2米。前室长2.25、后室长2.15米。后室地面比前室高8厘米。地面均为硬黄土。两室共发现大小柱洞12个。后室的西北角有

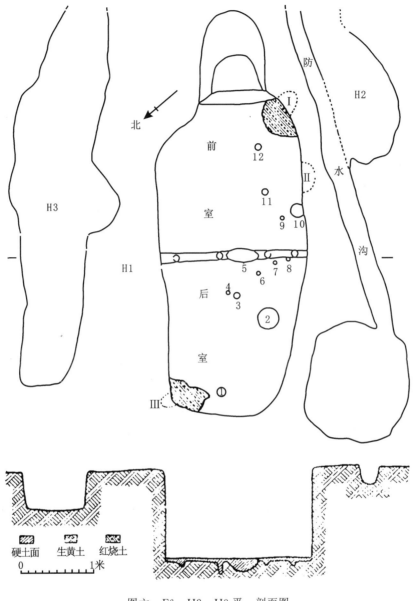

图六　F6、H2、H3平、剖面图

1~4、6~12.柱洞　5.门　Ⅰ~Ⅲ.壁龛

一片长0.5、宽0.6米的红烧土，靠近红烧土的穴壁上凿有通向地面的烟道。前室的西南角有一高0.35、宽0.65米的壁龛。龛下也有红烧土。南壁下有一高0.4、宽0.2米的小龛。两室之间有一道厚0.3米的隔墙。隔墙中间有长0.44、宽0.2米的椭圆形坑，应是后室通向前室的房门址。门址左右的四个小柱洞即为隔墙中间的立柱洞穴。门向东开，门道呈圆弧状，长1.1、宽0.9米。有二层台阶，第一层高0.3、宽0.7米。第

二层高 0.44、宽 0.63 米。屋内堆积为松软的灰土，近底部约 0.3~0.4 米厚，是一层黄色淤土。居住面为一层黄褐色硬土（图六）。出土遗物主要有鬲、甗、瓮、甑、罐、盆等残破的陶片，有的可复原。

3. 方形房址　F8 一座。

F8　圆角，弧边，近方形，为一座半地穴式建筑。因位于遗址东北角水渠的断崖处，北部边缘已遭到不同程度的破坏。南北长 3.3、东西宽 3 米，墙壁存高 0.3~0.5 米。居住面为一层硬黄土，中间有长 0.9、宽 0.8 米的红烧土面。烧土的周围有一个大柱洞，17 个小柱洞。大柱洞口径 0.3、深 0.25 米，周壁都贴有碎陶片。小柱洞口径皆在 0.15~0.17 米。房址的南壁下发现一件陶瓮，瓮内遗存一块牛肩胛骨。可见这种大型陶瓮，不仅存放谷物，也用于储放肉类。F8 的西侧有一长条形灰坑，编号为 H17。

（二）灰坑

这次发掘清理的十八座灰坑，依据其用途和形状大小的不同，可分为两类。一类是存放物品的窖穴，属于房子的附属建筑，坑底较平，多经火烧，坑壁较规整，除面积较小外，大体与房址相似。这类窖穴往往分布在房址的四周，底部填土中出土有石器和较多的陶片。如 H17，位于 F8 东侧，与 F8 形成一个整体。长方形，坑口长 2.5、宽 1.5、深 0.62 米。坑壁整齐。H13，在 F2 的南侧，马蹄形，袋状，平底，边沿整齐，长 2、宽 1、深 0.8 米。

另一类，坑形不够整齐，坑壁倾斜度较大。坑底一般呈锅底状，面积大小差别悬殊。最大的灰坑 H12，位于 F3 的东侧，东西长 3.7、南北宽 2.3、深 1.9 米。堆积中遗物甚少，兽骨较多，这类灰坑离房址较远，一般在 5~8 米，应是当时堆放垃圾的地方。

# 二　遗　物

（一）陶器　从出土的陶器看，以泥质磨光黑陶为主，夹砂褐陶次之，夹砂红褐陶和泥质灰陶所占比例甚小。夹砂陶中的砂粒大小均匀，经过严格的选择。泥质陶的陶胎细腻，陶土经过沉淀过滤。

器形一般制作规整，有部分器物口沿经过轮修。制陶方法多用套接法和泥条盘筑法。如大型器物陶甗，往往是先把甑和鬲两部分分别制好，然后再衔接捏合成一体，为了加固往往在腰部施一圈泥条制成的附加堆纹，既起到加固的作用，又美化了器物。

又如大口盆的鸡冠耳和罐形鼎的鼎足多数都是分别制好后，粘上去的。所以最容易脱落。

陶器的纹饰，以绳纹为最普遍。其次是绳纹加划纹，绳纹和附加堆纹交互使用。另外还有弦纹、篮纹、方格纹、锥刺纹等。有的一件器物上施有几种纹饰。黑陶多为素面，彩绘陶片仅发现两块。

绳纹和附加堆纹多施于罐和甗；弦纹与附加堆纹常见于瓮形器；篮纹和方格纹多见于盆形器。豆、鬲、盘、折腹盆等素面磨光为多。该遗址出土的主要器类有罐、鬲、瓮、甗、鼎、豆、盘、盆、杯、碗、壶、折腹盆等。

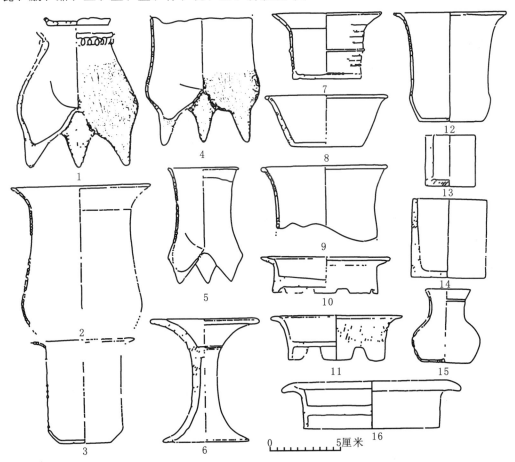

图七　陶器

1. 甑（H5：1）　2. Ⅱ式鬲（H2：1）　3. Ⅰ式折腹盆（F2：1）　4. Ⅲ式鬲（H11：7）　5. Ⅰ式鬲（H11：8）　6. Ⅰ式豆（F1：1）　7. Ⅲ式盆（F3：1）　8. Ⅱ式盆（F8：3）　9. Ⅲ式折腹盆（H1：2）　10. Ⅰ式盘（H6：1）　11. Ⅱ式盘（F8：6）　12. Ⅱ式折腹盆（F5：1）　13. 杯（F6：2）　14. 杯（F8：2）　15. 壶（H4：1）　16. Ⅲ式盘（H1：9）

甗　较完整的仅发现一件（H5：1）。细腰，高裆，袋足，足下有实足根。上部残，器表饰绳纹，腰部施一圈附加堆纹，出土时口上盖一件圆形器底制成的盖。甗里盛有深黑颜色的炭化谷子，子实已经脱壳，形态尚完整。宽度为 1.8～2 毫米，自胚凹处至底部为 1.5～1.8 毫米。按其形态大小与现代黄米（脱壳稷）很相似，应是我国北方古代稷的一个品种。经中国科学院遗传研究所李璠等同志初步鉴定，认为已经栽培化。甗残高 21.8、腰径 11 厘米（图七，1）。

鬲　可复原的 3 件，分三式。

Ⅰ式　H11：8，细高，深腹，筒形。袋足部位折棱明显，有实足根。器表黑色光亮，口沿处稍残。通高 18、口径 12.5 厘米（图七，5）。

Ⅱ式　H2：1，敞口，腹部较直，袋足外鼓呈弧形，足部残。口径 23、通高约 31 厘米。器形比Ⅰ式大（图七，2）。

Ⅲ式　H11：7，上口残断，乳状袋足，有较高的实足根。足部施绳纹，器表有烟熏痕。残高 20、腹径 16.5 厘米，器形与夏家店遗址Ⅱ式鬲相近[①]（图七，4）。

鼎　1 件（H1：1）。敞口、圆腹、罐形。下腹施绳纹，底部有烟熏痕。口径 13、通高 15 厘米。

瓮　2 件，分二式。

Ⅰ式　F8：1，高领，斜腹，小底。肩部制一圈小圆饼作装饰，腹部施绳纹与弦纹。陶质为黄褐色，是夏家店下层文化中最大的一种器物。出土时瓮内装有一块牛肩胛骨。通高 50、口径 35 厘米。

Ⅱ式　F8：7，矮领，圆唇，鼓腹，小底。肩部素面，腹部施绳纹和一道道附加堆纹。器表为黑灰色，通高 35、口径 22 厘米。

壶　1 件（H4：1）。圆唇，长颈，圆腹，平底，素面磨光。口径 7、通高 11 厘米（图七，15）。

罐　1 件（H5：2）。口沿外折，鼓腹，小底。肩下施绳纹。高 30、口径 17 厘米。

折腹盆　3 件，分三式。黄褐色泥质磨光陶。

Ⅰ式　F2：1，折沿，直腹，平底，器形规整。口径 17、高 16.8 厘米（图七，3）。

Ⅱ式　F5：1，敞口，深腹，底部里收。口径 18、高 17 厘米（图七，12）。

Ⅲ式　H1：2，圆唇，斜腹。器形较大，底残。口径 20、残高 10 厘米（图七，9）。

豆　2 件，分二式。

Ⅰ式　F1：1，高柄浅盘，豆座呈喇叭状。黑陶磨光，制作颇精，是夏家店下层文化的典型器物。盘径 18、高 19.6 厘米（图七，6）。

Ⅱ式　F1：2，深盘，斜壁，矮足。器形小，褐色，手制。这种类型的豆在敖汉旗白斯朗营子遗址出土过。口径 10、高 6 厘米。

盆　4 件，分四式。

Ⅰ式　F7：1，圆唇，斜壁，平底，手制，器壁较厚。口径 20、高 5 厘米。

Ⅱ式　F8：3，斜壁，圆唇，平底，比Ⅰ式盆稍高。口径 13、高 8 厘米（图七，8）。

Ⅲ式　F3：1，侈口，直壁。平底。器表施有规整的凸棱，黄褐色。口径 18、高 10.4 厘米（图七，7）。

Ⅳ式　F6：1，仅存残片，未见完整器。有一对鸡冠耳，器表印有篮纹。

盘　3 件，分三式。

Ⅰ式　H6：1，圆唇，口沿外折。浅盘，有八个短足。形制规整，黑陶素面磨光。口径 21、高 6 厘米。具有龙山文化的特点。是夏家店下层文化早期阶段的典型器物（图七，10）。

Ⅱ式　F8：6，口沿外折，平底，四足。四足是另接上去的。器表印有绳纹，后经打磨。通高 7、口径 21.8 厘米（图七，11）。

Ⅲ式　H1：9，口沿外折，平底，圈足。口沿和底厚重，泥质磨光黑陶。口径 30、高 7.8 厘米（图七，16）。

杯　2 件。F8：2，直筒形，口大底小，壁厚，手制。口径 12.4、高 12.6 厘米（图七，14）。F6：2，口径与高均系 8 厘米（图七，13）。与丰下遗址出土的陶杯非常相似。

鸟形饰　F4：1，昂头翘尾，实体，黑灰色，可能是陶器上的一种装饰物（图八，2）。

另外在遗址中还发现两片彩绘陶片，彩绘花纹的线条具有粗细相间的特点。与大甸子②和丰下遗址出土的彩绘花纹有所不同③。

（二）生产工具

1. 石器　四分地东山咀遗址出土的十八件石器中，仅一件为打制石器，其余皆为磨

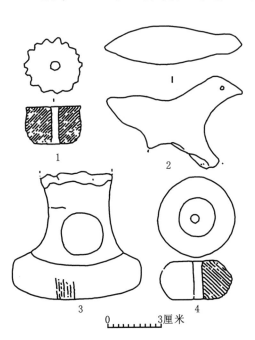

图八　陶器

1. Ⅲ式纺轮（H1：6）　2. 鸟形饰（F4：1）

3. 陶拍（H4：2）　4. Ⅰ式纺轮（H8：3）

制。器表光滑，器形规整，制作精致。种
类有铲、锄、斧、凿、锛、盘状器等。所
用石料有砂岩、玄武岩、闪长岩等。

铲　4件，分二式。

Ⅰ式：2件。标本 H8：2，鞋底状，
肩窄刃宽，弧刃，有使用痕。长 16.8、
宽 5.7～9.5 厘米（图九，1）。

Ⅱ式：2件。标本 F6：3，肩部残，
中间有亚腰，一面刃。残长 10、宽 9.6 厘
米（图九，2）。

锄　3件，分三式。

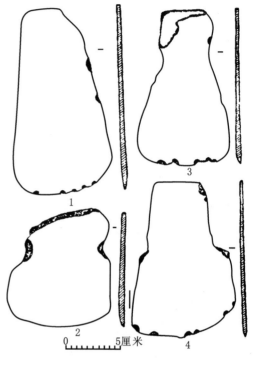

图九　石器

1. Ⅰ式铲（H8：2）　2. Ⅱ式铲（F6：3）
3. Ⅰ式锄（H5：3）　4. Ⅱ式锄（F8：4）

Ⅰ式：H5：3，平肩，弧刃，中间制有
亚腰。长 14.5、宽 8.7 厘米（图九，3）。

Ⅱ式：F8：4，肩窄，刃宽，刃部锋
利，磨制得很薄，双面刃。长 14.2、宽 9.5
厘米（图九，4）。这种类型的石锄原来可
能是安在木柄上使用的。

Ⅲ式：F8：5，打制，器形粗笨，中部
制有亚腰，弧肩，刃部呈三角形。长 15.6、
刃部宽 19 厘米。

石斧　5件，分四式。

Ⅰ式：H18：1，圆肩弧刃。通体磨光，
断面呈椭圆形。砂岩磨制。长 11.3、宽 5.8
厘米（图一〇，2）。

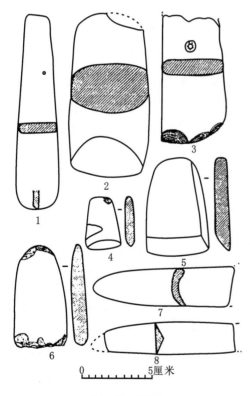

图一〇　石器

1. 凿（H1：3）　2. Ⅰ式斧（H18：1）　3. Ⅲ式斧
（H11：6）　4. Ⅳ式斧（F7：2）　5. 锛（H5：4）
6. Ⅱ式斧（F1：3）　7. Ⅰ式刀（H7：2）　8. Ⅱ
式刀（H1：4）

Ⅱ式：2件。标本 F1：3，弧肩，扁平体，直刃。长 7.2、宽 3.3～3.8 厘米（图一〇，6）。

Ⅲ式：H11：6，扁平体，斜刃，斧身钻一圆孔，肩部残断。残长 8.5、宽 4.5 厘米（图一〇，3）。

Ⅳ式：F7：2，窄肩，宽刃，体小，制作精美。长 3.6、宽 2.6 厘米（图一〇，4）。

锛　1件（H5：4）。弧肩，刃较直，磨制规整。长 6.5. 宽 4.5 厘米（图一〇，5）。

凿　1件（H1：3）。肩窄，刃宽扁平体，一面刃。长 13.4、宽 1.5～3 厘米（图一〇，1）。

刀　4件，分二式。

Ⅰ式：3件。标本 H7：2，刀身为梭形，剖面呈三角形。刀尖残断。存长 9.8、宽 2.7 厘米。这种石刀是夏家店下层文化中富有代表性的典型工具（图一〇，7）。

Ⅱ式：H1：4，长条形，已残断，一面弧形，一面有凹槽，刀背厚，刃部有一定倾斜度，这种类型的石刀不利于切割而适用于刮削。残长 9.2、宽 2.3 厘米（图一〇，8）。

2. 陶制工具　共出土十五件，其中有纺轮、陶范、陶拍、陶垫、陶饼等。

纺轮　出土 12 件，分四式。

Ⅰ式：4件。标本 H8：3，算珠状，直径 4.5、高 2.2 厘米（图八，4）。

Ⅱ式：5件。标本 H1：5，直径 3.1、高 2.2 厘米，边沿有 5 个凸角。

Ⅲ式：1件。H1：6，圆球形，边沿制有花边。直径 4、高 2 厘米（图八，1）。

Ⅳ式：2件。标本 H8：4，圆饼状。直径 3.5、厚 0.8 厘米。

陶拍　1件（H4：2）。一端圆弧形，中间细腰部制一圆孔。已残断，存长 7、粗径 7.4 厘米。灰褐色，局部施有绳纹，是一种制陶工具（图八，3）。

陶垫　1件（H12：1）。上粗下细，有一定弧度，中空，器表局部有绳纹。可能是制三足器的一种重要工具。长 10.5、最大直径 5 厘米（图一一，左）。

陶范　1件（H7：1）。扁平椭圆形，顶端平齐，制有漏斗形浇口。一端半圆形，是合范的一扇，中间有串珠状凹槽，泥质灰陶制成。长 3.4、宽 2.4、厚 0.7 厘米。器形虽小，是目前我国发现较早的铸范之一（图一一，右）。

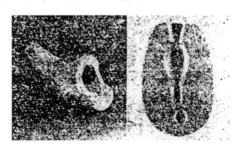

图一一　左：陶垫（H12：1）　右：陶范（H7：1）

3. 骨器　出土二十二件，有刀、铲、

矛、锥、镞、簪、璜、饰品、卜骨等。

骨刀 2件。H14：1，扁平体，刃锋利。长11、宽3.3、厚0.3厘米（图一二，14）。F2：2与H14：1大致相同。长11.5、宽3.6厘米（图一二，12）。

骨铲 1件（H4：3）。牛骨制成，刃薄而锋利，一端稍残。存长13.2、宽6.5厘米（图一二，10）。

骨矛 2件。H8：1，一面平，一面稍鼓。矛尖锐利。长9、宽2.3厘米。一端有一小孔（图一一，11）。H2：2，一面凹，一面凸，与H8：4相仿（图一二，13）。

骨锥 6件，分四式。

Ⅰ式：3件。标本H8：5，骨管制成，一面有骨槽，尖端锋利。长10.7厘米（图一二，1）。

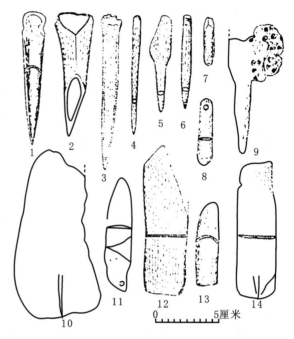

图一二　骨器

1. Ⅰ式锥（H8：5）　2. Ⅱ式锥（H8：6）　3. Ⅳ式锥（H1：7）　4. 簪（F6：4）　5. Ⅲ式锥（H4：4）　6. 簪（H7：2）　7. 镞（F9：1）　8. 饰件（H7：3）　9. 卜骨（H1：9）　10. 铲（H4：3）　11. 矛（H8：1）　12、14. 刀（F2：2、H14：1）　13. 矛（H2：2）

Ⅱ式：1件（H8：6）。骨管制成，制作方法是先将骨管削成斜刃，然后加工细磨。尖细尾粗，用时省力。长9.8厘米（图一二，2）。

Ⅲ式：1件（H4：4）。骨料磨制，长7.7厘米（图一二，5）。

Ⅳ式：1件（H1：7）。骨管磨制，剖面呈半圆形，末端有粗壮的骨节。长12、粗径1.3厘米。是骨锥中最长的一件（图一二，3）。

骨簪 7件。有长短、粗细之分，形制大体相似。F6：4，长9.5、直径0.5厘米（图一二，4）。H7：2，长7.5、粗径0.9厘米（图一二，6）。

骨镞 1件（F9：1）。镞锋为三棱形，长4厘米（图一二，7）。

骨饰件 1件（H7：3）圆尖，带孔，长5.5厘米（图一二，8）。

兽牙 1件（H1：8）。半圆形，勾状。两端制有圆孔，长8.5、宽1.8厘米。

卜骨 2件。皆为碎片，未经修饰。一面钻有圆穴，并经过灼烤。另一面有裂痕，即兆纹。一件H1：9残长9厘米（图一二，9）。

另外在房址和灰坑的填土中还出土有大量的猪、狗、羊、牛等兽骨，说明当时畜牧业已相当发达。

## 三 小 结

赤峰县四分地东山嘴居住址，房子建筑在地下的部分比较深，除 F1，F8 之外，皆在 1.2～1.8 米。房子的空间大多在地下，这种地窖式类型的房址别具特色，很值得深入研究。

在发掘的九座房址中，未发现用土坯、石块砌墙的遗迹，亦未见用白石灰铺地的遗存，就是用草拌泥抹地和墙壁的现象也不多见。房子附近往往有 1～3 个大小不同的灰坑（窖穴），与房子形成一体。居住房舍的布局，一般多是两三座房子和几个灰坑构成一片，片与片之间相隔一定距离，皆在 15～50 米。这种现象可能是早期个体家庭出现后的一种反映。东山嘴遗址与北票丰下、建平水泉遗址的房子周围都用土坯和石块砌有防御性围墙的设施有着显著的不同④。

东山嘴房址另一个特征，是穴壁上多凿有大小、高低不同的壁龛，房子的墙壁即原来的穴壁，未经任何加工。建筑技术显得原始简陋。与赤峰地区其他同类文化性质的遗存相比较，时代可能略许偏早。

出土的生产工具中，除石器外，还有骨器和陶制工具，虽发现一件铸造铜饰品的小陶范，但未发现青铜工具。这说明青铜工具还处在一种萌芽阶段，尚未普遍使用。在生产工具中，起主导作用的还是石器。石器中除一件打制的亚腰石锄外，绝大多数为磨光石器。特别是铲、锄、斧、锛、凿等几种主要工具，已定型专用化。

陶器中 70％是泥质磨光黑陶，器形多见深腹直筒鬲、折腹盆、高柄豆和制作规整的带圈足的浅腹盆和盘，以及小型的罐形鼎等。绳纹夹砂的大型器瓮、甗则较少。篮纹和方格纹陶片出土数量比较多，从陶片观察多系带鸡冠耳的大口盆。东山嘴遗址出土的陶器，无论是从器物形制和风格，还是从纹饰看，都具有浓厚的龙山文化和二里头文化的因素，而体现商文化作风的器物则不如敖汉大甸子、北京琉璃河夏家店下层文化的墓葬⑤和大厂回族自治县大坨头遗址的材料明显⑥。

综观东山嘴遗址房子结构和文化内涵，除与赤峰地区同类型文化遗存有相同的一面外，确实还存有一些差异。这些差异主要体现着它的原始性。因此我们认为该遗址是目前所发现的同类遗址中，时代较早的一处。对研究夏家店下层文化的分期，无疑是值得重视的材料。

（原载《考古》1983 年 5 期）

## 注　释

①　中国科学院考古研究所内蒙古工作队：《赤峰药王庙夏家店遗址试掘报告》，《考古学报》1974 年 1
　　期，125 页图一七，1。

②　邹衡：《夏商周考古学论文集》，图版叁，3。1980 年，文物出版社。

③　辽宁省文物干部培训班：《辽宁北票县丰下遗址 1972 年春发掘简报》，《考古》1976 年 3 期。

④　建平水泉遗址，辽宁省博物馆 1978 年发掘（未刊稿）。

⑤　北京市文物管理处等：《北京琉璃河夏家店下层文化墓葬》，《考古》1976 年 1 期。

⑥　天津市文化局考古发掘队：《河北大厂回族自治县大坨头遗址试掘报告》，《考古》1966 年 1 期。

# 夏家店下层文化若干问题研究

距今三、四千年以前，在燕山南北的广阔沃土上，居住着一支强大的氏族部落集团，终年与大自然搏斗，开拓了壮丽的山河，为我国北方创造出一种富有地方特色的古代文化，考古学上称之为夏家店下层文化[①]。

一

夏家店下层文化的发祥地，是燕山北麓的老哈河。辽西和昭乌达盟地区为该文化的分布中心。这一带古遗址分布相当稠密，文化堆积4～9米厚，延续时间之长、遗物遗迹之多，是非常罕见的。但燕山南麓华北平原的北端，这类文化遗存的分布则较稀疏。然而文化内涵显得更为复杂。器物呈现出来的特点，一般偏晚，具有更多的商、周文化因素。

近年来，在老哈河、大凌河中上游（包括昭乌达盟南部、赤峰、喀喇沁、敖汉、宁城四个旗县和辽宁北票、建平、朝阳、喀左、凌源）9个县境内，发现的夏家店下层文化遗址总数已超过3000余处[②]，分布的位置多在河流两岸的台地和山坡上。其居住址的特点是：由早期圆形穴居和半穴居的简单住室，发展成为结构复杂，用土坯、石块营建起来的圆形、方形、单室和双室的地上房屋。更引人注目的是带有阶级色彩的、土方工程较大的早期城堡式建筑出现了。甚至在晚期的居住址和房舍周围，普遍筑起了防御性的土、石围墙。这些鲜明特征，充分地反映和体现出当时的社会风貌。

本时期遗址，大体可分为三种类型：

（一）小型山包遗址，皆分布在河川沟口两旁的山顶上。一般高出河床约25～100米，从远处望，好似馒头状的城堡，随山势筑有围墙。遗址堆积薄，面积小，多是500～1000平方米。很可能为适应战争的需要而兴筑起来的，具有哨所性质。典型遗址有内蒙古昭乌达盟赤峰县水地公社香炉山、宁城县长青公社大兴城子山、喀喇沁旗乃林公社潘胡子地、辽宁凌源县小城子公社王八盖子山等。

（二）台地遗址，多分布在河流两岸山坡下的台地上。靠山临水，高出地面2～3

米。周围多修筑有壕沟、石墙，面积约为 5000～10000 平方米。文化层堆积普遍有 5～
6 米深，最厚的地层深达 9 米。房子内白灰地面往往叠压 6～7 层。这样厚的堆积，显
然需要经过漫长的岁月才能形成，它充分地证明夏家店下层文化的先民们，是世世代
代在这块土地上劳动生息、创造建设家园的。典型的台地遗址有朝阳庙前地、昭乌达
盟敖汉旗白斯朗营子、三道湾子等。

（三）大型城堡式遗址，周围土地平坦开阔，一般高出地面 3～5 米，四面筑有宽
厚的黄土围墙。遗址面积大，约有 20000～70000 平方米，均系规整的方形或长方形。
目前发现的有敖汉旗大甸子城子地和建平县水泉遗址。其中城子地遗址南北长 350 米，
东西宽 200 米；水泉遗址南北长 200 米，东西宽 100 米，土围墙周长 600 米，宽 5 米，
高出附近耕地 3～5 米。经发掘得知，城址和围墙都是就近取土垫起来的。总土方量达
几十万立方米。像这样浩大的土方工程，只有在阶级奴役制度下，通过强制机构征集
大批人力，实行强制劳动才有可能办到。它是城市的雏形。土围墙应是夯筑城墙的
前身。

燕山南北城堡式遗址的存在，真实地反映了我国北方原始社会末期，氏族公社的
解体、私有制和阶级产生的历史特点。

古代最早城市的出现，一般是在原始社会末期部落联盟的中心地区，出现防御目
的建立起来的。夏家店下层文化规模较小的城堡，显然也具有某一地区或某一部落联
盟中心的意义。在一定意义上讲，同样具有经济文化中心的地位。

<h1 style="text-align:center">二</h1>

关于夏家店下层文化的房址，经粗略地统计，正式发掘的已有上百座之多，发表
的有几十座。其建筑形式，多种多样，归纳起来大体可分为三类：

第一类，为筒形地穴式房址，即在黄土地上挖穴而成。有圆形、方形、长方形三
种。房子的底部距房口深 0.7～2 米不等，除房盖外，均在地下。圆形房子的直径多在
2～4 米，面积 5～15 平方米。有的在穴壁上凿有壁龛，龛内有烟熏痕迹，应是生火做
饭、取暖、照明的地方。屋内多经火烧，柱穴的位置和数量不定。建筑技术原始简陋。
赤峰四分地东山嘴遗址 $F_2$、$F_5$、$F_7$ 和元宝山遗址 $F_1$、$F_2$ 均为这种类型的房址[③]。

第二类，为圆形半地穴式，即先挖 0.5 米左右的深坑，在坑口上有的砌石块矮墙，
有的用土坯棚栏抹泥建成墙壁。屋内中轴线上一般都有两个柱穴，穴壁和底为防柱头
腐烂，多铺碎陶片或抹一层草拌泥。根据柱穴位置推断，两根柱头上应架一横梁，屋

顶房架为硬山式两面坡。灶址设在屋内中央，门向南开。房子的结构基本定型化，在建筑技术上比第一类成熟进步。如凌源县三官甸子遗址 $F_1$、赤峰县四分地东山嘴遗址 $F_1$、敖汉旗白斯朗营子遗址 $F_{12}$。

第三类，属于建筑在地上的住房，形状均为圆形和方形，面积大小相差很悬殊，小的面积 10 余平方米，大的 40～50 平方米。房外四周都建有防护性围墙。建筑方法，是先挖 0.3 米左右的地槽，然后沿地槽用石块或土坯砌墙。地面和墙壁多抹白灰面和草拌泥。药王庙 $F_1$、丰下 $F_4$、$F_5$、$F_{12}$，小榆树林子 $F_1$、$F_2$ 和建平水泉遗址二、三层内的房址都属于三类。

这三类不同形式的房子，在建平水泉遗址的地层叠压关系中已得到证明。一类房子都在四层以下发现，三层以上皆是二、三类房子。它们的发展关系虽有先后，但绝不是一刀切，三类房子出现的时间较晚，但一类房子延续的时间相当长，就是在夏家店上层文化的遗址中往往还会见到[④]。多数遗址二、三类房子共存，这是该文化的一个普遍现象。

值得注意的是，北票县丰下遗址大、小房址的不同情况。丰下二层揭露出来的 18 座房址中，圆形单室的 12 座，长方形单室的 5 座，其中 $F_{12}$ 为一座方形双室房址，门向南开。整个房子的范围东西长 9 米，南北宽 8.5 米。前室为一小屋，长 2.2 米，宽 1.6 米。后室呈方形，各边长 4 米，总面积 20 余平方米。后室中间设有火膛，屋地先抹一层草拌泥，然后再抹一层白灰面。屋内出土遗物有制作精美的彩绘黑陶盆、磨制石刀、石锛等。屋外垒有防护围墙。建筑结构较讲究，初步具备了坚固、安全、宽敞、舒适的居住条件。而 $F_2$ 却是一座圆形小房子，室内东西长 2.15 米，南北宽 1.86 米。不仅面积小，结构简单，而且屋内遗物也少，与 $F_{12}$ 形成了鲜明的对比[⑤]。这种现象应是贫富分化在住宅方面上的反映。

夏家店下层文化的先民们在我国古代建房史上是有重要贡献的。他们不仅发明了用石块、土坯建筑房屋，并且总结出三、七压缝的砌墙技术[⑥]。室内为了防潮，屋地多经火烧，或是抹一层草拌泥，然后抹一层白灰面。白灰和烧土不但有很强的吸水性，而且还有消毒杀菌作用，许多害虫和微生物嗅到烟熏白灰的气味，不敢接近或致死。这样的居住环境，既科学又卫生，对人体健康颇为有利。草拌泥，当时已广为利用，这种技术，沿用数千年，至今，在偏僻农村建筑中，仍然发挥着它的抗拉性和减少龟裂的作用。

夏家店下层文化时期的村落布局与仰韶文化时期的半坡、姜寨圆形遗址相比，已发生了相当大的变化。那种围成圆形的氏族村落和其长久以来过着无剥削压迫、人人平等的原始田园生活的情景，已不复存在。代之而起的是一座座成片独立的单室和双室住宅，说明个体家庭已成为社会独立的经济单位，展示出了氏族制度解体和阶级出现过程中，社会发生重大变革的一个侧面。

三

　　生产工具是社会生产力发展的客观尺度，是人类改造自然能力的一种物质标志。马克思指出。"劳动资料的遗骸对于判断已经消亡的社会经济形态也有同样的重要意义。"[⑦]

　　夏家店下层文化所使用的农业生产工具，主要还是石器。青铜冶铸业虽然已经出现，但青铜工具的使用还处在初期阶段。

　　夏家店下层文化石器，可分为打制、磨制和细石器三种不同类型。其中磨制石器不但数量大，而且种类多，占石器总数的80%。用于农业生产的石器。当时已有了明确的分工。单面和双面刃的两种扁平有肩石铲，是最富有地方特色的、相当进步的农业工具。双面刃多用于翻地、播种、挖坑建房等。单面刃适用于铲地，原应是装在长柄上使用的。生产工具的定型化和专用化，是社会分工进一步细化的表现。

　　断面为三角形的梭形磨制石刀，是夏家店下层文化具有代表性的收获工具，有的中间钻有圆孔，有的中部制成半圆形缺口，刀体坚固不易损坏，是收割禾穗的一种专用石刀。另外还有一种背面呈凹槽状、正面为圆弧形，一面刃石刀，应是专为刮削兽皮、修饰木质工具的一种专用刀具。除此而外，还有较先进的扁平穿孔石斧等。

　　打制石器主要是器身厚重、制作粗糙的石锄，器身中部两侧制有亚腰，便于缠缚在木柄上，适用于刨地劈树。还有一种圆形盘状器，周缘打制成刃，一般直径在5～15厘米。细石器有凹尾三角形石镞，尖锐锋利，制作规整，中间起脊。长条形石片石器和小型磨制石锛、石斧多系镶嵌在骨木柄上的石刃。三角形刮削器和锥体尖状器，制作皆很精致。

　　出土的大量生产工具说明夏家店下层文化的经济结构，是以农业为主，兼营畜牧和狩猎的。在遗址的发掘中，经常发现贮存粮食的窖穴和牛、羊、猪、狗的碎骨。主要的农作物是粟和稷。1978年在建平水泉遗址第五层，发现三座直径为2米的圆形窖穴，底部陈积有0.8米厚的碳化谷粒。窖深约2米，体积为6.228立方米。如果每立方米谷子按1200斤计算，三窖谷子就是23420.8斤。可见当时谷物的收获量是相当可观的。除食用外还有剩余。在赤峰县四分地东山嘴遗址的一个带盖的陶甗里，出土的深黑色谷粒，经中国科学院遗传研究所鉴定，已全部碳化，子实已经脱壳，形态尚完整，少有破损，宽度为 1.8～2 毫米，自胚凹处至底部为 1.5～1.8 毫米，按其形状大小与现代黄米很相似，应是我国古稷的一个品种。经初步研究推断，已栽培化。在喀左县三家子遗址，也曾发现过这个时期的粮窖。这就充分证明了我国北方早在 4000 年左右已广泛种植谷物。像建平水泉、敖汉旗大甸子这样初具规模的文化中心遗址的形成，没有较雄厚的农业基础也是不可能的。

四

在人类物质文化的发展上，任何一种新兴工艺的出现，都与当时农牧业的发展水平密切相关，只有在农业提供足够粮食的条件下，才能使一部分人员，从农业生产中脱离出来。去从事其他专业活动。夏家店下层文化的各种手工业，就是在这个基础上发展起来的。

（一）青铜工艺出现的时间，大体与中原地区相当或稍晚。目前在遗址中，已普遍发现小型铜器和工具。例如 1973 年在赤峰四分地东山嘴遗址；出土一件一端制有喇叭形浇口的椭圆形陶范；[⑧]宁城县小榆树林子遗址发现一件小铜刀；[⑨]夏家店遗址发现 4 颗小铜屑；[⑩]唐山大城山遗址发现 2 件红铜牌；[⑪]敖汉旗大甸子墓地出土有铜器和铅制仗首；[⑫]唐山小官庄石棺墓[⑬]和北京琉璃河刘李店墓葬，均发现铜质耳、指环；[⑭]河北大厂县大坨头遗址还出土了铜镞。[⑮]其中大甸子墓葬出土的合范和内范铸造的铜器。则需较高的铸造技术和复杂的工作程序，没有丰富的实践经验、熟练的操作技术以及适当的低温条件是不行的。尽管墓葬中出土了合范和内范铸造的器物，但数量颇少，未见大型容器。这说明当时铸造业还处在一种由低级向高级的发展阶段。

（二）制陶仍然是当时重要的手工业部门。夏家店下层文化的早期陶器具有浓厚的龙山文化特征：器形制作规整，泥质陶皆油黑发亮，三足器发达，口沿边线棱角明显。器形有直筒深腹鬲、折腹盆、圈足盘、高柄浅盘豆、罐、碗等。纹饰多见划纹、附加堆纹、绳纹、方格纹和篮纹。

晚期的陶系和器类增多，泥质磨光黑陶则减少，绳纹褐陶和灰陶数量增加，并出现了夹砂绳纹红陶。鼎、鬲、甗，罐、瓮、盆、豆、碗等器类很发达。在陶器上绘彩，已发展成为该文化的一种专门工艺。绘彩的内容已不仅是单纯的生活写实，而是创造出一种构思巧妙、抽象神秘的图案花纹。彩绘多施于器物的口沿和腹部，有的器物内外施彩。用红、白、黄三种颜色画在黑色器壁上，图案花纹显得格外新颖艳丽。构成花纹图案的母题有云勾纹、雷纹、蛇纹、龙纹、饕餮纹、草叶纹等。图案结构严谨，布局均匀对称，使人看后产生一种神奇莫测之感。有的图案与商代青铜器上的花纹极为相似。从彩绘花纹的艺术风格上观察，与商代铜器花纹有着极为密切的联系。这种设计严谨、意境深奥的佳作，没有专门从事绘画的人才，是难以创作出这样华丽而繁缛、美观而古朴的彩绘花纹的。大甸子墓地的一座女性墓，随葬品有绘画工具和染料，证明死者生前可能喜爱绘画。夏家店下层文化的彩绘陶图案别具一格，充分地显示出了北方古代先民们的艺术才华，是我国美术绘画史上一批珍贵的文化遗产。

1976 年在赤峰元宝山遗址的一座房址内，发现地上存放着三堆引人注目的红土，其中一堆还保持着原来的土壤结构；而另一堆经过加工处理，土质颇为细腻。第三堆是合好后待用的干泥块。这一实例说明，家庭制陶已专业化和商品化，部分个体家庭已脱离农业生产，终年从事制陶业。

（三）制骨同样是很重要的手工业部门，是人们生活中不可缺少的组成部分。在夏家店下层文化的遗址和墓葬中，经常发现精致的骨针、骨锥、骨刀、骨梳以及骨环、骨珠、骨管等工具和饰品。1973 年在赤峰水地香炉山遗址的一座房址内，发现 20 多片规格相同的骨料半成品。成批的生产一种产品，显然不是为了自身的需要，而是为社会而生产。说明当时手工专业化已初步形成。

在建平水泉遗址，还发现一件完整的扁平形骨梭。丰下 M1 发现骨架上附有黄色平纹布残迹，每平方厘米经、纬线各 10 条。可见当时已经有了原始织布机。

# 五

关于夏家店下层文化的墓葬，目前只有零散的发表材料，即敖汉旗大甸子、北票丰下、唐山小官庄、北京琉璃河刘李店等几个地点。因为材料所限，这里只能谈些概况。

该文化的墓葬形式有两种，一种是唐山小官庄类型的石棺墓，[16]石棺均系石灰岩石板砌成。棺尾设有放置随葬品的付棺。6 座石棺墓皆为东西向的单人葬。

另一种是大甸子类型的土坑竖穴墓，坑壁多凿有壁龛（相当石棺墓的付棺），墓地面积为 15000 平方米，墓葬近八百座。据 1974 年秋发掘的 54 座墓统计，[17]有木质葬具的 4 座，占 7.4%；随葬贝的 6 座，占 11.1%；随葬铜器的 2 座，占 3.7%。普通墓除有 2～3 件陶器外，常用随葬猪狗的数量来代表财富的多少。

男性墓一般随葬品比较多，种类也丰富。而女性墓随葬品则较少，大甸子墓地随葬品最多，社会地位最高的墓，是老年男性而不是女性。说明随着社会的发展，妇女社会经济地位下降，男子上升到绝对支配的地位。

大甸子 $M_4$，为一老年男性墓，有木质葬具，墓坑 4.8 米深，除随葬家畜外，还有绿松石串珠、彩绘陶器等。并在腿下出土 294 枚蚌壳磨制的"假贝"。还有的老年男性墓，随葬有不少的高级物品，而唯独不见生产工具，这说明可能他们就是氏族的首领，生前早已脱离了生产劳动，劳动工具再不是他们的生活需要了，而在思想意识上，占主导地位的是如何利用权势占有他人的劳动产品。这就意味着在氏族内部打破了劳动产品平均分配的传统习惯。剥削和被剥削两个相对立的阶级就这样在氏族内部出现了。由此可知，夏家店下层文化的社会发展已跨入了阶级社会的门槛。

## 六

在夏家店下层文化的墓葬和遗址里，经常发现一种内外施彩的彩绘陶。彩绘易掉，没有什么实用价值，显然是一种礼仪性质器皿。器形有鬲、塔式瓶、带盖罐、盂和鼎等。大型墓中还出土有陶爵杯。礼器是统治阶级和上层人物举行礼仪活动的专用物品，奴隶只能是礼制制度的牺牲品，每次礼仪性活动对奴隶们来说，就意味着噩耗的来临。彩绘礼器是阶级社会的产物，它的出现深刻地揭示了阶级的产生，奇特森严的花纹艺术皆打上了阶级的烙印。

除陶的彩绘礼器外，近年来在建昌二道湾子公社大洞东南山遗址，建平的水泉、河东和三家公社吠岔遗址，前后发现 4 件石磬，其形状与河南偃师二里头遗址、山西夏县东下冯遗址，发现的石磬大体相同，时代也基本一致。这是我国目前发现较早的石磬。石磬是一种古代乐器，石制，悬挂于架上，捶击而鸣，有金属声。商代已出现单一的特磬，周代已有十几个大小相间的成组编磬。礼是阶级社会的产物，礼制是统治阶级借以统治人民、巩固政权的一种工具，属于上层建筑范畴，是阶级社会等级制度和道德观念的一种规范，是代表统治阶级利益、为统治阶级服务的。礼制是体现统治阶级意志的。礼器和乐器在古代都是实施礼制的工具，礼制在我国产生颇早，是伴随阶级的出现而产生的。夏家店下层文化出土的石磬和陶质彩绘礼器，是进入阶级社会的又一强有力证据。

## 七

关于夏家店下层文化的年代问题。北票丰下遗址中层 $T_{10}$③测定距今 3800 年，其下层接近 4000 年。赤峰蜘蛛山遗址 $H_{42}$ 出土的木炭，经放射性碳素测定，距今 $3965±$ 90 年（半衰期 5700 年）。建平水泉遗址五层 $C^{14}$ 测定为 $3780±90$ 年，$3670±90$ 年。大甸子 454 号墓 $C^{14}$ 测定距今 3500 年。1955 年在喀左县马厂沟小转山子遗址的发掘中，发现夏家店下层文化的窖穴被一座西周窖藏坑打破的现象。北洞村两个商周之际的铜器窖藏坑的填土中，有夏家店下层文化的陶片。北京昌平县雪山遗址的地层关系证明，夏家店下层文化晚于龙山文化。大坨头遗址发现夏家店下层文化的遗物与典型西周时期的器物共存。

根据上述科学测定的数据和地层叠压关系以及共存遗物分析，夏家店下层文化的年代距今大体约在 4000～3500 年之间。上限晚于龙山文化和小河沿文化，下限可延续到商末周初。其文化内涵比较复杂，各地除有相同的因素外，还存在着一些明显的地域性差别。总的看来，很多因素与龙山文化、二里头文化有着多方面的内在联系和一致性。

1977 年，北京平谷刘家河商代中期墓葬中出土的喇叭形铜耳环，与北京昌平雪山第三期文化墓葬中出土的铜耳环，形制完全相同。这种类型的铜耳环，在琉璃河夏家店下层文化的二号墓和唐山小官庄石棺墓中也曾出土过。它们已成为夏家店下层文化中具有代表性的饰品。另外，在大甸子墓葬中出土的陶爵杯、绳纹罐和各种玉料雕刻品以及遗址中出土的大量卜骨，都与二里头先商文化有着许多共同点。

关于夏家店下层文化的渊源问题，目前国内主要有以下三种意见。

（一）根据夏家店下层文化的遗物中普遍存在着龙山文化的因素，因此认为它可能是中原地区晚期龙山文化的变种。[18]

（二）依据夏家店下层文化的分布范围，大体与西周燕国的地域相当，分析它的文化特征，认为可能是先燕文化。[19]

（三）因为在该文化的晚期遗存中，具有更多的先商文化作风，推断它是形成商文化的前身之一。[20] 还有的同志认为夏家店下层文化是殷商文化的北延。

我们根据当前出土的材料，认为夏家店下层文化的渊源，可以追溯到红山文化，应是红山文化和小河沿文化的延续和发展。就是说它是在承袭红山文化的基础上，广泛吸取了周围诸原始文化的先进因素，特别是中原龙山文化和北方草原文化的影响，而发展起来的一种北方早期青铜文化遗存。因此，往往在它早期的遗存中，龙山文化和细石器文化的特征表现得颇为明显。尽管红山文化→小河沿文化→夏家店下层文化之间还有缺环，但如果我们注意观察，还可以找到其发展变化的踪迹：

（一）在内蒙古自治区东部昭乌达盟和辽宁省的西部地区，每每红山文化的遗存与夏家店下层文化的堆积相叠压。这在这一带是普遍现象，经过正式发掘的典型地层有：敖汉旗三道湾子遗址，塔山遗址，[21] 夏家店 Ⅱ 地点，赤峰蜘蛛山遗址，[22] 凌源三官甸子城子山遗址等。[23] 这种普遍性，无疑反映着两个不同文化类型之间的前后接续或承袭关系。在老哈河和大凌河流域的上述各文化之间，尚未发现其他古文化类型的遗存。

（二）在红山文化晚期，喀左县东山嘴和凌原县三官甸子遗址里，黑陶和灰陶大量出土，并普遍出现了三足器（指带三足的杯形器）和卷沿平底盆以及圈足盘。三足器是中华民族富有特征性的传统器物，早在 7～8 千年前，河南裴李岗[24] 和河北磁山等遗址[25] 早就出现了。昭乌达盟地区到了红山文化晚期才出现，很显然是受到中原文化影响的结果。发展到夏家店下层文化时期，三足器已相当发达，并形成了富有地方特色的器物群。卷沿平底盆和圈足盘也较流行。这些器物既有浓厚龙山文化的特征，又具备夏家店下层文化的风格，其前后发展序列，表现得十分清楚。夏家店下层文化的三足器正是在红山文化三足器的基础上，又广泛吸取了龙山文化的先进因素而发展起来的。

（三）喀左县东山嘴、凌原三官甸子、阜新胡头沟等红山文化的遗址和墓葬中，[26] 出土了一批玉、石料雕刻的饰品，其中有玉龙、玉鸮、玉龟、玉蝉、玉环、勾纹玉等。从器形特点和艺术风格观察，与夏家店下层文化墓葬中出土的同类玉器非常相似。既像后者模仿前者，但又有新的创造和发展。最引人注目的是凌原三官甸子遗址中，[27] 红山文化 2 号墓出土的斜口扁圆筒形玉器和带孔的石钺，与大甸子墓葬出土的同类器物几乎一样。在同一个地区内，两种不同文化类型中，存在着的某些共性，不正是两者之间有着内在联系的反映和表现吗？

（四）小河沿文化中，敖汉旗白斯朗营子南台地遗址出土的黑褐色平底盘和翁牛特旗石棚山墓地出土的大量平底折腹盆、短柄浅盘豆，都与夏家店下层文化出土的同类器物接近。

（五）特别值得提出的是 1979 年 8 月，昭乌达盟翁牛特旗老鸹梁小河沿文化墓地M6，竟出土了一件白地红彩的彩绘陶罐，[28] 这就充分地证明了夏家店下层文化的彩绘陶是从小河沿文化发展而来的。

综合上述五点，可以看出从红山文化→小河沿文化→夏家店下层文化，这样一条发展线索是清楚的。我们认为辽河流域是夏家店下层文化的发祥地，它是从北向南发展，到了晚期，越过燕山到达华北大平原的北端京津一带，在这里与商文化有了更多的接触，相互融合，使文化面貌显得更加复杂。可以设想，如果夏家店下层文化没有强大的经济势力和先进的文化艺术，要向经济文化较发达地区扩展是不可能的。不同文化相互融合的过程，总是先进者获胜，这是人类历史发展的总趋势。

　　我国北方从原始社会向阶级社会过渡，延续的时间相当长。夏家店下层文化在燕山南北的发展，从始至终贯穿着这一内容。尽管各地经济发展不平衡，但总的趋势是一致的。这就充分地说明我国北方的发达地区，进入阶级社会的时间并不晚，亦大体与中原相当。

（原载《辽宁大学学报》1984 年 5 期）

## 注　释

①④⑩　中国科学院考古研究所内蒙古发掘队：《内蒙古赤峰药王庙、夏家店遗址试掘简报》，《考古》1961 年 2 期。

②　辽宁省博物馆：《1979 年朝阳地区文物普查发掘的主要收获》，《辽宁文物》1980 年 1 期。

③⑧　辽宁省博物馆等：《内蒙古赤峰县四分地东山嘴遗址发掘简报》，《考古》1983 年 5 期。

⑤⑥　辽宁省文物干部培训班：《辽宁北票县丰下遗址 1972 年春发掘简报》，《考古》1976 年 3 期。

⑦　《克马思、恩格斯全集》，第 23 卷 204 页。

⑨　内蒙古自治区文物工作队：《内蒙古宁城县小榆树林子遗址试掘简报》，《考古》1965 年 12 期。

⑪　河北省文物管理委员会：《河北唐山市大城山遗址发掘报告》，《考古学报》1959 年 3 期。

⑫　参阅《概述辽宁省考古新发现》，《文物考古工作三十年》。

⑬⑯⑳　安志敏：《唐山石棺墓及其相关的遗物》，《考古学报》1954 年 7 期。

⑭　北京市文物管理处等：《北京琉璃河夏家店下层文化墓葬》，《考古》1976 年 1 期。

⑮　天津市文化局考古发掘队：《河北大厂回族自治县大坨头遗址试掘报告》，《考古》1966 年 1 期。

⑰　辽宁省博物馆等：《从大甸子等地出土文物看历史上的阶级分化》，《文物》1976 年 1 期。

⑱　夏鼎：《我国近五年来的考古新收获》，《考古》1964 年 10 期。

⑲　参阅《北京出土文物》，16 页。

㉑　1973 年昭乌达盟文物工作站发掘材料。

㉒　中国科学院考古研究所内蒙古工作队：《赤峰蜘蛛山遗址的发掘》，《考古学报》1979 年 2 期。

㉓　1979 年辽宁省博物馆发掘材料。

㉔　新郑县文物管理委员会：《裴李岗遗址 1978 年发掘简报》，《考古》1979 年 3 期。

㉕　邯郸市文物管理所等：《河北磁山新石器遗址试掘》，《考古》1977 年 6 期。

㉖㉗　1979 年辽宁省博物馆发掘材料。

㉘　内蒙古昭乌达盟文物工作站发掘材料。

# "方国"时代的夏家店下层文化

## 一 夏家店下层文化概述

夏家店下层文化,是广泛分布于我国北方的一支早期发展阶段的青铜文化。早在20世纪30年代,日本学者,滨田耕作和水野清一在赤峰红山后进行考古调查、发掘时就有所发现,在《赤峰红山后》报告书中将含有夏家店上、下层文化遗物遗存称为"赤峰第二期文化"。

20世纪50年代,我国考古学家安志敏先生在河北省唐山小官庄又发现了这一文化的石棺墓①直至1960年初,中国社会科学院考古研究所内蒙古工作队在赤峰发掘了药王庙、夏家店遗址之后,才正式命名为夏家店下层文化②。

该文化的分布,北从西拉木伦河起,南达河北省的距马河,分布中心主要集中在赤峰、朝阳、锦州、承德、张家口、京津地区。夏家店下层文化,晚于红山文化、小河沿文化,而早于魏营子文化类型,夏家店上层文化。从目前所测碳十四数据得知,夏家店下层文化距今大约在4000~3000年。其城址、村落分布的密集程度与现今村落相若。据1979辽宁省文物普查统计,仅在内蒙古赤峰县,喀喇沁旗,敖汉旗,宁城县和辽宁北票、建平、朝阳、喀左、凌源9个旗县的调查,就发现夏家店下层文化的遗址3000余处。敖汉旗发现1800余处。城址多分布于河川两侧的山头和平地。遗址多修建在斜坡向阳处及台地上。辽宁经过发掘的重点遗址有:北票丰下③,建平水泉④,朝阳热电厂⑤,凌源县城子山⑥,兴城市仙灵寺⑦,阜新平顶山⑧,锦州水手营子等遗址⑨。

夏家店下层文化的陶器,具有鲜明的区域性和时代特点,有磨光黑陶、灰褐陶、红褐陶、绳纹陶、彩绘陶等。生活器皿以灰褐夹砂陶为主,红褐陶、泥质磨光陶次之。器类有:盂(折复盆)鬲、甗、爵、碗、罐、盆、盘、豆、钵、簋。陶鬲有两种,一种是敞口深腹筒形腹下接三个空足,这种鬲是由折腹盆发展演变而来。另一种为直领小口,浅腹有肩,下接三个肥大袋形空足。该文化的制陶技术比较先进,多用泥条盘筑法，烧制火候较高，器形规整美观，器表有的施纹，有的磨光。纹样有绳纹、附加堆纹，圆饼纹，方格纹、刻划纹、篦点纹、圆圈纹、压印纹等。彩绘图案多以白色画出主纹，以红色勾勒填底。多数纹饰以复杂的卷曲线条构成多种二方连续的单元。少数纹饰是以兽面为主。显示着它与商周时代青铜器上图案有着密切联系（图一，1、2；图二，1、2）。

图一
1. 双耳陶罐　2. 陶盆（均为水泉城址出土）

图二
1. 鬆足陶罐　2. 圆足陶罐（均为水泉城址出土）

盂、鬲、鼎、罐、细把豆、细腰肥袋足鬶是居住址中常见的实用器类。完整的鬶、爵只见于少数礼遇隆重的墓葬中。彩绘陶亦多见于墓中,居住址仅见残片。

生产工具以石器为主,最常见的是磨制有肩石铲,断面为三角形的石刀和打制的亚腰石锄、圆形盘状器、铲、刀、锄都是装在长木柄上用以农业生产的复合工具。此外,还有少量穿孔石斧、石钺、圆锥形或三棱锥形带有圆柱形铤的骨镞等武器(图四,1、2)。

发现的青铜制品,多系小型装饰品和兵器,如青铜耳环、指环、铜镞、铜戈。青铜容器出土尚少,说明青铜冶铸技术水平,尚处在初级阶段。不过从内蒙古大甸子发现的杖首上的铸痕得知,当时在铸造工艺上,已掌握了运用内范与外范相组合的技术方法,已能铸造薄壁的小型器物。精致的陶鬶、陶爵,显然是金属器的仿制品。

该文化的墓葬中,还发现有精致的玉石工艺品,管状玉珠与玛瑙常混杂组成项链。还出土有大量磨制穿孔贝及蚌壳、金属仿制品,既是财富的象征,也是最美的装饰品。

夏家店下层文化的卜骨,均用牛肩胛骨或长骨制成,先制成骨片,再在每块卜骨的同一侧面钻出小圆窝,在圆窝内烧炙。

**1. 建平水泉遗址**

遗址位于朝阳市西南 42 公里建平县,朱力科镇泉水村南。该遗址是 1976 年村民积肥挖土发现的,周围地势平坦,遗址高出附近地面 3～4 米。遗址近方形,南北长 140、东西宽 135 米,面积约 2 万平方米。很明显遗址是用周围黄土垫起来的,周围尚存有土筑城墙和壕沟。村民称遗址区为城子地。城墙断面呈梯形,下宽上窄,底宽 9 米,高 3 米。无疑是夏家店下层文化一处古城址。

1977 年辽宁省博物馆曾在遗址南部进行了试掘,开 5×5 米探方 7 个。1978 年由辽宁省博物馆和朝阳市博物馆共同对遗址进行了正式发掘。开 10×10 米的探方 17 个,5×5 米的探方 3 个,打 5 条 2×10 米的探沟。两年共发掘面积 2200 余平方米。水泉遗址是辽宁省发掘的重点遗址之一。不仅遗物丰富,并且积累了成批材料。

遗址地层堆积,南部薄而北部厚,可分五层。

第一层,为耕土层,采集遗物皆系战国器物和陶片。不见晚于战国的遗存。第二层,是夏家店上层文化的堆积层。陶片以夹砂绳纹为主。第三、四、五层,为夏家店下层文化的堆积层。房址、灰坑、窖穴都发现于这三个层位内。三层出土器物虽然大体相同,但仔细观察分析,还能看出陶器从早到晚发展变化的一些差异。水泉遗址这批有规律可循的珍贵资料,是当前深入研究夏家店下层文化所不可缺少的。

水泉遗址共发现房址 120 座,灰坑 107 座。从建筑形式看,有半地穴式和地上建筑两种类型，有圆形和方形两种。但圆形房址占多数，方形房址颇少。

F61 为半地穴式房址，出现在 T22 五层下，其上被 F58 所叠压。

F61 即在生黄土层上挖穴而成。穴壁较直，深 0.54～0.8 米，直径 2.1～2.2 米，穴内地面抹一层草拌泥，发现 2 个柱洞，间距 1 米。柱穴口大底小，呈锅底状，口径 28、深 26 厘米。洞壁及底部均用胶泥粘贴一周碎陶片，屋地上有一处篝火痕，长 1.2、宽 0.5 米。门向南开。

F25，是一座地上建筑房址，平面为圆角方形。门设在东南已被扰乱。东西长 2.46、南北存长 3.5 米。土坯砌墙，其规格一致，长 40、宽 28、厚 12 厘米。墙存高 0.32～0.68 米，土坯墙上先抹一层 5 厘米厚的草拌泥，再抹一层 3 厘米厚的白灰面。居住面东高西低不甚平整。屋内地面中间有一椭圆形红烧土面，直径 96 厘米，烧土面中部，发现有划的方形框线，划线长 74 厘米。屋内堆积中有大量的碎陶片，已复原的成形陶器有折腹盆等。

建平水泉，是我省发掘的一处重点遗址。不仅发掘面积大，揭露出来的遗迹器物多，而且房址、灰坑迭压打破关系复杂。文化遗物既丰富又有区域性特点。仅陶器就出土有 1000 余件，特别引人关注的是出土了一批新型器类，如斝、簋、镂孔圈足豆等。五层出土的矮身大口折腹盆，篮纹斜腹宽沿大盆，腹外撇袋足磨光鬲印纹三角尖足鼎，叠唇大口深腹罐。这批具有早期特点的陶器，在三、四层中却不见。而三层出土的平卷沿弧折腹盆、卷沿式窄沿敞口大盆，卷沿深腹磨光鬲，卷沿浅盘高柄豆，又为五层所不见。陶器纹饰、质地亦有显著变化。早期的篮纹、方格纹，泥质磨光黑陶逐步减少，绳纹、划纹、附加堆纹夹砂陶则越趋增多（图三，1、2）。

经过分析研究，可以按层位，选择出阶段性变化较明显，具有代表性的典型器物群，根据地层和不同单位的叠压打破关系能选出几组典型单位作为该文化的分期基础。因为目前我国大面积揭露夏家店下层文化的遗址还不多，所以水泉遗址就显得十分重要。

水泉遗址出土的生产工具中，磨制石器占绝对优势，主要器类有石斧、石铲、石刀、石锛、石凿等。石铲、石斧体薄精致。石刀有两种一种为长方体，一面刃；一种为条形，断面为三角形。打制石器有亚腰石锄和圆形盘状石器。亚腰石锄打制粗糙器身厚重，盘状上下两面平，周边为刃。发现的骨器有骨铲、骨锥、骨笄、骨镞等。

水泉 T15⑤层碳十四测定数据，距今 3780±90 年，树轮校正为 4130±110 年[10]。T26F41 木炭测定距今 3540±75 年，树轮校正 3830±130 年[11]。水泉遗址使用时代距今大体在 4000～3500 之间。

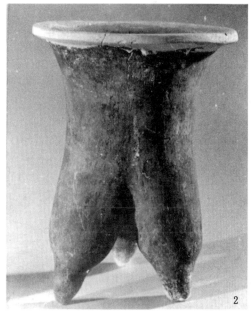

图三

1、2. 陶鬲（水泉城址出土）

图四

1、2. 石锄（四分地东山嘴遗址出土）

### 2. 北票丰下遗址

丰下遗址，位于北票县，东官营子乡丰下村丰富台沟的西岸一块平坦台地上。台地高出河床 6 米。遗址东西长 100、南北宽 75 米。面积 7500 平方米。遗址周围的小三家、丰上、丰中、小馒头沟、海丰、太平沟都有遗址分布，构成了一个分布密集的遗址群。

丰下遗址是 1972 年 4～6 月，配合辽宁文物考古培训教学实习进行发掘的，发掘面积 650 平方米。该遗址的文化层堆积，一般 3 米左右，南区最厚堆积达 6 米深。探方 T10 北壁剖面分 5 层。二层土质坚硬，厚度为 0.7～1.3 米。房址、窖穴和遗物，主要出自二层（三层下未做）。丰下是我省发掘时间较早的一处遗址。共揭露出房址 18 座、灰坑 12 座、墓葬 1 座。

丰下二层 18 座房址，有 14 座分布在南区 500 平方米内，平均 10.7 平方米就有 1 座房址，可见房址分布相当密集。

房址以圆形半地穴为主，其中圆形单间式 12 座，长方形单间式 5 座，方形双间式 1 座。

圆形房址的室内直径一般在 2 米左右，大的可达 4 米。长方形房址的规模大小与圆形房址大体相当。房屋的结构基本相同。房屋修建多用土坯砌墙。个别的也有夯筑土墙（F5）或泥土墙，但也有石墙。石墙房址（F6）房屋的修建方法，即深挖 30—50 厘米，使面积略大于原房址范围。坑内垫一层黄土，然后靠近坑壁用土坯砌墙，墙砌成后，两面都抹一层或二层草拌泥，有的抹泥后又用火烧。房外都建有防御性石围墙，有的房址，房墙与围墙之间有一定间隔，并且间隔甚大，如 F13 房墙与围墙相距 2 米。还有的石墙外连接着圆形的铺石面等附属建筑。室内有利用黄硬生土面，也有抹一层黄土草拌泥，还有的烧成红烧土面。多数房子地面经过多次修缮，一般 2～3 层，最多的达 6 层（F5），两座大型房址 F4 和 F2 都铺白石灰居住面。柱洞的位置也不尽一致，有的柱洞设在房址的中心轴线两端，也有的设在居住面的边缘，还有的不见柱洞。柱础系用陶片捣实，十分坚硬，础面高于居住面，中心处内凹。柱头圆锥形，深入居住面 30 厘米深。有的柱础底垫一平整石板。室内中心位置有一圆形烧土面，紧贴墙内壁砌土台，土台多经烘烧。F13 中央置一圆形石砌灶址，长 64、宽 54、深 15 厘米，灶底铺石板，灶壁用河卵石砌成，灶址西侧置一储水小口瓮。

F4，是座保存较好，规模较大的圆形单间式房址，位于遗址东北角临断崖处。南北径 3.8、东西径 3.6 米。居住面距地表深 2.15 米。土墙存高 1.25、厚 0.55 米。外围防御性石墙存高 0.3～0.5 米。门向南开，门道内宽外窄 1.3～0.65 米，门道长 0.7 米。

门口有土坯砌的门槛,高、宽各 0.2 米。室内墙壁抹一层草拌泥,然后再抹白石灰。室内中心有一直径 0.78 米圆形烧土面,烧土面下埋一件被火烧过的无底折腹盆。室内北壁设一两层土坯砌的土台,高 0.34、宽 0.58、长 3.1 米。柱洞室内中央三个,门道两侧各一个,靠近土墙的东壁和南壁三个。

F12,位于遗址南区中部是丰下遗址规模最大的一座,为一方形双间式建筑。结构新颖,以一个大的方形房间为主,在其南墙中部又建一方形小房间,东石墙外连一半圆形铺石面。该房址东西长 9、南北宽 8.5 米。墙壁为坚硬的红胶泥土,存高 1、厚 0.6 米。门开在南墙中部,门道内宽外窄。室中心有一直径 0.5 米的圆形烧土面。屋内出土彩绘陶盆及磨制石刀、石锛等精致的器物。长方形小房间东西长 2.2、南北宽 1.6 米。门开在南墙东部与大房间的门错开,居住面抹一层草拌泥,略低于大房间地面。门口处散乱堆放着猪、羊的头骨。

丰下遗址出土的生活器皿,以夹砂褐陶为主,夹砂红陶甚少。因器物都出自二层,晚期陶器特点较浓。制陶技术多采用泥条盘筑法,以手制为主也有少量的轮制陶器。陶质坚硬,火候较高。纹饰盛行绳纹和绳纹加划纹,附加堆纹、锥刺纹、圆形泥饼纹最为普遍。方格纹、篮纹颇少,盆的颈部,腹底的衔接处以及三足器裆部,往往衔接后拍印上绳纹,然后再抹平加固。瓮腹部、瓮和罐的肩部常施附加堆纹和圆饼纹。锥刺纹常见于大口盆的耳上。

丰下遗址出土的主要陶器类有甗、鬲、鼎、罐、瓮、盆、盂、碗等。豆形器、壶、器盖少见。彩绘陶仅出土一件。

丰下遗址除了出土大量陶器外,还出土了一批磨制精致石铲、石锄、石斧、石磨盘、石磨棒、石刀。骨铲、骨刀等农业工具。从生产工具可以得知当时的社会生产是农业生产占主导地位。大量三足器的应用反映出居民的生活习惯与中原传统文化有着密切的内在联系。尤其是甗、鬲的普遍存在,显示出当时是以熟食和蒸食为主的。遗址中出土的猪、牛、羊骨,说明当时饲养业也有了相当的发展,来补充农业经济之不足。

丰下居民不仅掌握了快轮制陶技术,而且还能烧制巨大的陶瓮和诸多大型器物及彩绘陶绘画技能。这种技术不是每个人都能掌握的,手工专业制陶可能已从农业中分离出来。尽管丰下遗址没有发现青铜器,无疑,社会的发展已进入了青铜时代。城址、村落围墙、防御性设施普遍出现,说明社会已发生了巨大的变革。文明社会的曙光正在悄然升起。

丰下遗址甗、鬲袋足下,另附加圆锥形实足根的做法,腹饰多道附加堆纹的瓮,肩附双耳的绳纹加划纹大口盆，细把浅盘豆等与二里头类型的商文化，以及二里岗下层商文化很为接近。丰下出土的彩绘陶图案，相互勾连的类似云雷纹的母体构成的图面与商代青铜器花纹有着明显承袭关系。此外，房址地面和墙壁铺抹白灰面，遗址中出土的卜骨及束发用的骨笄、玉牌等都具有中原文化的特征。总的来看，丰下文化遗存既包含浓郁的龙山文化因素，又具早商文化的更多特点。由此可见，夏家下层文化是探索先商以来，商族在我国北方地区活动的重要史迹资料。

**3. 朝阳热电厂遗址**

遗址地处朝阳市西北热电厂的西侧，是全市地形的最高点，该处原是一座圆形小山丘，遗址就坐落在山丘北侧斜坡地上。遗址为长方形，南北长 200 米，东西宽 100 米，面积约 2000 平方米⑫。遗址西侧遗存有断断续续的石围墙，从地表黑土圈可看出，古代房址有规律的南北成行排列在石围墙东。

1986 年 5～6 月，1987 年 4 月 20 日～6 月 10 日，辽宁大学历史系文博干部专修班考古实习队，曾两次对遗址进行发掘。其开 5×5 米的探方 28 个，发掘面积 700 余平方米。揭露出房址 38 座。其中窖穴式房址 3 座，半地穴式房址 26 座，地上建筑房址 9 座。

遗址北部文化层堆积薄，房址分布稀疏，南部堆积厚，房址排列密集，叠压层次亦多。遗址西南角的断崖处石料砌筑的居住址多，其他部位和地区土坯、土筑房址盛行。

朝阳热电厂遗址的房址，与丰下、水泉遗址大同小异，相同的是圆形半地穴式房址多，而方形石墙居住址少。居住面的面积均在 4—5 平方米与 20 余平方米之间，屋内中央多设有灶址、柱洞内壁，多铺垫一层碎陶片防柱头腐烂。筑墙的方法和形式比较复杂多样，有土坯垒砌的，石料垒砌的，还有草拌泥垛成的及夯筑的四种。在筑墙方法、种类和技术上有新的发展，草拌泥垛墙和夯筑墙可能出现的较晚。在居住面装修上有两种不同的装修方法：一种是先抹一层草拌泥，然后用火烘烤干。另一种则是在草拌泥上刷一层白石灰面，在房子的质量上出现了好、坏及高、低的差异，随着生产发展，房屋建筑质量也在逐步提高。

F21，圆形，直径 3.6 米。土坯墙残高 0.8 米，墙外抹一层黄土泥护墙。居住面抹有一层白石灰，屋内墙面亦刷有白石灰，很显然房子十分讲究。F21 至少翻修过两次，使用了相当长的时间。

朝阳热电厂遗址，出土的陶器以手制为主，个别陶器亦有轮制的或口沿经过轮修。陶色以灰褐色占多数，亦有少量的磨光黑陶和夹砂红褐陶。陶纹以绳纹、附加堆纹为主，还有少量的篮纹和方格纹。亦出土一些彩绘陶片。主要器类有鼎、鬲、甗、盆、钵、罐、瓮、豆、杯、盘、壶、折腹盆等。

出土生产工具 231 件，其中磨制石器最多，打制石器次之，细石器甚少。打制石器有亚腰石锄、盘状器砍砸器。磨制石器有，有肩石斧、石铲、石锛、石凿、石刀。细石器有石刃器、石片、石核、刮削器、三角形石镞等。另外还出土一批骨器、卜骨、饰品和动物骨骼。

## 二 夏家店下层文化的墓葬

### 1. 水手营子墓

关于夏家店下层文化的墓葬材料，目前在辽宁省境内还发现甚少。1986 年 4 月锦州博物馆，在市东南锦县松山乡水手营子清理一座墓。墓葬位于水手营子村东北一处台地上。该墓是一座东西向单人土坑竖穴墓，墓穴长 3、宽 1～1.2 米，方向 40°。未见骨架，葬式不清，墓穴距地表 1.5 米深。墓内出土 5 件器物。

青铜连柄式戈出土于墓内中部左侧。戈头与柲连体铸成。戈体较直，援部细长，脊部隆起，长 3.8、宽 3.2 厘米。戈柄通体饰菱形格连珠纹。此戈另一特异之处是柲首之上，耸起一向上弯曲的卷勾，似柲冒，但又与戈连体，尾还加铸一扁球形首，光素无纹，别致美观，前所未见，新奇珍贵。出土长方形扁平有孔石斧，光亮似玉，当属斧、钺类兵器或权力的象征。长 16、刃宽 7.3 厘米（图五，3）。

绳纹灰陶折肩鬲、侈口、低档锥状实心足，口沿至肩光素无纹，腹至足饰满绳纹，通高 25.3 厘米（图五，1）。

泥质灰陶折腹盆 2 件，形制相若，敞口、深腹、小平底。上、下腹折棱明显，上部素面，下部饰绳纹，器高 18.8 厘米，轮制。

连柄青铜戈，具有早商戈的特点，鬲与折腹盆为夏家店下层文化常见的典型器类。该墓的发现进一步证明

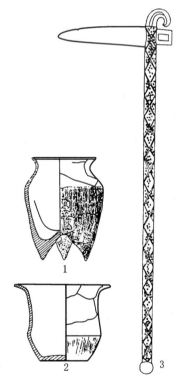

图五

1. 折腹鬲  2. 盂形盆

3. 铜柄戈（均为水手营子墓葬出土）

了夏家店下层文化时期，已具备了铸造大型青铜兵器和容器的技术条件（图五，2）。

### 2. 丰下墓葬

丰下遗址 M1，亦是一座长方形土坑竖穴墓，内葬一小孩，从骨架观察为仰身直肢葬，方向 64°。墓顶盖三块石板，墓内填黄沙土。墓坑深距地表 2.2 米。小孩颈部挂一用 10 枚海贝与 5 枚扁圆状红色玛瑙珠和 8 枚绿松石珠穿成的项链。并在骨架上发现附着一种黄色平纹麻布残迹。经仔细观察测量每平方厘米经纬线 10 根[13]。

### 3. 夏家店下层文化墓葬的特点

墓葬材料在构成考古学文化面貌及特征方面与遗址材料一样起着同等重要的作用。遗址材料常遭到破坏比较破碎，而墓葬埋在地下较深，一般保存较好，往往成为研究当时社会文化现象、思想意识、风俗习惯的重要资料。仅从辽宁的墓葬发现，难以了解该文化的墓葬概貌。这里不妨借助内蒙古大甸子和范丈子等墓地的材料来透视下夏家店下层文化的墓葬特点和规律。可能由于地域的不同，墓葬形制亦不尽一致。墓地都发现于聚落址近旁，墓地规模大小差别颇大。从墓葬形制看：有石棺墓、土坑竖穴墓、竖穴土洞墓三种类型。大甸子上千座墓，可划为北、中、南、三区，皆系土坑竖穴墓，排列密集有序，无一打破关系，都是单人一次葬，无合葬墓。儿童死后亦同成年人一样埋在同一个墓地里。几乎所有的墓都有箱形葬具，有木结构的，有石板砌筑的，还有用土坯砌的。同一个时期的墓葬，死者头向一致。葬式多侧身直肢葬。墓圹的脚端墓壁上常挖有随葬物品的小龛，男性多随葬石斧、石钺、石镞。填土中常发现整猪的骨架。女性墓多随葬纺轮和身上佩戴的装饰品。随葬陶器的组合，常见一鬲、一罐为一组。大墓中有随葬 2～13 组陶器。少数上层男性还有随葬陶鬶、陶爵等酒器的。这种墓约占 20%。儿童墓多数不见葬具，墓坑仅能容身。400 余件彩绘陶都出在 20 余座较大的墓葬中。出贝币的墓只发现 5 座。有的一两枚或 10 多枚，有的百枚以上。贝的出土位置有的在龛内，有的佩戴于死者颈间、腰际或头上，有蚌壳仿制和真贝两种。

从墓葬的随葬品看，当时虽已出现贫富差异，但阶级对立尚不够明显，只有少数人占有较多的财富，氏族社会内部大多数人还仍然保持着原有的传统习惯。

## 三　社会生产

研究一个考古文化的社会性质，首先必须了解这一文化的经济形态，及其社会生产力的发展状况。要了解认识夏家店下层文化的社会性质必须从研究其生产发展状况入手。

**1. 农业的发展**

夏家店下层文化，是一个以定居锄耕农业为主，畜牧饲养业也有相当发展的古代文化。它经过采集、刀耕火种发展阶段，已进入了利用水源灌溉锄耕农业的发展时期。当时朝阳、赤峰地区气温比现在略高 3℃～5℃与今日河北省北部气温相当，栽培主要作物是能适应北方干旱，自生能力较强的粟、稷、麦、高粱等作物。所用农具比较精致其特点是磨制光滑，体轻刃利，多系装有长木柄的复合工具。如亚腰石锄、有肩石铲、石斧、石刀等大型石器为主，也有了细致的专门分工，农业工具正向规范化、定型化和专业的方向发展。与一器多用时代相比较确实发生了巨大的变化。农业收获有了大幅度的增长。如 1977 年在建平水泉遗址等第五层发现了三座直径为 2 米的圆形窖穴，底部尚存约 0.8 米厚的炭化谷物。依据窖穴容积计算，一座窖穴可存 3750 公斤，若是三座窖都贮满，就可贮藏 11250 公斤粮食。发掘看到的仅是当时粮窖的极小部分，可见当时农业有了相当的发展。粮食不仅能够供应密集遗址中数量可观的人口食用，而且还有剩余。

随着锄耕农业的发展，畜牧业和家庭饲养业亦有了迅速的发展。遗址中出土的动物骨骼以狗、猪、牛、羊、鹿为主。大甸子墓地中发现了殉葬整猪整狗的现象，最多一墓殉葬 4 头整猪。这除了反映埋葬习俗和信仰习惯之外，更真实地反映出当时畜牧饲养业的发展和财产的集中。畜牧业的长足发展又为农业提供了畜力和运输力。狗还可以看家助人放牧。动物骨骼又为骨器制造业提供了原料。

**2. 手工业**

当夏家店下层文化的居民，有了足够的粮食之后，手工业才能得到相应的高速发展。掌握了专项制作技术的匠人，才能逐步从农业中分离出来。

（1）制铁业

制陶业是当时重要的手工业部门。从出土的陶器看，器形种类之多，器形之大，陶纹之复杂，彩绘花纹精美繁缛是任何考古文化所不能比拟的。从制陶技术上观察，初期陶器上留有手工制造痕迹，后经慢轮修整之后，又出现了轮制技术。实用器和非实用器的出现，说明陶器的使用和制作有了更细的分工。特别是神秘彩绘花纹图案的设计和绘制没有高超的专业技术是难以承担的。无疑当时有了专门制陶的手工业作坊。

（2）冶铜铸造业

冶铜铸造业在夏家店下层文化的中、晚期也有了较快的发展，这可以从冶铸技术上得到证明。从大甸子墓葬发现的杖首上的铸痕上得知，当时在铸铜工艺上掌握了运

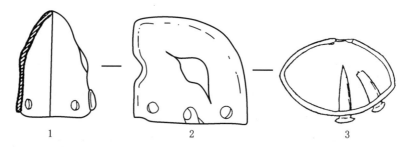

图六　1—3 铜饰件（大甸子墓葬出土）

图七　彩绘陶双腹罐（大甸子墓葬出土）

用内范与外范组合的技术方法。已能铸造薄壁小型铜器。墓葬中出土的规整美观的陶鬶、陶爵，无疑是青铜器的仿制品。水手营子墓葬出土的青铜连柄戈，长 82 厘米并且是戈头与柲连体铸成。戈柄通体以菱形格连珠纹、铜戈、铜镞等兵器的铸造，充分显示出其冶铜铸造技术超出了青铜铸造业的初级阶段，达到相当高的铸造水平，迈进了青铜时代中期（图六，1—3）。

（3）礼制的形成

礼是礼制的产物，礼制是阶级社会的产物，礼的实质就是阶级等级。礼制是为统治阶级服务的。夏家店下层文化出土的礼器有石磬、玉器、陶鬶、陶爵、彩绘陶及卜骨等。墓葬中随葬器物的多寡都是社会礼制不平等现象的反映。多种礼器的发现，充分说明夏家店下层文化已进入了阶级社会（图七、图八，1、2）。

（4）防御设施

夏家店下层文化时期村落布局与仰韶文化时期的半坡、姜寨中间有空场的外围与有壕沟的圆形聚落址相比已发生了相当大的变化。那种田园生活方式的原始氏族村落早已不复存在，代之而起的是一座座成片以家庭为单位的独立的单室和双室住宅。房子周围还筑起了高高的防御围墙。个体家族已成为社会独立的经济单位，为了防止财产被掠夺，往往在住宅区或聚落址周围建起一圈石墙，来保护群体家园的安全。

夏家店下层文化的城址有两种，一种是建在山坡顶上的石墙小城，另一种是建在

图八

1. 彩绘陶鬲（大甸子墓葬出土）　2. 彩绘陶罍（大甸子墓葬出土）

平地上的夯土墙大城。建平水泉古城面积约 2 万平方米，敖汉大甸子城址面积达 6 万平方米，赤峰市郊迟家营子城址面积达 10 万平方米。赤峰英金河、阴河沿岸的石城往往是成组出现的，每组城址群中，又有一、二座大的石城址，每组石城址群间，有相当距离的间隔。特别值得注意的是辽宁北票康家屯和赤峰三座店石城址都筑有马蹄式半圆形马面。对城址或城址群出现，可否这样的理解，每座城址就是一个独立的社会单位，每组城址群则可能是这种社会单位的联合体，而每组城址群中大的石城址可能为城址联合体的中心。如果联想到当时的社会组织，一座石城可能是一个氏族或部落，一组石城群则可能是一个部落或部落联盟。社会出现的频繁掠夺战争需要组织起来联防对敌，城址群的出现也是根据社会需要而产生的。正如恩格斯所形象概括的"在新的设防城市的周围屹立着高峻的墙壁并非无敌：它们的壕沟深滔为氏族制度的墓穴，而它们的城楼已经耸入文明时代了"[14]（图九，1、2）。

从夏家店下层文化发掘的城址、墓葬、遗迹、遗物材料分析，当时社会已有了明显的贫富分化，有了富人与穷人之别，社会地位出现高低贵贱之分。少数人占有较高的地位，拥有较多的财富，多数人则一贫如洗。当时社会正处在原始氏族濒临解体，私有制产生，阶级出现，国家形成这样一个伟大的历史变革时期。

夏家店下层文化虽然尚未发现像二里头文化那样的大型宫殿遗址，但城址和墓葬所反映的等级差别，有力地说明了社会的发展"绝不是单个城邦式的早期国家，而是

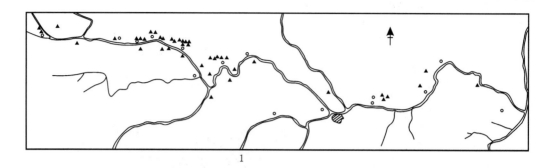

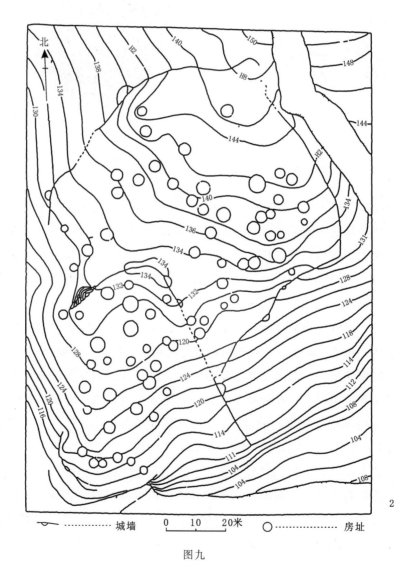

图九

1. 金英河流域石城遗址分布图　2. 西山根城堡房址分布图

凌驾于若干早期国家之上称霸一方的"方国",是曾盛极一时能与夏王国为武的大国⑮。

## 四 夏家店下层文化的渊源

夏家店下层文化从命名到现在,已有 40 余年的历史了,如果从最早发现到今天已有半个多世纪了。

随着夏家店下层文化发掘研究工作的不断深入,人们对该文化认识取得了一定共识。诸多考古学者和专家,均认为夏家店下层文化是由红山、小河沿文化发展演变来的。主要根据有以下几个方面:

1. 这可从多处遗址的地层堆积得到证明。内蒙古敖汉旗南台地遗址,夏家店下层文化的房址 F3、F12 分别打破了小河沿文化的地层:⑯

2. 内蒙古林西县白音长汗遗址 T39 内,小河沿文化的地层叠压在红山文化的地层之上:⑰

3. 内蒙古敖汉旗兴隆洼遗址Ⅱ区,红山文化早期遗址 F142,中期房址 F106,分别打破兴隆洼文化聚落围沟遗址地层⑱。

4. 夏家店下层文化、红山文化、小河沿文化都集中分布在内蒙古东部赤峰地区,辽宁西部朝阳地区,河北省北部承德地区。

5. 凌源县三官甸子城子山遗址,红山文化的遗址、墓葬都压在夏家店下层文化之下。

6. 在文化编年顺序上,三个不同发展阶段的原始文化都头尾相衔接。

7. 从夏家店下层文化陶器种类造型,陶纹、彩绘图案风格及玉器制作的传统技术上,都可寻觅到红山、小河沿文化的某些早期线索。从以上论述,使我们相信夏家店下层文化的源头是从红山、小河沿文化发展来的。如果进一步探索其更早的渊源,该文化的根系,还可追溯到距今 8000～7000 年的兴隆洼文化。

目前在夏家店下层文化的研究上,亦还存在一些不同的观点和意见,归纳起来有以下几种意见:

(1) 夏家店下层文化,是商文化的北延;⑲

(2) 是商文化北方发展的前身之一;⑳

(3) 是中原地区晚期龙山文化的一种变种;㉑

(4) 是具有深厚的地方特性的中原系统的文化;㉒

(5) 是继承和发展了本地域内的红山和小河沿文化、同时又受到其他文化的影响而不断发展来的。

夏家店下层文化的早期阶段，龙山文化的因素较浓；中期阶段富有早商和商文化的特征，晚期则出现了不同地区的较大差异，形成了不同地域的地方性文化类型。如北京雪山二期文化；天津地区的燕南类型等。以上几种观点的共同处都认为夏家店下层文化的酒器、陶爵、陶鬶，与二里头文化的青铜爵、鬶极为相似。种类齐全的三足陶器群，是任何北方地区考古文化所不具备的。这反映出该文化居民的生活方式和风俗习惯有着千丝万缕的联系。

从彩绘陶器上观察多数纹饰是以复杂的卷曲线条构成多种二方连续的单元。也有少数纹饰是以兽面纹为主，二连续的单元纹为辅。整个器物画面的分割、布置上却显示着它与商周青铜器的图案有密切的承袭关系。

红山文化、夏家店下层文化和商文化精美的玉雕艺术品如：玉龙、玉龟、玉鸟、玉蝉及各种玉礼器等，无论是造型风格，还是构图方法，钻孔砌琢工艺都有着惊人的相同或相似处。

建平县二道湾子乡，大洞沟南山遗址、水泉遗址、河东遗址、三家乡嘎岔遗址，兴城县仙灵寺遗址出土的五件石磬，形状大小、工艺风格均与河南省偃师县二里头、山西省夏县东下冯遗址出土的石磬相若，时代亦大体相同。石磬是一种古代乐器，商代已出现了单一的特磬，周代已有了十几个大小相间成组的编磬。礼器和乐器是实施礼制的工具。看来夏家店下层文化在礼制创建上也与商周文化有着接续发展的关系。其实，彩绘陶也具备了礼制规范的特点，北方礼制的发展对中原礼制发展形成具有深远的影响。

1977年北京平谷县刘家河商代中期出土的喇叭形铜耳环、金臂川与北京昌平县雪山三期文化墓葬中出土的铜耳环形状大体一致。这种耳环在北京琉璃河夏家店下层文化的二号墓和唐山小官庄石棺墓中出土过。可见，美观典雅的铜耳饰也成了联系南北文化的一种标志。

在夏家店下层文化的遗址中，普遍出土卜骨，除用动物的肩胛骨外，还用长条形骨片，皆系先钻后灼。卜骨的大量出土，说明夏家店下层文化的先民除无成熟的文字外也盛行占卜活动，这意味着长城地带与黄河区域的先民们在思想意识、宗教信仰上的一致性。

综观夏家店下层文化的特点，使我们认识到，这支北方青铜文化是在当地发生起源的，在其早期发展阶段承袭了红山、小河沿文化的诸多进步因素，在它由北向南发展的进程中又受到龙山文化和早商文化的影响，最后形成了跨越我国北方广泛领域的青铜文化。对夏家店下层文化的深入研究，无疑拓宽了以商、周为主体的中国青铜文化研究的视野，对最终提示中华文明的起源，私有制和阶级的产生及国家的形成有着重要的学术意义。

## 注　释

① 安志敏：《唐山石棺墓及其相关的遗物》，《考古学报》1954 年 7 期。

② 中国科学院考古研究所内蒙古工作队：《内蒙古赤峰药王庙、夏家店遗址试掘报告》，《考古》1961 年 2 期。

③ 辽宁省文物干部培训班：《辽宁北票丰下遗址 1972 年春发掘简报》，《考古》1976 年 3 期。

④ 辽宁省博物馆、朝阳市博物馆：《建平水泉遗址发掘简报》，《辽海文物学刊》1986 年 2 期。

⑤ 1988 年《考古年鉴》。

⑥ 李恭笃：《辽宁凌源三官甸子城子山遗址试掘报告》，《考古》1986 年 6 期。

⑦ 辽宁省博物馆 1984 年发掘材料。

⑧ 辽宁省文物考古研究所、吉林大学考古学系：《辽宁阜新平顶山石城发掘报告》，《考古》1992 年 5 期。

⑨ 齐亚珍、刘素华：《锦县水手营子早期青铜时代墓及铜柄戈》，《辽海文物学刊》1991 年 1 期。

⑩ 《放射性碳素测定年代报告（一一）》，《考古》1981 年 4 期。

⑪ 《放射性碳素测定年代报告（一一）》，《考古》1984 年 7 期。

⑫ 见《中国考古年鉴》，1987、1988 年。

⑬ 辽宁省文物干部培训班：《辽宁北票丰下遗址 1972 年春发掘简报》，《考古》1976 年 3 期。

⑭ 恩格斯：《家庭私有制和国家起源》，人民出版社，1972 年。

⑮ 苏秉琦：《迎接中国考古学的新世纪》，《中华龙的传人·中国人——考古寻根记》，辽宁大学出版社，1994 年。

⑯ 辽宁省博物馆：《辽宁敖汉旗小河沿三种原始文化的发现》，《文物》1977 年 12 期。

⑰ 郭治中等：《林西县白音长汗遗址发掘述要》，《内蒙古东部地区考古文化研究文集》，海洋出版社，1991 年。

⑱ 中国社会科学院考古研究所内蒙古工作队：《内蒙古敖汉旗兴隆洼遗址发掘简报》，《考古》1985 年 10 期。

⑲ 郑绍宗：《有关河北省长城地区原始文化类型的讨论》，《考古》1992 年 12 期。

⑳ 辽宁省文物干部培训班：《辽宁省北票县丰下遗址 1972 年春发掘简报》，《考古》1976 年 3 期。

㉑ 夏鼐：《我国近五十年的考古收获》，《考古》1964 年 10 期。

㉒ 李往汉：《试论夏家店下层的分期和类型》，《中国考古学会第一次年会论文集》文物出版社 1979 年。

# 第五编　辽东地区洞穴青铜文化研究

洞穴是人类诞生的圣地，是人类古老的家园，同时也是人类历史文化的宝库。从几百万年的旧石器时代到上万年的新石器时代，乃至到 3～4 千年前的青铜时代，我们中华民族的祖先曾长期居住在洞穴中劳动生息，穴居延续至今，我国西北地区也还有少数人居住在窑洞里。

辽东地区多岩洞，如海城市的金牛山仙人洞，都是我国重要的旧石器时代洞穴遗址。太子河上游，本溪满族自治县庙后山洞穴，马城子 A、B 洞先后都曾有旧石器时代、新石器时代、青铜时代先民们居住过的遗址。经过考古发掘，每座洞穴都出土了大量不同时代的石斧、石刀、石剑、纺轮、网坠和富有时代地域性特点的陶器群，我们根据上述发掘成果。经多年潜心研究，把本溪地区洞穴出土的青铜文化遗存命名为马城子考古文化，从此，马城子文化就融入到中国及世界考古文化的大家族中。马城子文化对研究东北地区夏商时期的历史有着重要意义。

# 辽宁本溪县庙后山洞穴墓地发掘简报

庙后山坐落在太子河的支流汤河畔，属本溪县山城子公社山城子大队，距县东南15公里。为长白山余脉，海拔高度 500 米（图一）。

1978 年至 1982 年以来，山城子公社山城子大队社员在庙后山烧石灰采石，前后发现了三处洞穴，根据发现的先后，分别编为 A 洞、B 洞和 C 洞。其中 A 洞属旧石器时代的堆积。

B 洞的古墓葬发掘清理工作，从 1979 年 8 月 4 日开始，到月末结束。

为了进一步了解庙后山洞穴墓地的文化内涵，于 1982 年 6 月又对 C 洞及其西侧山坡上与该洞穴墓地文化性质相同的古遗址进行了试掘。发掘工作从 6 月 10 日开始，7月 3 日结束，历时 23 天。两次参加发掘工作的人员有李恭笃、刘兴林、齐俊、陈良训、佟铁山等。现将这两次发掘材料，一并简报如下：

## 一　B 洞

B 洞为三个洞穴中最大的一个，洞口向南，呈半月形，东西长 7.5、高 2～3米。洞内平面为亚腰葫芦形，东西长 19、南北宽 9 米，面积约 171 平方米。为叙述方便，把整个洞分成两部分，东侧称东洞，西侧称西洞。东洞南北宽 9 米，东西长 10 米，面积 90 余平方米。古墓葬主要集中在东洞中部偏里两个洞的交界处。

B 洞（群众称老洞）山前清末曾建有古庙，庙后山即由此而来。B 洞也曾是庙宇的组成部分，洞壁局部还残存有麦糠黄

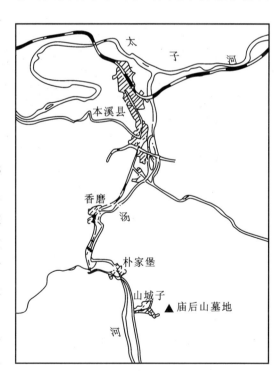

图一　本溪庙后山洞穴墓地、遗址位置图

泥块和白石灰块，洞口上方石壁上还保留有人工凿通的挂钟圆孔。

由于修建庙宇，洞内的地层堆积曾遭到过严重破坏。特别是近年来群众采石和其他原因，又使大量墓葬惨遭破坏。我们去前，不少完整器物已被掘出，很多重要文物无法归回原墓，只能根据介绍，按层位编号，同这次发掘的部分墓葬材料一并发表。

洞内地面遗物比较杂乱，即有明清时代的砖瓦碎片和砸坏的带彩佛像残迹，香头灰烬满地皆是。除此而外，在洞内还发现少量的晚期灰色陶片和器耳。地表最多的遗物是从地下翻动上来的红褐陶片、器物口沿、器底、器耳和磨制石器等。

（一）地层堆积

由于洞内地层破坏很厉害，工作开始为了探明情况，先在 B 洞东部中间开 2×6 米的探沟，然后重点选择了遗物丰富的东洞东部和西洞西部开 4×2.5 与 5×4 米的两个探方，编号为 BT1 和 BT2。洞口部位和洞的北部遗物少，地层堆积皆为风化塌落下来的石块，故未做。洞内堆积的形成，主要是洞顶多年风化塌落下来的石块。其次是风雨吹冲沉积下来的泥土和人类活动遗留下来的灰烬烧上。整个堆积中乱石块约占 2/3，黑灰土占 1/3。土层中大小石块犬牙交错，给地层的划分带来困难。根据土色和遗物的不同，可分为 6 层（图二）。

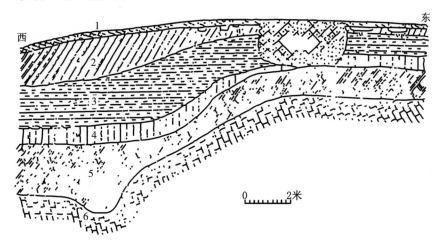

图二　B 洞剖面图

1. 表土层　2. 黑灰色土　3. 黄灰土　4. 黄土　5. 红色黏生土　6. 基岩

第一层：即表土层 0.25～0.3 米厚，地表遗存有明清时代砖瓦碎片，铜头饰残段，被破坏墓葬中的陶器碎片满地皆是。

第二层：为黑灰色土层，厚 0.35～1.75 米。该层东薄西厚。暴露出来的遗物非常丰富，有陶片、石器、红烧土、兽骨等。

第三层：为黄灰色土层，0.9～2.5 米厚。该层陶片比二层明显减少，还发现有猪、鹿的下颌骨。

第四层：为纯净黄土层，0.25～0.8 米厚。该层中未发现任何古代文物，出土的鹿骨稍有石化。

第五层：为红色黏生土层，1.3～3 米厚。往下为基岩。

（二）墓葬

B 洞发掘共揭露出墓葬 11 座，编号为 BM1—11 其中保存较好的仅有 BM4、5、6、7、8 五座。葬式有仰身葬、火葬、二次葬三种。二次葬范围较小仅 1 米长。B 洞墓葬总的特点是，未发现明显墓坑，无木质葬具。火葬墓骨灰上多压有薄石块。BM4、M5、M8 三座墓为头北脚南；BM6、M7 两座墓为东西向。下面介绍 BM5、M7 两座墓：

BM5 位于 BT2 中部，东靠 BM4，西与 BM7 相邻，是 B 洞墓葬中保存较完好的一座。墓呈长方形，用不规则石块砌成墓圹，长 1、宽 0.5、高 0.3 米，方向 30°，墓底有碎石。骨骼全部炭化，随葬器物均陈放在碎骨上，随葬 9 件器物，即 3 件石斧，1 件石凿，1 件石锛，2 件纺轮，壶、碗各 1 件。从随葬纺轮看可能是座女性墓（图三）。

BM7 位于 BT2 西部，东与 BM5 相邻。北部有一片黑灰土。是一座南北向的石圹墓，仅砌一层石块，为与石棺墓相区别，故称石圹墓。方向 5°。石圹仅存南壁和东壁，圹长 1、宽 0.6 米。圹内遗存一层石灰岩经火烧后变成的石灰状白粉——石灰。随葬器物与骨渣、白石灰混杂在一起，计有 9 件器物：1 件石斧，3 件石凿，2 件石锛，壶、罐、碗各 1 件。从随葬品多石锛、石凿分析，死者生前可能与制作石器有关（图四）。

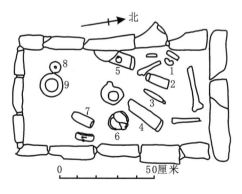

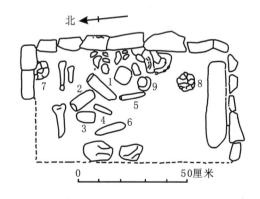

图三　BM5 平面图

1、8. 陶纺轮　2、4、5. 石斧　3. 石凿　6. 陶碗　7. 石锛　9. 陶壶

图四　BM7 平面图

1. 石斧　2、3. 石锛　4、5、6. 石凿　7. 陶罐　8. 陶壶　9. 陶碗

（三）随葬品

1. 生产工具：B洞出土的生产工具，共计184件，其中有石斧、石锛、石铲、石凿、石刀、棍棒头、环状石器、齿形器、石臼、石镞、纺轮等。石器种类丰富，制作精致，棱角规整，刃部锋利，磨制技术精湛。

（1）石斧　71件。完整者59件，残品12件，仅介绍二式。

Ⅰ式　直肩石斧，9件。标本BT2③：47。长方体，直肩斜刃，青黑色粉砂岩磨制。长19、宽8.4～10、厚1.6厘米。刃锋利，稍有崩损，是石斧中较宽的一件（图五，2）。

Ⅱ式　弧肩斜刃石斧，6件。标本BT2②：35。扁平体，刃部宽而薄，颇锋利，磨制粗糙，还保留有厚石皮。长1.9、宽6.5～8.7、厚2.1厘米（图五，1）。

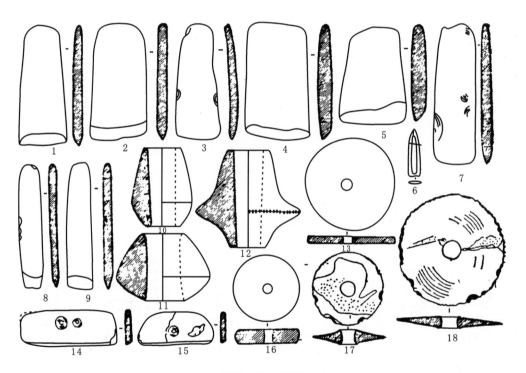

图五　出土器物

1. Ⅱ式石斧（BT2②：35）　2. Ⅰ式石斧（BT2③：47）　3. Ⅱ式石铲（BM5：5）　4. Ⅱ式石锛（BT1③：3）　5. Ⅰ式石锛（BT1②：8）　6. 石镞（BT1②：60）　7. Ⅰ式石铲（BT2②：39）　8. Ⅱ式石凿（BT2②：51）　9. Ⅰ式石凿（BT2③：51）　10. Ⅰ式棍棒头（BT2③：54）　11. Ⅱ式棍棒头（BT2②：57）　12. Ⅰ式齿状器（BT2②：55）　13. 石纺轮（BT22③：55）　14. Ⅱ式石刀（BT2②：53）　15. Ⅰ式石刀（BT2②：54）　16. 陶纺轮（BT2②：62）　17. Ⅰ式环状器（BT1③：4）　18. Ⅱ式环状器（BT1③：5）（1～3、7、8、9、14、15、17、18为3.5/20，余3.5/10）

（2）石铲 2件，分二式。

Ⅰ式 BT2②：39，扁平、板状，一面刃，泥板岩磨制。长22.2、宽7.2、厚1.8厘米（图五，7）。

Ⅱ式 BM5：5，板状梯形，长方体，一面刃。选用石灰岩薄片石料稍加磨制而成。长19、宽5.5～7.5、厚1.2厘米（图五，3）。

（3）石锛 出土33件。器形除有长短差别而外，刃部还各有特点，多系板岩磨制，应是制作木器的工具。介绍二式。

Ⅰ式 16件。标本BT1②：8，宽刃，窄肩，刃部平直。淡白色泥灰岩磨制。长8.2、刃宽5.7、厚1.4厘米（图五，5）。

Ⅱ式 7件。标本BT1③：3，长方形，刃部磨制规整，锛面稍鼓，根据刃部斜度，使用时锛刃与底面呈45°角。无疑是一种推刨形式的工具。长9.8、宽5.5、厚1.4厘米（图五，4）。

（4）石凿 21件。器形大、小各异，刃部各具特点。介绍二式。

Ⅰ式 4件。标本BT2③：51，棱线整齐，磨工细腻，制作精致。窄刃，宽体，断面呈方形。泥板岩磨制。长21、宽3.8、厚1.8厘米（图五，9）。

Ⅱ式 2件。标本BT2②：51，扁体。窄刃，磨制不如Ⅰ式美观。长20.4、宽3.4、厚1.1厘米（图五，8）。

（5）石刀 2件。分二式。

Ⅰ式 BT2②：54，半月形，一面刃，中间钻有双孔，灰色泥板岩磨制，长13、宽5.2、厚0.8厘米（图五，15）。

Ⅱ式 BT2②：53，长条形，直背。一面刃。圆孔两面琢钻，粉砂岩磨制，刃部使用痕迹明显。长16、宽5.9、厚0.9厘米（图五，14）。

（6）棍棒头 4件。分二式。

Ⅰ式 1件。BT2③：54，圆柱形，两端细中间粗，中心钻有圆孔，黑色细砂岩磨制，最大直径5.4、孔径两头粗中间细，为2.1～2.5厘米，长6.5厘米（图五，10）。

Ⅱ式 3件。标本BT2②：57，馒头状，中间有道突棱，粉砂岩磨制，最大直径8、高5.6、孔径3.5厘米（图五，11）。

（7）环状石器 圆形，周缘薄刃，向中心部位逐渐加厚，从使用痕迹四射的特点观察，应是一种旋转式工具。多系紫黑色砂岩磨制，是庙后山文化类型的墓葬中出现的一种新型石器。出土8件，介绍二式。

Ⅰ式 6件。标本BT1③：4，圆形，细砂岩磨制。直径12、孔径2.6、中心厚

2.6 厘米（图五，17）。

Ⅱ式　2件。标本 BT1③：5。圆形。中心部位突起，周刃锋利，孔径一端粗，另一端略细。直径 18、孔径 2.6～3.5 厘米（图五，18）。

（8）齿形器　2件。介绍一件 BT2②：55，圆形齿轮状，磨制精致，周围刻有等距离凹槽，与齿轮相似，泥灰岩磨制。长 7.8、孔径 1.9～2.5、最大直径 9 厘米。孔壁遗留有螺纹式痕迹，为洞穴墓地出土石器中的佳品（图五，12）。

（9）石臼　1件。采集 11 号，平底船形，黄色细砂岩磨制，施有椭圆形凹槽，槽深 3.8、臼长 15、高 8 厘米。

（10）石镞　仅发现 1件。BT1②：60，平尾，柳叶形，页岩磨制。长 3.8、宽 1 厘米（图五，6）。

（11）纺轮　出土 38 件，其中陶纺轮 18 件，石纺轮 20 件，仅介绍二式。

石纺轮　20 件。皆系泥板岩磨制，圆饼状，孔规整，管钻。直径 6～8 厘米不等。标本 BT2③：55，圆形，直径 7.6、孔径 0.8、厚 0.6 厘米（图五，13）。

陶纺轮　5件。圆饼状，比Ⅰ式厚。标本 BT2②：62，直径 5.7、孔径 0.8、厚 1.3 厘米（图五，16）。

2. 陶器

B 洞出土完整陶器 159 件，各种器底 254 件。在这批陶器中，除部分大型生活实用器皿外，大量是专为随葬而烧制的小型明器。实用器物多系夹砂红褐陶，陶质粗，器壁厚，器形不甚规整。碗、钵、盆多施外叠唇。

明器陶质较细，器壁薄打磨光滑，以高颈圆腹壶数量为最多，壶的腹部多凿有供灵魂进出的圆孔。其次是各种不同型制的罐和杯。罐的口沿多施一圈附加堆纹。杯的制作粗糙，口径 7～10 厘米不等。

该洞墓葬出土的陶器多素面，少纹饰，不大注意器物的装饰。陶纹疏散简朴，普通常见的纹饰有附加准纹、划纹、叶脉纹、人字纹等。

带耳的器物多，有的器耳已失去了实用意义而变成一种装饰。器耳的形式丰富多样，有的一件器物上施有两种不同形式的耳，有的器耳新颖奇特，如簸箕形耳、半圆形贴耳。常见的竖耳、横耳、板耳、乳丁耳、哑耳等。

制陶技术较原始，均采用分段捏制，然后套接成一体。先是分别把口沿、腹部、底、耳制好，再衔接在一起。器耳都是制好后，稍干再插入器壁内，加厚打磨光滑。因此，器底和器耳极易脱落，脱落后双层痕迹非常明显。

（1）陶壶　出土 67 件，为器物中数量最多的一种，多系小型明器，一般高度在

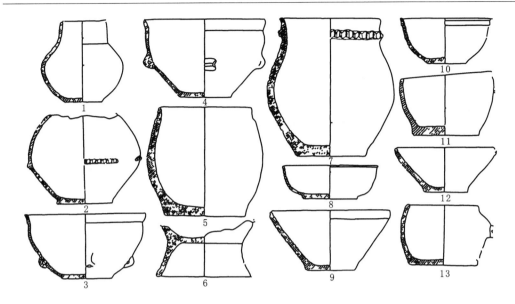

图六 陶器

1. Ⅱ式壶（BT2③：21） 2. Ⅰ式壶（BT2③：20） 3. Ⅱ式盆（BT2②：61） 4. Ⅰ式盆（采集 2）
5. Ⅱ式罐（BT2②：34） 6. 豆座（采集 12 号） 7. Ⅰ式罐（BT2③：33） 8. Ⅱ式钵（BT2③：
40） 9. Ⅰ式碗（BT2②：62） 10. Ⅰ式钵（BT2③：43） 11. Ⅰ式杯（BM4：5） 12. Ⅱ式碗
（BT2②：38） 13. Ⅱ式杯（采集 5 号）（5、7、11、13.3.5/10，余 3.5/20）

15～20 厘米左右。介绍二式。

Ⅰ式 1 件。BT2③：20，口残，削肩，圆腹，平底，腹部施五段附加堆纹。器表刷一层紫红色红陶衣，夹砂手制。存高 15.6、最大腹径 21、底径 9.8 厘米（图六，2）。

Ⅱ式 2 件。标本 BT2③：21，直颈，鼓腹，平底，夹砂，手制，素面磨光。口径 8.5、高 14.4、底径 7.3、最大腹径 15 厘米（图六，1）。

（2）陶罐 完整者出土 11 件，介绍二式。

Ⅰ式 2 件。标本 BT2③：33，直口微侈，颈部施一圈附加堆纹，平底，素面，红褐陶。口径 9.8、高 11.5、底径 6.4 厘米（图六，7）。

Ⅱ式 1 件。BT2②：34，器口不规整，平底，素面，手制，夹砂红褐陶。口径 8.6、高 9.6、底径 7.4 厘米（图六，5）。

（3）陶盆 3 件，介绍二式。

Ⅰ式 1 件。采集 2 号，敞口外折，腹下急收，有四个断面呈三角形的横耳。口径 22、底径 10.1、器高 13.9 厘米（图六，4）。

Ⅱ式 1 件。BT2②：61；浅腹，平底，四耳位置偏下，器口微外侈，器形不甚规整，制作粗糙，口径 21.9、底径 9.2、高 11.5 厘米（图六，3）。

（4）碗　　出土 13 件，介绍二式。

Ⅰ式　2 件。标本 BT2②：62，敞口，斜壁，假圈足，施外叠唇。口径 22.4、底径 9、高 10.5 厘米（图六，9）．.

Ⅱ式　4 件。标本 BT2②：38，敞口、斜壁、平底，素面，夹砂褐陶，器表粗糙。口径 18.4、底径 8、高 7.9 厘米（图六，12）。

（5）陶钵　出土 47 件，介绍二式。

Ⅰ式　9 件。标本 BT2③：43，敞口，方唇，壁稍斜，平底向里洼。口径 16.2、底径 7.1、高 8 厘米（图六，10）。

Ⅱ式　1 件。BT2③：40，浅腹，舌唇，器口微侈。曲壁，假圈足，素面，手制。口径 17.8、底径 10、高 6 厘米（图六，8）。

（6）陶杯　出土 15 件，介绍二式。

Ⅰ式　11 件。标本 BM4：5，斜口，曲腹，平底，手制，器形不甚规整。口径 8.3、底径 6、高 5.7 厘米（图六，11）。

Ⅱ式　1 件。采集 5 号，器口高低不平，腹部把手已残，手制，器形小。口径 6.6、底径 6.2、高 5.3 厘米（图六，13）；

（7）豆座　仅出土 1 件残器。采集 12 号，只存短圈足，红褐色夹砂陶。圈足直径 9、残高 5 厘米（图六，6）。

# 二　C 洞

C 洞位于庙后山西侧南坡山腰间，距 A 洞西 25 米，东距 B 洞 95 米。高出小汤河床约 30 米。洞口两端窄中间宽，高 1.9 米，宽 1.2～2 米，呈不规则形。洞内隧道状，从洞口至 16 米深处为南北走向，从 16 米处再往里，逐渐东曲下斜变窄，难以通行，C 洞究竟延伸多远，尚不清楚。洞顶拱形倾斜向下，洞内宽窄不一，大体在 1.2～1.5 米。古墓葬和文化遗物主要集中在洞口至 9 米深的范围内。

（一）地层堆积

C 洞的地层堆积，有早晚两个不同时代的古文化遗存。上层晚期遗存属于早期青铜时代的墓葬，文化性质与 B 洞墓葬相似。这次发掘主要是 C 洞上层（晚期）堆积部分。有关早期黄土堆积内，含有轻度石化动物骨骼的遗存未做。

洞内属于青铜时代的堆积部分，可分四层（图七）。

第一层：积石黑土层即洞内堆积原貌，大小不同的石块堆积形成了洞内凹凸的地

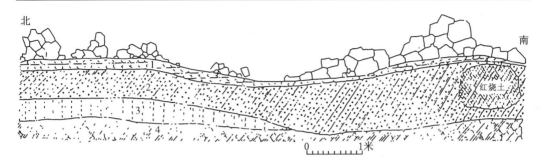

图七　C洞剖面图

1. 积石黑土　2. 黑灰土　3. 黄灰土　4. 浅黄土　5. 旧石器层（未做）

面，地表呈路面状，中间高，两侧底。最大的石块长1、宽0.4~0.5米。在石块的缝隙中，可发现一些碎小的红陶片。该层厚度0.3~0.7米。

第二层：为黑灰土，土内掺杂着大量碎石块，该层做到10多厘米深时，就露出了人骨和石器。该层厚度为0.2~0.5米。

第三层：为黄灰色土，土层内夹杂着碎小石块，大石块明显减少。土层内含有丰富的素面红陶片和人骨碎渣。该层厚度为10~20厘米。

第四层：为浅黄土，0.15~0.30厘米厚。该层土质结构坚硬，石灰岩石块减少，料浆石增多，再往下即坚硬的黄土层。土层中发现有轻度石化的鹿下颌骨等动物化石。

（二）墓葬

C洞在13.5平方米的面积内，发掘古墓葬12座，编号CM1—12。墓葬分布十分密集，而且相互交错叠压。十二座墓葬分布在2、3、4三个层位。CM1、2、3、8、9、10，六座墓位于二层。CM4、5、11，葬于三层。CM6、7、12，葬于四层。其中M4、M6为火葬墓。现选M5、M9两座墓例叙述于下：

CM9　位于CM8两侧，未发现墓坑和葬具，骨骼位置散乱，但比较集中。墓形近方形，南北长0.9、东西宽0.8米。盆骨、肱骨、股骨、锁骨、下颌骨保存较完整。从盆骨看男性特征明显。随葬2件杯，

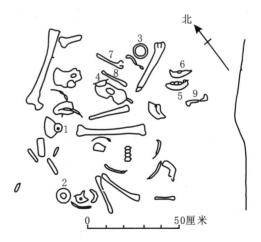

图八　CM9平面图

1. 齿形器　2. 环状器　3. Ⅲ式陶杯　4. Ⅱ式陶杯
5. 猪下颌骨　6. 鹿下颌骨　7. 兽骨
8. 鹿掌骨　9. 猪肱骨

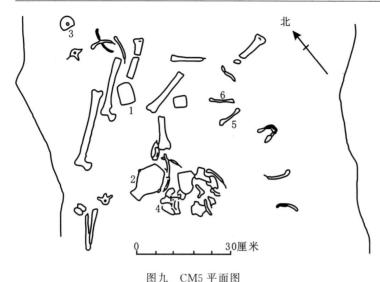

图九 CM5 平面图

1. I 式石斧 2. III式陶壶 3. III式石纺轮 4. IV式陶壶 5. 鸡胫骨 6. 兽骨

1 件环状器，1 件残齿形器。另外还发现有猪的下颌骨，猪的肱骨，鹿的掌骨及兽骨（图八）。

CM5 葬于三层西侧，距洞口 3.5 米，骨骼移位，散乱成一片，头向葬式不清。下颌骨位于东侧中部，股骨、肱骨在西部。此墓分布范围较大，东西长 1.4、南北宽 1.2 米。碎骨渣遍布所在位置的洞内地面。随葬 2 件陶壶，1 件石斧，1 件纺轮。另外还发现有鸡胫骨和兽骨（图九）。

（三）随葬品

1. 生产工具　十座墓出土 29 件石器。

（1）石斧　六座墓出土 8 件，介绍二式。

Ⅰ式　1 件。CM5：1，长方体，扁平，板状，肩部稍有弧度。陡刃颇锋利，从中折断。磨制光滑，器形规整，白色变质岩磨制。身长 23.5、宽 9、厚 1 厘米（图一〇，4）。

Ⅱ式　2 件。标本 CM12：3，长方体，斧身厚重，薄刃，边角整齐，浅白色河砾石磨制。长 22、宽 44、厚 2.8 厘米（图一〇，3）。

（2）石锛　六座墓出土 7 件，介绍二式。

Ⅰ式　2 件。标本 CM12：1，长方形，扁平体，肩部右角残，砂岩磨制。长 15.2、宽 6.2、厚 1.2 厘米（图一〇，1）。

Ⅱ式　2 件。标本 CM4：1，长方形，直刃，右下角残，变质岩磨制，光滑规整。长 12.2、宽 5.5、厚 1 厘米（图一〇，5）。

（3）石凿　两座墓出土 2 件，介绍一件。

CM11：2，窄刃，厚体，页岩磨制，中间残断。存长 15.5、宽 1.9～2.5、厚 2 厘米（图一〇，6）。

（4）齿形器　1 件。CM9：1，圆形齿轮状，中间突起钻有圆孔，已残。外径

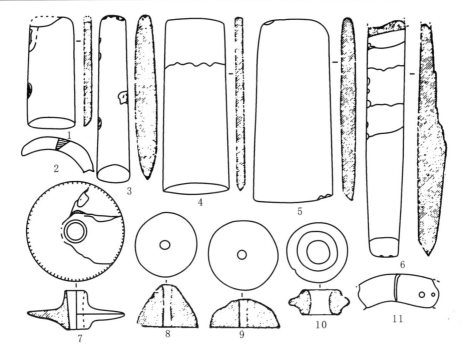

图一〇　出土器物

1. Ⅰ式石斧（CM12：1）　2. 野猪牙饰（CM1：16）　3. Ⅱ式石斧（CM12：3）　4. Ⅰ式石斧（CM5：1）　5. Ⅱ式石锛（CM4：1）　6. Ⅰ式石凿（CM11：2）　7. 齿形器（CM9：1）　8. Ⅱ式陶纺轮（CM12：8）　9. Ⅰ式陶纺轮（CM11：5）　10. 环状石器（CM9：2）　11. 骨饰（CM1：7）（2、5、6、9、11.2/5，余1/5）

13.4、孔径2～2.2、厚5厘米。存有30个小齿（图一〇，7）。

（5）环状石器　1件。CM9：2，圆形，环状，中间厚，周缘薄。外径8.2、孔径2.4～4、厚3.4厘米。豆青色变质岩磨制（图一〇，10）。

（6）纺轮　五座墓出土9件。

Ⅰ式　1件。CM11：5，馒头状，陶质，直径4.7、高2厘米（图一〇，9）。

Ⅱ式　1件。CM12：8，窝头形，陶质，直径4.2、高3厘米（图一〇，8）。

（7）野猪牙饰　1件。CM1：16，半圆形，断面呈三角形，长5厘米（图一〇，2）。

（8）骨饰　1件。CM1：7，残断，存长5.5、宽1.8厘米。一端钻有两个小孔（图一〇，11）。

2. 陶器　C洞十座墓出土27件陶器。

陶壶　出土13件，介绍二式。

Ⅰ式　2件。标本CM7：5，敞口，斜颈，削肩，下腹曲收，小底。壶体中间粗，两端细，类似枣核形，腹部施四个竖桥状耳。夹砂红褐陶，素面手制。通高 58、口径 22.5、最大腹径 44、底径 8.8 厘米。是迄今为止庙后山发现陶器中最大的一件（图一一，8）。

Ⅱ式　2件。标本 CM12：5，敞口，斜颈，圆腹，器底内凹。口径 7.3、高 22.5、底径 8、最大腹径 16.5 厘米（图一一，1）。

（2）陶罐　发现 5件，仅 1件完整，其余皆为口沿。介绍二式。

Ⅰ式　1件。CM11：9，直口，尖唇，广肩，最大腹径在上部，腹下收曲，小平底，施一对横耳。口径 10.8、高 9、底径 6 厘米（图一一，4）。

Ⅱ式　1件。CM7：1，仅存口沿和肩部，直领，广肩，素面，手制，火候低。口径约 12、存高 8 厘米（图一一，3）。

（3）陶钵　出土 4件，介绍二式。

Ⅰ式　1件。CM7：6。圆形，鼓腹，平底，唇微外卷，沿下制一行凹坑纹，口沿下制有四耳。器形规整美观。口径 18、高 9、底径 10.5 厘米（图一一，9）。

Ⅱ式　2件。标本 CM7：2，直口沿，施外叠唇，浅腹，平底，器表粗糙。口径

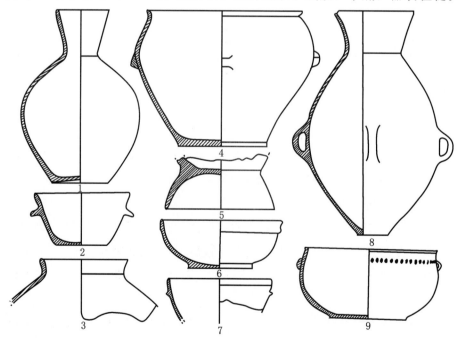

图一一　陶器

1. Ⅱ式壶（CM12：5）　2. Ⅰ式杯（CM11：3）　3. Ⅱ式罐（CM7：1）　4. Ⅰ式罐（CM11：9）　5. 豆座（CM8：1）　6. Ⅱ式钵（CM7：2）　7. 碗（CM2：3）　8. Ⅰ式壶（CM17：5）　9. Ⅰ式钵（CM17：6）（5.2/5、6、7.1/10，余 1/5）

16.4、高 6.2、底径 8.5 厘米（图一一，6）。

（4）陶杯　三座墓出土 3 件。介绍二式。

Ⅰ式　1 件。CM11：3，敞口，斜壁，平底，有两个板状耳，夹粗砂，陶质非常粗糙，手制。口径 13.2、高 7、底径 7.2 厘米（图一一，2）。

Ⅱ式　1 件。CM9：3，直口，筒形，有两个板状小耳，器口不圆，底不平，陶质颇组。口径 9～10、高 7.5～8、底径 4.3～4.5 厘米。

（5）陶碗　1 件。CM2：3，敞口，斜壁，有外叠唇，口沿下施板状窄耳，黑陶，手制。口径约 28 厘米（图一一，7）。

豆座　1 件。CM8：1，呈圈足状，红褐陶，内含有少量云母。直径 6.3、残高 3.3 厘米（图一一，5）。

# 三　遗　址

遗址位于 C 洞的西侧，距 C 洞 50 米的山坡上。地势两边高，中间低，呈马鞍形，南北长 66、东西宽 55 米，面积 3630 平方米，高出河床 86 米。

（一）地层堆积

为了进一步掌握庙后山文化类型的全貌，在遗址区中部偏下部位，打一条 10×2 米的南北向探沟，编号为 T1。其地层堆积分四层（图一二）。

第一层：为表土层，黑色腐值土，15～20 厘米厚。地上杂树丛生，树根盘结如麻，石块绊脚难行，多处山石成堆。在石块的缝隙中，往往能发现保存较好的器物口沿。

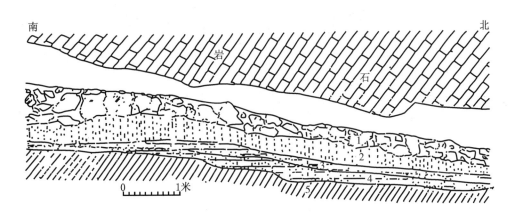

图一二　庙后山遗址 T1 剖面图

1. 表土层　2. 黑灰土　3. 杏黄沙土　4. 黄色沙土（生土层）

许多碎小的红褐陶片缠结在杂草树根中。

第二层：为黑灰色土层，厚45～50厘米。该层的陶片和乱石明显减少，经火烧过的草筋泥块增多。小块的长5～6厘米；中块的长10～15厘米。最大的一块长20、厚12厘米；其上还留有直径为8厘米粗的半圆形柱洞痕迹。该层还发现遗留有两根柱痕的烧土块。烧土块一般为红色，亦有的一面红，另一面被熏成黑色。

第三层：为杏黄色沙土层，15～20厘米厚。仅探沟北部有此层，向南则中断。该层的文化遗物明显减少，因发掘面积所限，未发现保存完好的建筑遗迹。

第四层：为黄色沙土层，即生土层。

（二）遗物

1. 石器　遗址出土41件，采集34件。有打制、磨制两种，其中还有一定数量的半成品。

（1）石刀　18件。有单面刃和双面刃及半成品三种。

单面刃石刀　3件，介绍一式。

Ⅰ式　1件，T1①：12，梯形，弧背，直刃，双孔，黑灰色，页岩磨制。长14.8、宽4.8、厚0.5厘米（图一三，1）。

双面刃石刀　15件，皆为残品和半成品，介绍二式。

Ⅰ式　8件。标本T1②：6，弧背，直刃，薄体，孔在一端，两面钻，磨制精致。

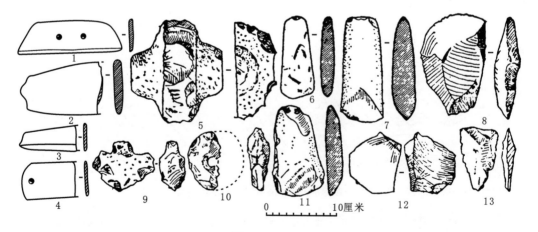

图一三　石器

1. 单面刃Ⅰ式石刀（T1①：12）　2. 半成品石刀（T1①：44）　3. 双面刃Ⅱ式石刀（采集1）　4. 双面刃Ⅰ式石刀（T1②：6）　5. 齿状器（采集10号）　6. Ⅱ式磨制石斧（T1①：23）　7. Ⅰ式磨制石斧（T1①：42）　8. 砍砸器（T1①：32）　9. 有肩石器（T1①：14）　10. 环状石器（采集14号）　11. Ⅰ式半成品石斧（T1①：18）　12. 刮削器（T1①：36）　13. 石片石器（T1①：24）

存长 7.3、宽 4.8、厚 0.3 厘米（图一三，4）

Ⅱ式 3 件。标本采集 1 号，斜尖，平背，直刃，镰刀形，页岩磨制。残长 8.1、宽 3.2、厚 0.4 厘米（图一三，3）。

半成品石刀 出土 3 件，介绍一件。

T1①：44，从石刀残段可看出，匠人欲制一把弧刃，尖端上翘的梭形刀，在琢制中失误而废。存长 11、宽 6.8、厚 1.2 厘米（图一三，2）。

（2）环状石器 出土 2 件，介绍一件。采集 14 号，打制，圆形，中间有圆孔，从中折断。直径约 8、厚 2.5～3 厘米（图一三，10）。

（3）齿形器 1 件。采集 10 号，是一件半成品，琢制时断裂而废，安山岩制成。直径 14、厚 13 厘米（图一三，5）。

（4）有肩石器 1 件。T1①：14，双肩，短柄，器身残断。残长 6.8、宽 8.8、厚 3.6 厘米（图一三，9）。

（5）磨制石斧 6 件。介绍二式。

Ⅰ式 T1①：42，薄肩，弧刃，扁平体，石灰岩磨制。长 14.4、宽 5.5～6、厚 3.3 厘米（图一三，7）。

Ⅱ式 1 件。T1①：23，窄肩，宽刃，扁平体。刃残，斧身稍磨，制作粗糙。白色蛋白石磨制。长 11.2、刃宽 4.8、厚 2 厘米（图一三，6）。

（6）半成品石斧 6 件。介绍一式。

Ⅰ式 1 件。T1①：18，经打、琢已具雏形，刃部已琢制得很薄，稍磨即成。长方形，扁平体，安山岩打制。长 12.5、宽 7、厚 1.9 厘米（图一三，11）。

（7）打制石器 18 件。均系安山岩打制，其中有砍砸器、刮削器和石片器三种。

砍砸器 2 件。介绍 1 件。

T1①：32，椭圆形，劈裂面稍鼓，刃部经二次加工。长 13.7、宽 9 厘米（图一三，8）。

刮削器 4 件。介绍一件。

T1①：36，圆形，弧刃，劈裂面外鼓，宽 7 厘米（图一三，12）。

石片石器 13 件。介绍一件。

T1①：24，为三角形剥落石片，两面刃，中间鼓，刃部有加工痕迹。长 8.4、宽 5.5 厘米（图一三，13）。

（8）骨锥 1 件。T1①：11，断面为三角形，兽骨制成。锥体上有许多刀砍痕。尖锐利。长 11 厘米。

（9）牙饰　1件。T1①：10，半圆形，断面扁平，一端尖，另一端钻有小孔，野猪牙制成。长6.3厘米。

2. 陶器　T1出土陶片2611片，其中一层出土2282片，二层出土319片，三层出土10片。选择典型口沿、器底、器耳介绍如下。

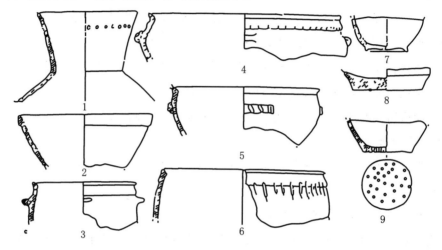

图一四　陶器

1. 陶壶（T1①：58）　2. 陶碗（T1②：46）　3. 陶罐（T1①：53）　4. Ⅰ式陶钵（T1②：7）
5. Ⅱ式陶钵（T1①：1）　6. 陶罐（T1①：47）　7. 陶器底（T1①：50）　8. 陶器底（T1①：51）　9. 陶甑（采集20）（3、9、10.2/5，余1/5）

（1）壶　T1①：58，残口沿，敞口，斜颈，削肩，口沿下施一圈圆点纹，素面黑灰色。颈与腹用套接法衔成一体，连接痕迹明显。口径7、残长7厘米（图一四，1）。

（2）甑　采集20号，残。圆箅孔系用木棍穿通，红褐陶，掺有细白砂。直径6.8、厚1.3厘米（图一四，9）。

（3）碗　T1②：46，为口沿残片，斜壁，施外叠唇，黑灰色，手制。口径19、高约9厘米（图一四，2）。

（4）钵　均系口沿，介绍二式。

Ⅰ式　T1②：7，为横耳钵，舌尖唇，口沿外折，打磨光滑，器耳仅存一个。里面黑，器表米黄色（图一四，4）。

Ⅱ式　T1①：1，直壁，口沿下施几段附加堆纹耳，耳上压有斜行凹槽，口沿外画一圈黑彩。火候低，壁内有黑夹心。口径20、壁厚0.3厘米（图一四，5）。

（5）罐　均系口沿和残片，介绍二件。

T1①：47，口沿里收，施有薄外叠唇，并在外叠唇上压印有沟槽。器表黑灰色，素面，火候高，手制。口径约 22、壁厚 0.7 厘米（图一四，6）。

T1①：53，仅存口沿，唇部微外折，施四个横耳，口径 7.2 厘米（图一四，3）。

（6）桥状器耳　出土 75 件，介绍二件。

T1②：56，正面印有棱形网纹，长 6.5、宽 3、厚 1 厘米。

T1①：57，器耳正面印有布纹，长 5.4、宽 2.2、厚 1 厘米。

（7）器底　出土 102 件，绝大多数为假圈足，圈足，平底的较少。介绍二件。

T1①：50，直径 10、厚 1.2 厘米（图一四，7）。

T1①：51，直径 9.5、厚 1.4 厘米（图一四，8）。

# 四　结　语

通过对本溪庙后山 B、C 两个洞穴墓地的发掘，使我们对太子河流域普遍存在的这支古文化内涵有了初步认识。它既不同于锦西沙窝屯洞穴古文化遗存[①]；也不同于依兰倭肯哈达的洞穴墓葬[②]。在埋葬风俗、生活器皿和生产工具上均有其自身的特点，基于上述情况，感到有必要作为庙后山文化类型提出来。

这支古文化的先民，有它一套系统的丧葬制度，把死者葬在洞穴里，是·个显著特点。有的尸骨旁随葬有猪、鹿下颌骨。同一洞穴，并存有三种不同的葬式，即火葬、仰身葬、二次葬（或乱骨葬）。几种不同的葬式，究竟反映什么问题，出于什么信念仍是尚待研究的问题。

该洞穴墓地多为单人葬。除儿童墓外，不论男女都有随葬品。多者 10 余件，少者 1～2 件，从随葬品的数量差别，可以看到氏族成员在财富占有上，开始出现了微弱的不均等现象。

庙后山文化类型，在辽东地区延续的时间相当长，有其渊源接续和发展，寻找这些遗存，研究其发展关系，是今后探索的重要课题。

该文化类型的陶器，盛行假圈足和圈足。多种形式的器耳并存，有的器耳完全失去了使用价值而变成了器物的装饰。制陶技术多采用器底、器耳、颈、腹分制，然后衔接再捏制成一体。

陶器的种类，主要有壶、罐、钵、碗、杯等，不见三足器。器物群的特征与辽东地区乃至吉林省东部石棺墓文化中的陶器有着许多共同因素。虽然在庙后山文化类型的遗址和墓葬中尚未发现青铜器，但根据 CM2 出土的黑灰色、圆腹、带有四个半圆形器耳的陶壶，已接近辽阳二道河子[③]和新金双房石棺墓出土的陶壶[④]再考虑到石器中的齿形器和环状石器的多种因素，估计这一文化的下限已进入了青铜时代，它的上限有可能早到新石器时代晚期。

（原载《考古》1985 年 6 期）

## 注　释

①　安特生：《奉天锦西沙窝屯洞穴》，《古生物志》丁种第 6 号，第 1 册，1923 年 4 月。

②　李文信：《依兰倭肯哈达的洞穴》，《考古学报》1954 年第 7 册。

③　辽阳文物管理所：《辽阳二道河子石棺墓》，《考古》1977 年 5 期。

④　许玉林、许明纲：《新全双房石棚和石盖石棺墓》，《文物资料丛刊》第七集。

# 辽宁东部地区青铜文化初探

由于考古工作发展的不平衡，长期以来，浑河、太子河流域的田野工作很薄弱，多是地面调查采集和对暴露出来的石棺墓进行抢救性的发掘清理，对青铜时代的遗址，迄今为止尚未进行过大面积的科学发掘。故此，目前对辽宁东部地区的青铜文化的认识，还处在一种逐步深化阶段。

自 1979～1982 年以来，我们在浑河、太子河流域做了大量考古调查，并在广泛调查的基础上，对庙后山洞穴墓地和文化遗存进行了发掘，获得了一批新的资料，为辽东地区青铜文化的深入研究增加了新资料。

本文在阐述庙后山文化内涵与接官厅[①]、湾甸子[②]、二道河子[③]石棺墓文化关系的同时，对辽东地区青铜文化的内容、特征及其自身的发展演变规律作初步赏试性的探索，或许对这一地区考古文化类型的划分、少数民族史的研究会有些益处。本文所涉及的范围包括抚顺、辽阳、本溪、丹东等地区。

由于个人水平所限，错误之处难免，渴望考古界的老前辈、师友同志们指正。

## 一  庙后山文化类型的提出与分布

在辽河以东的广阔平原和山区地带，遗存着一种以夹砂素面红褐陶为主的古代文化，它既不同于辽西、辽南的原始文化，也有别于辽宁各地已发现的早期青铜文化。本溪县山城子公社庙后山 1979 年、1982 年两次发掘的洞穴材料，较为清楚地展现出了该文化的基本特征。

这支古文化的先民，在辽河以东的广沃土地上，发展延续了相当长的时间，在漫长的历史进程中劳动、生息、繁衍。在创建东北原始文明的历史上，给我们留下了独具风格的古代物质文化。这一古代文化遗存，多年来虽有些零星发现，但它的全貌至今尚未被认识。搞清楚这一文化的面貌、渊源和发展，弄清楚它与其他考古文化的关系，从庞杂的考古实物材料中区分出不同的文化类型，无疑是摆在我们面前的新课题。这对揭示辽东地区原始文明的出现和探索东北地方民族文化的发展均有着十分重要的意义。我们考虑这支古文化遗存，在辽东地区具有代表性和典型性，为便于综合研究，有必要作为庙后山文化类型提出来。

到目前为止，这一文化类型的遗存，仅在本溪县境内，由碱厂公社到小市公社，沿太子河两岸 30 多公里的台地和临近河边的山坡上，就发现有 30 余处。几乎每隔三五里就有一处与其文化类型相同或相近的遗址。可见当时村落遗址的分布是相当密集的。在遗址中各种器物陶片，打制、磨制石器非常丰富。

保存较好的重点遗址，有碱厂公社东山寺、九龙头；泉水公社蜂蜜砬子；小市公社同江峪、温泉寺前后山、谢家崴子；山城子公社头道河子、韭芽峪；本溪市立新区绢纺厂东山、小明山沟等。发现的洞穴遗址和墓地有北甸公社马家城子、东崴子、近边寺、二道；南甸公社南阳前台子；开原县李家台④，均发现有与庙后山文化类型相同或相近的遗存。上述发现证明庙后山文化类型的分布在辽东各水系还是相当广泛的。

## 二　庙后山文化类型的特征

（一）根据目前掌握的材料得知，庙后山文化类型的古代居民，居住址多选建在向阳的台地和临河岸边的土坡上。遗址面积一般比较小，多在 3000～10000 平方米，3000～50000 平方米的小型遗址比较多，5000 平方米以上的大型遗址颇少。山区的遗址小，大型遗址多在平原台地上。

遗址文化层堆积比较薄，皆在 0.5～1.5 米厚。文化性质单纯，很少发现不同文化相互叠压的情况，仅在个别地点，如北甸公社近边寺 2 号洞穴发现庙后山文化类型之下，叠压有以划纹直筒罐为主的文化遗存。

在庙后山遗址中，发现有许多带柱洞痕迹的草拌泥红烧土块，诚然这是房屋建筑的遗存，由此可知，庙后山文化类型的居民们早已居住在土木结构的原始房舍里。

从庙后山 B、C 两个洞穴墓地可以看出，该文化类型的先民死后，总是习惯于安葬在自然形成的石灰岩洞穴里。葬式有三种：1. 仰身直肢葬；2. 火葬；3. 二次葬。因洞内狭窄，面积小，除靠洞壁的墓距离稍大外，洞中间的墓相隔颇近。尸骨很紊乱，墓与墓之间骨骼交错，界线难分。

因洞底为岩层，无法挖坑穴葬，所以形成了洞穴墓葬一套独特的葬式。我们所发掘的 20 余座墓，均无墓坑，无葬具，不封土，火化墓的骨灰上有的压有一层薄石块。也有的墓用石块砌一单层墓圹。埋葬的方向可能与洞穴方向有关，多数为东西、少数为南北向。火葬墓一般长 0.4～0.6 米，仰身葬墓长 2、宽 0.6～0.8 米。

造成墓葬骨骼交错紊乱的原因，我们分析主要是因为尸体不掩埋，葬在洞内难免会遭到禽兽啄噬，致使骨骼移位。天长日久，山水进洞，冲刷漂浮，也能造成骨骼混乱。洞内狭小，后葬墓很容易对先葬墓有所损伤破坏或形成重叠现象。侥幸保存下来的完整骨骼和器物，全靠自然淤积的泥沙埋藏和洞壁的遮盖。由此可见，一种埋葬习俗的形成，除与当时人们的原始信仰有关外和当地自然环境也有着密切联系。这一带除洞穴墓地外，是否还有文化性质相同的露天墓葬？目前尚未掌握。

发掘的 20 余座墓葬中，除 C 洞 M3 儿童墓外，每座墓都有不同数量的随葬品，多者 10 多件，少者 1～2 件。陶器多是专门为随葬烧制的小型明器，实用大型器皿，墓葬中所占比例甚小。

随葬的石器，皆为生前的使用工具和武器。石器的种类多样，形制规整，刃部锋利。男性墓多葬有石斧、石锛；女性墓皆葬有陶、石纺轮。用猪、鹿的下颌骨随葬在死者身旁，来表示财富的私有和多寡，是洞穴墓地流行的一种丧葬风俗。陶器的组合以壶、罐、碗或钵为主。壶的腹部多凿有供灵魂出入的圆孔。

火化墓中壶、罐内多装有人骨渣，骨渣的火化温度相当高，均烧成灰白色。

火化墓与一般墓只从随葬品的多寡和优劣还观察不出两种墓葬的死者生前社会经济地位有什么差别。我国火葬墓的出现大体在原始社会末期，甘肃洮河流域寺洼文化的墓葬中⑤，曾发现陶罐里盛装骨灰的现象，内蒙古自治区昭乌达盟石棚山氏族墓地也发现有火葬⑥。辽南地区的石棚⑦和石棺墓中⑧骨骼火化情况就更普遍。进入阶级社会以后，特别是中原汉族这种风俗就逐渐消失，但北方少数民族地区还仍有遗存。

我国文献材料，也有不少有关火葬的记载："秦之西有仪渠之国者，其亲戚死，聚柴薪而焚之，熏则烟上，谓之登遐，后成为考子"。⑨《吕氏春秋》记载："只羌之虏也，不忧其系累也，而忧其死不焚也，皆成乎邪也。"⑩考古材料和文献记载相对照，说明火葬是一种灵魂不死的原始信仰，认为肉体的人死后，灵魂要到另一个世界去生活。庙后山文化类型的先民，原始宗教信仰与我国其他地区先民信仰的一致性，既体现着我国不同地区、不同文化之间的密切联系，同时也反映了时代大体相同，分布在不同地区的不同民族思想意识的一致性。

（二）庙后山文化类型的陶器，表现出辽东地区土著文化的古朴风貌，与辽西、辽南同时代的器物相比迥然不同，呈现出一种新的文化风格。陶器以夹砂红褐陶为主，类型简单，器形纯朴，制作粗疏。主要器类有壶、罐、钵、碗、杯、豆，不见三足器。器物多耳，是该文化陶器的一个特点，有的一件器物施两种不同形式的器耳，也有的器耳失去了实际意义，变成了器物的一种装饰。常见的有桥状横耳、竖耳、錾耳、乳丁耳、半圆形贴耳、无孔耳、簸箕形方耳等。钵、碗、盆多施外叠唇，罐多为直领，口沿很少变化。陶壶的形制多样，多系假圈足和圈足，平底的次之。这是该文化类型的第二个特点。

陶器多素面，有纹饰的器物不足 10%，陶纹也较简单。习见的有附加堆纹、划纹、方格纹、水波纹、麦粒纹、粗麻布纹、圆点纹、沟抹纹等。

制陶工艺比较粗疏，均系手制，制陶方法多采用分段捏制，然后套接成一体。在器物的颈和底部，衔接痕迹非常明显。器耳均为先制好后，插入器壁，再经重新抹泥加厚压排磨光。豆形器颇少，不见镂孔器。

综观庙后山文化类型的陶器群，使我们感到它自身的文化特点比较浓，而接受外来因素影响则比较少。更值得注意的是它与辽东地区普遍存在的早期石棺墓中出土的陶器，无论是种类、形制，还是制法、纹饰，都有许多因素相同或接近。

因为陶器富于变化，最能反映某一文化的特征和时代性。也最能说明不同文化之间的相互联系和影响。庙后山文化类型与早期石棺墓陶器的共同因素，说明两者之间存在着顺序相承的内在联系。

（三）庙后山文化类型的生产工具，主要还是石器，迄今为止在遗址和墓葬中尚未发现青铜工具。石器中 90% 为磨制石器，同时还含有少量的打制石器和骨器。石器的种类丰富，一般习见的斧、铲、锛、凿、刀这里都有。就是同一种工具，也有大小不同的各种类型。在大型的石斧、石凿体中，发现留有装柄的痕迹，有的痕迹四面平齐，也有的痕迹两宽面低，两侧面高。说明装柄方法，除缠夹法外，还用凿槽加楔法，今日农村装镐头，还用这种简便的传统方法。石器按柄发展成复合工具，在工具改革史上是一大进步，必然促进农业飞跃发展。

庙后山文化类型的石器，已具备了规范化的特点，形成了固定的形状。一般制作精致，棱角规整，刃部锋利，为青铜工具的出现和发展奠定了基础。

除常见的石器以外，还出现了圆形齿形器和环状石器。周缘有齿，中心钻孔，呈齿轮状。从齿形器圆孔中留下的螺纹沟痕观察，很可能是一种旋转式的器具。齿形器与夏家店上层文化中常见的环状石器显然不同，齿形器的齿距大体均等，圆孔一面钻，很规整。

制作齿形器的工艺技术，要比磨制普遍使用的石刀、石斧复杂得多，我们从观察齿形器的废品、半成品中识别到，制作一件齿形器，需要经过选料、打制雏形、细琢、钻孔、磨光等五道工序，每道工序都需要精湛的技术。如果当时社会没有较细的专门分工；这种工具的出现是不可能的。发现的许多废品证明制作齿形器的过程中，有不少次失败或失误。失败或失误的原因，主要是对岩石的性质和岩石受力后破裂的规律认识不足。

精致齿形器的出土，充分地证明了，先民们在长期的劳动实践中，总是有所发明和创造。他们仔细地观察、琢磨；总结、改进；由粗到精，由简单到复杂，从偶然的巧合成功，到熟练地掌握，直至获得符合规律的正确认识。因此，每件齿形器，都凝聚着先民们的劳动智慧和创造才能。

我们在距庙后山遗址5公里的头道河子遗址，采集到大量的石器和石器半成品，但很少发现陶片，这里很可能是与庙后山遗址有关的一处石器制造场。

庙后山出土的大量石斧、石铲、石刀，毫无疑问是从事播种收获的农业工具，证明当时的农业已相当发展；而磨制精致的单面刃石锛和修长窄刃的石凿，刃部平直很少崩损，根据不同种类石器的特点和使用痕迹分析，应为刮削、凿制卯榫的工具。河姆渡遗址卯榫结构的木建筑，给我们很大启示，青铜时代的辽东地区也很可能出现木结构建筑，大量的锛、凿工具的存在，就是最好的佐证。

农业工具的大量出土，说明庙后山文化类型是以农业经济为主的。墓葬中普遍随葬的猪、鹿下颌骨，反映着饲养业也有了相当的发展，来补充农业之不足。

（四）关于庙后山文化类型的时代，因为受辽东石棺墓材料的影响，日前认识不尽一致，一般看法偏晚。感到还有进一步讨论的必要，因为它直接涉及辽东地区进入青铜文化的时代问题。

庙后山文化类型的早晚跨度很大。B洞M8发现8片质地疏松、粗糙、火候低的红褐色陶片，从陶片的厚度、弧度、型制、纹饰观察，非常接近夏家店下层文化中施沟抹纹的陶瓷陶片，这是庙后山墓葬时代最早的遗物。B洞墓葬人骨C$^{14}$测定距今3600±80年和3300±80年，大体相当公元前1600～前1300年。

C洞墓葬叠压三层，二层M2出土的VT式圆腹平底贴耳壶，与二道河子[⑪]石棺墓出土的陶壶形制接近。根据上述材料推断，庙后山文化类型的时代，大体与夏家店下层文化相当，其上限可能处在新石器时代末期，向青铜时代过渡的阶段。下限可延续到辽东青铜文化的兴盛时。

# 三　庙后山文化类型与有关石棺墓文化的关系

（一）接官厅石棺墓

接官厅，位于辽阳市东北10公里的太子河北岸平原上，北距张台子车站2.5公里。这里既是遗址区，又是一片石棺墓地。该地发现 26 座石棺墓，1965 年发掘清理 14 座，其中成年人墓 10 座，儿童墓 4 座。石棺墓长一般 2 米左右，宽 0.3～0.4 米不等，棺高多在 0.2～0.3 米。石棺多为东西向，头东脚西。葬式上身仰，下身侧，两腿相交，右手压在腹下，左手置于腹上。石棺墓除随葬陶器、石器、纺轮外，还流行着用猪头、猪下颌骨随葬的习俗。两座墓（M1、M7）出土 10 余件小型青铜饰品（图一，6～8）。皆系耳环、指环之类。值得注意的是这些青铜饰品与北京琉璃河夏家店下层文化墓葬中出土的同类饰品[12]，形体非常相像，接官厅石棺墓未发现青铜工具和兵器。

随葬的陶器皆系黑色夹砂陶，均系专门为随葬烧创的小型明器（图一，1～5）。陶器的种类、型制、纹饰、制法和多耳多假圈足的特点，均与庙后山文化类型相似。接官厅石棺墓的时代，正处在早期青铜文化阶段。

（二）湾甸子石棺墓

湾甸子类型的石棺墓[13]，以出石剑为特点（图二，5、7）。目前掌握的均为零星材料，从出土材料的地点看，都集中在辽东东部的高山区。出石剑的地点有清原县湾甸子公社小错草沟，吉林延吉小营子汪清一带亦有类似遗存[14]。石剑常与石斧、石锛共存（图二，1、4）。与石剑共存的陶片均系夹砂红褐陶，器形皆为小型明器，以壶、罐、杯、碗等为主（图三，2）。其中有些器物的形制、纹饰、制法与庙后山文化类型的同类器物相近。

这种石棺墓发现的石剑有两种，一种剑身呈扁平三角形，剑体断面为平行四边形，中脊厚，锋刃薄，与金属剑形

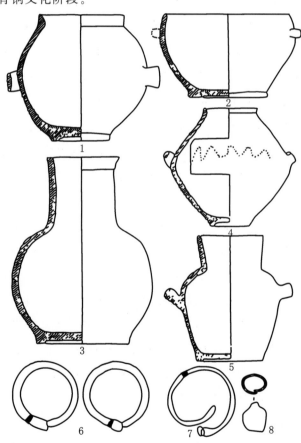

图一　出土器物

1. 陶罐（开采）　2. 陶钵（M11）　3. 陶壶（M11）
4. 横耳陶罐（M11）　5. 陶壶（M4）　6、7. 环形铜饰
（M7）　8. 顶针形铜饰

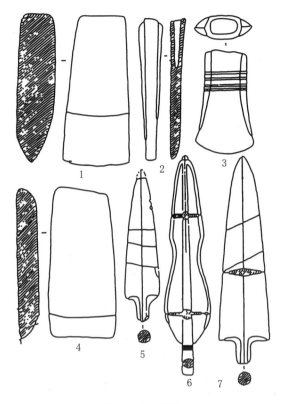

图二　出土器物

1. 石斧（土口子中学石棺墓）　2. 青铜凿（1号石棺墓）　3. 青铜斧（1号石棺墓）　4. 青铜凿（1号石棺墓）　5. 二号石剑（湾甸子公社小错草沟石棺墓）　6. 青铜短剑（1号石棺墓）　7. 一号石剑（湾甸子公社小错草沟石棺墓）

相仿，有短柄。一般长 25～30、宽 4～6.6 厘米，均系页岩和南芬岩磨制，剑形比较进步。另一种为扁圆形剑，上宽下窄，剑身厚重，无柄。长 30、宽 5、厚 2 厘米，与前者相比剑身显得笨重原始。石矛和石剑应是石镞的延长与发展，有的同志认为这种石剑是仿铜剑的，它是否是铜剑的前身呢？这些问题都还需要积累资料，深入研究。

湾甸子石棺墓皆用石板或石块砌筑，一般长 1.7～2、宽 0.5～0.6 米。石棺砌法不尽相同，有的棺底平铺石板，有的为土底，有的棺口盖石板，亦有的不盖。总之石棺的砌筑方法，参差不齐，大小不一。

（三）二道河子石棺墓

二道河子村，位于辽阳东南 40 公里河栏公社的汤河西岸，1955 年这里曾发现青铜短剑墓[15]，河东岸一里许的岔沟山坡上，是一处南北长 100、东西宽 20 米的石棺墓地。据统计被破坏的石棺墓就有 20 余座。1975 年在这里清理两座，这两座石棺墓出土一组器物，很有特点，其中有青铜斧、凿、短剑和陶器（图二，2、3、6；图三，1、5、6）。这些遗物在辽东地区来说具有代表性。二道河子石棺墓既不同于出小件饰品的接官厅石棺墓，也不同于锦西乌金塘[16]、旅顺后牧城驿[17]，出车具、短剑、工具、饰品并伴出战国刀币的墓。二道河子石棺墓很有时代特征，它说明生产工具和武器以石器为主的时代已经过去。这个时期辽东地区的青铜铸造业已有了飞速发展，青铜工具完全代替了石器，达到兴盛时期。出土的青铜短剑短而宽，铜斧扁长，弧刃，方銎，斧身铸四道平行棱线。滑石斧范两侧合理利用空间，制成镞范，设计之巧妙，很不一般。二道河子石棺墓出土的陶壶，圆腹，平底，有四个半月形贴耳，壶腹部饰四道划纹（图三，3）。造型与庙后山同类器物相比也有许多共同之处。

　　在埋藏风俗上，二道河子石棺墓同样用猪头、猪下颌骨随葬，葬式头东脚西，上身仰，下身侧，双腿相交，右手压在腹下，左手置于腹上，与接官厅石棺墓葬式完全相同。从二道河子石棺墓出土遗物看，其时代大体相当于春秋初或稍晚。

　　1956 年在抚顺大伙房清理的二号石棺墓[18]，发现石器与青铜斧共存，该墓具有一定的原始性。另外，抚顺大甲邦石棺墓[19]，出土的陶壶和清原县门脸石棺墓[20]，出土的陶壶、铜斧都与二道河子石棺墓出土的同类器物相似，说明这些石棺墓的文化性质和时代大体与二道河子石棺墓一致。

　　综观辽东地区石棺墓文化的内涵比较复杂，有其相互联系共同因素的一面，同时也还存在着各自的一些特点和差异。

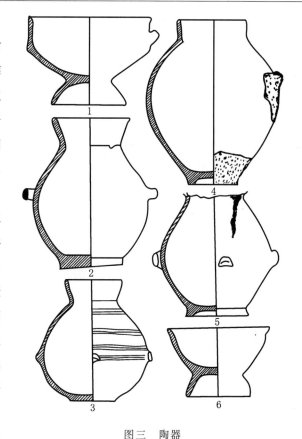

图三　陶器

1、6. 陶豆（1 号石棺墓）　2. 黑陶壶（更卜公社马家店石棺墓）　3. 陶壶（采集）　4. 陶罐（一号石棺墓）　5. 陶罐（采集）

　　通过上述材料介绍，不难看出庙后山文化类型与辽东地区普遍存在的石棺墓文化有着密切的内在联系。陶器反映的最为明显，两者的器物群均多为壶、罐、碗、钵、盆、杯、豆等小型明器，陶器的质地、纹饰和制陶工艺也都基本相同。庙后山文化类型与石棺墓中出土陶器传统风格的一致性，充分地体现着它们都是由一个文化源头发展而来。至于不同的一面，如庙后山文化类型以红褐陶为主；接官厅石棺墓出土的陶器，既有红褐陶，也有黑褐陶；二道河子石棺墓则主要是黑褐陶，这正体现着不同的历史阶段陶器的发展变化。

　　在埋藏风俗上，庙后山洞穴墓地和接官厅石棺墓都用猪头和猪下颌骨随葬，接官厅与二道河子石棺墓的葬式完全相同，说明他们的原始信仰和风俗习惯是一致的，有可能他们是同一个族源分化出来的分支。湾甸子石棺墓出土的陶器和石器与庙后山文化类型接近，只是石剑比较特殊。

综上所述，我们认为庙后山文化类型与湾甸子、接官厅、二道河子石棺墓应属于同一个文化系统的不同发展阶段。

## 四　望花类型

经过多年工作和研究，抚顺市博物馆提出在秦汉以前，抚顺地区早已存在着早、晚两个不同的青铜文化系统。早期阶段的青铜文化以夹砂红褐陶三足器群为特征。这类遗存主要分布在浑河及其支流苏子河、东洲河两岸。遗址的位置皆在河岸向阳的小山顶部或较平缓的山坡上。与望花遗址文化内涵相同或接近的遗址点，在抚顺地区已发现 50 余处，比较典型的遗址还有抚顺市郊河北公社施家沟大队东山和大伙房水库西南小青岛遗址。因望花遗址地层清楚，遗物丰富，故命名为望花类型[21]。晚期阶段系以曲刃剑为代表的文化系统。

望花文化类型最突出的特点，是陶器种类多，三足器发达，即有鼎、鬲、甗、甑、壶、罐、碗、盆等（图四）。施家东山遗址出土的陶鼎，直壁，浅腹，施錾状耳，与新乐第五地点出土的陶鼎造型风格接近[22]。发现的鼎足有圆锥、方锥、扁方等多种形式。河北公社孤家子遗址出土的陶甗，与赤峰元宝山夏家店下层文化遗址出土的陶甗近似[23]。

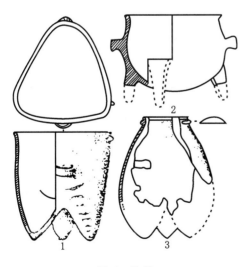

图四　陶器

1. 陶鬲（小青鸟遗址）　2. 陶鼎（石油二厂东山遗址）　3. 瓮式鬲（鹰嘴砬子）

望花类型的三足器，显然是受中原文化和夏家店下层文化影响发展起来的，形体古朴原始，具有自身的特点，以后它又对新乐上层文化产生影响。

望花类型的壶、罐、碗等与庙后山文化类型的同类器物风格一致，多素面，少纹饰，制作粗糙，器耳、器底易脱落，陶壶流行半圆形贴耳和假圈足。

1975 年望花遗址出土一件双范合铸的青铜环首刀，长 24.1、刃部最宽处 3.2 厘米。形制与安阳殷墟出土的青铜环首刀类似。望花遗址的陶片经上海博物馆热释光测定，绝对年代为 3090±100 年，根据上述材料，综合考虑望花类型的时代，还处在辽东地区青铜文化的初期阶段。

# 五　结　语

依据其不同的文化内涵，辽东地区青铜文化遗存，可分为两个不同的文化类型，即望花文化类型和庙后山文化类型。

望花文化类型，是地方土著文化受中原和北方诸原始文化的影响，发展起来的一支青铜文化，它与夏家店下层文化同时并存，而且联系十分密切。从其发展传播的趋势看，与康平县顺山屯文化类型，有着内在联系，越向前发展与沈阳、辽北广泛分布的新乐上层文化越趋向一致。总的看来，它们应属同一个文化系统的不同发展阶段。

庙后山文化类型，地方土著文化的特点比较浓，它的陶器群，在辽东地区有着广泛的分布，它与辽东地区普遍存在的石棺墓文化，有着明显的承袭关系。但其发展演变的进程，又是错综复杂的，时代越晚，分支越多，每个分支由于所处的地理环境、自然气候、生产、生活的发展水平和与外界交往的不同，各自形成了一些地域性的特点。例如，都是石棺墓文化，高山区居民所用武器为石矛、石剑，而平原地带的居民，则已用青铜剑、钺、斧作武器了。这主要是由于经济发展的不平衡性所造成的。

庙后山文化类型延续的时间相当长，从原始社会晚期逐步发展过渡到青铜文化萌芽，从青铜文明伊始，直到燕文化来到这里之后，才逐渐与燕文化相融合，形成了北方民族文化的综合体——燕文化。

从有关文献记载和地望分析，庙后山文化类型的遗址和墓葬，应为东夷族系的遗存《后汉书·东夷列传》记载："王制云：'东方曰夷'。……夷有九种。"辽东地区无疑是历史上东夷族领域的一隅。究竟哪个文化类型或是哪一类石棺墓属于哪个民族的遗存，这是今后辽河流域考古学研究的重大课题之一。

（原载《考古》1985 年 6 期）

## 注　释

①　辽阳市文物管理所：《辽阳市接官厅石棺墓》，《考古》1983 年 1 期。

②　清原县文化局、抚顺市博物馆：《辽宁清原县近年来发现一批石棺墓》，《考古》1982 年 2 期。

③　辽阳市文物管理所：《辽阳二道河子石棺墓》，《考古》1977 年 5 期。

④　铁岭地区文物组：《辽北地区原始文化调查》，《考古》1981 年 2 期。

⑤　夏鼐：《临洮寺洼山发掘记》，《中国考古学报》第四册。

⑥　李恭笃、高美璇：《试论小河沿文化》，《中国考古学会第二次年会论文集》1981 年。

⑦　刘俊勇：《综述旅大近年来考古新发现》，《辽宁文物》1980 年 1 期。

⑧　旅顺博物馆：《旅顺口区后牧城驿战国墓清理》，《考古》1960 年 8 期。

⑨　《列子卷 5・汤问》。

⑩　《吕氏春秋》卷 14《孝行览・义赏》。

⑪　同⑧。

⑫　北京市文物管理处等：《北京琉璃河夏家店下层文化墓葬》，《考古》1976 年 1 期。
　　邹衡：《夏商周考古学论文集》图版 44，1、3。

⑬　同②。

⑭　佟柱臣：《吉林新石器文化三种类型》，《考古学报》1975 年 3 期。

⑮　孙守道、徐秉琨：《辽宁寺儿堡等地青铜短剑与大伙房石棺墓》，《考古》1964 年 6 期。

⑯　锦州博物馆：《辽宁锦西县乌金塘东周墓调查记》，《考古》1960 年 5 期。

⑰　同⑧。

⑱　同⑮。

⑲—㉑　抚顺市博物馆考古队：《从考古新发现看抚顺地区早晚两类青铜文化》，1981 年辽宁省考古、博物馆学会成立大会《会刊》。

㉒　沈阳市文物管理办公室：《沈阳新乐遗址试掘报告》，《考古学报》1979 年 4 期，参阅图一三，1。

㉓　内蒙古自治区昭乌达盟文物工作站 1976 年发掘材料。

# 太子河上游洞穴墓葬探究

东北地区新石器时代洞穴遗存，发现颇早，1923 年安特生就发表了锦西沙窝屯洞穴材料①。1954 年李文信发表了黑龙江依兰倭肯哈达的洞穴墓葬材料②。1961 年孙守道同志报道了本溪谢家崴子洞穴及其附近发现的古文化遗存③。1979 年由辽宁省有关单位发掘了本溪县庙后山 B 洞墓地；1982 年发掘了 C 洞墓地④；1983 年配合旅游事业的开展，发掘了谢家崴子洞穴和本溪县南甸乡东崴子村 A、B、C 三个洞穴墓地（即捕鸽洞、蝙蝠洞、狼洞），并在东崴子 B 洞中发现了上、下相叠压的两种不同性质的文化堆积⑤，截至目前，共清理与庙后山 B、C 两个洞穴文化性质相同的墓葬 140 余座。这是一批宝贵的关于洞穴墓葬的新资料。《辽宁东部地区青铜文化初探》一文，将这一文化遗存命名为庙后山文化类型⑥。

为了进一步探索这一具有本地区独特风格的洞穴墓葬文化性质，本文拟就洞穴墓葬的形成、文化特征、社会经济形态、社会发展阶段及其年代等有关问题，提出一些初步看法。

一

沿太子河上游，河边山崖断壁上，多石灰岩溶洞。洞穴皆在奥陶系坚硬的灰岩中，约成于第三纪后期，已有数百万年之久。古墓葬就分布在天然形成的洞穴里。洞穴海拔一般在 200 米以上。

目前在这一地区，发现的洞穴墓地有南甸乡东崴子、近边寺、二道河子；碱厂乡南阳、前台子；小市乡马平沟、香磨。较重要的洞穴墓地还有南甸乡的孔家堡洞、花篮洞、三角洞、四方洞、放牛洞；偏岭的老虎洞等。

墓葬是人类社会发展到一定阶段的产物，每一个氏族都根据自己的习俗和信仰，确定其埋葬方式。洞穴墓葬，一般分单人葬与合葬两大类。在葬式上，又可分为仰身直肢葬、火葬、二次葬三种。

作为氏族公共墓地的洞穴，其规模大小，埋葬密度，都因洞而异。东崴子 C 洞 50

余平方米的面积，分布墓葬 23 座；而庙后山 C 洞 13.5 平方米的面积，分布墓葬 12 座（均为三层）。

仰身直肢葬多顺洞壁而葬，不易破坏，故骨骼保存较完好。如东崴子 B 洞 M2，依东南壁，头向东南，头骨有部分已腐朽，下枕一长方形扁平石垫，长 30、宽 18、厚 8 厘米。从残存的头骨位置及长方石的水平高度观察，该石为葬时所垫。上身和臀部下有四块底石，为原洞内堆积石。肢骨绝大部分保存完好，锁骨、脊椎骨、骶骨等也清晰可见，距骨、趾骨也部分地保留下来。从躯体骨骼的位置及保存情况，可清楚地确定头向与葬式。骨骼经中国科学院考古研究所潘其风先生鉴定（下同），死者为 35~40 岁的女性。值得注意的是随葬的两件石斧，分别置在左、右手的位置，似手握状，两刃朝外，显然是故意如此放置的。

仰身直肢葬中还有一种上肢骨略有变化的葬式。如东崴子 A 洞 M25，紧靠东壁，距洞口 1.9 米，方向 30°。骨骼保存完好，为仰身直肢。上肢的一对尺骨和桡骨向内折曲，两手分别置于腹上。右股骨中断部位有一石镞，似生前所留。另外，在上腹右侧位置还随葬两枚石镞。经鉴定，死者为 50~55 岁的女性。

火葬可能是希望死者早日进入另一个灵魂世界去的意识的反映，对于死者，尤其是老年男性死者，在洞内直接举行火葬，可称为一次火葬。这种类型的火葬墓，一般用一些大的原木架火，中间放小原木和毛柴。如东崴子 A 洞 M7，在墓的南圹保留有三根粗细相当、距离相等的较大木炭残柱，中间残留的细毛柴炭条残段也清晰可见。该墓火葬时火温确实相当高，躯体被烧毁，仅剩脊椎骨、上、下肢骨的小残段、头骨残片及牙齿等。这些骨骼残块是火化时受火不匀所造成的。随葬品为斧、锛、凿成组的石器和陶罐、陶壶、石纺轮等。从墓葬居于整个洞穴的中心部位，残存的头骨残片、磨损的牙齿及随葬的石器判断，该墓主应为具有一定地位的老年男性。这类火葬墓因火势较猛，火温一时降不下来，往往用封石数块，压住那些尚未完全熄灭的余火。该墓有熏黑的大小不等的封石 5 块。

二次葬即迁葬[7]。新石器时代的考古遗址中不少地方有二次埋葬的习俗。洞穴墓葬的二次葬一般多为火葬。即将原来墓在洞穴外的尸体和遗骨分别迁至洞内进行二次火葬。这可能反映了一定的信仰目的，"以为血肉是属于人间，必等到血肉腐朽之后，才能作正式的最后埋葬，这时候死者才能进入灵魂世界"。[8] 这种葬式因二次迁动再加火焚，造成骨架零乱，多身首分离，或肢体不全，所以有人称它为"残骨葬"[9]。如东崴子 A 洞 M10，从尚存的枕骨、肢骨鉴定为一成年女性。该墓选择在距洞口 2.3 米的东壁下，进行二次火葬。火焚时的温度不如上述的男性墓那么高。骨骼聚集在墓的中心部位，有的成堆，有的上下交错，相互重叠。骨骼有的被烧得断裂，还有的被熏黑。可辨识出的有枕骨、肋骨、脊椎骨等，小跖骨、趾骨、指骨均未被烧。作为墓底的洞内自然石灰石面，也已被熏成黑色。在墓内东侧，距烧残的肢骨 60 厘米的石台上，单独摆放有鸡骨。

在一些男性火葬墓中，火焚时温度相当高。有些墓底的石灰岩铺石，经高温烧成白石灰。东崴子 C 洞 M13 墓底的白石灰达 10～12 厘米厚。火葬时温度如此之高，伴随骨骼的随葬品也不免要发生变化。东崴子 A、B、C 洞穴内的墓葬有相当数量的石器被烧断裂，颜色为灰白色。一些以沉积岩（如砂岩、页岩）为原料的石器，经烧呈现出多层破裂的碎薄片状。不少墓葬中的陶器，因受火焚而变形损坏。东崴子 M18 出土的陶壶，颜色为灰色。形状变歪扭，重量明显变轻。随葬品烧损的程度，各洞穴墓地之间也不尽相同，如庙后山 B、C 两洞穴的陶、石随葬品保留的就比较好。

这个时期的洞穴墓葬一般不封土，随葬的陶、石器，暴露在洞内空间，天长日久，洞顶的山水不断地渗下来，滴落在陶、石器上，形成厚厚的一层白色或黄白色坚硬的水垢，附着于器表上。

综观洞穴墓葬及对上述各种葬式的墓例分析，洞穴墓葬有以下几方面的特征。

（一）墓葬排列密集，并遵循着一定的方向排列。洞穴的中心部位，密度较大，墓与墓之间有骨骼交错的现象。

（二）选择洞内岩石较平坦处，或略加平整后就地而葬。有的一次葬将头部临时枕垫一块长方形扁石。一次火葬墓，火温高者，烧至一定时候，用数块薄石板将火压灭。二次迁葬墓一般均为单人二次迁葬。随葬品有鸡、猪下颌骨等。

（三）男性有地位的老者多葬于洞穴中央的显赫位置，并多为一次火葬，就地取山木焚之，年龄越大，焚烧越重，以表示对老者的尊崇和敬仰。

（四）女性墓个别不烧者，均紧靠洞壁。骨骼一般保存较好。这类女性墓中，随葬有生产工具和石镞。二次葬的女性墓，火温较低，同时也多选择在洞穴的边角和靠近洞口处。儿童墓一般不经火烧。

（五）洞穴墓发展到后期时，有的洞穴中出现就地取自然石块，垒砌长方形浅石圹，有的墓底铺垫较大的页岩板。个别墓葬的葬具基本上已接近石棺墓的形制，或可将它看作石棺墓的雏形。

## 二

陶器从一个侧面能反映出某一文化类型的特征和时代。洞穴墓葬的陶器反映出浓重的本地区特有的土著文化的作风。如陶器器形不够端庄，但却自然和谐。陶器多素面，但常用三角凹坑纹、圆点纹、指甲纹、附加堆纹等在沿、颈、肩、腹部略加装饰点缀。陶器多耳，但不繁复，在不少器物上将桥状横耳、簸箕耳、半圆形附加堆耳等丰富多样的器耳，巧妙地蜕化成装饰物。

随葬品的组合，一般为壶、罐、钵，器物种类有壶、罐、钵、碗、盆、杯等。豆形器颇少，不见三足器。

壶　普遍盛行直、斜颈或喇叭状颈，颈的高矮略异，圆鼓腹或椭圆腹，平底。呈圈足或作假圈足的高颈壶，其沿下、肩或腹部分别饰三角形凹坑纹、划纹、间断的附加堆纹、横行叶脉纹或饰不同形制的器耳（图一，1、2）。此外，庙后山 B 洞出土的Ⅶ式陶壶，高颈略斜，腹部突出。上、下腹壁陡直，腹正中饰四耳，造型美观（图一，4）。东崴子 C 洞出土的Ⅷ式陶壶，长颈，柳肩，上腹壁微曲，削长，最大腹径在器身下部，腹以下急收呈凹弧形，小平底，质地精薄，通体磨光。形制优美别致（图一，3）。

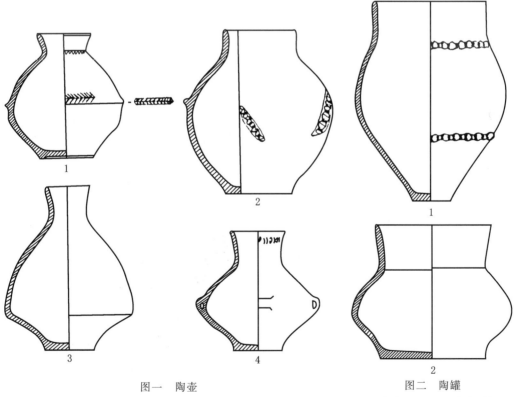

图一　陶壶

1. 庙后山 B 洞出Ⅲ式陶壶　2. 庙后山 B 洞出Ⅲ式陶壶
3. 东崴子 C 洞出Ⅷ式陶壶　4. 庙后山 B 洞出Ⅶ式陶壶

图二　陶罐

1. 东崴子 B 洞出Ⅰ式直领罐
2. 东崴子 A 洞出Ⅲ式高领罐

　　罐　最为流行的有两种形制。一种为直领或斜领，长短各异。鼓腹或微鼓，有的有假圈足。有的领或腹部饰一圈附加堆纹。另一种为舌唇，侈折，鼓腹，平底。施对称哑耳或向上翘的横桥状耳。多素面。

　　东崴子A洞出土的Ⅲ式大口高领罐，领高约占总器的三分之一。扁矮腹，腹壁似弯弓形。口、底径相等（图二，2）。其B洞出土的Ⅰ式大型陶罐，大口，直领，削肩下逐渐起鼓腹。鼓腹至底陡直，近底处急收成小平底。领根部及最大腹下各饰一周扁带状附加堆纹。为大型储藏器皿（图二，1）。

　　钵　盛行直口或略敞，侈或侈折口沿，扁圆腹，平底或作假圈足的浅腹钵。对称的桥状横耳、鋬耳或哑耳，多饰于上腹部。耳上提或下坠。有的沿或唇部饰圆形、长点形、短线形或指甲形戳刺凹坑纹（图三，3）。东崴子C洞还出土有罐形钵（图三，2）及口沿侈或侈折、鼓腹下急收成平底、作假圈足的深腹钵（图三，1）。

　　碗　一般流行圆唇，敞口，腹壁斜直，其腹深浅各异，平底或作假圈足（图四，1）。庙后山B洞出土的Ⅳ式陶碗，一器四耳。正腹部所饰的对称簸箕形方耳，耳形新颖独特（图四，2）。

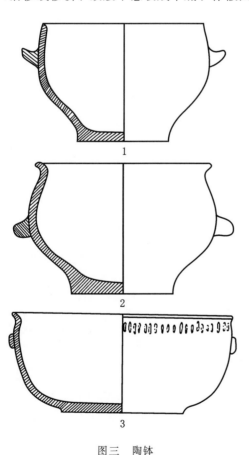

图三　陶钵

1. 庙后山B洞出Ⅱ式深腹钵　2. 庙后山B洞出Ⅳ式陶钵　3. 东崴子C洞出Ⅴ式陶钵

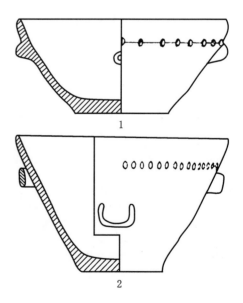

图四　陶碗

1. 庙后山B洞出Ⅴ式陶碗　2. 庙后山B洞出Ⅳ式陶碗

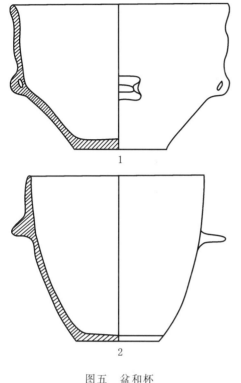

图五　盆和杯
1. 庙后山 B 洞出 I 式陶盆
2. 庙后山 C 洞出 II 式陶杯

盆、杯出土的数量较少，仅在庙后山 B、C 两洞穴墓葬中多见。盆的形制特征为侈口微折。上腹壁直，下腹急收成平底，多四耳（图五，1）。杯一般较小，敞口，通壁斜直，深腹，小底，或腹壁微曲鼓，大口深腹，有的带把手（图五，2）。有的器口倾斜，器底内凹。

陶器多为泥条盘筑。其器耳的制法，一种为用胶类物质的贴接法，另一种为插接法。插接法是将耳先作出榫状，然后直接插入厚壁中，但内壁不插透，耳与器壁接茬处用泥加厚，两面排压而成。

纹饰有附加堆纹、划纹、水波纹、指甲纹、人字纹、叶脉纹、三角形、圆点形、线段形凹坑戳刺纹、压印纹、篦点纹、沟抹纹、菱形网格纹。有的器耳上还印有细绳纹、粗麻布纹等。看起来纹样不少，但每种纹饰所施陶器种类不多。

洞穴墓葬出土的生产工具，百分之九十为磨制石器。器类有斧、铲、凿、刀、环状石器、棍棒头、石镞、纺轮等。石斧占的数量最多，斧身多长方形扁平体，其次为梯形、楔形、板状等。刃部有各种形式，有陡刃、斜刃、弧刃、直刃。陡刃石斧刃宽而锋利。楔形石斧为斜刃，断面近方形，器身厚重，刃部宽厚。直刃石斧数量多，做工粗，只注意刃部的锋利，不注意修缮斧身，往往斧身上还保留有原石皮。数量可观、引人注目的是大型板状石斧，形体规整，通体光洁，刚劲有力。大型长身石锛、石铲是常用的农业生产工具，也是洞穴墓葬的典型石器。中、小型锛、凿类，一般磨制精致，刃部锋利平齐。且长短、宽窄各有各种不同规格。石刀的形状有长方形和半圆形，绝大多数钻有双孔。刃部有单面刃和双面刃两种。单面刃石刀，刀体厚，便于刮削；双面刃石刀，刀体薄，适于切割和收割禾穗。值得提及的是环状石器中的齿形器，为同时期相邻的别种文化所罕见。圆盘状的锯齿轮两端，分别耸起较高的圆筒，两端长短各异，通体穿孔，孔壁磨痕呈螺纹状（图六，1、2）。这种多功能的实用生产工具，标志着洞穴墓葬石器制作工艺具有较高水平。

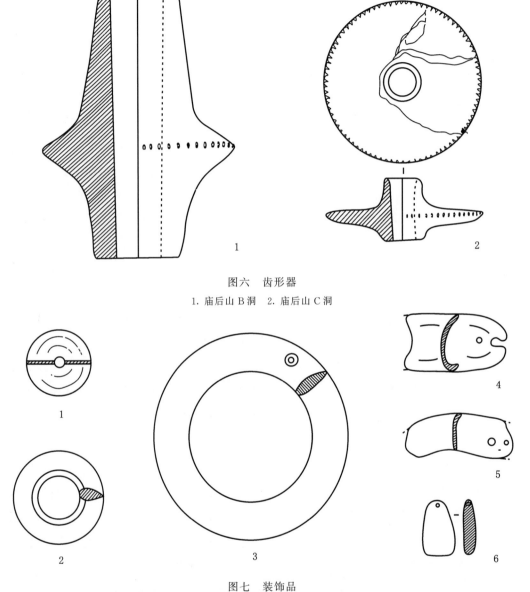

图六　齿形器
1. 庙后山 B 洞　2. 庙后山 C 洞

图七　装饰品
1. 圆形蚌饰　2. Ⅰ式石环　3. Ⅱ式石环　4. 蚌饰　5. 骨饰
6. 石坠（1、2、3、4、6. 东崴子 A 洞　5. 庙后山 C 洞）

　　洞穴墓葬里纺织工具出土量也较多，庙后山 B 洞仅 11 座墓葬中就出土 38 件纺轮。其中石纺轮 20 件，陶纺轮 18 件。其形制有馒头状、算珠状、陶拍状、墩台状等。轮面多用各种样式的戳刺点纹装饰。

　　随着生产力的不断提高和生活的逐步改善，人们美化自身的要求就越强烈。洞穴墓葬出土的装饰品种类和数量虽不多，但据有关学者考证，环状石器中的齿形器为加工玉器的磨具——研磨轮⑩，推测当时除各种骨、角、石质饰品外，玉制饰品作为珍奇的饰品，已被人们所享用了。从出土的石环、石坠、蚌饰、骨饰、束发器、骨坠，以及各种牙饰观察，其朴素、简单实用性的造型，渗透着古朴的美感（图七）。

## 三

墓葬中出土的大量石器，为研究这一文化类型的经济形态提供了可靠的实物资料。大量实用工具的随葬，说明工匠们已经熟练地掌握了制作石器技术，并已达到了相当高的水平。大型的石斧及石铲均长达 22 厘米以上，器身平薄，刃口锋利，使用起来效率较高。较先进的农业工具的出现，不仅显示了它们在农业生产中的重要地位，而且是和当时农业经济的发展相适应的。生产工具的逐步定型化和专用化，促使了社会分工的进一步细化。从洞穴墓葬的随葬规律看，陶壶多伴随斧、锛、凿而出，陶钵、罐多伴随纺轮和装饰品而出。前者多为男性墓，而后者则多为女性墓。这一事实，可清楚地判明当时的生产劳动已开始出现了男女间的自然分工走向社会分工。其社会经济主要以农业为主，并已开始进入以男子为主要劳动力的原始"耕作农业"发展阶段。农业已成为当时生产的主要部门，占据着主导地位。

随着生产的发展，为适应多方面的需要，长短、宽窄、薄厚、多种型号的锛、凿等专用木工工具出现，使工具专门化。这说明除农用工具的改进与多样化之外，石器加工工艺也进一步发展了。由于石质生产工具加工技术的发展，随葬生产工具成为常见现象。制陶工艺的进一步发展，小型陶质明器的出现，逐渐代替实用生活器皿。上述一切迹象充分说明与农业相应的手工制造业已有了分工，至少已部分地开始从农业中分化出来，成为相对独立的原始手工业生产部门。距庙后山遗址 5 公里处发现的一处头道河子遗址，采集到大量的石器和石器半成品以及打下来的石片，而不见陶片，这很可能就是与庙后山遗址有关的一处石器制造场。

墓葬中普遍随葬的猪、鹿下颌骨，反映着家畜饲养业也相应地发展，成为辅助性的生产部门。

埋葬习俗和制度是社会现实生活的写照和缩影。社会的发展变化，必然引起埋葬制度的变化，必然在墓葬中得到反映。随葬品的种类、数量及火葬制度，则从一个侧面生动而具体地反映出当时人们的意识形态和精神世界。

这批洞穴墓葬，每座墓都有不同数量的陶器和石器。多者 10 多件，少者 1～2 件。

随葬品质量和数量虽不悬殊，但已开始出现差异。一类随葬精致的木工专用工具，伴以石质生产工具及较大型的实用陶器。一类只随葬生产工具或无生产工具，另有少量明器。如庙后山 CM4 仅随葬一件石锛，CM8 为一女性墓，仅出土一件残豆形器。从埋葬位置靠洞穴边缘和随葬品少这一现象看，死者生前的社会地位较低下。而居于同一洞穴墓地的 CM9，为一老年男性墓，出土有代表庙后山文化类型石器制作先进水平的旋转式工具——环状石器及齿形器，陶器除出土有一般陶罐外，还出土有洞穴墓葬中少见的异形杯。其中一件，腹微鼓，沿下施一周凹点纹和四个小横耳。另一件筒形，上腹部饰两个板状小耳。古朴和谐，为墓主人生前实用的饮酒具。另外，还发现猪下颌骨、猪腿骨、鹿掌骨及其他兽骨。随着生产和经济的发展，社会内部的关系必然发生变化，随葬器物数量的多寡和优劣，正说明了氏族成员之间在财富占有上开始出现不均等。"牲畜是代表财富最早动产的标志，它孕育着私有制。"[⑪]从上述现象，不难看出社会变革在缓慢地进行，它意味着私有制在新形势下取得了新的生命力。

### 四

任何一种新文化类型的问世，总会引起有关学者对其时代的关注。和其他文化遗存一样，对于庙后山文化类型，也有一个认识过程。早在 60 年代，有的考古工作者根据采集的零散标本观察，将其归结为石棺墓的遗物。而对其时代的估计一般偏晚。首先应该看到，这一文化类型不仅在太子河流域有广泛的分布，而且在丹东和吉林省东部也有不少发现，可见延续了相当长的时间。

1983 年东崴子 B 洞墓葬的发掘，为洞穴墓葬时代的研究带来了新证据，即在该洞内发现了两个不同的文化层堆积，上层即洞穴墓葬，下层与后洼上层文化内涵有许多共同因素，出土的直筒罐含有云母和滑石粉，并施有弦纹、刻划纹、凹点纹、指甲纹、篦点纹等。与陶器共存的有亚腰石锄、扁平磨光石斧、玉刻刀、玉斧、鱼叉、鱼标、石网坠等。时代大体与后洼上层文化相当或略早。而后洼上层文化为新石器时代晚期。距今 5000 年左右。这里应着重指出的是，该洞穴内的两个不同文化层堆积虽不能肯定为直接叠压的承袭关系，但东崴子洞穴墓葬的居民已利用其下层文化的碎陶片制作陶网坠和纺轮，这为寻找两层文化间的时代关系提供了线索。1986 年本溪县水泥厂后山洞穴的发掘，有 5 座墓葬发现了铜器。根据上述现象考虑，洞穴墓葬的时代，其上限可达新石器时代晚期。

再从东崴子 C 洞墓葬形制看，个别墓已明显具备了石棺墓的雏形。庙后山 C 洞二层 CM2 出土的Ⅵ式陶壶，小口，圆腹，平底，腹部制有四个半圆形凹耳，颈和腹部饰有五道划纹，与辽阳二道河子⑫、新金县双房⑬、抚顺大伙房水库⑭等石棺墓中出土的陶壶接近。而二道河子石棺墓又与青铜短剑共存，可见，洞穴墓葬时代的下限已与辽东地区普遍存在的石棺墓文化相衔接，进入了青铜时代。

又据庙后山 B 洞墓葬人骨[14]C测定距今 3600±80 年和 3300±80 年，东崴子 A 洞 M7 木炭标本测定距今 3015±70 年，树轮校正年代距今 3180±145 年，这同上述推断也大体相符。

洞穴墓葬的发现，揭示出辽东地区这一原始社会晚期至早期青铜文化丰富多彩的文化内涵。它清楚地表明，广泛分布于辽东地区的这支古文化遗存，既不同于辽南、辽西地区的原始文化，也有别于辽宁其他地区的早期青铜文化，展现出鲜明的文化特征。这一文化类型的揭示，雄辩地说明了这一地区的古文化有着深厚的基础。庙后山文化类型的确定，填补了太子河流城原始社会晚期至早期青铜文化中的重要缺环。它所反映的氏族公有制的缓慢解体、私有制逐步形成的发展过程，对研究辽东地区早期青铜文化的发展和少数民族的历史具有重要意义。

（原载《中国考古学会第六次年会论文集》1986 年）

## 注　释

① 安特生：《奉天锦西沙窝屯洞穴》，《古生物志》丁种第 6 号第 1 册，1923 年 4 月。

② 李文信：《依兰倭肯哈达的洞穴》，《考古学报》第 7 册，1954 年。

③ 孙守道：《本溪谢家崴子洞穴及其附近发现古代文化遗址》，《辽宁日报》1961 年 11 月 19 日。

④ 辽宁省博物馆等：《辽宁本溪县庙后山洞穴墓地发掘简报》，《考古》1985 年 6 期。

⑤ 辽宁省博物馆、本溪市博物馆发掘材料。

⑥ 同①。

⑦ 林耀华：《原始社会史》，中华书局，1984 年。

⑧ 夏鼐：《临洮寺洼山发掘记》，《中国考古学报》第 4 册，1944 年。

⑨ 谢端琚：《略论齐家文化墓葬》，《考古》1986 年 2 期。

⑩ 宋兆麟：《环形器与研磨轮》，《辽宁本溪、丹东地区考古学术讨论会文集》，1985 年。

⑪ 石兴邦：《从考古学文化探讨我国私有制和国家起源问题——纪念摩尔根逝世一百周年》，《史前研究》创刊号。

⑫ 辽阳文物管理所：《辽阳二道河子石棺墓》，《考古》1977 年 5 期。

⑬ 许明纲、许玉林：《新金县双房石棚与石盖墓》，《辽宁文物》1980 年 1 期。

⑭ 抚顺市博物馆：1982 年大伙房水库石棺墓材料。

# 本溪地区三种原始文化的发现及研究

本溪太子河流域上游地区的考古工作起步较晚，60 年代曾在辽阳、本溪一带作过一些调查和发掘工作。进入 80 年代以来，辽东太子河流域的考古又获得了新的进展和突破。

自 1979 年以来，在全省文物普查工作的基础上，我们对太子河上游地区又进行了深入的专题性考古调查，并配合基建工程对发现的重点遗址和洞穴墓葬进行了发掘。近十年来，调查洞穴 50 余个，发掘洞穴基地 12 处。即有山城子乡庙后山 B 洞（东洞）、C 洞、谢家崴子水洞、县水泥厂后山 A 洞（单洞）、南甸乡北甸村三角洞、马城子村 A 洞（捕鸽洞）、B 洞（蝙蝠洞）、C 洞（狼洞）、近边寺村 A 洞（下洞）、B 洞（上洞）、泉水乡三官阁村 A 洞、九洞沟龙洞。发掘遗址三处，即庙后山西山坡遗址、观音阁后山城遗址、付楼乡赵甸村后山遗址。

通过对调查、发掘所获材料的初步整理、研究，感到本溪太子河上游地区存在有三种不同时代的原始文化类型。

一、九龙口文化类型；二、马城子文化类型（马城子 B 洞下层文化）；三、庙后山文化类型。现将各文化类型的特点剖析如下。

## 一　九龙口文化类型

1973 年夏，在本溪县碱厂乡太子河右岸的九龙口斜坡台地上发现的。该遗址面积大，遗物丰富。高出河床 20～30 米。首次采集到打制石器 100 余件。同年秋又相继在山城子乡二道河子、泉水乡蜂蜜砬子、小市镇马平沟、香磨黄土岗、通江峪、桓仁县木盂子乡等遗址共采集到打制石器 1000 余件。

上述遗址均分布在太子河两岸的斜坡、梁岗或台地上。遗址地势开阔，面积大，均在 5000～10000 平方米，打制石器分布分散，满山遍野到处可拣到。遗址的特点，不见文化层堆积和陶片。唯独二道河子遗址，打制石器与磨制石器共存，另有少量陶片，遗物最丰富，有关专家认为可能是一处石器制造场。

打制石器的石料，90％为当地产的黑灰色，硬度较大的安山岩和少量粉砂岩。打制石器的特点，器形大，种类单纯，可分以下几种。

1. 砍砸器 一般形状不规则，多为长方形和半圆形。多向打制，破裂出刃。刃缘厚钝者使用痕明显。刀缘薄而锋利者，有明显二次加工痕。

2. 刮削器 皆系打制剥落下来的石片加工而成。从刃部分析，有直刃、弧刃和凹刃三种。其特点为周缘薄中间厚凸，亦有的呈楔状，上面厚，越向刃端越薄。

3. 石核 有圆形和方形两种，最大者长 20、厚 15 厘米。石核两端修理的台面平整，并有较大的砸击点。

4. 平肩石斧 在上述遗址里，除采集到粗疏的砍砸器、刮削器和石核外，还时常见到一种厚重的圆柱状大型琢制平肩石斧。仅个别刃部稍磨。最大石斧身长 14 厘米，宽、厚 7 厘米。

根据以上遗址不见文化层堆积而多打制、琢制石器的特点考虑，这类文化遗存的时代比较早，大体相当于旧石器时代晚期向新石器时代过渡的阶段。

在辽东地区发现的旧石器时代遗址中，早、中、晚文化类型皆有，如本溪县庙后山、海城县金牛山、孤山子仙人洞，丹东市前阳等遗址。特别值得提及的是海城县孤山子仙人洞遗址，在洞内发现有旧石器、新石器乃至青铜时代，三个不同时代的文化层相叠压，并在洞内和洞外附近采集到上万件打制石器。1987 年发掘近边寺 B 洞（上洞）时，在钙板层下，还发现一颗更新世晚期的人牙化石和 40 余件偶蹄类牛、羊、鹿等动物骨骼化石。

整个辽东地区，旧石器时代晚期文化遗存尤为丰富。数以万计的打制石器，无疑应是旧石器时代晚期人类原始工具的遗留，同时也是新石器时代文化的先导。因在碱厂九龙口遗址首次发现，其石器数量多，代表着这一历史时期的典型文化遗存，故命名为九龙口文化类型。

## 二 马城子文化类型

马城子村，位于本溪县南甸乡太子河南、北两源相汇处。在马城子村东一里许的东崴子西侧的山坡下断崖处，并排有三个规模较大的天然洞穴。编号为 A、B、C 洞。伪满时期因修建铁路，开凿隧道，三个洞穴均遭到不同程度的破坏。致使洞内文物暴露于地表。1978 年夏，我们调查得知这一情况后，首先发掘了马城子 B 洞。

B 洞洞口坐北向南，地理坐标东经 124°28′，北纬 41°21′。洞内平面呈三角形，面积 40 余平方米。洞内文化层堆积，大体可分两层。上层为庙后山文化类型的洞穴墓葬，下层属于新石器时代的文化遗存。在太子河上游本溪地区，这还是第一次发现有地层根据和叠压关系的新石器时代的洞穴文化遗存，故名为马城子文化类型。

马城子文化类型，到目前为止，已在水洞下层、九洞沟龙洞下层，水泥厂 A 洞下层、北甸三角洞下层、近边寺 A 洞下层和通江峪遗址等七个地点，发现了它的文化堆积。典型器物是直筒器和具有明显特征的打制亚腰石锄。马城子洞穴下层文化，在本溪地区的原始文化中，具有一定的代表性和典型性。因为是发现在洞穴里，也有人称之为洞穴文化。

近边寺 A 洞下层，还发现一座这一时期的保存完好的圆形房址。直径 3.5～4 米。房址的西侧设有石块垒砌的灶址。灶址四周堆积一层 5 厘米厚、已炭化了的黑色榛子壳、核桃皮，以及破碎动物骨骼。屋地坚硬平整，地下有 15～20 厘米的灰烬层堆积。室内遗物有划纹陶片、直筒罐口沿及器底、石斧、纺轮、网坠等。从房址的堆积层厚度可知，先民们在洞穴里居住了相当长的时间。

马城子文化类型的陶器比较单纯，主要是大小不同形制的直筒器。大者口径 28、高 21.6 厘米，小者口径 14.3、高 15 厘米，从马城子 B 洞下层和北甸三角洞下层出土的直筒器观察，大体可分为两种类型。一类是直口斜壁筒形器，一类是折口直壁筒形器。直口筒形器又可细分成尖唇、平唇、叠唇三种形式（图一，1～3）。

马城子文化类型的陶质有夹砂陶和细泥陶两种。夹砂陶一般多为灰褐色，多施划纹。细泥陶多黑色磨光，并施有细小篦纹。陶纹的制作方法有刻划和压印两种。但以刻划纹为主。纹样有刻划人字纹、斜线三角纹、横线纹、横线压印纹、压印凹点纹、指甲纹等。一般器表皆施有花纹，有时一件器物上施有两种不同的纹饰。凹点纹往往习惯于施在直筒器的下部。

生产工具种类丰富，具有浓郁的时代风格和特点。从所用石料观察，有灰黑色安山岩、凝灰质页岩、细砂岩、粉砂岩、玉石等。石料多从河套中采集而来。在马城子 B 洞下层发现的石料中，有的近似石斧形状，因为这种石料容易加工，可省略打制初形的过程，有的稍磨即可使用。

另外还出土有新颖别致的骨角制品，鱼镖、鱼叉、骨锥、纺轮、网坠等。

打制亚腰石锄　是马城子文化类型独具特征的新型工具，可能为装柄使用的农业工具。一般为鞋底状，圆弧刃，器身上端窄，刃部宽，中间形成亚腰。有的周边经过细琢，破裂面平整，原面稍鼓，还保留石皮。马城子遗址出土多件，均为亚腰弧刃，上窄下宽，两端薄，中间厚。刃宽 12 厘米，其中大型石锄长达 22 厘米（图一，4）。

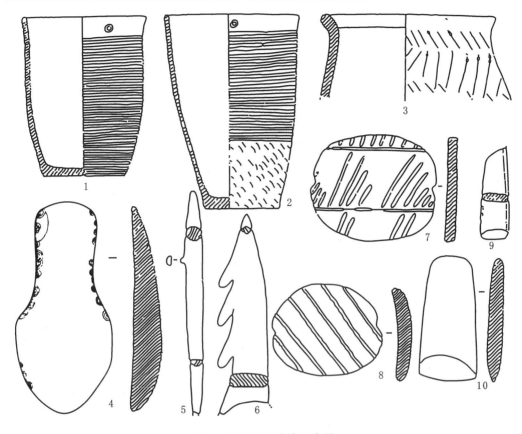

图一　马城子文化类型陶器

1、2. 直筒器　3. 折口罐口沿　4. 石锄　5. 骨鱼叉　6. 骨鱼镖　7、8. 陶网坠　9. 玉刻刀　10. 玉石斧
（均为马城子 B 洞出土　1、2、4、10. 1/4，余为 1/2）

磨制石斧　弧肩，斜刃，扁平体。有的用墨绿色玉石磨制。长 13、刃宽 2.6 厘米（图一，10）。

玉石小刻刀　长方体，直刃极锋利，深绿色玉石磨制，肩部残缺（图一，9）。

石磨棒　梭形，两端尖，中间粗，断面呈椭圆形，通体光滑。经过长期使用。长 19.6、直径 4.4 厘米。

骨器种类丰富，这里只介绍几件具有代表性的典型骨器。

骨鱼叉　尖端呈四棱状，扁平体，一侧有三个倒钩。尾端残，骨质坚硬，刀削痕明显。尖端局部磨光。其制作工艺与辽宁海城县孤山子旧石器时代遗址出土的鱼叉相近[1]（图一，6）。

鱼镖　圆形锥状体，上体圆，下体扁，一侧有一横向半圆形突起，骨质坚硬，通体磨光。长 12、直径 2.0 厘米（图一，5）。

骨锥半成品　锥体一面鼓，一面凹，两侧面有刀砍痕，尚未细磨，长12.5厘米。

马城子文化类型的网坠，出土数量最多，有石网坠和陶网坠两种。

石网坠　皆系河套拣来的扁平椭圆形石块，两端打出缺口而成。一般长4.4～6.3、宽3.2～3.9厘米。

陶网坠　均系陶片制成。有一部分陶网坠内含滑石粉，并保留有原来器物上所饰的刻划纹和凹坑纹等。这种含有滑石粉的陶片，时代比马城子文化类型稍早，相当于后洼下层。可见马城子文化类型的居民非常喜欢用前人的陶片作网坠，是因为前人陶片中含滑石粉，质地光滑，结实耐用，不易磨损网绳。一般多为椭圆形，个别近圆形或圆角方形。两端打磨出豁口，一般长5～7.5、宽4～6厘米（图一，7、8）。

从遗址中出土的大量网坠和骨鱼叉、鱼镖，可知马城子文化类型的渔业经济相当发达，在整个社会经济中占重要比重。他们所居住的洞穴，靠近太子河，有利于渔业经济的发展。

通过对马城子文化类型发掘材料的整理、研究，使我们认识到马城子B洞下层文化是以直筒器为代表的原始文化。它的每件器物上都施有不同的花纹。生产工具中，打制和磨制石器共存，渔业工具比较发达。

马城子文化类型的器类，陶质、花纹与丹东后洼遗址上层的陶器相比，存在着较多的共同因素，但马城子文化类型的陶、石器，更显得古朴、单纯与原始。

马城子文化类型所处的时代与后洼上层文化相当或略早，距今约5000年左右。

马城子文化类型的居民，利用相当后洼下层含滑石扮的陶片制作网坠，这一事实说明马城子文化类型与后洼下层文化有着清楚的接续关系，同时也预示出，本溪地区还很可能找到类似后洼下层文化性质的遗存。

为何到了新石器时代的中晚期，活动在太子河流域的古代先民还居住在潮湿阴暗的天然洞穴内呢？这种孕育在普遍性中的特殊性问题，也还是很值得深入研究的。

马城子文化类型，地处辽东半岛的北部，它与辽东半岛东南部诸原始文化有着极为密切的交往和联系。马城子文化类型的发现，对研究辽东半岛诸原始文化的来龙去脉及其发展，无疑又增添了新的内容。

# 三　庙后山文化类型

庙后山文化类型，是1979年首次在本溪县山城子乡庙后山B洞发现的。此后十多年来相继发掘了谢家崴子、马城子、北甸、县水泥厂后山、三官阁等10多座洞穴墓地，获得 160 余座墓葬材料。同时配合基建工程，还发掘了三处庙后山文化类型的遗址。即庙后山西山坡遗址、三官阁后山城遗址和赵甸后山遗址，并获得了数座房址和一批器物资料。

为全面掌握庙后山文化类型丰富的文化内涵，还调查了碱厂乡东山寺、南甸乡季家堡子、泉水乡蜂蜜砬子等洞穴和通江峪、温泉寺前后山、头道河子、韭菜峪、小明山沟、绢房厂后山以及桓仁县拐磨子等该文化类型的遗址。与庙后山文化类型相近的遗存，目前在抚顺新宾县大四平乡[②]、丹东市东沟县庙山、石灰窑、后狃洞[③]，凤城县草河乡西赫家堡[④]以及吉林省延吉县金谷[⑤]等地均有发现。可见庙后山文化类型的分布范围相当广阔。

庙后山文化类型的墓葬，皆在太子河两岸的石灰岩洞穴中发现，洞口一般高出地面 20～100 米。

洞穴墓葬的特点，不封土，不积石，墓葬头向不尽一致，葬式有仰身直肢葬、屈肢葬、俯身葬三种。仰身直肢葬两手多交叉于腹部或胸前，除这类不火化外，绝大多数墓系火葬。

在火葬墓中，又可分为一次葬和二次葬。一次葬，即人死后直接抬进洞内进行火葬。骨骼虽已炭化，但骨骼和随葬品的位置未动。二次葬是人死后，出于某种原始信仰，先将尸体埋在一个地方，待肉体全部腐烂后，再将骨骼二次拢在一起，搬运到洞内举行火葬。二次葬的骨骼异常混乱，头向不清。所占面积也比较小。

墓葬形制，大体可分三种，一种是没有任何葬具的墓，把尸体直接放在洞内地面上火葬。第二种是铺有页岩石板的墓，把尸体、随葬品摆放在石板上焚烧。第三种是设有石圹的墓。即用石块摆成长方形墓圹，这种墓或许是石棺墓的雏形。

随葬品主要是陶器（图二，1～3）和成组的石器。并在部分墓中，发现小件铜饰品和麻织物，随葬品的数量，多者 20 余件，少者 1～2 件，每座墓都有随葬品，数量上有差别，但不很悬殊。

随葬器物的组合有两种，一种为壶、罐、钵，另一种为壶、罐、碗。陶壶有大、小两种，大壶为实用品，小壶是专门为随葬而烧制的冥器。腹部凿有一个专供灵魂出入的圆孔。

随葬的陶器，多为红褐色夹砂陶，口沿下往往施行一圈刻划纹或压印纹，器腹多为素面。

庙后山文化类型陶器的明显特征是多器耳，多圈足，多叠唇。器耳形式异常丰富，有桥状横耳、竖耳、錾耳、乳丁耳、方耳、簸箕耳。有的一件器物上，制有两层器耳，

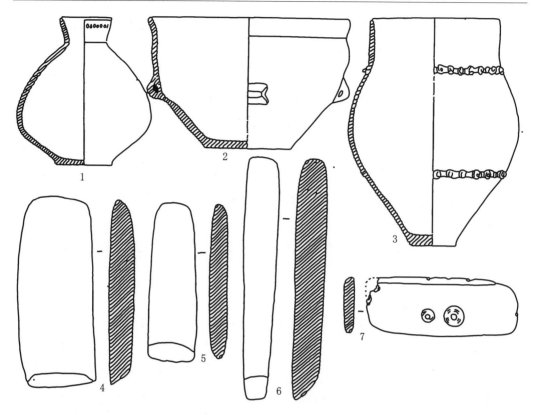

图二　庙后山文化类型陶器

1. 陶壶　2. 陶盆　3. 直领罐　4. 石锛　5. 石斧　6. 石凿　7. 石刀（均为庙后山 B 洞出土　1、2、7.1/4，3.1。8，4、6.1/2）

上为桥状横耳或竖耳，下为錾耳或方耳。有的器耳已完全失去了器耳的作用，变成了器物的一种装饰。罐、壶底盛行圈足和假圈足，碗、钵、盆多施叠唇。

随葬的石器成组，斧、锛、凿往往成套出土（图二，4～6）。石刀多单面刃（图二，7）。有部分墓葬还出土各种制作精致的环状石器。男性墓多随葬石镞和网坠，女性墓均有骨锥和纺轮。有相当数量的墓，随葬有猪、鹿下颌骨。

庙后山文化类型的居民，生前常把居住址选择在向阳的山坡或台地上。遗址的面积不等，山坡遗址居住较分散，面积小，大约在 3000～5000 平方米。台地遗址面积大，居住相对比较集中，面积多在 5000～10000 平方米。赵甸遗址是目前发现的一处大型遗址。南北长 1000、东西宽 50 米，面积为 5 万平方米。加上近年来村民建房破坏的部分，整个遗址面积约有 8～10 万平方米，相当于现在赵甸村面积的二分之一。

从三官阁后山城和赵甸遗址已发现的数座房址看，当时住房有长方形和圆形两种。面积均在 15～20 平方米。三官阁后山城 F1 为圆形，石板铺地。房址中间略偏西的位置，建有灶址。灶址附近置有罐、碗、甑等器物。房址北侧出土两件石斧，东侧还保留有石墙残段。从上述情况分析，当时人们已在地上建筑的简陋房屋内生活。

赵甸 F1 为方形房址，用石块铺地，中央设有用石块垒砌的灶址。灶址四周布满大型器物残片，并在房址西北角发现一件石斧。由于 F1 距地表很浅，保存不佳。南部被菜窖破坏，门和整个房子结构不够清楚。

遗址中出土的陶器与墓葬随葬的器物有所不同，多为制作粗疏的大型生活器皿，大口罐、叠唇盆。罐的口径一般在 30～40 厘米，通高 50～60 厘米。另外还发现一套墓葬中所不见的粗柄豆、碗形甑和方形扁平足浅腹盆形鼎。从遗址发现的最大器底和口沿推测，当时已有 70 厘米高的大型容器。生产工具与墓葬中出土的大体相同。主要有石斧、石锛、石凿、石楔、环状石器、纺轮、网坠、石镞和直背长方形双孔石刀等。

关于庙后山文化类型的时代，目前用 [14]C 已测出了庙后山 B 洞、马城子 A 洞、县水泥厂后山 A 洞、近边寺 A 洞，四个洞穴 9 座墓葬的数据，测得年代均在距今 4000～3000 年。相当于商末和周初。与辽西夏家店下层文化的时代相仿。此外，我们从 12 座洞穴地层中，所获得的早期花纹陶片考虑，其上限可以早到新石器时代晚期。另外，从遗址出土陶鼎、陶豆和庙后山 C 洞 M2 出土的圆腹、颈部带五道划纹的陶壶考虑，其形制与辽阳二道河子[⑥]、新金双房[⑦]、抚顺大伙房水库[⑧]等地石棺墓中出上的陶壶很接近。二道河子石棺墓还出土青铜短剑，可见庙后山文化类型延续的时间相当长，下限可达春秋时期。当然这样长的历史时期，应进行分期分段，关于这一步工作，将另文进行研究讨论。

庙后山文化类型，是辽东地区青铜时代的文化遗存。它所反映的社会现实，正当氏族公有制缓慢解体，私有制逐渐形成巩固的时期。青铜冶铸技术的发展，促进了社会生产力的提高。社会也正处于一种激烈的变革时期，人类历史将步入文明的新时代。

## 四　庙后山文化类型与邻近诸青铜文化的关系

在庙后山文化类型后期的赵甸遗址中，1988 年 6 月出土了粗柄陶豆，斜壁碗状陶甑和盆形浅腹、扁平板状足陶鼎。这三种器物在庙后山文化前期洞穴墓葬中，可以说是非常罕见的。诚然，三足器的出现，是受外来文化影响的结果。我们知道，辽东半岛的南端，最早出现盆形圈足鼎和鬶形器的是小珠山遗址中层文化[⑨]，其上层文化也出现了浅腹环足器和板足盆形鼎。因此，我们认为，庙后山文化类型的盆形鼎，很可能是受小珠山上层文化的影响发展来的。所以我们认为，庙后山文化类型与小珠山上层文化有着密切的内在联系。

铁岭地区，顺山屯文化类型上层 F2 采样测定年代距今为 2960±90 年，树轮校正为 3595±135 年⑩。从时间上看与庙后山文化类型相一致，属于同一个历史阶段。两个文化的主要器类、制陶工艺、花纹特点均存在着许多共同因素。顺山屯 M9 出土的陶鼎，除扁平板状尖足外，鼎身及錾耳都与庙后山文化类型赵甸遗址 H1 出土的盆形鼎相似。两个文化类型的陶甑，也都是在斜壁碗底部穿孔而成。器物的种类都是壶、罐、碗。器耳异常丰富，口沿下常施附加堆纹花边。这些特点都是两种文化所共有的。

顺山屯文化类型的墓葬，没有固定形状的墓坑。多为仰身屈肢，双手相交于胸前。这些特点与庙后山文化类型，水泥厂后山 A 洞屈肢墓葬亦极为相近。尚未更深层次的对比，就可使我们意识到，它们是同一个文化系统中分离出来的两个分支。由于后来所处的地理环境和与其他文化交往的不同，自然就出现了明显差异。顺山屯遗址出土的大量陶鬲，在庙后山文化类型的遗址和墓葬中不见。

庙后山文化类型的后期，即辽东石棺墓文化阶段，从墓葬形制和出土的器物考察，与西团山文化类型，存在着许多共同点。如陶器群多耳的风格，制陶工艺的粗疏原始性，往往是陶器的颈、耳、底，分别制好后，再套接成一体。制陶工艺的雷同和相仿，都意味着两个文化类型之间，具有一种内在的传统因素联系着。如果说副棺是西团山石棺墓文化特点的话，1987 年丹东凤城县南山头亦发现了筑有副棺的石棺墓地⑪。并且随葬陶罐、纺轮、斧、锛、凿，其形制也大体相若。庙后山文化类型与西团山文化类型，在时间上距离较大，但在文化性质上却没有一道隔墙。如果说中间还有缺环，顺山屯文化类型晚期的器物就更具有这种过渡性。

综括辽东各青铜文化类型之间的差异特点，使我们感到辽南、辽东、辽北乃至吉长地区是一个从南到北的大文化区系，各文化类型之间，不仅有其统一的内在发展规律可循，而且还显现出无法割断的传统意识。其总的发展轨迹应是由南向北逐渐推进的。到了春秋时期，辽河两岸的青铜文化，才有了更深层次的接触和交往。尽管越到后来，呈现出来的文化内涵更加庞杂和多样性，但总的趋势是向统一的方向迈进。

从辽东地区发现的墓葬材料研究得知，洞穴墓早于石棺墓，石棺墓又早于积石墓。这是辽东地区考古文化发展的总趋势。当然实际情况远比以上谈及的问题复杂得多，但其发展脉络是清楚的。

## 五　结　语

本溪地区九龙口、马城子、庙后山三个文化类型的发现与被揭示，使多年来朦胧不清的辽东原始文化，有了比较清楚的眉目。为这一地区原始文化的发展排出了初步序列。成批考古资料的获得，填补了战国以前这一地区原始文化史的空白。

辽东地区原始文化的发展过程，呈现出来的最大特点，是它丰富的文化内容与洞穴、石料建筑有机地结合在一起。海城县金牛山旧石器时代的远古居民，就把洞穴作为他们的家园。马城子 B 洞和近边寺 A 洞等新石器时代的先民们，还是继续生活居住在洞穴里。当社会进入青铜时代以后，氏族部落成员死后仍然还是安葬在洞穴里。直到春秋时期，丧葬形式还是离不开石块或石板砌筑的各种不同形制的石棺。即使到了汉、魏、高句丽时期，同样还是把死者埋葬在石室大墓里或积石墓中。考古工作者，多年来在辽东地区发现的这一有规律性的葬俗，究竟是什么原因，使其长久延续流传下来呢？我们认为除了多山、多石、多洞穴的自然客观条件而外，古代传统文化的社会意识力量是重要的原因。

近年来，在辽南沿海各县，发现不少石棚，并在石棚中，多发现人的骨灰和烧骨，可见石棚也是一种火葬墓。火葬习俗在辽南积石墓中也时有发现。葬俗是一种古代社会的意识和信仰，这种意识和信仰，在没有大的社会变革和冲击力量的情况下，是不易改变的。因此，我们认为辽南石棚的火葬习俗，可能与洞穴火葬墓存在着内在联系。

研究洞穴墓、石棚、石棺墓和积石墓，是研究辽东地区原始文化发端及其发展的一个重要侧面。因为后来积石为封的葬俗与东北少数民族文化密切相关。

从古文献考察，历史上活动在这一地区的古代民族主要有秽貊、夫余、高句丽等。秽貊最早记载见于《诗经》，从时间、地望分析，庙后山文化类型应是秽貊族先人的遗存，《后汉书·东夷传》载："句丽，一名貊（耳），有别种，依小水居，因名小水貊。"高句丽建国第一代王，东明就是夫余族人。《三国志》载："夫余在长城之北，去玄菟千里，南与高句丽，东与挹娄，西与鲜卑接，北有弱水，方可二千里。"从上述文献记载分析，高句丽的族源应是由夫余发展演变而来，而夫余族又是从秽貊发展演变而来。

（原载《辽海文物集刊》1989 年 1 期）

**注　释**

① 《中国大百科全书·考古学》，图版 5。

② 抚顺博物馆发掘材料。

③ 丹东市文化局文物普查队：《丹东市东沟县新石器时代遗址调查和试掘》，《考古》1984 年 1 期。

④ 崔玉宽：《凤城县南山头古墓调查》，《辽海文物学刊》1987 年 1 期。

⑤ 朴龙渊：《延吉县金各原始遗址简介》，《延边文物资料汇编》，1983 年。

⑥ 辽阳市文物管理所:《辽阳市接官厅石棺墓》,《考古》1983 年 1 期。

⑦ 许明纲、许玉林:《新金县双房石棚与石盖墓》,《辽宁文物》1980 年 1 期。

⑧ 孙守道、徐秉琨:《辽宁寺儿堡墓地青铜短剑与大伙房石棺墓》,《考古》1964 年 6 期。

⑨ 辽宁省博物馆:《长海县广鹿岛大长山贝丘遗址》,《考古学报》1981 年 1 期。

⑩ 辛占山:《康平顺山屯青铜时代遗址试掘报告》,《辽海文物学刊》1988 年 1 期。

⑪ 崔玉宽:《凤城县南山头古墓调查》,《辽海文物学刊》1987 年 1 期。

# 辽宁第一部考古专著——《马城子》简介
## ——太子河上游洞穴遗存

辽宁省的考古工作，继金牛山、牛河梁、姜女石三大重要发现之后，近年来东北地区最重要的一部发掘报告——《马城子》出版发行了。这是考古学界令人鼓舞的一件喜事。

这部由辽宁省文物考古研究所、本溪市博物馆共同编著，文物出版社出版的考古专著，是辽宁省文物考古研究所李恭笃、高美璇两位研究员克服诸多困难，在本溪地区进行了长达15年的考古调查和发掘，在获取丰富资料的基础上，又经多年的潜心研究，终将这批在北方考古史上占有重要分量的发掘材料，编撰成《马城子》一书。

该书的重要性在于它第一次详尽地公布了辽宁省本溪地区太子河上游马城子、山城子、北甸、张家堡等4个地点，7座洞穴的发掘材料。这批遗存主要是青铜时代墓葬，共145座，葬制独特，出土随葬品计1523件，具有浓郁的北方民族文化特色，部分洞穴下层还有新石器时代遗存。经过综合研究将这种新青铜文化遗存命名为马城子文化。这一重大考古成果经著名考古学家苏秉琦、张忠培、孙守道、郭大顺等专家学者的多次论证，同意命名这批别具风格的遗存为马城子文化，苏秉琦先生并题写了书名。

该书的问世，是考古学专题研究与基本建设相结合的产物，是省、市、县三级考古干部团结协作，进行发掘付出辛劳的结晶。这无疑将对田野考古工作起到进一步的促进作用。

马城子文化从发现、整理、研究到命名，揭示出辽东地区太子河流域，一种丰富多彩的早期新青铜文化内涵。这一文化在丹东、阜新、铁岭、抚顺等地均有广泛的分布。它既不同于辽南、辽西地区的原始文化，也有别于辽宁其他地区的早期青铜文化，展现出自身的鲜明文化特征。在埋葬习俗上别具特色，该文化早期阶段死者都埋葬在氏族洞穴墓地里，不挖穴，不封土，有的头向洞口，有的头向山下水流方向。埋葬形式有拣骨火葬、原地火葬和未火葬的三种。原地火葬墓，葬式较复杂，有仰身葬、屈肢葬，偶见俯身和侧身葬。未经火化的墓，葬式有仰身直肢葬和仰身屈肢葬，有的双手交于胸前。拣骨火葬墓骨骼比较零乱。有的洞穴内多层叠压埋葬。火葬与洞室有机地结合成一体，火葬墓焚烧程度的区别和多层次是马城子文化墓葬的突出特点，为迄今国内所罕见。

通过对马城子文化系统的综合研究，在论证马城子文化内涵特征的同时，也对该文化的地望、族属、社会性质以及与周邻诸原始文化的有关体系等都提出了自己的观点。对火葬墓也作了专题性的考察与论证。

在墓葬的分期研究上，作者以地层为依据，器物类型学为基础，$C^{14}$ 测定数据为界定，三方面的材料相互补充印证，得出符合规律性的分期结论。

该书又以马城子文化实体为基础，以文献材料为线索，颇有建树地提出马城子文化是貊族先人的文化遗存。根据马城子文化在时间上虽与辽西夏家店下层文化相当，但文化内涵有着本质的区别，其早期的陶壶壁薄，似蛋壳，富有光泽。在制陶技术上与山东龙山文化的蛋壳陶如出一辙，晚期陶罐口沿处和腹部多饰凸棱装饰和附加堆纹。这些文化因素又与山东岳石文化有着极大的相似性。根据文献记载和有关学者的考证，北发，发字古音读"泼"，貊人是从泼人发展来的，到西周中期以后"发"才改为"貊"。西周时期辽东半岛居住着两个貊人小部落，一称周头，一称青丘。在汉代辽河上游的东北有"貊国"，在今太子河有"梁貊"。把一个具体的考古文化研究与当地古民族活动的历史线索结合起来，有理有据地进行深入的探索研究，提出自己的看法和观点，应给予肯定。

依据洞穴火葬墓的多层叠压埋葬，盛行火葬，墓底铺石板，用猪下颌骨、肩胛骨随葬的这一葬俗与辽东半岛石室墓、石棺墓、积石墓、石棚及高句丽墓等葬俗相一致的特点，这种葬制在辽东地区延续了相当长的时间，这种传统葬制的遗风，顽强地表现出东夷族系精神意志的风尚，是某种坚定信念和社会意识的反映。作者正是把握住这一地区考古文化的主旋律来研究东夷族古文化特征和发展的。

通过与周邻地区诸原始文化关系的对比研究，得出辽河以东地区和吉林的东南部集安、延边一带也属马城子文化的区系范围。研究者的敏锐视觉，抓住了问题的关键所在，马城子文化应是青铜短剑文化的始祖。

马城子文化的确立，第一次揭示了太子河上游早期青铜文化丰富多彩的内涵，这一成果填补了战国以前一大段原始文化的空白。使东夷族和这一地区少数民族文化史的研究有了突破性的进展。《马城子》一书的出版，无疑大大提高了辽东地区的历史地位。

如果联系辽东半岛有的洞穴中发现的青铜时代、新石器时代、旧石器时代三个不同时期的文化叠压层，辽东半岛远古文化的根系可追溯到上万年或几十万年前，可见这一地区文化的渊源和进入文明社会的时间也不晚于其他的地区。而进入文明社会的标志不仅是彩陶、玉器、城址，在辽东地区，山顶聚落址、积石墓、石棚、青铜短剑等也应是进入文明社会的象征。这一观点也渗透在作者论述中的字里行间。《马城子》一书的问世必将在区域和国际的文化交流史上产生积极的重大影响。

该书语言朴实，观点明确，富于开拓创新，不失为近年来值得肯定的一部重要考古专著。

# 试论马城子文化

　　马城子文化是近年来东北地区被确认和命名的一个新的考古文化。被誉为是继金牛山、牛河梁、姜女石三大重大发现之后，辽宁的又一重要发现。马城子文化的被认识和命名，经历了二十余年。那丰富多彩的文化内容，鲜明新颖的文化特征，其材料之完整、学术价值之重要，令国内外的考古专家、学者所注目。特别是与周邻地区考古文化的关系，为东北亚诸国青铜文化间的内在联系，架起了一座桥梁。中国考古学会会长，著名考古学家张忠培教授在谈到马城子文化时说："你们找到了青铜短剑的始祖文化。"已故中国社会科学院考古研究所著名的考古学术权威苏秉琦先生，在论证马城子文化时说："我举双手赞同这个文化。"总之，马城子文化是改革开放的新时期涌现出的考古学科研之花，是世纪之交，考古学者们开拓学科领域中的空白，经潜心研究的考古学文化成果。

　　进一步深入研究马城子文化的特征、社会经济形态与社会发展阶段、年代，及其与邻近考古文化的关系，是考古工作者们义不容辞的责任。特别是随着日趋频繁的国际间学术文化交流，与日本、韩国、朝鲜、俄罗斯等国，积极寻求合作。可以预见马城子文化必将是21世纪，跨世纪新征途中，考古学科研究的重要课题。笔者20年工作在马城子文化考古调查、发掘、研究的第一线，有机会在此论述马城子文化是更加有意义的。本文拟就根据发掘的12座洞穴墓地及5处该文化的遗址材料，对上述有关问题作进一步的深入探讨和研究。

一

　　（一）太子河上游地区的考古工作起步较晚。从20世纪50年代初开始，配合基本建设工程，仅做过一些考古调查和小规模的清理发掘工作。

　　进入80年代以来，才有了突破性的进展。数十年来配合辽宁省观音阁水库、旅游景点本溪水洞等大型建设工程，在太子河上游地区调查洞穴50余座，发掘马城子文化的洞穴墓地12处，墓葬210座。已发表的洞穴墓地7处，墓葬145座。即马城子A、

B、C 洞，山城子 B、C 洞，张家堡 A 洞，北甸 A 洞，近边寺 A、B 洞，三官阁 A 洞，滴塔后沟洞，偏岭老虎洞，前 7 处已发表（图一、二）。出土随葬品 2302 件。发掘与洞穴墓葬同时代或时代相近的遗址 5 处。即南甸乡北甸遗址、付楼乡赵甸遗址、泉水乡三官阁遗址、本溪市溪湖区石桥子镇上石村遗址、山城子乡山城子村遗址。发掘房址 12 座，灰坑数 10 座，石墙等遗迹。遗址的发掘材料，使马城子文化的内涵更加充实和完善，使这一文化的村落布局、房屋结构、生态环境、生产工具和生活器皿，更加具体完备地呈现出来。

从目前掌握的材料看，该文化的分布范围相当广泛，除太子河上游地区外，并在桓仁县大梨树沟[①]，丹东市东沟县后狟洞石灰窑、庙山光秃山等遗址[②]，铁岭市康平县顺山屯遗址[③]，阜新市彰武县平安堡遗址[④]，吉林省延吉县金谷遗址[⑤]，抚顺大四平墓地[⑥]，均有发现。

图一　张家堡 A 洞墓地洞内局部

马城子的地理位置正处在太子河南、北两源交汇处，即该文化墓葬的分布中心。该文化的大型青铜时代赵甸遗址距马城子仅 6 公里。无论从遗址和洞穴墓地分布的客观环境，还是从揭露出来的遗址和墓葬材料分析，都具有相当的规模和区域文化的典

图二　近边寺洞穴墓地外景

型意义和代表性。这一文化在广阔的辽东山川延续了上千年。该文化具有相对的稳定性和承袭性，是出现在我国夏商时期北方的一支早期青铜文化，它与辽东半岛石棺墓、积石墓文化有着密切的联系和承袭关系。在我国北方多民族地区早期青铜文化发展史上，占有重要的一席之地。

（二）马城子文化的遗址，多分布在距洞穴墓地相邻的向阳、临水的山坡及台地上。较有代表性的大型青铜时代村落遗址为赵甸遗址。

赵甸遗址位于太子河、清河两水相交汇的三角洲地带。背山面水。北与付楼、东与团山子、南与水洞相接壤。距本溪满族自治县所在地小市镇 60 公里，遗址就在赵甸后山根下的斜坡台地上。离遗址西北侧不远处的山下洞中，涌出清澈见底，常年不息的一股暖流。暖水通过数百米的曲折河道，汇入太子河，致使太子河数十里内冬季不封冻，形成一处暖水区。岸边水中生存着多种鱼虾、水草、藻类和微生物等。形成一个天然的水鸟栖息繁衍的良好水域环境。古代先民们所选择的这一居住地十分理想（图三）。

值得提及的是赵甸遗址中的 F5 房址。F5 是一座南北向土石结构的长方形房址，南北长 11.4、东西宽 3.6～3.8 米不等。中间设有灶址及取暖所用的火盆。火盆半埋入地下，口朝下倒置，无底。盆内尚存有细腻的淡白色灰烬。火盆周围 10 厘米宽范围

图三　赵甸遗址发掘现场

图四　赵甸遗址房址 F5 局部

内，被烧成红烧土围圈，可见热度足已达到取暖之用。火盆底铺 1 米见方的薄石板（图四）。

屋内正中南北向排列 6 件大型陶壶，其中 4 件等距离分布，间距均为 1.9 米。屋内南侧砌有一个长方形祭祀坑，长 80、宽 50、深 20～30 厘米。坑中有大量的灰烬，出土有磨光黑陶残器，猪、羊、鸡动物骨骼等遗物。坑外西南角摆放一件黑色磨光陶鼎。6 件陶壶，其中 3 件盛有鸡骨。从器物的陈放，房址与祭坑的布局，充分显示出祭祀场面的威严与壮观。这种大型房址，除了祭祀之外，应是一种集体活动和全部落议事的场所，也是首领举行会议的地方（图五）。

图五　赵甸遗址房址 F4 局部

经综合比较、研究，马城子文化房址的建筑形式有以下特点。

1. 均为地上建筑，不见半地穴式，属于土石结构。有的利用山坡的一面，余下的砌筑石墙，也有的四壁皆筑石墙。

2. 房址有长方形、圆角长方形、椭圆形、圆形等。门向南或东南开。有的有台阶并设有门道。个别房址的周围及门道旁，发现有柱洞。这类房址的筑墙方法，即在墙柱中间用树枝和秸秆做栅栏，里外抹草拌泥而成。未见土坯和草坯筑墙的遗迹。

3. 有的房址地面经火烧，平整而坚硬，有的地面铺薄石板。

4. 屋内中间或一方设圆形或方形灶址，有的另设取暖的火盆。

多数房址周围发现有数座灰坑。围绕着赵甸遗址尚继续存在一段 50 米长的防御性石墙。

（三）马城子位于辽宁省东部山区，本溪满族自治县境内。距县城 30 公里，A、B 洞相毗邻，C 洞与之相距 100 米。山城子距县城 15 公里，B、C 两洞相距 95 米。张家堡 A 洞距县城 4 公里。北甸 A 洞距县城 25 公里。该县地处太子河上游，沿太子河上游，两岸山崖峭壁上，多石灰岩溶洞，马城子文化的墓葬就分布在这些天然形成的洞穴里。

严密坚固的洞穴，即天然形成的棺、椁，是浓厚的宗教信仰思想意识与民族的独特葬俗相结合的产物。广阔的洞室，或许当时就在洞内举行葬礼。埋葬在同一个洞穴内的死者，应是有着亲缘关系的同一个部落家族的成员。

墓葬在洞穴内的分布，不像一般的墓地那样有序地进行有规律的排列埋葬，它要受到洞室内平面面积大小、地势高低，特别是受到洞室形状、岩石结构及走向等多方面条件的制约。一般分布的特点是围绕着洞穴的中轴线，并遵循着一定的方向有序排列。呈南北、东西或呈一定角度的平行、近似平行或呈放射状较整齐地错落排列。在洞穴的中心部位或洞口明亮处密度较大。头向不尽一致，有的向东或向洞口，有的向山下水流方向。在一个洞穴的最显赫地位，往往葬着焚烧严重的男性权威老者。成年女性的死者，多呈仰身直肢的姿势，顺洞壁而葬。

马城子文化的洞穴墓地，从测定的 12 个 $^{14}$C 数据综合分析，大体经历了 1000 余年。各洞穴墓地的文化层堆积，形成时间和出土遗物都不尽相同。有的比较接近，有的也存在时间早晚的差别，但不存在地域性的文化差异。根据陶器的不同特征，洞穴墓地墓葬的单层、多层叠压分层埋葬及与新石器时代晚期文化堆积相叠压的地层关系，加之借助 $^{14}$C 数据的测定，将洞穴墓葬分为早、中、晚三期。马城子 B 洞、北甸 A 洞墓葬属早期，张家堡 A 洞三、四层、山城子 B 洞、山城子 C 洞三、四层墓葬属中期，张家堡 A 洞二层、马城子 A 洞、马城子 C 洞、山城子 C 洞二层墓葬属晚期（图六）。

洞穴墓葬的埋葬形制多系无坑穴的散葬墓，墓廓多以圆角长方形、方形或不规则形。不挖穴，不封土，无墓坑，无葬具，依据死者的年龄、辈分、性别、身份及社会地位的不同，选择洞穴内不同的平坦地势或适当地段，就地埋葬并举行火葬仪式是洞穴墓葬鲜明的特征之一。日久天长，洞内风化脱落下来的岩层与冲刷进来的泥沙，把骨骼和随葬品渐渐地掩埋起来。事后再有死者，又葬在洞内，久而久之，就形成了层层叠压的洞室墓地。每一个具体的洞穴墓地又有它各自的独到之处。在个别中期墓葬中，头下枕长方形石块，还有的墓角及墓边摆放较大石块，具有原始葬具的意义。中

图六　张家堡 A 洞 M6

晚期墓葬中，有的墓底铺放页岩石板及用石块垒砌长方形石圹或简单石棺。石圹墓的墓口有的盖几块不规则的薄石板。石圹和石棺均用石块砌筑呈长方形或不规则长方形，这是辽东山区这一时期墓葬中较早出现的石质葬具。12 处洞穴墓地，210 座墓葬中，头下枕石块者 1 座，墓四角及墓内摆放石块 2 座，墓底铺石板 8 座，石圹 2 座，石棺 5 座。晚期洞穴墓，张家堡 A 洞 M42，石圹四周还发现有木板腐烂痕。这可能与受先进文化木棺影响有关。

　　12 处洞穴墓地 210 座墓葬中，有 4 座墓葬式不清，绝大多数是火葬墓，未被火葬的墓只有 21 座。有单人墓与合葬墓两大类，合葬墓均系成人与儿童合葬，未见成年人男女合葬的现象。未经火葬的单人墓，葬式有仰身直肢葬（19 座）侧身屈肢葬（1 座）两种。单人火葬墓可分原地火葬和拣骨火葬两种。单人拣骨火葬墓数量最多，占 151 座。根据躯体或骨架的摆放姿势不同，又可分为仰身直肢葬、俯身葬、侧身葬、屈肢葬 4 种葬式。其中仰身直肢葬次之，占 23 座，其他为 1～2 座。合葬墓 7 座，均为火葬。可分原地火葬和拣骨火葬两种。原地火葬墓按人骨架摆放姿势的不同，也可分为仰身直肢葬、侧身屈肢葬两种葬式。其中仰身直肢葬 1 座，侧身屈肢葬 2 座。

　　不同的安葬形式，反映着不同的埋葬意识。一个墓地中，以一种葬式为主，兼有其他葬式，多种葬式共存的现象，可能是由于多种信仰并存，不同文化的影响，旧观念的更新变化等多种复杂因素所致。

为了充分说明洞穴墓葬的特点及复杂性，从不同的洞穴，不同的层位，不同的葬式中，选择典型墓例加以论述。

单人墓中，未经火焚的仰身直肢葬，如马城子 A 洞 M10，顺洞穴东壁而葬，墓廓为不规则长方形。方向 200°。人骨架保存尚好。为仰身直肢，头微侧，两臂垂放身旁，两腿伸直并拢。随葬品有陶壶、陶罐、石斧、石楔、陶纺轮等 6 件。除 1 件陶壶随葬在左臂附近，其余随葬在小腿两侧及附近。在人骨头部左侧还葬有猪肩胛骨。石斧、石楔呈对称状，分别随葬在手腕处，器刃朝外。显然是为死者有意安排的。人骨经现场鉴别为一成年男性。

图七　张家堡洞 M42（左）、M48（右）

张家堡 A 洞 M42，为一座保存较好的未经火化的侧身屈肢葬墓（图七）。系用自然石块砌筑不甚规整的长方形石圹。方向 340°。在石圹四周发现 3～4 处厚 2 厘米的木板腐烂痕迹。人骨架保存较好，面部朝上，头微右侧，平躺，两臂靠近身旁伸直，下肢向左屈度较大。随葬品丰富，计 33 件。叠唇陶钵 1 件，斜颈陶壶 2 件，随葬在右胫、趾骨旁。石斧 2 件，石锛、石凿各 1 件，分别随葬在股骨两侧及头骨左侧。骨锥 3 件、石镞 21 件及另 1 件石凿均陈放在左上臂骨旁。唯 1 件石镞随葬在两胫骨间。人骨经鉴定为一老年男性。"生前胸椎椎体因炎症骨质增生，引起椎体间愈合，幼年时可能缺钙，导致胫骨弯曲，胫骨中部有病态痕迹，有骨质增生"。⑦ 这可能与当时气候环境有关。从随葬的石镞之多，推测这位老年男性可能为部落的军事首领。

俯身葬和侧身葬墓，在洞穴墓葬中仅各见一例，并均出自张家堡 A 洞墓地。

俯身葬 M11，墓廓近圆角长方形。方向 295°。全身经轻度火烧，人骨架保存不佳。无头骨，四肢不全，锁骨以下保存较好，肱骨、桡骨、肋骨、脊椎骨尚存。为俯身直肢葬，骨骼均熏成黑色，但骨质尚很坚硬。随葬品 3 件。右肩上方随葬 1 件大型石斧、右下臂骨旁随葬 2 件铜环。

侧身葬 M47，墓廓呈圆角长方形。方向 235°。人骨架虽经火烧，但基本完好。留有明显火烧痕。头骨及整体身躯向右侧。两臂弯曲相交。双手捂腹部，下肢屈。随葬品 5 件，其中直领陶罐 2 件，叠唇陶罐、陶碗、石刀各 1 件。除石刀随葬在腰部外，其余均陈放在双腿及足前。人骨经现场鉴别为 45～50 岁男性。

拣骨火葬墓一般面积较小，墓底、边线、头向难以确定。经焚烧后碎骨渣、木炭、骨灰与随葬品混杂在一起，形成混合堆积。造成骨骼零乱的主要原因，是迁葬时骨骼经过翻动搬运，迁葬人多数不具备人体骨骼知识，不能使其恢复原位，便就地堆放在一起，在洞内进行火化。

马城子 B 洞 M3、M4 为两座典型的拣骨火葬墓。M4 墓廓呈圆角方形，墓四角摆放较大石块。方向 270°。为拣骨火葬墓中火温最高者。人骨绝大部分被烧成白色骨灰，碎骨渣杂乱无章，到处可见。墓底的石灰岩石块几乎全部被烧成白石灰。加之灰烬、骨灰形成 8～10 厘米厚的白色堆积。随葬品 14 件，其中直颈壶 5 件，直领罐 4 件，陶网坠 2 件，陶纺轮、石网坠、猪下颌骨各 1 件。除 2 件陶壶随葬在靠近墓葬一端外，其余均随葬在墓葬较中心部位。与之相邻的 M3，是在清理墓底时发现，在 2.5 厘米深度范围内，土石被熏成黑色，再往下为褐色，土质松软。

合葬墓保存较好的马城子 B 洞中的 M8，墓廓呈圆角长方形。方向 220°。该墓为一成年与小孩合葬墓，成人右侧葬一小孩。成人骨架火焚明显，部分头骨及下颌骨、脊椎骨、肋骨、盆骨以及上、下肢骨残段尚存。人骨架为仰身直肢。小孩骨架受火轻微，存有头骨残片、肋骨、脊椎骨、骶骨及上、下肢骨等。其葬式与成人相同。随葬品较少，大型石斧、叠唇陶罐、鋬耳陶罐、直领陶罐、牙饰各 1 件。随葬品的陈放位置很引人注目。叠唇陶罐和鋬耳陶罐摆放在成人与小孩之间，为二人所共有。大型石斧随葬在成人腰左侧，斧刃朝外。小牙饰随葬在小孩右臂前，系玩具性饰品。另外 1 件直领陶罐单独随葬在成人头骨左侧。成人脚骨下方有猪、鹿牙齿。人骨经现场鉴别为成年人，性别、年龄难以确定。小孩为 5～6 岁左右儿童。

从上述墓例可以得出，对墓葬的焚烧，是一个多层次的复杂过程，因火葬方式、焚烧时间和火化程度的不同及随葬品摆放位置等诸方面因素的变化差异，而形成了深浅各异、质地不尽相同的墓葬堆积。

洞穴墓葬的随葬品一般比较丰富，主要是陶器和石器，饰品较少。随葬品的多寡、优劣因墓而异。虽有差别，但不悬殊。斧、锛、凿往往配套成组随葬。男性墓随葬的生产工具中，多以斧、锛居多，女性墓随葬的生产工具中，多以纺轮为主。男性墓随葬的生活器皿中，多以壶居多，女性墓随葬的生活器皿中，多以钵为主。

陶器的组合有壶、罐、碗与壶、罐、钵两种。陶器随葬位置多在头、脚两侧。顺洞壁而葬的墓，陶器多摆放在洞壁下。石器的随葬一般刃口向外，陈放在尸骨两侧对称位置或随葬在手腕及腰部。拣骨火葬墓的陶、石器多陈放在墓内四周，注意避开火的焚烧。猪、鹿、鸡等动物骨骼多随葬在人头骨周围及下颌骨旁。上述情况倾注了先民们对死者的虔诚怀念。用猪、鹿、狗下颌骨随葬，是马城子文化洞穴墓葬盛行的一种葬俗。

早期洞穴墓葬，虽无 $^{14}$C 测定数据，但可参考近边寺 A 洞墓的测定年代。因马城子 B 洞与近边寺 A 洞隔河相望，地层堆积与墓葬陶器相接近。近边寺 M1 $^{14}$C 测定年代距今 3735±80 年，树轮校正 4075±100 年。早期墓葬的时代相当于夏初。

中期墓葬有 5 个 $^{14}$C 测定数据：张家堡 A 洞第四层 M52 距今 3585±65 年，树轮校正 3885±90 年，是中期墓中时代最早的一座。山城子 B 洞 M5，距今 3600±80 年；M17，距今 3300±80 年。张家堡 A 洞第三层 M14，距今 3115±60 年，树轮校正 3305±140 年；M11，距今 3090±55 年，树轮校正 3270±35 年。从数据显示看，中期墓葬的时代距今大体在 3800～3200 年。

晚期墓有三个 $^{14}$C 测定数据：张家堡 A 洞第二层 M7，距今 2980±55 年，树轮校正 3135±95 年；M4 距今 3065±60 年，树轮校正 3240±140 年；马城子 A 洞 M7，距今 3015±70 年，树轮校正 3180±145 年。各洞晚期墓的时代相接近，距今大体在 3200～3000 年，相当于商末至西周初。从数据上看，早期墓与中期墓之间相差 200 余年，晚期与中期墓葬在时间上基本相衔接。

## 二

陶器是反映某一文化特征和时代的最灵敏实物标志。马城子遗址和墓葬的陶器反映出浓郁的本地区土著文化的古朴风貌。

　　马城子文化墓葬陶器的质地、色调，主要是以粗砂陶为主，细砂陶次之，泥质陶较少。早期有少量夹蚌壳粉和化石粉的。颜色早期有红褐色，部分器物为土黄色。中、晚期出现灰褐色。陶器群的种类比较简单，主要器类有壶、罐、钵、碗、杯、盆等。偏岭老虎洞墓葬中最新出土的高足杯，与沈阳新民高台山出土的高足杯极为相似。是以往其他洞穴墓葬中所未见的新器类。

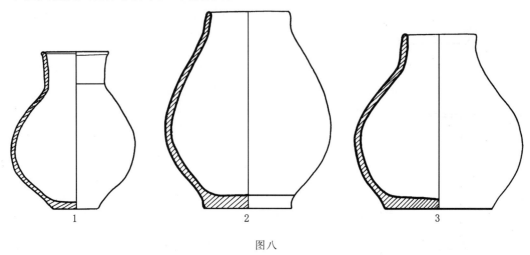

图八

1. Ⅲ型直颈壶（MBM13：9）　　2. Ⅱ型短颈壶（MBM13：9）

3. Ⅰ型短颈壶（MBM9：3）均为1/2，均为马城子B洞

　　壶　早期陶壶的种类比罐少。盛行直颈壶，也有的壶颈较短，称为短颈壶。直颈壶的形制多为圆唇，口沿内有抹斜，向外有棱线，直颈高矮适中，颈肩有明显分界，椭圆形腹，平底（图八，1）。短颈壶为圆唇，削肩或长斜肩，椭圆形或扁圆形腹，平底或大平底作假圈足（图八，2、3）。中、晚期有的口沿下饰密集圆点形凹坑戳刺纹（图九，2），直颈、无耳、无圈足是陶壶时代偏早的特征。中、晚期以后，陶壶是洞穴墓葬中数量最多、最普遍的一种器类。不仅种类多，富于变化，还贯穿洞穴墓葬的始终（图一一，2；图一二，1）。中、晚期出现斜颈壶、鼓颈壶及横、竖耳等各类带耳的壶，其中尤以斜颈壶为最多。中期张家堡A洞、山城子C洞出土的大型斜颈壶，圆唇，敞口，有的内沿有抹斜，外沿有棱线，斜颈呈喇叭状，长削肩，腹部中间粗，两端细，似枣核形，小平底。最大腹径处或以下施对称或四桥状竖耳。山城子C洞出土的一件高达58.8厘米。

　　中期小型斜颈壶，短斜颈较粗，长溜肩，颈肩有或无明显分界，平底作假圈足或小圈足底。最大腹径在器身下部。有的在颈肩间饰一周细刻划弦纹，素面者通体磨光（图九，1、3、4）。晚期斜颈壶的腹部硕大，鼓腹，有的腹部浑圆（图一○，4）。横耳

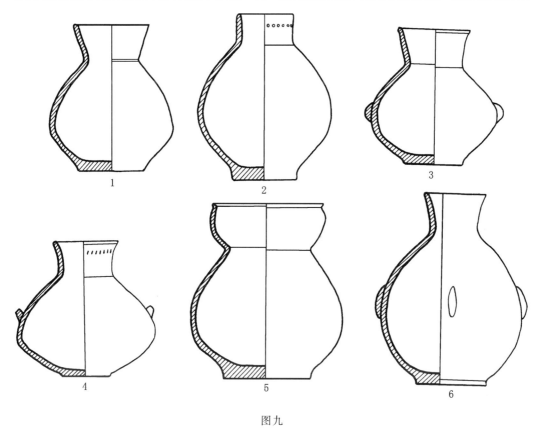

图九

1. Ⅲ型3式斜颈壶（ZAM30：3）　 2. Ⅰ型1式直颈壶（ZAM45：7）　 3. Ⅰ型竖耳壶（ZAM50：3）　 4. Ⅲ型
2式横耳壶（ZAM36：9）　 5. Ⅰ型2式鼓颈壶（ZAM34：12）　 6. Ⅱ型1式竖耳壶（ZAM20：6）均为1/2，
均为张家堡A洞

壶在中、晚期壶类中，数量仅次于斜颈壶。中期最具代表性的横耳壶为圆唇，敞口，
斜颈高、矮各异，呈喇叭形。长溜肩，颈肩有棱线，圆形腹，腹侧置一对桥状小横盲
耳。口沿下饰一周密集圆点形凹坑戳刺纹，晚期横耳壶斜颈增高，矮圈足底，椭圆形
腹两侧置的一对桥状横耳上翘（图一〇，2）。

竖耳壶在中、晚期壶类中，也占一定比例。中期具有代表性的形制为圆或舌唇，
短斜颈或粗或细，有的颈肩有明显分界，鼓腹或椭圆形腹，平底或作明显假圈足底。
最大腹径处施对称竖桥状盲耳或上腹部施四个竖状鼻形盲耳（图九，6）。晚期竖耳壶
的颈呈高斜颈喇叭状，底略凹，最大腹径处施三个等距离的竖半月形盲耳（图一〇，
3；图一一，1；图一二，2）。中期鼓颈壶数量较少。较为典型的为圆唇，大口沿外折，
颈壁曲鼓。似小器皿。长削肩，颈肩间有明显分界，椭圆形腹，平底作假圈足。有的
口沿下饰一周密集圆点形凹坑戳刺纹。造型奇特，古朴别致（图九，5）。晚期鼓颈壶

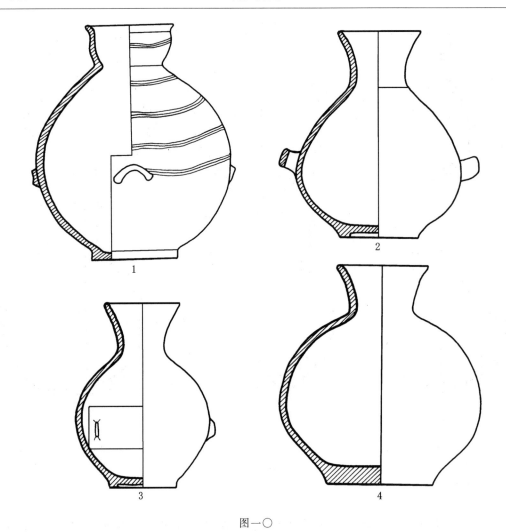

图一〇

1. 鼓颈壶（SCM2：2）　2. Ⅲ型1式横耳壶（ZAM8：4）　3. Ⅲ型竖耳壶（ZAM2：5）　4. Ⅷ
型6式斜颈壶（ZAM42：6）均为1/2, 1. 山城子C洞　2、3、4. 张家堡A洞

腹近圆形，肩部比中期壶略鼓，假圈足明显。腹部施四个半圆形附加堆耳。颈至上腹
部饰五组刻划弦纹带，每带三道划纹。造型新颖独特，为壶类中之佳品（图一〇，1）。

　　罐　罐也是该文化陶器中，器形发达的类别之一。形制丰富多彩。最为流行的是
直领罐，其次是横耳罐和叠唇罐。其他一些罐类有錾耳罐、竖耳罐、乳丁耳罐、折口
罐、敛口罐、侈口罐等，但每种数量不多。早期大型直领罐的特征为大口，直领，椭
圆形腹，小平底。领肩交界处及下腹部分别饰一周附加堆纹。马城子B洞出土的一件
高达48厘米（图一三，3）。可以代表早期特征的另一种直领罐为圆唇，大口，圆或扁
圆形腹，器形肥硕，平底作假圈足。有的口沿及下腹部分别饰一周凸棱状附加堆纹及

图一一

1. 鋬耳陶壶（老虎洞墓葬出土）　　2. 竖耳陶壶（老虎洞墓葬出土）

图一二

1. 竖耳陶壶（老虎洞墓葬出土）　　2. 鋬耳陶壶（老虎洞墓葬出土）

附加堆纹扁带，上腹部饰八字形细刻划纹（图一三，1、2）。

中期直领罐出现折腹，最大腹径以下内折，急收成假圈足平底。腹部饰一周附加堆纹，其造型较为罕见（图一四，2）。另一种腹微鼓或圆鼓，平底，围绕着领部饰段状或一周附加堆纹。中期横耳罐的形制多为舌唇，有的口沿内外有棱线，半球形腹，平底或作假圈足。所施双耳或四耳中的两耳上翘，双耳面上印有清晰布纹痕。有的器身饰三组横向划纹，每组由三道组成（图一四，1、5）。晚期横耳罐出现垂腹，鼓腹向外突垂。折口沿，矮假圈足或圈足底。有的腹部施对称桥状横耳或周腹施四耳，一对

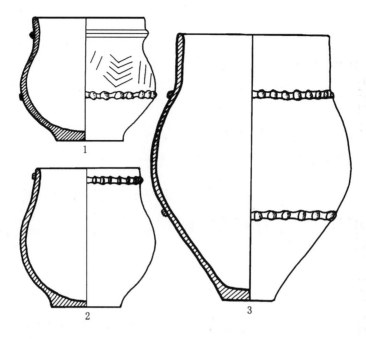

图一三

1. Ⅶ型2式直领罐（MBM13：8）　　2. Ⅴ型1式直领罐（MBM4：5）

3. Ⅰ型直领罐（MBM4：3）1、2为1/2，3为1/4，均为马城子B洞

桥状横耳，两耳上翘，一对半圆形錾耳。造型精美别致，是罐中较为完美的陶器（图一五，1、2、5）。另一种圆唇，口沿外折，上腹部凸鼓，下腹壁向内急收成高圈足底的横耳罐也较为流行。中期叠唇罐具有特征性的为较大型的生活实用器皿。直口沿，施薄外叠唇，筒形腹，下腹壁急收成小平底。有的口沿下施对称半月形錾耳。上、下耳面饰长点形凹坑戳刺纹。腹中部施对称桥状横耳。叠唇周缘饰密集长点形凹坑戳刺纹（图一四，3、4）。另一种敛口，上腹圆鼓，下腹较瘦，平底作假圈足的叠唇罐，肩部施对称桥状横耳，也较为常见。

晚期叠唇罐盛行扁圆腹或腹壁微弧的平底或作假圈足，稍浅或较深腹的叠唇罐。薄外叠唇周缘常以锯齿形或垂帘状花边作装饰（图一五，3、4）。

钵　早期墓葬中出土钵的数量较少，中、晚期以后，特别是晚期钵的数量明显增多，钵的种类和形制也更加丰富多样。早期钵的形制多为圆唇，口沿外折或内敛，长弧壁深腹。有的器壁厚，造型原始。中期以后盛行浅腹钵。敞口或微敛，常施外叠唇，圆帽形浅腹，小平底或平底作矮假圈足。口沿和腹部常施桥状横耳及半月形錾耳。口缘周边饰附加堆纹或密集规整的指甲形及圆点形凹坑戳刺纹（图一六，1、2、3）。均为有着浓厚地方特色的新器类。晚期那种半球形腹的横耳、錾耳及叠唇等浅腹钵仍较流

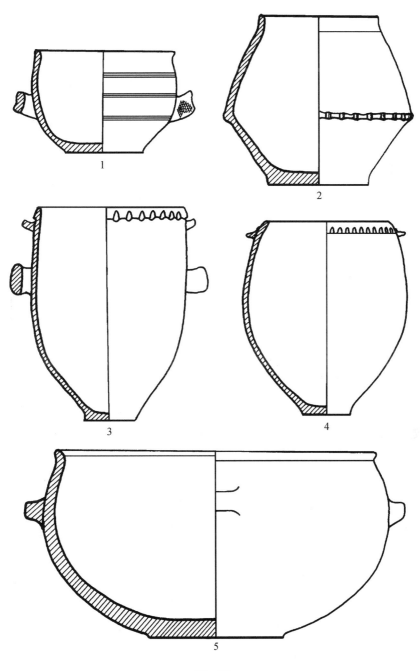

图一四

1. Ⅰ型2式横耳罐（ZAM45：6）　2. Ⅲ型直领罐（ZAM47：3）　3. Ⅱ型1式叠唇罐
（ZAM50：1）　4. Ⅱ型3式叠唇罐（ZAM36：17）　5. Ⅱ型2式横耳罐（ZAM20：
10）　1、2、5为1/2，3、4为1—4，均为张家堡A洞

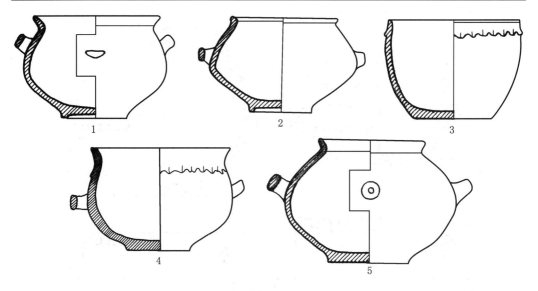

图一五

1. Ⅵ型3式横耳罐（ZAM6：4）　2. Ⅵ型1式横耳罐（ZAM17：1）　3. Ⅴ型叠唇罐（ZAM15：2）　4. Ⅰ型
4式叠唇罐（ZAM9：1）　5. Ⅵ型2式横耳罐（ZAM8：6）　均为1/2，均为张家堡A洞

行。除大平底作高假圈足外，还出现凹形圈足底。有的口沿下饰一周扁带形附加堆纹（图一七，1、2）。

　　碗　早期多斜壁深腹碗。尖唇平底，陶质粗糙（图一八，1、3）。中期碗较典型的有两种形制，一种腹较浅，腹壁微弧，平底作较高假圈足。另一种腹较深，敞口，施宽厚叠唇，平底，器身厚重（图一九，1、3）。晚期碗多舌尖唇，敞口，腹仍较深。腹壁斜，略有弧度，平底，作较高假圈足。有的在口沿下和腹部分别施对称桥状横耳和簸箕形方耳。

　　盆　盆仅在中期山城子B洞中有采集和出土品。其形制特征为侈口微折，上腹壁直，下腹急收成平

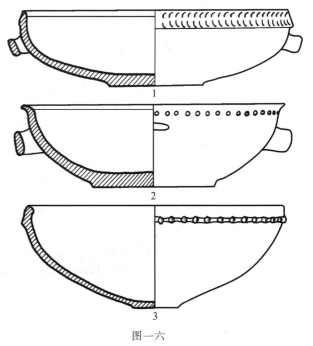

图一六

1. Ⅱ型叠唇钵（ZAM33：4）　2. Ⅱ型2式横耳钵
（ZAM30：7）　3. Ⅰ型叠唇钵（ZAM45：8）　均为1/2，
均为张家堡A洞

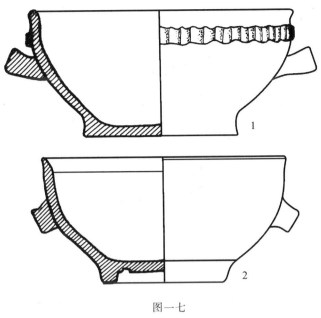

图一七

1. Ⅱ型 1 式横耳钵（MAM8：6）　2. Ⅱ型 2 式横耳钵（MAM7：21）　均为原大，均为马城子 A 洞

底。采集的一件绕腹周分别施对称横錾耳和桥状竖耳（图二〇，1、2）。

杯　杯出土的数量较少。器形多小巧玲珑。中期有腹壁斜直和弧曲的浅腹杯（图一九，2）。也有漏斗形和舟形的深腹杯（图一九，4）。有的施桥状横盲耳和半月形及鸭嘴形錾耳。晚期出现器形较大的筒形杯，常施对称的方形盲耳（图一八，2）。

在洞穴墓葬的陶器中，不见三足器、豆形器，镂孔器和绳纹陶。晚期墓葬中随葬大型

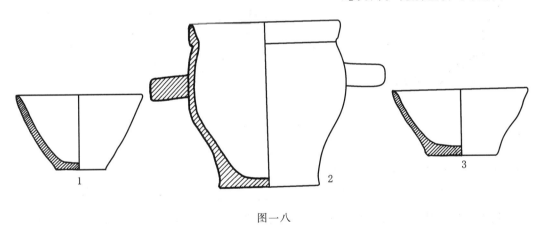

图一八

1. Ⅱ型陶碗（MAM11：2）　2. Ⅵ型 2 式陶杯（ZAM6：6）　3. Ⅴ型 2 式陶碗（ZAM4：6）　1、3 为 1/2，2 为原大　1. 为马城子 A 洞，2、3. 为张堡 A 洞

生活器皿减少，而盛行小型冥器。早期的器物少耳，多平底。晚期的器类多耳，多圈足。

马城子文化墓葬的陶器，形体端庄，造型和谐美观。制陶工艺别具特色，多采用泥条套接法，即先分别将器物的颈、腹、底、耳制好，然后套接成一体。仔细观察往往能在器物里壁连接处看到衔接痕迹。器耳接痕最为明显，插入器壁的耳，四周加泥，

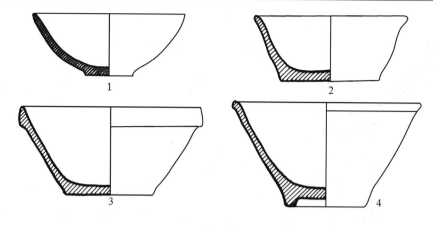

图一九

1. Ⅰ型3式陶碗（ZAM49：4）　2. Ⅰ型1式陶杯（ZAM45：3）　3. Ⅲ型陶碗（ZAM20：
9）　4. Ⅲ型陶杯（ZAM30：4）　1、3为1/2，2、4为原大　均为张家堡A洞

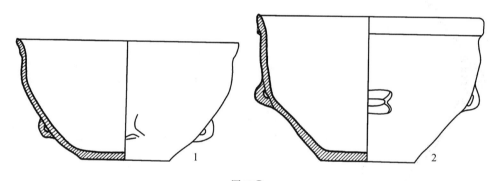

图二〇

1. Ⅱ型陶盆（SBT2②：61）　2. Ⅰ型陶盆（SB采：2）　均为1/2，均为山城子B洞

排压抹光。这种制陶方法具有一定的地域性。

马城子文化墓葬的陶器，多素面，早期的纹饰有长点形、圆点形、麦粒形、三角形、指甲形等各种形状的戳刺凹坑纹。多饰在器物的口沿下、颈、肩或腹部，也流行划纹和附加堆纹，个别器物有人字纹和叶脉纹。中、晚期出现水波纹和红陶衣，晚期有弦纹，有的器耳上印有粗麻布纹。最多使用的纹饰是附加堆纹，并贯穿始终。

马城子文化墓葬出土的生产工具绝大多数为磨制石器。石器种类丰富，制作精致。器类有斧、钺、楔、锛、凿、刀、剑、环状器、棍棒头、石镞、纺轮等。石斧的数量为石器中之首。有斜刃、弧刃、平刃。陡刃石斧，刃宽而锋利。石楔断面近方形，器身厚重，刃部宽厚。大型板状石斧，形体规整，通体磨光，刚劲有力。锛、凿类一般磨制精致光泽，刃部锋利平齐，长短、宽窄具有各种规格。造型独特的鱼形刀、宽大

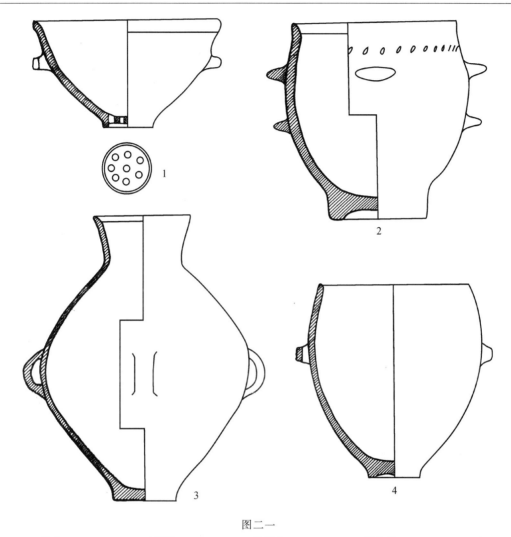

图二一

1. 陶甑（ShF1：2）　2. 多耳罐（SF2：5）　3. 斜颈壶（ZF6：3）　4. 深腹罐（ZF5：6）　2. 为
原大，1. 为1/2，3、4. 为1/4　1. 为三官阁遗址，2. 为石桥子遗址，3、4. 为赵甸遗址

圆角的长方形刀，都别具一格。值得提及的是环状石器中的齿形器，为同时期相邻的
其他洞穴所罕见。圆盘状的锯齿轮两面，分别耸起较长的圆筒。两端长短各异，中心
钻孔，孔壁磨痕呈螺纹状。这种多功能的实用生产工具，反映了洞穴墓葬石器制作工
艺的先进水平。是工具进化史上的重大发明。数把成组石剑在老虎洞墓葬中的出土，
是迄今为止洞穴墓葬中的首次发现。对探索研究青铜剑的起源和发展具有重要学术
价值。

随着生产力的不断提高和生活的逐步改善，人类美化自身的要求越来越强烈。该
文化洞穴墓葬中出土的装饰品、种类和数量虽不多，但据有关专家考证，环状石器中

的齿形器，为加工玉器的磨具——研磨轮，推测当时除饰用各种骨、蚌、石、铜质饰品外，玉制饰品作为最珍贵的饰品，已被当时人们所享用了。铜饰品有圆形、长方形、环形铜饰及铜耳饰。常见的饰品主要是石、蚌坠、骨、石珠、刀饰等。张家堡 A 洞墓葬 M39，在死者颈、胸前位置，出土的石串珠达 705 枚，可谓是长项链。从出土的石、蚌、牙、铜等装饰品分析，当时尚未脱离原始古朴、纯真的劳动美。

一般纺织品是不宜保存下来的。该文化张家堡 A 洞墓地，M14 火葬墓中，死者的右臂衣袖，先被土石块压住，未能充分燃烧。加之后来洞穴中的温、湿度适宜。一只折叠四层的残袖被保存下来了。经辽宁省纺织科学研究所测定为麻类纤维织物。

遗址中出土的陶器比墓葬更丰富。多大型实用器。器类有：直领罐、多耳罐（图二一，2）、深腹罐（图二一，4）、斜颈壶（图二一，3）、碗、盆、杯等。特别值得提出的是遗址中还出土了墓葬中所不见的陶甑和陶鼎。

甑　多为敞口，口沿多施外叠唇，斜壁深腹，小底，底上穿有数十个小圆孔，口沿处施对称桥状横耳（图二一，1）。

鼎　鼎有平底和圜底两种，或称作盆式鼎（图二二，1）、罐式鼎（图二二，2）。平底鼎敞口，口沿微外卷。盆式鼎浅腹，腹部施对称鋬耳。圜底鼎敛口，曲壁，罐式深腹，鋬足，腹部施对称蒜锤形长耳。

陶器质地、颜色、制法、纹饰与墓地陶器大体相同。

遗址中出土的石器与墓葬中不同的是多半月形石刀，并出土有石磨盘、磨棒等新器类。这里不多赘述。

遗址的年代大体与墓葬时代相一致。

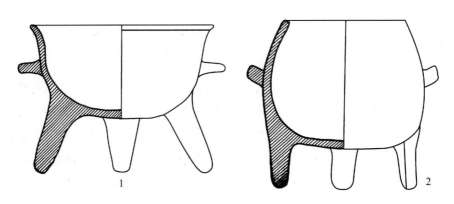

图二二

1. 盆式鼎（ZH1：1）　2. 罐式鼎（ZF1：5）　均为 1/2，均为赵甸遗址

# 三

马城子文化在辽东广阔的领域内，延续发展了上千年，它与高台山文化、夏家店下层文化并行发展，在文化内容上亦存在着相互影响和交往。这三支早期青铜文化，在辽宁乃至于我国东北地区的原始文化发展中，占有十分重要的地位。而马城子文化，在辽东地区青铜文化的发展过程中，具有承上启下的重要作用，上承马城子洞穴下层新石器时代遗址；下启辽东普遍存在的大石盖墓文化和石棺墓文化。

马城子文化的古代先民们，在长期的定居生活中，建立起了相当发达的原始农业经济基础。完整的遗址和墓葬材料及出土的大量陶、石器，为研究当时的社会经济形态和社会性质提供了可靠的实物依据。大量生产工具用来随葬，一方面说明生产工具为个人所占有；另一方面也反映出石器制作技术达到了相当高的水平。

大型石斧及石铲，器身平薄，刃口锋利。当用于起翻土地，播种锄草，掘地垦植，开挖沟渠，使用起来效率成倍提高。为扩大耕种面积，发展农业生产创造了条件。

根据石斧的不同用途，制有斜刃、平刃、弧刃三种不同形制。石锛、石凿有长短、宽窄各种不同规格。石刀有单面刃和双面刃的不同，一器多用的时代，在这里早已销声匿迹。生产工具类型的增多，反映着社会分工进一步的细化。马城子文化的石器制造业，已具有规范化、专业化、定型化的特点。

新型工具中的环状石器和齿形器，是一种旋转式的工具，它的出现，标志着马城子文化石器制作工艺进入到一个崭新的时期。它是人类在与大自然的抗争中，在从事生产的伟大实践中，不断地总结、吸取经验、革新、创造出来的，这是我国古代工具发展史上的重大突破（图二三，1、2；图二四，1、2；图二五，1、2）。

距山城子洞穴墓地5公里的头道河子遗址，采集到大量石器、石器半成品和废品以及打下来的成堆石片而不见陶片，这里可能是马城子文化的一处石器制造场。

根据大量的农业生产工具可以推断，马城子文化的经济形态是以农业经济为主，农业是当时生产的主要部门，在经济成分中占据着主导地位。

马城子文化丰富多彩的陶器，既展现出地方土著文化的古朴风貌，又反映出制陶工业的发达和农耕经济的昌盛。

从陶器的随葬规律看，陶壶多伴随斧、锛、凿而出；陶钵、罐多伴随纺轮和装饰品而出；前者多为男性墓，而后者则多为女性墓。这一事实，可清楚地判明当时的生产劳动已开始从男女间的自然分工，向社会分工转化。

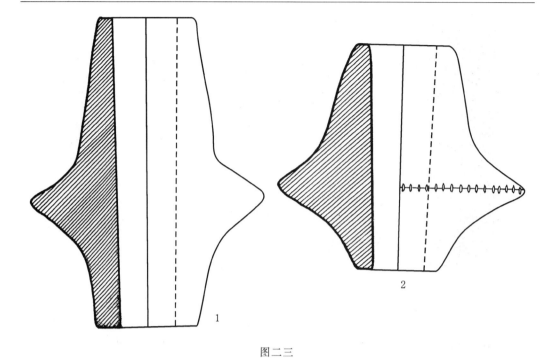

图二三

1. Ⅱ型齿形器（SBM11：3） 2. Ⅰ型齿形器（SBT2②：55） 均为原大，均为山城子 B 洞

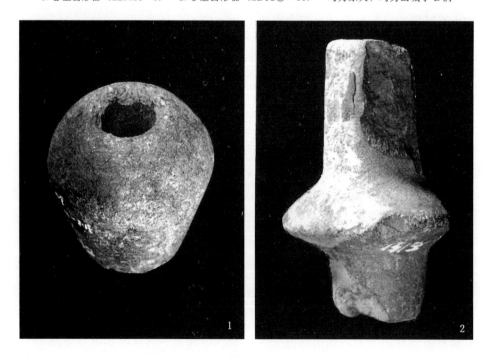

图二四

1. 棍棒头（山城子 B 洞 T2③出土） 2. 齿形器（山城子 B 洞 M11 出土）

图二五

1. 齿形器（山城子 B 洞 T2②出土）　　2. 环状器（山城子 B 洞 T1③出土）

农业经济越发展，生活中所需要的陶器数量和种类就越多，再加之为死者送葬，社会制陶任务日益繁重。人们开始对传统的埋葬习俗有所改革，即出现了专门为随葬烧制的小型冥器，来代替大型生活实用器皿，为社会节约了人力和物力，是社会上出现的一种进步现象。

张家堡 A 洞 52 座墓葬中，有 37 座墓出土纺轮，不仅女性墓随葬纺轮，少数男性墓也有随葬纺轮的现象。少者 1 件，多者 5 件。一般陶石纺轮并出。出土的 70 件纺轮中，石纺轮 31 件，陶纺轮 39 件。最大的石纺轮重 154 克，最轻的才重 17 克。陶纺轮一般均在 30～60 克。石纺轮比陶纺轮偏重、偏大，应是纺粗线、织渔网所用。而陶纺轮应是纺细线织布所用。不同重量的纺轮，往往在墓葬中成组出土，可见随葬品亦是根据生前实际生活需要而配置的。

张家堡 A 洞 M4 人骨架肩部，发现的折叠成四层的纺织衣袖，其中一种织品的密为：T：80 根/10cm，W：140 根/10cm。另一种织品的经纬线更细。

大量纺织工具和麻类织物的出土，说明早在三四千年前，辽东山区纺织业就有了相当的发展。当时古代居民已穿上麻织衣服。从麻织品经纬的密度，可以推测当时人们已经熟练地掌握了沤麻技术。经过处理的麻线柔软程度已类似蚕丝。

上述情况充分说明与农业相应发展的纺织业，在农闲的季节已成为相对独立的原始手工业部门。

张家堡 A 洞出土的铜饰品，经中国科学院金属研究所鉴定均系铜、锡合金。

从洞穴墓葬出土的少量小型铜饰件和随葬的生产工具分析，当时还是以石器为主。马城子文化还处在早期青铜文化阶段。青铜冶铸技术的出现，是生产技术上的一次飞跃，而且是文明伊始的标志。从天然矿石中获取纯铜，在当时社会条件下，不是容易的事，首先需要千度以上的高温，鼓风等各种设备。因为纯铜质软，不适宜制作工具和饰品，要经过一个相当长的实践过程，才能创造出符合不同要求、不同硬度的铜锡合金的青铜器。

制造金属工具的工艺过程，远比制作石器复杂得多，需要多种不同层次的社会劳动组织，接续协作才能完成。如采矿、冶炼、铸造都需要社会分工连续合作。一个人可以独立制作出一件石器，但一个人是无法生产出一件青铜器的。青铜冶铸技术的出现，促使社会劳动分工向着多分支多层次专业化方向发展。

马城子文化虽以农业经济为主，但家庭饲养、渔猎和采集经济亦有相应的发展。

用猪、鹿下颌骨随葬，是洞穴墓葬普遍流行的一种葬俗，有 1/3 或近 1/2 的墓葬用猪骨随葬。多数墓用猪下颌骨，也有的墓用猪肩胛骨和肱骨，还有部分墓用鹿下颌骨、鹿掌骨、鸡胫骨随葬。经鉴定有一定数量的不足一年的家养幼猪。猪有多种用途，肉可食，皮可衣。猪油冬季可涂身取暖防寒，可交换其他物品，可赎回俘虏，可支付罚金。更为重要的是还可作宗教仪式上的牺牲品。尽管家庭饲养业有了一定的发展，但所喂养的猪还是不能满足需要，只好用小猪随葬。

埋葬制度和丧葬习俗是古代社会现实生活的俨然真实写照和缩影。社会的发展变化，必然引起埋葬制度的变化，并且在墓葬中得到反映。太子河流域的洞穴墓葬，是从原始社会延续发展下来的一种古老葬俗。这种葬俗之所以能延续下来，原因有两个方面：其一，与这一地区多山、多洞穴的特殊环境有关；其二，生长在这一地区的古代居民，从他们的祖先起祖祖辈辈一直在洞穴里居住生活繁衍发展，对洞穴有着极其深厚的感情。当他们的子孙后代学会建房迁居于台地之后，仍按传统习惯将死去的亲人葬回"老家"洞穴中去。他们信仰崇拜洞穴，认为洞穴最坚固、安全，可避风雨、防寒暑，将亲人的尸骨葬在洞内焚烧，把灵魂引至天堂是最理想道德体面的事。洞穴墓葬，不论男女老少大体都有随葬品，只是在随葬品的数量上出现了差异，多者 20～30 件。少者 1～2 件或 4～5 件。

山城子 C 洞 M8，为一座未经火烧的仰身直肢葬的女性墓。仅发现一件陶圈足器底，且葬在洞穴的边缘位置，显然死者生前的社会地位低下。马城子 A 洞 M16，为一成年拣骨火葬墓，仅随葬石楔、石锛各 1 件，张家堡 A 洞 M13，为一经火烧的成年仰身直肢葬墓，仅随葬陶、石纺轮各 1 件。马城子 B 洞 M2，为一顺洞壁而葬的未经火烧的仰身直肢葬墓，死者为 35～40 岁的女性。头下枕一长方形扁平石块，随葬的主要劳动工具，2 件石斧，分别置于左右手的位置，似手握状，两刃朝外。从埋葬姿势上看，仍然保持其生前的劳动状态。

另一组墓情况完全不同，与前组墓形成鲜明的对比，山城子 C 洞 M9，为一座拣骨火葬成年男性墓，随葬的工具先进而精致，如旋转式工具环状石器、齿形器，还出土饮酒的小陶杯以及猪下颌骨、肱骨和鹿的掌骨等。马城子 A 洞 M11，为一座拣骨火葬墓。出土 26 件随葬品。即多组生活器皿，陶壶 2 件、陶罐 4 件、陶钵 5 件、陶碗 3 件。斧、锛各 1 件，陶、石纺轮 4 件，陶网坠 2 件。还有石环、石坠、蚌饰品等。马城子 B 洞拣骨火葬墓 M5，死者为 35 岁左右的男性，葬有 27 件器物。壶 2 件、罐 7 件、钵 1 件、斧 3 件、锛 1 件、陶网坠 13 件。另有象征财富多少的猪下颌骨、狗下颌骨。张家堡 A 洞 M5，葬有 17 件器物，壶 5 件、罐 4 件、钵 2 件。石斧、石铲、骨锛各 1 件，陶纺轮 3 件。还随葬有猪的上、下颌骨。上述对比说明随着社会生产和经济的发展，以及青铜冶铸技术的出现，剩余财富悄然而生，为私有观念和私有制的产生奠定了物质基础。生产力的发展，必然引起社会生产关系发生变化。随葬器物数量的多寡和优劣，正说明氏族部落成员之间，在财富占有上开始出现不均等。"牲畜是代表财富最早动产的标志，它孕育着私有制。"③ 即家畜已开始变为家族私有，贫富开始分化。从上述现象不难看出社会变革在缓慢地进行，它意味着私有制在新形势下取得了新的生命力。

山城子 B 洞的 5 座墓，其随葬品无多大差异，且皆为一般生产工具、生活器皿和冥器。M4 随葬陶壶 2、陶钵 2、陶杯 1、陶纺轮 2、猪下颌骨 1 件；M5 随葬陶壶 1、陶碗 1、石斧 3、石锛 1、石凿 1、陶纺轮 2 件；M6 随葬陶罐 2、石斧 1、石楔 1、鹿下颌骨 1 件；M7 随葬陶壶 1、陶罐 1、陶碗 1、石斧 1、石锛 2、石凿 3 件；M8 随葬陶壶 2、陶碗 2、石斧 1、石楔 1、石锛 3、石凿 1 件。马城子 A 洞墓地 29 座墓葬中，仅有 5 座墓随葬品超过 20 件。2 座墓随葬品仅 2 件。其余 22 座墓随葬品在 7～10 件左右。马城子 B 洞墓地 14 座墓葬中，仅有 1 座墓随葬品超过 20 件。2 座墓随葬品仅 2 件。4 座墓随葬品超过 10 件。其余 8 座墓随葬品均在 4～9 件。马城子 C 洞墓地 23 座墓葬中，仅有 2 座墓随葬品在 18 件以上。M19 一无所有。3 座墓随葬品 1～2 件。6 座墓随葬品超过 10 件。其余 11 座墓随葬品均在 4～9 件。张家堡 A 洞 52 座墓葬中，随葬品在 20 件以上者仅 7 座。随葬品在 1～2 件的墓 6 座。随葬品超过 10 件的墓 14 座，其余 25 座墓随葬品均在 3～9 件。上述一系列统计数据说明，随着分工与交换的发展，出现的私有和财富及社会关系的不均等，只表现为少数人和小范围内，除少数人贫穷和富有者特殊之外，其余大多数人之间则仍然保持着生活资料的大体平衡状态。

上述各洞穴墓地还明显地表现出随葬品少，社会地位低下的墓葬，一般多为顺洞壁或居于洞口等边缘处埋葬，并且一般多为女性墓。原地火葬及拣骨火葬的女性墓，火温一般均较低。而随葬品丰富，墓主人具有较高社会地位和财富的墓葬，多居于墓地的中心位置。也多为原地一次性火葬的老年男性。一般对老年男性墓加重焚烧。这应与宗教信仰和对老者尊敬崇拜有关。这一历史时期，往往权力、等级观念同宗教观念融合在一起。从民族学的资料看，在澳大利亚的一些部落也多对男性老者实行火葬⑨。墓葬的排列有序而集中，葬式的繁多而统一，一方面说明以血缘关系为纽带的氏族制残余还尚未完全消失，另一方面表明氏族部落内部确实出现了少数人贫、富分化现象。这一切都真实地反映了历史发展曲折而漫长的过程。

通过墓葬材料的分析，可以得知，马城子文化私有制已形成，阶级亦开始出现，社会正处于由氏族社会向文明社会的过渡时期。

还有些墓例说明，青铜文化初期的社会，并不安宁，部落之间的战争接连不断。为了掠夺财物，战争成了某些人的正常职业。无辜的劳动者们为了防御财产被掠夺，不得不在村寨周围筑起围墙和壕沟。还有不幸者，在战争中中箭身亡。马城子 A 洞墓地 M25，为 50～55 岁的女性墓。在右股骨中段部位射进一石镞，将肌体穿透。另外，还在上腹右侧随葬两枚石镞，可见弓箭是当时生存必备的工具和武器。张家堡 A 洞 M42，为一座未经火烧的侧身屈肢葬墓，死者为 55～60 岁的男性，腰间脊椎处被一带铤石镞穿透。还在右臂旁随葬 21 枚凹底石镞。与敌方带铤石镞有明显不同。这个时期内趋频繁的部落之间的战争是常有的事，死亡在战乱中，亦并不奇怪。老者行动迟缓，留恋家园，易在战乱中丧生。

马城子文化的立论，揭示出辽东地区这一早期青铜文化丰富多彩的文化内涵。从那朴茂的文化特征，不断滋育的社会发展阶段，折射出我国北方原始文化的影像，雄辩地说明了我国古文化宏伟、深厚的基石，是各族儿女在漫长的历史岁月中，历经艰辛，共同垒筑的。

## 四

（一）在辽阳、抚顺、本溪、丹东、铁岭等广大地区，分布有数量众多的石棺墓群，各地配合建设工程发掘、清理了一批石棺墓，积累了丰富的资料。如辽阳接官厅⑩、二道河子⑪、小屯石嘴山、抚顺清原土口子中学、湾甸子乡小错草沟、北三家乡李家卜、夏家卜乡马家店⑫、新宾县大四平乡马架子、大伙房水库⑬、营盘，本溪北台、田师傅镇全堡，丹东凤城县草河乡西赫家卜东山头<sup>⑭</sup>，开原县李家台，新金县双房等地都遗存有石棺墓群。

分布于不同地区的石棺墓，其文化内涵既有相同的因素，亦存在着地域和时间上的差异，其关系相当复杂。根据上述与之关系密切的材料，进行对比研究，来探讨考察马城子文化与石棺墓文化的关系问题。

辽阳接官厅石棺墓，位于辽阳市东北10公里的太子河北岸平原上，这里既是墓葬区，又是遗址区。该地点共发现26座石棺墓。1965年发掘清理14座，其中成人墓10座，儿童墓4座。石棺系用不规则的石块或石板立砌四壁。有的石棺底铺有石板，棺口盖有石板。也有的石棺为土底。仅一座墓为并排双棺葬。其余均为单人葬。墓向为头东脚西。有的葬式为上身仰，下身侧，两腿相交。右手压在腹下，左手置于腹上。流行用猪下颌骨随葬的习俗。器物种类以壶、罐、碗为大宗。有部分陶器是专门为随葬烧制的冥器。陶器特征为多素面、多耳、多圈足。随葬的生产工具有石斧、石锛、纺轮等。在所有石棺墓中不见三足器。

综观陶器的种类、形制、纹饰、制法和多耳多假圈足的特点，以及墓葬不见三足器等现象皆与马城子文化接近。如马城子文化张家堡A洞墓地M2出土的Ⅶ型5式斜颈壶与接官厅M11出土的陶壶相像。山城子B洞M7出土的Ⅱ型横耳罐与接官厅石棺墓地采集的横耳罐也很相似。

接官厅M1和M7两座墓，出土10余件小型青铜饰品，皆系耳环、指环、铜钏之类。铜耳环的特点是一端制成扁平三角形，通体呈圆环状，与北京琉璃河夏家店下层文化墓葬出土的铜耳环形状相似，与马城子文化张家堡A洞M11中出土的两件环形铜饰也相近。

接官厅石棺墓的特点，石棺砌筑低，其形制尤为接近马城子文化的山城子B洞、马城子B洞、张家堡A洞的石圹墓。从上述材料可以看出，在相似的社会形态中，人们有着相同的丧葬习俗和心理状态。

在清原县李家卜大葫芦沟的一座石棺墓中，出土青铜兵器4件。其中短剑1件、铜矛2件、铜钺1件。说明这一时期的青铜冶炼业虽有了较大的发展，已从接官厅制作饰品的阶段，进入到制造兵器的阶段。但金属生产工具还很少见到。从土口子中学和夏家卜乡的石棺墓中的材料看，当时使用的生产工具还是以石斧、石锛、纺轮为主。社会发展还处在一种铜、石并用时期。石器和铜器往往在石棺墓中共存。这就使我们认识到，分布于不同地区，形制大体相同的石棺墓群，其文化内涵有着明显的时代差别。清原土口子中学等地的石棺墓要晚于辽阳接官厅石棺墓。

　　二道河子石棺墓地，位于辽阳东南 40 公里栏河乡汤河西岸。1955 年这里曾发现过青铜短剑墓。1975 年清理的 2 座石棺墓，出土一组富有特征的器物，其中有青铜斧、凿、短剑和陶器。青铜短剑，短而宽。铜斧扁长、弧刃、方銎，斧身铸四道平行棱线。滑石斧范两侧合理的利用空间制成镞范，设计之巧妙，非同一般。

　　二道河子石棺墓，既不同于出小件铜饰品的接官厅石棺墓，也有别于出大型车具、短剑、工具、饰品的锦西乌金塘、旅顺后牧城驿的石棺墓。二道河子石棺墓所处的时代，其青铜铸造业有了突飞猛进的发展，但二道河子石棺墓的形制、葬式以及埋葬习俗仍旧和接官厅、湾甸子等石棺墓大体一致。

　　二道河子石棺墓出土的陶壶，圆腹平底，腹部施四个半月形贴耳，并饰有四道划纹。这种陶壶很有特点，在石棺墓中往往与青铜剑共存。出土类似这种陶壶的地点有新金县双房石棺墓，凤城县西赫家堡东山石棺墓，抚顺大伙房水库八宝沟，小青岛，祝家沟等。特别值得注意的是，马城子文化山城子 C 洞墓地 M2 中出土了这种类型的陶壶。这种颈腹部饰平行划纹的陶壶，在辽南于家墓地也已出现，并在马城子文化的山城子 B 洞墓地发现有施近方形贴耳的陶碗。如该洞 M5 中出土的 II 型多耳碗。在该文化的石桥子遗址中，还发现有饰刻划纹和带半圆形贴耳的陶壶残片。可见这种陶壶出现的时代较早，在于家村墓地和马城子文化的遗址和墓葬中就已出现。而早期的这类平行划纹壶不见对称横耳。这类陶壶出现于马城子文化的晚期阶段或更早，盛行于石棺墓文化中。

　　马城子文化与石棺墓文化内涵的一致性，主要表现在具有共同特征的陶器群和埋葬习俗上。

　　到目前为止，辽东山区相当于夏商时期的考古文化，只有马城子文化在时间上正好与早期阶段的石棺墓文化相衔接。

　　从夏初到春秋末 1500 余年的漫长时期里，即从马城子文化到石棺墓文化的最盛行时期，辽东地区的石棺墓中仍然颇少见三足器，这可能与这支土著文化的葬俗习惯有关。

　　（二）辽宁省北部康平县顺山屯文化类型墓葬和遗址材料的发表，对我们深入认识辽东地区的青铜文化遗存，颇有启发。

　　顺山屯文化类型在埋葬习俗、器物特征、制陶工艺和存在时间等方面，都表现出与马城子文化存在着多方面的一致性。说明辽东、辽北两个不同地区的原始居民曾长期存在着经济上的相互往来和文化上的密切交流。

　　顺山屯文化类型的散葬墓，既无整齐的墓穴，亦无清楚的边圹。不论是单人墓、双人墓，还是多人合葬墓，骨架姿势均系屈肢，双手置于胸前。从葬式观察，即有仰身直肢葬、仰身屈肢葬、侧身葬和俯身葬等几种葬式。墓向不尽一致。无葬具，很少出随葬品。屈肢双手交于胸前的埋葬形式亦是辽东半岛乃至吉林石棺墓文化中的常见现象。马城子文化墓葬张家堡A洞M42，朝阳十二台营子青铜短剑墓M1[⑮]，吉林西团山一号棺[⑯]，抚顺、辽阳的石棺墓中普遍流行这种葬式。

顺山屯M7，是一座单人女性俯身葬墓，不见右臂及左腿骨。右腿骨有明显的火烧痕迹。其葬式与马城子文化墓葬张家堡A洞M11非常相近。俯身葬数量少，一般骨骼均不完备，被认为是非正常死亡者。但往往就是这种不被人所重视的墓葬，仍然还保留着其固有的火葬习俗。M4随葬的陶盆内，还发现一件猪下颌骨。顺山屯文化类型用猪下颌骨随葬和火焚尸骨的葬俗与马城子文化的埋葬习俗大体是一致的。

埋葬习俗，属上层建筑的范畴，是一种社会观念的综合反映。它所反映的内容是多方面和深层次的，极为复杂。相同相似的葬俗，大体产生于相同相似的社会经济基础和生产水平。当然我们所说的相同，是指某些主要文化因素的相同，不同的文化因素，才能表现出各文化类型之间的差异，才能真实地反映出人类物质文化发展的复杂过程和不同阶段。

顺山屯M7，尸骨的右腿处，发现一件用牛肩胛骨制成的卜骨。在M5的填土中，发现四块卜骨，也系牛肩胛骨制成。另外M10为一座幼儿鬲棺墓，幼儿的双腿伸向陶鬲的两个袋足，上置一件红褐陶盆作盖。用陶鬲作葬具，用卜骨随葬的现象，是顺山屯文化类型的一个特例。这是在马城子文化墓葬中所不见的现象。辽北地区与辽西毗邻相接壤，正是辽东、辽西两大文化系统的交融地带。顺山屯文化类型的鬲棺葬和用卜骨随葬的习俗，是受中原文化和夏家店下层文化影响的产物。

顺山屯文化类型的陶器，无论是在器类形制、作风以及制陶工艺与马城子文化相比较，可以说是大同小异。从器物种类观察，顺山屯文化类型和马城子文化墓葬都以壶、罐、碗为主，夹砂素面红褐陶占主导地位，并有少量灰褐陶和黑陶。除在各类陶器口沿下施外叠唇和在陶器的颈、肩部饰凹坑纹、附加堆纹外，器表很少饰其他纹饰。两种文化的陶器耳皆特别发达，并且种类繁多，有鋬耳、乳丁耳、簸箕耳、桥状横耳、竖耳及各类小型盲耳。有的一件器物上施有双层耳，有的鋬耳和横耳结合使用，也有的上层为鋬耳、下层为横耳。一件器物上多至四耳及六耳。辽东、辽北两个地区青铜文化时代的器耳既有实用价值，还具有点缀装饰器物的作用。陶器的制作皆以手制为主。多采用泥条套接法，且多外接法。总的来看，辽东地区的制陶工艺比较粗疏。地方土著文化风貌甚浓。顺山屯M9出土的鋬耳圈底浅腹鼎与马城子文化赵甸遗址H1出土的鋬耳鼎，造型风格极为相似。顺山屯遗址H3灰坑出土的双耳多孔甑与马城子文化本溪三官阁遗址 F1 出土的陶甗也很相像。综观上述两个青铜文化诸多方面的一致性，说明顺山屯文化类型与马城子文化很可能是由同一个古老的传统文化发展延续而来的，分布于不同地区的两个分支。

如果探讨两个文化的区别，顺山屯文化类型施红陶衣的器物较多，三足器发达，占卜术也较流行。而马城子文化的墓葬中，不见三足器，在晚期的遗址中，只见鼎和甗，不见鬲和鬲。三足器在东北古文化的发展进程中，标志着受中原文化影响的深度。它在辽东地区的普及，大体在西周以后。

三足器是汉族文化的传统器物，在洞穴土著文化中颇少见。这正反映了不同民族间地域性的文化差别。顺山屯文化类型，在地理位置上，与夏家店下层文化是近邻。接受来自中原和夏家店下层文化的影响较多，陶鬲十分发达。马城子文化分布于辽东山区，交通闭塞，受外来文化影响缓慢，当地土著文化气息格外浓郁。

顺山屯文化类型的下层房址 F1，$^{14}$C 测定距今 3350±90 年，树轮校正 3595±135 年。相当于马城子文化墓葬中期。其上层房址 F2，$^{14}$C 测定距今 2960±90 年，树轮校正 3110 年，相当于马城子文化墓葬的晚期。

（三）在全面考察研究了太子河流域马城子文化之后，使我们深切感到，马城子文化在时间上正好与西团山文化相衔接。即马城子文化的晚期能够与西团山文化早期相连接起来。从目前所掌握的资料看，星星哨三区 21 号墓，是西团山文化的早期墓葬，$^{14}$C 测定距今为 3055±100 年，树轮校正 3225±160 年[17]。时间相当于西周。马城子晚期的洞穴墓葬，以张家堡 A 洞上层 M4、M7 两座墓为代表。M4，$^{14}$C 测定为 3055±60 年，树轮校正 3240±140。M7，$^{14}$C 测定为 2980±55 年，树轮校正 3135±95 年，时间亦相当西周初。

西团山文化在中外考古学界有较大的影响，其发展延续的时间也相当长，大体从西周初延续到战国秦汉之际。跨越几个历史时代。西团山文化分布的中心区域，主要集中在吉林省东南部，东辽河与松花江上游的长春、吉林地区，其分布的南部边缘已接近辽宁省的北部。与夏家店上、下层文化，辽北的顺山屯文化类型，本溪地区马城子文化的晚期有了接触和联系。

西团山文化的特点，盛行石棺葬。从石棺的砌筑结构观察，主要有两种。一种是用板石立砌的所谓箱式棺；另一种是用石块垒筑的长方形石棺墓。部分石棺墓的尾端或一侧还建有存放随葬品的副棺。

石棺的修建方法，即先在地上挖一浅穴，然后在浅穴内用石板或石块筑成石棺。石料皆光面向里，粗糙面朝外。由于地势不平，多为顺山葬，头向山顶，脚向山下。

西团山文化石棺墓的葬式有仰身葬、侧身葬和屈肢葬。如西团山Ⅰ号棺、Ⅷ号棺；永吉县星星哨 M6，骨架都是双手交于胸前，下肢骨略微向右侧弓屈，两腿骨相交，右股骨压在左股骨上。

随葬的器物以长颈壶、圆腹罐、斜口碗（钵）为主。陶器多放置在头脚两端或副棺内。骚达沟 49JSM4 随葬的生产工具石刀、石斧多置于腰间和右手旁，石斧的刃部皆向外。骚达沟石棺墓 49JSM8、10、15，53JSM1 和山顶大棺等 5 座墓均随葬 2 件陶纺轮[18]。

西团山文化的男性墓多随葬石镞、石斧，而女性墓则多随葬纺轮、石刀、骨串珠、骨管和小型青铜饰件等。西团山文化亦流行用猪下颌骨随葬的习俗。

从上述情况考察，西团山文化的埋葬习俗，除不举行火葬仪式外，随葬品的摆放位置，特别是生产工具石斧、石刀刃朝外的放置形式和纺轮的成组随葬都与马城子文化墓葬的葬法相一致。

特别值得注意的是，1959 年在吉林省永吉县旺起屯清理的一区一号墓[19]，位于一区石棺墓群的中部，石棺结构与一般石棺墓相同，皆为石块砌筑。墓室内发现了双层人骨。上下层均有两个头骨。西团山文化石棺墓中，这种尸骨双层叠压的现象，非常类似马城子文化墓葬中多层尸骨相叠压的情况。两者之间或许有着内在联系，或许是历史现象的返祖。尸骨叠压埋葬的实例，在辽南羊头洼类型的积石墓和吉林省延吉德新金古墓中也发现过。从宏观文化范畴讲马城子文化的洞穴墓与辽东、吉林省东部石棺墓存在着渊源关系。

墓葬是生者为死者安排的，葬俗是旧文化传统、旧风俗习惯的延续。葬俗所反映的文化特征，可以作为探索一种文化自身传统的重要途径。

西团山文化的器物种类、造型特征和制作工艺更深刻地体现着与马城子文化有着共同的渊源关系。

至于西团山文化与马城子文化诸多不同因素，我们认为是由于分布地域自然环境的不同，发展阶段的不同和受外来多种文化影响的不同所造成的。

西团山文化中，三足器、铜刀、铜矛和连珠状饰的出现。反映着西团山文化发展到了后期，受到中原先进农业经济文化和北方草原游牧经济文化的影响和冲击后形成的。丰富的随葬品在西团山文化晚期的骚达沟山顶大棺中得到了充分的反映。

西团山文化早期的星星哨石棺墓中，既无副棺，亦不见三足器，石棺形制更接近本溪洞穴墓中的石圹墓。

综上所述，不难看出西团山文化的生产工具、生活器皿、狩猎和作战所用的武器以及埋葬习俗等四种主要文化因素，都反映出与马城子文化有着密切的内在联系，即张忠培先生所讲的存在着相同起源的"亲族考古文化区"。[20]林沄先生在《中国东北系青铜剑的初论》[21]的文章中，在论及 C 型剑身的流布区时，明确提到辽东半岛三足器不发达，在该区土著文化中根本不存在，就准确地抓住了辽东早期青铜文化的本质和关键。

董学增先生经过多年的实地考察和研究，在《试论吉林西团山文化》一文中也提到近年来在抚顺地区清原县四个乡（即土口子乡门脸、湾甸子乡小错草沟、北三家乡李家堡、夏家堡乡马家店），都发现板石立砌的石棺墓。"在这些墓葬里出土的随葬品有石斧、石刀、石镞、石剑、石纺轮、陶罐、陶壶、陶纺轮、铜矛、铜剑、铜斧等。其质地和形制与西团山文化的器物基本相同。"[22]我们认为这种认识和论断是准确可信的。

基于上述理由，应把吉林省的东南部和辽东地区看成是一个统一的大文化区系。从大的框架讲，辽、吉两省东南的青铜文化是有着密切关系的统一体。其发展当然是一个融合、分裂再融合的复杂的多变过程。需要我们去划分更多的文化类型，研究其不同发展阶段的文化特征和它们之间的承接关系。

总括起来看，辽吉两省东部青铜文化存在着接续发展的关系，而两省东部青铜文化与西部青铜文化的联系，则是相互影响的碰撞关系。

西团山文化与辽东石棺墓文化显得更加直接，与马城子文化之间就是个时间早晚关系。

深入研究马城子文化与西团山文化的关系，有助于解决辽吉两省东部青铜文化的渊源和族属问题，同时对研究东北多民族文化的产生、发展，最终又是如何汇聚融合成一体的具有重要意义。

太子河上游的青铜文化，经过二十余年的艰苦探索，综合研究与《马城子》一书的出版，终于实现了辽宁文物考古史上零的突破。

我们认为马城子文化，是我国北方夏商时期一支古文化遗存，究竟是哪个民族，尚需进一步研究。

从宏观上看，也可认为马城子文化是东夷族系先民的文化遗存，它与青铜短剑文化、积石墓文化、石棺墓文化，均存在着许多共同因素，如皆盛行石筑墓、火葬、崇拜巨石，其分布的地域、空间、器物风格和丧葬习俗亦大体一致。

马城子文化的提出、确认和命名，是辽河流域考古工作取得的一项新成果。马城子文化的问世，不仅填补了辽东地区史前文化发展过程中的重要缺环，而且拓宽开辟了北方青铜短剑文化、东夷族系原始文化研究的新领域。使我国北方古代多民族国家的历史画卷更臻于完美。

## 注　释

①　梁志龙：《桓仁县大梨树沟青铜时代墓葬调查》，《辽海文物学刊》1991 年 2 期。

②　丹东市文化局文物普查队：《丹东市东沟县新石器时代遗址调查和试掘》，《考古》1984 年 1 期。

③　辛占山：《康平顺山屯青铜时代遗址试掘报告》，《辽海文物学刊》1988 年 1 期。

④　辽宁省文物考古研究所、吉林大学考古系：《辽宁彰武平安堡遗址发掘简报》，《辽海文物学刊》1989 年 2 期。

⑤　朴龙渊：《延吉县金谷原始遗址介绍》，《延吉文物资料汇编》。

⑥　抚顺市博物馆发掘材料，1983 年。

⑦　张振标：《张家堡 A 洞人骨书面鉴定材料》，《马城子》文物出版社 1994 年。

⑧　石兴邦：《从考古学文化探讨我国私有制和国家起源问题——纪念摩尔根逝世一百周年》，《史前研究》创刊号。

⑨　林耀华：《原始社会史》，中华书局，1984 年。

⑩　辽阳文物管理所：《辽阳市接官厅石棺墓群》，《考古》1983 年 1 期。

⑪　辽阳文物管理所：《辽阳二道河子石棺墓》，《考古》1977 年 5 期。

⑫　清原县文化局、抚顺市博物馆：《辽宁清原县近年发现一批石棺墓》，《考古》1982 年 2 期。

⑬　佟达、张正岩：《抚顺大伙房水库石棺墓》，《考古》1989 年 2 期。

⑭　崔玉宽：《凤城县南山头古墓调查》，《辽海文物学刊》1987 年 1 期。

⑮　朱贵：《辽宁朝阳十二台营子青铜短剑墓》，《考古学报》1960 年 1 期。

⑯　佟柱臣编：《西团山考古报告集》，30 页图五。

⑰　吉林省文物管理委员会、吉林星星哨水库管理处：《永吉星星哨水库石棺墓及遗址调查》，《考古》1987 年 3 期。

⑱　段一平：《吉林省骚达沟山顶大墓整理报告》，《考古》1985 年 10 期。

⑲　刘法祥：《吉林省永吉县旺起屯新石器时代石棺墓发掘报告》，《考古》1960 年 7 期。

⑳　张忠培：《中国北方考古文集》，265 页，文物出版社 1990 年 3 月。

㉑　林沄：《中国东北系青铜剑初论》，《考古学报》1980 年 2 期。

㉒　董学增：《试论吉林地区西团山文化》，《考古学报》1983 年 4 期。

# 试论偏堡子文化

偏堡子文化遗存，自 1956 年 5 月在沈阳新民县偏堡沙岗遗址发现以来，已有 40 年了[①]。至今为止经过正式发掘的遗址有 5 处：即 1965 年由中国社会科学院考古研究所东北工作队发掘的沈阳铁西区肇工街遗址下层一期文化[②]；1973 年沈阳市文物管理办公室组织发掘的新民县东高台山遗址 5 层[③]；1983 年由辽宁省博物馆、本溪市博物馆共同发掘的本溪满族自治县南甸镇马城子村 B 洞下层、北甸村 A 洞下层[④]；1990 年为配合环渤海国际考古学术会议的召开，由辽宁省文物考古研究所、吉林大学考古学系、旅顺博物馆联合发掘的瓦房店市长兴岛三堂遗址 5、6 层一期文化[⑤]；1991 年由辽宁省文物考古研究所、吉林大学考古学系、大连市文物管理委员会办公室合作对瓦房店市交流岛乡马路村蛤皮地遗址进行的试掘[⑥]。

经调查发现含有偏堡文化遗物的地点，有大连市甘井子区营城子镇文家村遗址[⑦]、金州区望海埚遗址[⑧]、旅顺石灰窑遗址[⑨]、沈阳新民县曙光后山、金五台子等地[⑩]。内蒙古草原西拉木伦河流域，也发现有偏堡子文化的陶片[⑪]。朝鲜半岛平安北道定州郡大山里堂山遗址、龙川郡双鹤里遗址，均发现有偏堡文化的陶器[⑫]。可见偏堡文化类型是我国北方新石器时代晚期文化中分布范围相当广泛的遗存。

随着发掘工作的不断深入和材料的积累，考古学界对偏堡子文化的认识亦在逐步深入。三堂遗址，工作较细，地层清楚，为我们深入研究探索这一文化的有关问题提供了条件。本文依据已刊发的材料，并结合多年在辽东地区工作所见到的一些遗存现象，试对偏堡子文化的分布规律、文化内涵、经济发展及相关的问题，谈谈粗浅的认识。

一

从已发表的材料可知，偏堡子文化类型的分布范围是相当广阔的，远远超过了我国东北境内的其他几个原始文化的分布领域。南从渤海各岛屿，北达西拉木伦河流域的无垠草原，东至朝鲜半岛北部。无论是海岛、平原和山区，均可见到偏堡子文化的古代先民生产活动遗留下来的轨迹。

　　由于偏堡子文化分布面广阔，遗址间环境差异较大，适应不同环境而产生的文化特点就非常明显。有的遗址位于海边岛屿，有的遗址坐落在辽河平原沙丘上，也有的遗存发现在山区河畔洞穴里。所以偏堡子文化是研究适应不同生态环境而创造出各自具有不同文化特点的一批典型遗存。让我们怀着浓厚的兴趣去考察一下偏堡子文化类型的居民居住过的遗址吧。

　　偏堡子沙岗遗址，西距辽河10公里，遗址坐落在辽河岸边沼泽地中的沙丘上，遗址的南、西、北三面是低洼的沼泽地。沙岗略呈椭圆形，东西长400、南北宽200米，现存高度3米。沙岗上层堆积为黄沙层，下层是黑色沙层，厚20～40厘米，遗物都出土在黑沙层中。

　　东高台山遗址，位于新民县高台子乡高台子村东约1.5公里，西南距新民县城10公里。地处辽河平原与东部山区交界地带，南是一望无际的辽河、柳河冲积平原，北则地势高起。由此北去约2公里又有养息牧河，由西北向东南汇入辽河。该遗址的第5层为偏堡子文化类型的堆积，厚15～20厘米。

　　马城子B洞遗址，位于本溪满族自治县南甸镇马城子村东2.5公里。地处太子河上游山区，遗址就在河边断崖上自然形成的石灰岩溶洞里。洞穴上层为马城子文化墓葬，下层为偏堡子文化类型，堆积厚度为20～50厘米。

　　三堂遗址，位于瓦房店市三堂乡长兴岛东部西洼，隔海与辽东半岛相望。面积1万平方米。5、6层为三堂一期文化，即偏堡子文化类型。堆积厚度20～50厘米。

　　综观起来，遗址的分布特点可概括为，地势低，堆积薄，叠压关系复杂，生存环境和生活空间差别大。

## 二

　　目前偏堡子文化的房址、灰坑、墓葬材料颇少。三堂遗址揭露出的3座房址、10座灰坑、2座墓葬是唯一较珍贵的遗迹资料。

　　3座房址平面的布局分别为圆形、圆角方形、椭圆形。居住面平坦，惯用烧土面防潮湿。门向东开，有斜坡门道，皆为半地穴式建筑。F2周边发现4个柱洞，F3屋内发现数件陶、石、骨器。

　　发现的灰坑多数为圆形，也有椭圆形和方形。一般口大底小，呈锅底状，少数为筒形。坑内发现有红烧土块、饰窄细堆纹的筒形罐残片及烧骨等。

　　揭露出的2座墓葬，均系长方形土坑竖穴墓。M2为仰身直肢葬，无葬具，头部北侧发现有陶壶残片。

　　陶器是反映某种文化时代特征的最活跃因素。偏堡子文化的陶器器类单纯，以壶、罐、碗为大宗，钵、盆、杯次之，三足器和豆形器颇少见。陶器内多掺有滑石粉、细砂、粗砂和云母等。以红褐陶为主，灰褐陶次之。还有少量的红黄色彩的磨光陶，泥质陶数量甚少。陶罐是偏堡子文化的主要器类，根据器物造型的不同，可分为直筒罐、叠唇罐、短领鼓腹罐三种。直筒罐为舌唇，直壁，平底。多施泥条形附加堆纹。一般高为20～30厘米。有的口径和高相若。不同地点的直筒罐，型制作风和纹饰大同小异，各具特色（图一，1～3）。叠唇罐是该文化的主体器物。从造型上看，可分深腹和浅腹两种形制。深腹者体长，形近直筒罐，平底，口与高相若（图一，5～8）。浅腹者短粗胖，大口，浅腹下急收成小平底（图一，9、10、12、13）。早期的叠唇罐是在口沿下贴一圈泥条，略加修饰而成。进一步演变为口沿外翻呈叠唇状，口沿与叠唇间形成双层或稍留空隙。发展到后来，臻于完善阶段的叠唇罐，叠唇与口沿融为一体，内收形成敛口，叠唇下端突出，向外平伸（图二）。从叠唇的变化规律可以看出，浅腹大口叠唇罐是由深腹叠唇罐发展演变来的一种新器类。短领鼓腹罐，各遗址出土的数量虽然不多，但器形差别较大，特别是领部各具特色，领的高矮、倾斜度不尽一致。有耳和无耳及耳的位置也不相同。短领鼓腹罐总的特点是小底、鼓腹，最大腹径处和肩部均饰有两道附加堆纹。器表多磨光（图一，4）。陶壶以新民县东高台山和沈阳铁西区肇工街两处遗址出土的为最典型。其造型为长直颈，深腹，小底，壶体较高，均在30～45厘米。东高台山出土的几件陶壶，上腹饰弓字形和三角形刻划纹图案（图一，14）。肇工街遗址出土的陶壶上腹饰竖状绳索式粗附加堆纹，下腹和颈下饰两道附加堆纹（图一，11）。陶碗的特征为大口斜壁，平底，素面。三堂遗址出土的有少量圈足和圈足碗。造型古朴美观。陶钵多三足，敛口，小底，完整器颇少。三堂遗址出土的盂和肇工街遗址出土的盆也颇为少见。

　　制陶技法较原始，主要为手制，多采用泥条盘筑法。有少量陶器磨光并饰有红陶衣。偏堡子文化的陶器90％以上饰有不同形式的陶纹。最富有特征并且常见的纹样是附加堆纹。可以说它是偏堡子文化类型陶器的一种标志。这种纹饰从制作上看有两种：一种用纤细等长的数段泥条，贴附在器壁上；另一种为直接挤压器壁形成绳索状的附加堆纹。其次是刻划纹，多应用于壶、罐的口沿和腹部，有的单独使用，组成刻划纹图案，有的刻划纹呈平行斜短线状，专门用来填充大型刻划纹图案，还有的刻划在附加堆纹的泥条上。凹坑纹虽数量少，但纹样和制法却丰富多样，有圆形凹坑纹、三角形压印凹坑纹和压印麦粒形凹坑纹等。有的在一件器物上刻划纹与凹坑纹配合使用。刻划纹均系烧前刻制，纹样有三角纹、平行交叉纹、回字形纹、弓字形纹等。

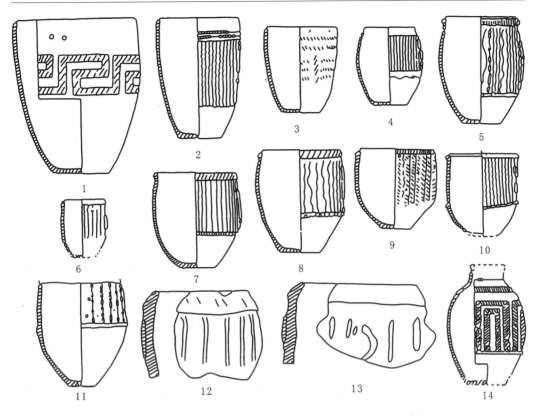

图一　偏堡子文化陶器

1～3. 直筒罐（1. 东高台山　2. 偏堡　3. 北甸 A 洞下层）　4. 鼓腹罐（三堂）　5～8. 深腹叠唇罐（5、7、
8. 三堂　6. 东高台山）　9、10、12、13. 浅腹叠唇罐（9、10. 东高台山　12、13. 马城子 B 洞下层）　11、
14. 陶壶（11. 沈阳肇工街　14. 东高台山）

图二　偏堡子文化浅腹叠唇罐口沿演变图（均为东高台山遗址）

偏堡子文化遗址中，出土的石、骨、角、牙质生产工具，为研究这一文化类型的经济形态提供了可靠的实物资料。

三堂遗址出土的磨制石器主要有弧刃、直刃石刀，石矛，凹、平尾石镞，棒形器，牙璧等。出土的骨、角、蚌、牙器甚丰富。有骨鱼卡、骨梭、骨锥、骨镞、骨匕、角锥、蚌器等。从出土的工具不难看出，从事渔业生产的工具占绝对优势，尽管石刀、石矛可一器多用，但工具的用料是以骨、蚌、牙、角为大宗。结合陶器上传统习用的水波纹和遗址所处地理环境分析，三堂遗址的经济结构，应是以渔业经济占主导成分，农业经济处在一种次要地位。三堂房址的发现，说明岛上居民不仅有了稳定的渔业、农业，也有了固定的家园。

马城子B洞下层出土的生产工具颇丰富，种类也较齐全。最大特点是打制石器与磨制石器共存。打制石器有鞋底状石铲、亚腰形石锄、两侧打有缺口的石网坠等。磨制石器有玉石斧、石锛、石凿、石刻刀等。另外，在洞穴房址的灶旁发现有吃剩下的动物烧骨、鱼刺、鱼脊椎骨和大量已炭化的榛子壳、核桃、楸皮等。屋内还发现多件用鹿角料制作的鱼叉及用河卵石打制的网坠。磨制的玉石斧、玉刻刀、石锛，打制的鞋底状石铲、亚腰形石锄，皆非常精致而富有特点。从洞穴遗址出土的生产工具和残存的遗留物分析，洞穴文化的经济结构不是单一的经济形态，而是由农业、渔猎、采集多种经济成分构成。既从事农业生产，又从事渔猎和采集，可谓是农耕采集足食，渔猎兽皮足衣。太子河两岸肥沃的土地，有利于农耕，河水内有打不尽的鱼虾，山林中有采不绝的野果。这些丰富的资源，正是孕育偏堡子文化的物质基础。

在沈阳新民偏堡子沙丘遗址出土的生产工具中，细石器和磨制石器共存。细石器中有石核、石片、刮削器。磨制石器有石斧、石锛、凹尾石镞等。偏堡子遗址出土的生产工具和肇工街遗址陶器的纹饰，均具体地呈现出沈阳地区偏堡子文化区域性的特征。由于地理位置所致，必然受到周边农、牧业经济、文化的双重影响。任何一种文化都不是孤立存在的，都定要接受周围氏族部落群体的进步因素，进而不断地丰富、壮大和发展。很显然偏堡子文化类型是在承袭北方草原文化和中原农耕文化的基础上发展起来的一支新的文化类型。

## 三

偏堡子文化遗址间存在的差别，集中地反映在陶器上。不论是质地、器类、纹饰、作风及其制作技术，虽有其共同特征的一面，但同时也呈现出各自的一些区域性差别。如东高台山遗址出土的短领罐（报告中的B型罐），短领，鼓腹，肩施对称双耳，腹中部饰一周附加堆纹，为其他遗址所少见。肇工街遗址出土的双耳长颈壶，深腹，小底，仅施一耳，上腹饰竖行附加堆纹，器形独特。出土的陶盆，大口，浅腹，器壁斜度大，造型美观别致，均为其他遗址所不见的孤品。叠唇罐上所施的属于篦纹系统的细密刻划纹和曲折相连接的弧形纤细图案，亦为其他遗址陶纹所不见。特别坚实浑厚的叠唇外伸制作技术，更为娴熟。值得提及的是肇工街遗址出土的圈足器上，还出现了三角形镂孔纹。

马城子 B 洞下层出土的直筒罐，纹饰比较丰富，除口沿处为素面外，器表分别饰有横向细刻划纹、短斜线纹、三角形凹坑纹、麦粒形凹坑纹等。有的一件器物上两种纹饰配合使用，从器形和纹饰观察，洞穴中出土的直筒罐型制和纹饰都新颖独特，有可能比叠唇罐时代略早。

三堂遗址出土的叠唇罐（报告中的 A 型罐）做工细腻，器形规整，比沈阳地区出土的叠唇罐略高，口小，纹饰更丰富。竖行或横行水波纹为三堂遗址居民所独创。

陶器诸多类型和纹饰的不同风格，构成了辽南沿海地区偏堡子文化陶器群的鲜明特征。

偏堡子文化的生产工具出土数量尽管不多，器形也比较单纯，但结合遗址所处的不同地理环境考虑，所反映的经济结构是耐人寻味的。

通过对偏堡子文化内涵的具体分析，使我们认识到偏堡子文化遗址间存在的某些差异，主要表现在不同生态环境与文化的关系上。新石器时代晚期阶段，偏堡子文化在辽河流域占主导地位，但处在不同环境的遗址，确实存在文化上的差异。我们知道，自然环境是人类生存、文化发展的物质基础。史前人类创造的物质精神文化是根据所处不同环境和群体需要而创作的。在原始社会阶段，人们只能自觉地适应环境，利用大自然提供的条件，能动地去组织社会生产，促进经济文化的发展。违背或偏离了这种规律就要受到大自然的惩罚。人与地，人与山，人与海，人与河，人与动植物，人与环境、气候之间形成了一种无形的相对稳定的相互依存的矛盾运动对立统一关系。人类的生产劳动，艺术创作，一时一刻也离不开自身所处的具体环境。当人们为了摆脱一种不利环境，经过长途跋涉迁徙到另一个新环境时，仍然摆脱不了新环境的制约。如坐落在辽河平原沙丘上的高台山遗址的古代居民，生与死都与辽河息息相关。辽河既是远古文化的发源地，又是孕育偏堡子文化类型发展的物质基础。辽河为偏堡子古代先民创造了沃土良田和河运捕捞之利，但生活劳作在辽河畔的古代居民却总是希望与恐怖交织，恩赐与凶险同在。辽河平原肥沃的土地和丰收曾给偏堡子文化的居民带来生存、喜悦和发展。而当辽河泛滥成灾时。为了生存，先民们只好向北方草原游动，重建家园。经过迁徙，把辽河流域的农耕文化带到了生机盎然的绿色草原。然而草原亦并非年年草肥马壮、牛羊成群。遇到大旱，水草干枯，风沙四起，像洪水一样凶猛的滚滚黄沙，顷刻间可毁掉一切，使故有的沙丘变成凹坑，低地变成沙丘，丰茂的草原变成不毛之地。为避免旱灾又不得不南下，向农耕区求生。若干年过去后，或许还是偏堡子文化类型居民的后代，又回到了先辈曾开垦过的土地。正是这曲折而迂回的生存发展规律，促进了南北文化的交流和发展。草原经济中制作细石器、篦纹陶的技术被带到辽河流域。这一点在偏堡子遗址和肇工街遗址出土的陶、石器中展现得非常清楚。偏堡子文化遗址的堆积薄，遗物中含有草原文化的某些因素，可能与古代先民们的迁徙移动有关。当然迁徙原因和流动过程远比上述谈及的要艰苦和复杂得多。偏堡子文化古代居民的生存环境，在一定程度上制约着该文化的发展。

贾兰坡先生说："环境考古是了解人类及文化的一把钥匙。"这话颇有哲理。

偏堡子文化生动的考古资料证明，人类社会文化的发展是在特定环境下实现的，人类适应不同的环境，就会创造出不同的社会文化。三堂遗址地处海岛，先民们的生活离不开大海，他们熟悉海上环境，把渔网、海浪、波涛的大自然景观，通过抽象思维创造出水波纹、网格纹刻划在陶器上。水波纹、网格纹构成了渤海沿岸偏堡子文化的陶纹艺术风格。可见环境对文化的影响是显而易见的。有什么样的环境，就会创造出反映这种环境的文化。

## 四

偏堡子文化的突出特点是磨制石器与细石器共存，打制石器与磨制石器共存。陶器以壶、罐、碗、钵为大宗。陶纹盛行附加堆纹、刻划纹，有的在一器上施两种以上的纹饰。

磨制石器与细石器共存，说明该文化受到北方草原文化因素的影响。打制石器与磨制石器共存，反映着该文化延续时间颇长，有一个相当长的发展过程。刻划纹与附加堆纹盛行，是受到后洼上层文化影响的结果。器物群单纯，不见三足器和豆形器，展示出辽东地区原始文化的区域性特点及与辽西原始文化的区别。

关于偏堡子文化的文化渊源和发展去向，是个比较复杂的问题。由于目前材料所限，还难于准确地把握其来龙去脉。但从偏堡子文化各遗址间的地层叠压关系考察，可寻觅到其发展过程中的断续轨迹。如东高台山遗址 6 层为东高台山一期遗存，相当于新乐下层文化的晚期，年代估计距今 6000 年。5 层为偏堡子文化，4 层为东高台山墓葬层，3 层为东高台山晚期文化类型，相当于新乐上层文化。这是目前研究偏堡子文化源流的重要线索。偏堡子文化的文化渊源问题，实际就是直筒罐的渊源问题。我们知道，偏堡子文化的直筒罐最早是从新乐下层文化的直筒罐发展演变来的。叠唇罐是偏堡子文化特有的器物，也是由直筒罐演变来的。这就从地层叠压关系和直筒罐、叠唇罐发展演变规律两个方面说明了偏堡子文化类型是以新乐下层文化为主体，并吸取融汇了北方草原、后洼上层等诸原始文化的精华而发展来的。从偏堡子文化装饰陶纹分析，既有北方篦纹系统的密集型刻划纹，又有与丹东后洼上层文化相近似的三角形刻划纹图案，还有新石器时代中、晚期普遍流行的绳纹形式的附加堆纹、麦粒纹、凹坑纹、斜平行短线纹、压印三角纹等。陶纹形式的多样化是吸收、融汇诸多邻近先进文化因素的反映。

本溪马城子文化，即辽东地区早期青铜文化，时代距今 4000～3000 年。马城子文化晚期，偏岭老虎洞墓葬的陶器⑬与高台山墓葬的陶器存在诸多共同因素。如陶壶、双耳罐、高足杯等器物型制皆大体相若。马城子 B 洞下层出土的直筒罐型制多样，其刻划纹风格与后洼上层陶纹相同。上层马城子文化的陶器是吸收了偏堡子文化陶器的多种因素演变而来。如叠唇罐口沿，罐类器物颈、腹部施两道附加堆纹的装饰作风及制作方法均有着明显的继承性。

偏堡子文化器物主体是壶、罐、碗、钵，不见三足器和豆形器，而发展到青铜时代马城子文化阶段时，器类却依然如故。只是同类型的器物形式更丰富多样化了。因此我们认为偏堡子文化之所以重要，因为它是辽东地区青铜文化的前身之一。

辽南地区三堂一期文化与二期文化有着一定的内在联系，可谓是小同大异，都存在有三足器和圈足器。三堂一期文化的 A 型弧颈壶，B 型斜颈壶与二期文化的 A 型弧颈壶和 B 型直颈壶存在着承袭关系。另外，二期文化习见的大口折沿罐、壶、豆、三环足器、圈足盘、钵、器盖以及多种纹样的刻划纹、小泥饼装饰等，又都与小珠山遗址上层⑭、郭家村遗址上层文化出土的同类器物相同⑮。三堂遗址二期文化与小珠山上层文化是一致的。说明三堂遗址的文化遗存与辽南原始文化的关系显得更为密切。如果说沈阳地区与辽南沿海偏堡子文化之间存在差异，应看做是同一文化类型间的区域性差别。沈阳地区偏堡子文化遗存与辽南地区偏堡子文化遗存的统一性是主要的。南、北两个区域文化的不同融合、集聚，构成了偏堡子文化类型间的区域性差别。

（原载《北方文物》1988 年 2 期）

## 注 释

①⑧　东北博物馆文物工作队：《辽宁新民县偏堡沙岗新石器时代遗址调查记》，《考古通讯》1958 年第 1 期。

②　中国社会科学院考古研究所东北工作队：《沈阳肇工街和郑家洼子遗址的发掘》，《考古》1989 年第 10 期。

③⑩　沈阳市文物管理办公室：《新民东高台山第二次发掘》，《辽海文物学刊》创刊号，1986 年。

④ 李恭笃、高美璇：《马城子》一书第二章。

⑤ 辽宁省文物考古研究所等：《辽宁省瓦房店市长兴岛三堂村新石器时代遗址》，《考古》1992 年第 2 期。

⑥ 辽宁省文物考古研究所等：《瓦房店交流岛原始文化遗址试掘简报》，《辽海文物学刊》1992 年第 1 期。

⑦ 大连市文物博物馆学会：《大连地区新石器文化和青铜文化述论》，《大连文物》1990 年第 2 期。

⑨ 大连市文物普查材料。

⑪ 张忠培：《辽宁古遗存的分布、编年及其他》，《辽海文物学刊》1991 年第 1 期。

⑫ 《朝鲜考古学概论》，黑龙江省文物出版编辑室。

⑬ 辽宁省观音阁水库考古发掘材料（未刊）。

⑭ 辽宁省博物馆等：《长海县广鹿岛贝丘遗址》，《考古学报》1981 年第 1 期。

⑮ 辽宁省博物馆、旅顺博物馆：《大连郭家村新石器时代遗址》，《考古学报》1984 年第 3 期。

# 第六编　战国墓葬与汉城址

在战国墓地与汉城址两篇考古报告发掘的现场，我们看到战死在疆场上的将士及战马与他们遗留下来的兵器、铜戈、铜剑、车具及终年守护、保卫长城边关的兵卒们的尸骨。

阅读这些考古发掘的材料，会使你得到新的体会和收获。

# 辽宁凌源县五道河子战国墓发掘简报

1979 年 5 至 6 月，辽宁省文化局组织的文物普查训练班凌源队在三道河子乡五道河子村乡办砖厂附近进行了调查。从调查情况和收集到的一批较为珍贵的文物断定，砖厂取土的场地是一处战国墓地。

墓地位于凌源县西南，青龙河上游的右岸，五道河子村北猴山下。墓地呈簸箕形，地势由西北向东南逐渐降低。东西长 100、南北宽 70 米（图一）。地表文化遗物甚少，偶尔能发现几件绳纹红陶片和古墓中暴露出来的白色小骨珠和扁圆形绿松石珠等。墓地墓葬遵循一定规律埋葬，中部较密

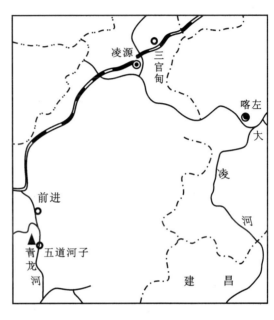

图一　五道河子战国墓位置示意图

集，四周较稀疏，方向在 330°～350°之间。在调查期间，我们前后两次清理古墓 11 座，编号为 M1～11（图二）。

## 一　墓葬形制、结构及葬式

除 M5 是用砾石砌筑成的石椁墓外，其余 10 座均系长方形竖穴土坑墓。墓圹长约 1.6～2.1、宽 0.5～0.8 米。墓口距地表深 1.5～2 米。填土十分坚硬，墓壁与填土难以区分。墓底皆铺一层桦树皮。其中，M5 和 M10 有木棺痕迹。因墓地土质是酸性红土，骨架基本腐烂。从残迹得知，头向西北，仰身直肢葬。在墓底或填土中发现数量不等的成堆或成排放置的马牙。

M5，为长方形土坑砾石石椁墓。土坑长 2.6、宽 1.4、深 0.8 米，有宽 0.4 米的二

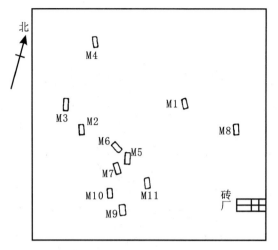

图二　五道河子战国墓分布示意图

层台。椁长 2.2、宽 0.6、残高 0.4、壁厚 0.2 米。椁内左侧填土中，发现宽 3 厘米的灰白色黏土带，应是木棺腐烂所致。墓底铺河砾石一层，石间用小石子充填，上铺桦树皮。桦树皮上沉积一层铜锈色物质。从牙齿和随葬品所在位置推测，应是头北脚南的单人墓，方向 338°。铜质随葬品分布在头部附近，有坠、钟形饰、环、扣等（图三）。

M8，墓坑前宽后窄，长 1.7、宽 0.6～0.7、残深 0.6 米。骨架全部腐烂，葬式不明。从随葬品陈放的位置推断，应是头北脚南的单人墓，方向 350°。随葬品 28 件，主要是兵器和装饰品。头右侧有铜钟 1 件，左侧有铜戈 1 件，绿松石珠 1 串。胸部有铜马牌饰 1 件，铜鸡牌饰 6 件。身左侧有铜斧、铜凿各 1 件，铜剑 3 件。此外，还有铜环首刀、铜扣、铜锥、铜环、铜镞等（图四）。

M9，墓坑口大底小，口长 1.8、宽 0.6～0.75 米，墓底距地表深 2 米。方向 330°。头骨保存尚好，为一 35 岁左右的成年男性。随葬遗物较丰富，铜三角形垂饰、铜环、绿松石珠和白骨珠分布在头部周围。腹部两侧有铜带钩、铜环首刀、铜镞各 1 件。此外，还出土铜马牌饰、铜剑、铜扣、玛瑙珠等（图五）。

M7，墓坑长 2.1、宽 0.6～0.7、残深 0.4 米。方向 340°。大量装饰品保存在墓底的桦树皮上，也有的在淤泥中。骨架已腐烂，从牙齿轻度磨损和头、腰部分布大量装饰品情况分析，死者可能为一 20 至 25 岁的女性。随葬品有铜刀、铜环、铜垂坠、铜人形饰、铜钟、铜钟形饰、铜扣、玛瑙珠、白骨珠、绿松石珠等（图六）。

M10，坑前宽后窄，平面呈梯形，长 1.72、宽 0.7～0.8 米。方向 335°。在接近墓底的填土中，左侧发现一道断断续续的灰白色木棺痕迹。骨架保存不好，葬式不明。随葬品多分布在头部和腰部，有铜马牌饰、铜带钩、铜扣、铜环、马牙、白骨珠、绿松石珠、玛瑙珠等（图七）。

## 二　出土遗物

出土遗物以铜器为主，另有金器和其他质料的装饰品，共 431 件。

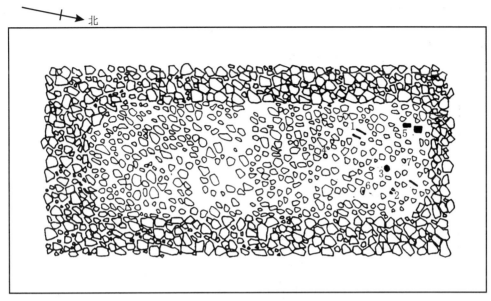

图三　M5 平、剖面图

1.铜垂坠　2.铜钟形饰　3.铜环　4.铜扣　5.马牙　6、7.铜渣

（一）铜器

戈　3件。M8：4援胡较短，无脊，三穿，直内上一长方形穿。通长19.3、援长12、脊厚0.5厘米（图八，2）。M1：7援残，有脊，长胡三穿，直内上一穿。残长20.4、内长8、脊厚0.8厘米（图八，1；九）。M1：43弧援，有脊，断面呈菱形，长胡三穿，直内上翘，内中部一矛形穿。通体铸阴纹海兽图案，其上施一层青绿色烤漆。通长28.8、援长19.3、脊厚0.7厘米（图一〇，3）。

剑　10件，分6式。

Ⅰ式2件。剑身断面呈菱形，有格，圆茎已残，近首一端中空。M4：2残长45、宽4.5厘米（图一〇，2；图一一，4）。M4：1残长42厘米（图一一，3）。

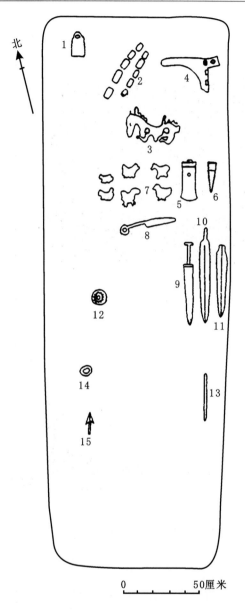

图四　M8 平面图

1. 铜钟　2. 绿松石珠　3. 铜马牌饰　4. 铜戈
5. Ⅱ式铜斧　6. 铜凿　7. 铜鸡牌饰　8. 铜环首
刀　9. Ⅵ式铜剑　10. Ⅱ式铜剑　11. Ⅳ式铜剑
12. 铜扣　13. 铜锥　14. 铜环　15. 铜镞

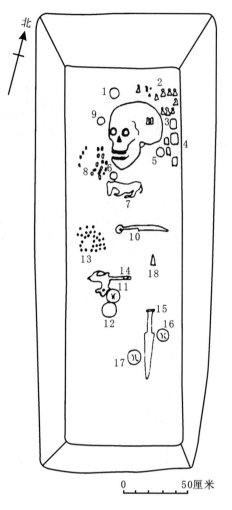

图五　M9 平面图

1、5、6、9. 铜环　2. 铜三角形垂饰　3、4. 绿松石
珠　7. 铜马牌饰　8. 白骨珠　10. 铜环首刀　11、
12、16、17. 铜扣　13. 玛瑙珠　14. 铜带钩　15. Ⅵ
式铜剑　18. 铜镞

Ⅱ式 2 件。柳叶形剑身，断面呈菱形，
无格，扁茎已残。M8：10 残长 30、宽 2.7
厘米（图八，6）。M1：4 残长 27 厘米（图
一一，2）。

Ⅲ式 1 件（M2：2）。柳叶形剑身，菱形脊，茎、锋均残。残长 22、宽 3 厘米（图
八，8；图一一，1）。

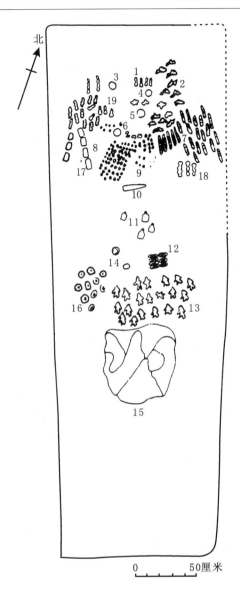

图六　M7 平面图

1. 铜钟形饰　2. 铜不规则形饰　3～6. 铜环
7. 铜垂坠　8. 玛瑙珠　9、14. 铜扣　10. 铜刀
11. 铜钟　12. 马牙　13. 铜人形饰　15. 桦树
皮　16. 白骨珠　17. 绿松石珠　18、19. 铜联
珠状饰

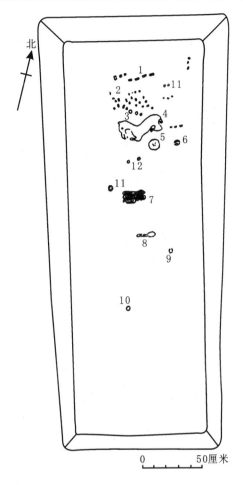

图七　M10 平面图

1. 绿松石珠　2. 白骨珠　3、12. 铜扣　4. 铜马牌饰
6、11. 铜环　7. 马牙　8. 铜带钩　9、10. 玛瑙珠

Ⅳ式 1 件（M8：11）。剑身有血槽，刃锋利，脊凸起，茎残。残长 24.3、宽 3.1 厘米（图八，7；图一二，1）。

Ⅴ式 1 件（M1：5）。剑身断面呈菱形，有格，肩圆茎，环首。通长 29.2、宽 3.2 厘米（图八，9；图一二，2）。

Ⅵ式 3 件。M9：15 锋残，脊棱凸起，有格，扁圆茎，环首。残长约 28、宽 2.3 厘米（图八，10；图一二，3）。

环首刀　5 件。形制、大小基本相同。M8：8 尖残，宽背凹弧力，柄部有二棱。

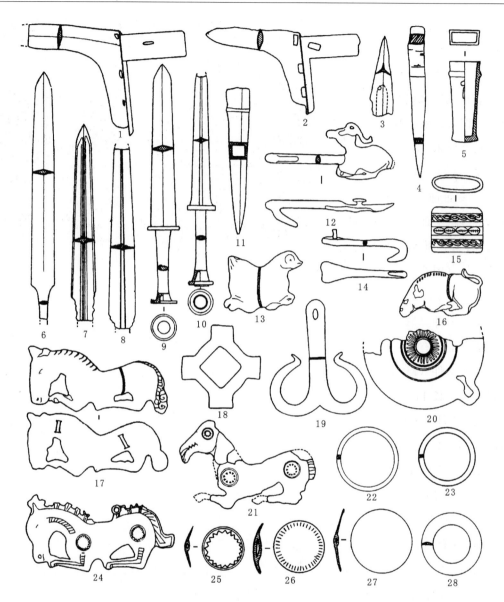

图八

1、2. 铜戈（M1：7、M8：4）  3. 铜镞（M9：18）  4. 铜锥（M1：25）  5. Ⅰ式铜斧（M1：6）
  6. Ⅱ式铜剑（M8：10）  7. Ⅳ式铜剑（M8：11）  8. Ⅲ式铜剑（M2：2）  9. Ⅴ式铜剑（M1：
5）  10. Ⅵ式铜剑（M9：15）  11. 铜凿（M8：6）  12、14. 铜带钩（M9：14、M10：8）  13.
铜鸡牌饰（M8：7）  15. 铜箍（M1：50）  16. 金牛牌饰（M1：39）  17、21、24. 铜马牌饰
（M9：7、M10：4、M8：3）  18. 铜节约（M1：21）  19. 铜轭（M1：15）  20. 铜圆形牌饰
（M11：4）  22. Ⅱ式铜环（M1：33）  23. Ⅲ式铜环（M11：3）  25～27. 铜扣（M10：17、M7：
14、M1：29）  28. Ⅰ式铜环（M1：34）（1、2、5～10、19、22、23、25、27、28 为 1/4，余均为
1/2）

残长 18、宽 1.6、背厚 0.3 厘米（图一〇，8）。

镞 2 件。M9：18 为三翼形，后锋和铤部已残。残长 4.9 厘米（图八，3）。M8：15 三棱形。长 3 厘米。

箍 1 件（M1：50）。扁圆柱状，一面饰一道贝纹和两道绳纹，另一面有圆孔。长径 3.3、高 2.7 厘米。可能是戈柄上的附件（图八，15）。

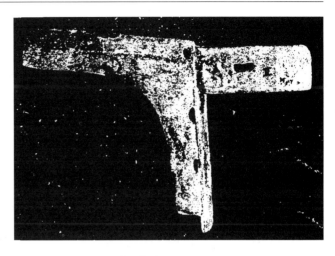

图九 铜戈（M1：17）

斧 4 件，分 2 式。

Ⅰ式 3 件。M1：6 身略呈长方形，上有长条形、圆形小孔各一，窄弧刃，长方形銎，銎上部外有一周箍状棱。长 10、刃宽 3.5 厘米（图八，5；图一三，1）。

Ⅱ式 1 件（M8：5）。身略呈长方形，上有二小圆孔，单面阔弧刃，长方形銎，内残存木柄。长 11.5、刃宽 4.2 厘米（图一〇，4；图一三，2）。

凿 4 件。M8：6 身起两棱，尖刃，方形銎。长 9 厘米（图八，11；图一三，3）。M1：45 身略呈扁长条形，楔形刃稍残。长 9、刃宽 1 厘米（图一三，4）。

锥 4 件。身呈长方形，制作粗糙。M1：25 长 9 厘米（图八，4）。

车軎 2 件（M1：1）。长方形穿，长 2、宽 1.3 厘米。辖外端为大耳、圆眼、长嘴的小羊。軎筒近缘处有两周凸绳纹。长 9.2、筒内径 4～4.5 厘米（图一〇，7）。

轭 1 件（M1：15）。扁平，双钩。通长 15 厘长（图八，19；图一四）。

当卢 3 件。均为 M1 出土，形状基本相同。鱼头形，鼻、眼凸出。背面有二纽。M1：18 长 12、宽 13.5、厚 0.3 厘米（图一〇，5）。

马衔 2 件。M1：40 长 21.5 厘米（图一五，1）。M1：42 略长（图一五，2）。

节约 4 件。M1 出土，形制基本相同。M1：21 十字形，中部为圆形，背面有边长为 2.3 厘米的方孔。通长 5、圆径 3.1 厘米（图八，18）。

钟 14 件。M1：41 扁体，钲部饰两道蟠螭纹带。通高 16 厘米（图一〇，1）。M2：3 扁体、素面。制作粗糙。通高 15.5、口径 5.8～10.5 厘米。M1：3 钟体修长，小纽，舞部有脊，口部近圆形。通高 9.2、口径 4.5 厘米（图一六，1）。M3：1 形体较小。通高 7.5、口径 4～4.5 厘米（图一六，2）。

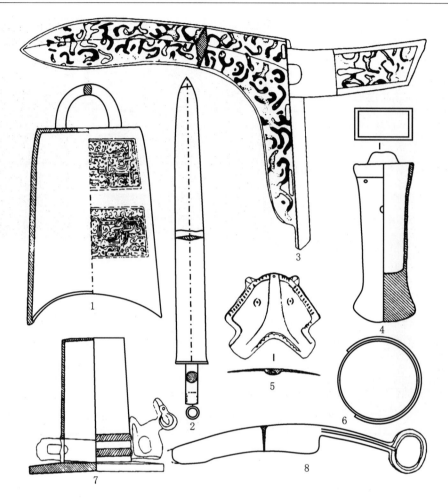

图一〇　铜器

1. 钟（M1：41）　2. I 式剑（M4：2）　3. 戈（M1：43）　4. II 式斧（M8：5）　5. 当卢（M1：18）
6. IV 式环（M7：6）　7. 车舋（M1：1）　8. 环首刀（M8：8）（2、5 为 1/6，余均为 1/3）

圆形牌饰　1 件（M11：4）。残。中部饰三道凸同心圆纹，中心为一圆形花瓣，边缘有一鼻。直径 7.8、厚 0.2 厘米（图八，20）。

出土的动物牌饰，背面均有两纽，应是装饰品。

马牌饰　3 件。M9：7 卧状，立耳，垂尾，四蹄前伸，腰部饰刻划纹带。长 8.5、高 3.5 厘米（图八，17）。M8：3 卧状，翘尾，胸侧和臀部刻有圆形花纹图案，颈及腿部饰刻划纹。长 9.3、高 3.5 厘米（图八，24）。M10：4 蹲状，两腿前伸，身饰两个圆形花纹图案。长 9、高 3.5 厘米（图八，21）。

鸡牌饰　6 件。M8 出土，形状相同。M8：7 卧状，昂首翘尾。长 5、高 3 厘米

 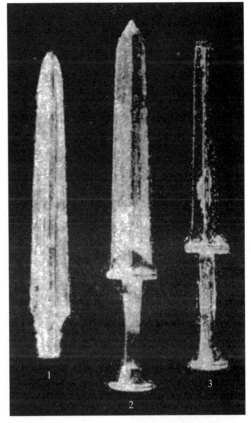

图一一　铜剑

1. Ⅲ式剑（M2∶2）　2. Ⅱ式剑（M1∶4）

3、4. Ⅰ式剑（M4∶1、2）

图一二　铜剑

1. Ⅳ式剑（M8∶11）　2. Ⅴ式剑（M1∶5）

3. Ⅵ式剑（M9∶15）

（图八，13）。

钟形饰　16件。均残。上端有小圆孔。M7∶1长约2.5、直径1厘米（图一六，4）。

垂坠　27件。上端有小圆孔，上细下粗，饰刻划纹。M7∶10长6.8厘米（图一六，5）。

人形饰　20件。M7出土，形制相似。M7∶13头部有穿绳小孔。长4、宽2厘米（图一六，3）。

三角形垂饰　10件。M9出土，形制相似，多数残碎。M9∶2一面饰横线纹，一端有穿绳小孔。长2、宽0.9厘米（图一六，9）。

联珠状饰　19件（M7∶18、19）。M7∶18长2.7、宽0.8厘米（图一六，6）。

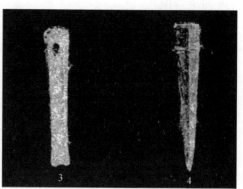

图一三　铜工具

1. I 式斧（M1：6）　2. II 式斧（M8：5）　3、4. 凿（M8：6、M1：45）

图一四　铜轭（M1：15）

M7：19 一端有小孔。长 3.5、宽 1.2 厘米（图一六，7）。

管饰　17 件。M1 出土。腰鼓形。长 2～3、径 1～1.5 厘米。

不规则形饰　16 件（M7：2）。中部有人字形纹。长 3.2、宽 1.6 厘米。从出土位置来看，应是帽上的饰件（图一六，8）。

扣　33 件。圆形，背面有鼻。M1：29 形体较大，素面。直径 8、厚 0.2 厘米（图八，27）。M10：17 边缘有一周齿轮纹。直径 4.8、厚 0.2～0.3 厘米（图八，25）。M7：14 边缘刻放射状短线纹。直径 3.2、厚 0.2 厘米（图八，26）。

带钩　2 件。M9：14 一端为羊形。长 8.5 厘米（图八，12；图一七）。M10：8 长 5.5 厘米（图八，14）。

环　13 件，分 4 式。

Ⅰ式 2件。M1：34 一面平，另一面稍鼓。外径8、内径4.5厘米（图八，28）。

Ⅱ式 2件。M1：33 表面光亮，断面呈圆形。外径8、内径6.8厘米（图八，22）。

Ⅲ式 3件。M11：3 制作粗糙，断面为扁圆形。外径7.5、内径6.5厘米（图八，23）。

Ⅳ式 6件。铜丝制成，多为两圈。M7：6 外径5.8、断面直径0.25厘米（图一〇，6）。其余均比 M7：6 小。

（二）金器

牛牌饰 1件（M1：39）。长嘴，腰间饰一周刻划纹，尾上翘。长5、高2.3厘米（图八，16）。

璜形饰 1件（M1：38）。两端有孔。长19、宽4厘米（图一八）。

（三）其他

白骨珠 54颗。绝大部分出土于颈和头部。形制较小，最大的长0.3、最小的长0.1厘米。

绿松石珠 29颗。出土时均位于头部，扁圆柱体。大者（M8：2）长3.2、径1.7厘米；小者（M7：8）长0.6、径0.5厘米（图一六，10）。

玛瑙珠 100颗（M7：9）。棕红色，圆形，中间穿孔。直径0.5、厚0.3～0.5厘米。

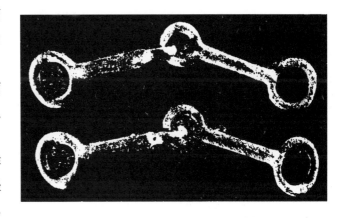

图一五　1、2.铜马衔（M1：40、42）

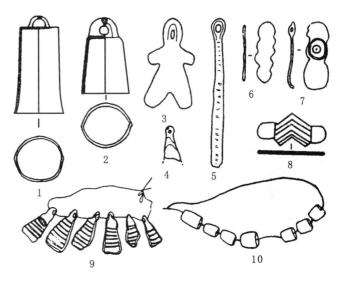

图一六

1、2.铜钟（M1：3、M3：1）　3.铜人形饰（M7：13）　4.铜钟形饰（M7：1）　5.铜垂坠（M7：10）　6、7.铜联珠状饰（M7：18、19）　8.铜不规则形饰（M7：2）　9.铜三角形垂饰（M9：2）　10.绿松石珠（M7：8）（1、2为1/4，余均为1/2）

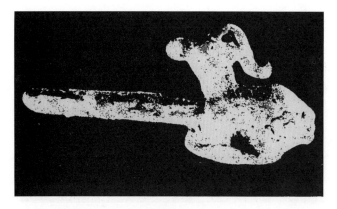

图一七　铜带钩（M9：14）

图一八　金璜形饰（M1：38）

## 三　结　语

五道河子11座战国墓出土数量不等的马牙，墓底都铺有一层桦树皮，这为研究战国时期北方民族的丧葬习俗增添了新的资料。

随葬品主要是铜兵器和装饰品，不见陶器和青铜礼器。铜兵器以刀、剑、戈为主，都是中原地区常见的器物。兵器中不见富有北方游牧民族文化特征的青铜短剑。铜钟（M1：41）形制花纹也呈现中原文化的风格。同时，铜节约、铜垂坠、铜人形饰多见于北方草原游牧民族青铜文化中。M1出土的3件当卢与喀左县南洞沟石椁墓出土的鳊鱼形当卢在造型和艺术风格上非常接近①。铜联珠状饰和铜圆形牌饰与夏家店上层文化墓葬出土的同类器近乎一致②。这反映了凌源五道河子一带的北方少数民族文化在保持本民族文化特点的同时，也吸收了不少中原汉民族文化的因素。

11座墓葬中，兵器均放置在尸骨的左侧，剑锋、刀刃、戈刃都朝下。动物牌饰均出于尸骨胸部。大量兵器、车马器的出土，可能意味着五道河子战国墓地的死者多为士卒。M1出土65件遗物，其中金质牛牌饰和璜形饰并非一般士卒所能拥有，由此看来，墓主地位应较高。

五道河子墓葬的时代，从出土器物可以大致推断。M8：4戈形制与喀左县南洞沟石椁墓③出土的戈相似。南洞沟石椁墓的时代为春秋晚期至战国早期，M8：4戈的时代应与此相当。M1：7戈、Ⅰ式斧、M8：6凿分别与凌源县三官甸子战国中期青铜短剑墓④出土的同类器物形制相近，这些器物的时代也应为战国中期。M1：43戈形制与山彪镇 M1[5]出土的戈相似，时代为战国晚期。因此，五道河子墓葬的时代相当于战国中晚期。

发掘　薛景平　王嗣州　朱　达　肖生久　李世恺　郭庆洪　李恭笃

执笔　李恭笃

绘图　高美璇　郭庆洪

摄影　李振石

（原载《文物》1989 年 2 期）

## 注　释

①③　辽宁省博物馆等《辽宁喀左南洞沟石椁墓》，《考古》1977 第 6 期。

②　中国社会科学院考古研究所内蒙古工作队《内蒙古敖汉旗周家地墓地发掘简报》，《考古》1984 年第 5 期。

④　辽宁省博物馆等《辽宁凌源县三官甸子青铜短剑墓》，《考古》1985 第 2 期。

⑤　郭宝钧《山彪镇与琉璃阁》，科学出版社，1959 年。

# 辽宁凌源安杖子古城址发掘报告

1979年4月，辽宁省文化厅为培养文物干部，举办了文物普查训练班。经过学习后，分成三个队，前往朝阳、凌源、喀左三县进行实地调查、发掘。凌源安杖子古城址，就是凌源队调查及发掘的重点遗址之一。

参加安杖子古城址发掘工作的人员有徐英章、朱贵、辛占山、邓保学、薛景平、韩宝兴、李大军、常春林、李永龙、李廷检、刘宝华、赵振生、李殿福、宫振亮、朱达、尚小波、杨红旗、恒英杰、郭庆洪、塔怀臣、王嗣洲、李恭笃。

发掘期间，朝阳市文化局，凌源县文化局、文化馆、凌河乡、安杖子村都给予大力支持，在此致以诚挚的谢意。

## 一 地理位置与文化层堆积

### （一）古城址的位置

安杖子古城址位于凌源县城西南4公里，大凌河南岸九头山下的平坦台地上。城郭轮廓清晰，仅局部城垣略有破坏。古城东、西、南三面环山，北面临河，地势开阔。大凌河经古城北面由西向东流。此地是古代南北交通的咽喉，战略地位十分重要（图一）。

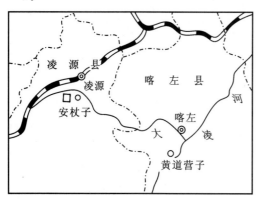

图一 安杖子古城址位置示意图

该城址为一座不甚规整的南北向长方形古城。南北长150～328、东西宽200～230米。古城的东北角筑有一近梯形小城。小城南北长128、东西宽80～116米。小城的西墙与大城的东墙南段在一条南北直线上，但两者中间有一段缺口（约8米长），此处大城东墙是否向东拐，由于地面受到破坏，已不可知。大城的城墙有的地段高出地面一米余，城垣的上部现宽6米，底部 9 米，墙基深入地下 0.5 米。每层夯土厚约 10 厘米。由于古城附近砖厂取土，北城墙局部稍有破坏，西墙局部被洪水冲刷形成了断崖。从断层上可以清楚地看到，在距地表 1.5～2 米的深度，瓮棺葬排列密集。东城墙与南城墙墙基保存尚完好。在北墙外的断崖下，发现有夯土和石子路面的断层。城内的建筑基址，由于近年来平整土地，面貌全非，已无法了解（图二）。

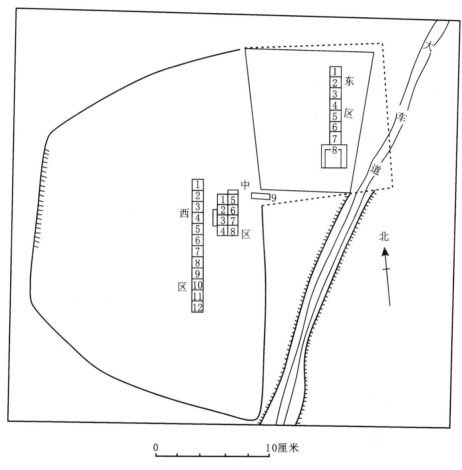

图二　古城址平面图与探方位置图

（二）地层堆积

整个城址文化层堆积南部薄而北部厚。北部断崖文化层堆积厚达 5～6 米，南部 0.5～1.6 米厚。这次发掘分东、中、西三区。东区位于小城的东部，开 5×5 米探方 8 个，编号为东 T1～T8。中区位于大城中心偏东的位置，开 5×5 米探方 8 个，编号为中 T1～T8。西区紧靠中区，开 5×5 米探方 12 个，编号为西 T1～T12。另外，还在大城城址东墙的中部，开一条 10×3 米的探沟，编号中 T9。这次发掘的三个区，共开探方 28 个、探沟 1 条，揭露面积连扩方在内，总计约 900 余平方米。暴露出来的遗迹和遗物，分属三个不同时代，即夏家店上层文化、战国时代和西汉时期。其中发掘夏家店上层文化的房址 10 座，编号 F4～F13；灰坑 1 座，编号 H7。战国时代房址 1 座，编号为 F3；灰坑 1 座，编号为 H2。西汉时期的房址 1 座，编号为 F2；灰坑 6 座，编号为 H1、3～6、H8；墓葬 4 座，编号为 M1～M4，其中 M1、M2 为瓮棺葬，M3 为石椁木棺墓，M4 为土穴墓。灶址一处，编号为 Z1。这次发掘的遗迹除人头坑外，三个区

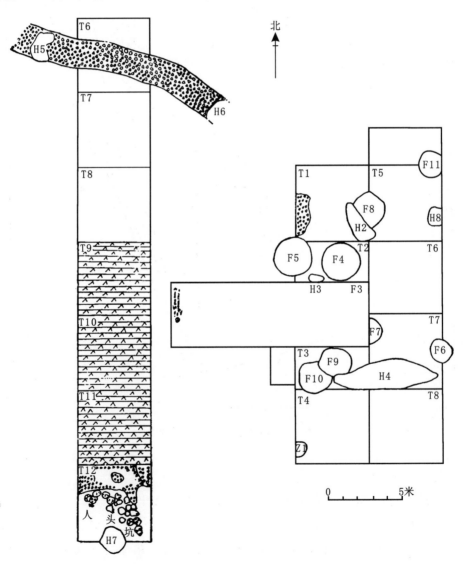

图三　中区、西区部分遗迹分布图（左：西区 T6～T12　右：中区）

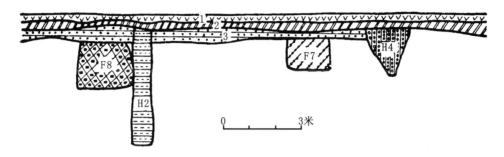

图四 中区 T5—8 西壁剖面图
1. 耕土层 2. 黄灰土 3. 黑灰土

的房址、灰坑、墓葬都统一编号（图三）。

古城址地表遗物非常丰富，城边地头瓦砾成堆，其中大量是战国和西汉时期的板瓦、筒瓦残片和粗绳纹的灰陶盆、陶罐口沿及残豆盘、豆柄等。其次是夏家店上层文化的遗物，有经打磨的素面夹砂红陶片，粗大的鼎、鬲足，短粗豆柄和半月形双孔石刀等。另外，还发现数片红山文化的细泥红陶钵口沿残片和 2 件凹尾石镞。从地表采集的遗物观察，古城址没有晚于西汉时期的文化遗存。

现将中区探方 T5—T8 西壁地层堆积介绍如下：

第 1 层：耕土层，厚 20～30 厘米。

第 2 层：黄灰土层，厚 30～70 厘米。土层中灰烬成分较大，土质松软。遗迹、遗物颇为丰富。属西汉时期遗存。揭露出来的遗迹有房址、灰坑等。遗物有生活器皿、生产工具、砖瓦、货币、炉壁残块、陶范、兽骨、鹿角等。

第 3 层：黑灰土，土质异常疏松，厚 10～80 厘米。除含有战国时期的文化遗存外，还掺杂有少量夏家店上层文化的遗物。三层下即生土层，夏家店上层文化的房口均开在三层下，打破生土层。从中区 T1—T3 的地层剖面分析，二层应属西汉层，三层为战国层。夏家店上层文化的遗存。只发现窖穴式房址，未发现文化层堆积（图四）。

东区地层较厚，然而内涵比较单纯，如东区 T1，根据土色虽可分七层，厚达 4 米，但从遗物看皆属西汉时期。

## 二 夏家店上层文化遗存

（一）遗迹

1. **房址** 中区和西区揭露出夏家店上层文化房址 10 座。房口都压在三层下，未发

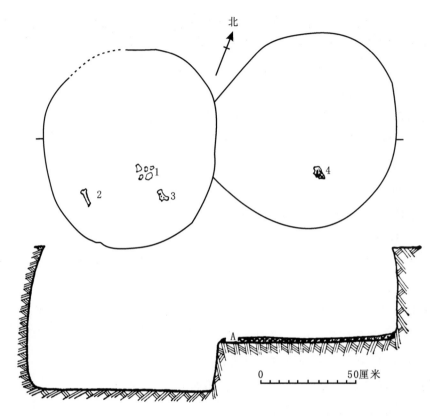

图五　夏家店上层文化房址 F9、F10 平、剖面图
（左：F10　右：F9）　1. 陶片　2. 兽骨　3、4. 卜骨　A. 夯土层

现相互叠压现象和打破关系，说明这些居住址形成于同一个时代。房址的分布比较密集，一般相距 3～4 米。近的如 F4 与 F5 仅相隔 1 米。远的如 F4 与 F6 相距 7 米。房屋是在原生土上挖穴而成，房口近圆形，多口小底大。口径 1.3～2.7、底径 1.5～2.8米，深入地下 0.7～1.9 米不等，穴壁和地面未发现抹草拌泥与白灰面的现象。有的经火烧，遗留有成片的红烧土。F6 发现有柱洞。10 座房址中除 F9、F10 两座连在一起构成双室外，其余均为单室。其中有两三座房子比较靠近，大房址与小房址以及小房址之间，可能有某种关系。现将典型居住址介绍如下：

F9、F10　位于中区 T3 西南，与 F7 相邻，是由两座圆形房址组成的双室结构居住址。长 3.9、宽 1.9～2 米。F10 比 F9 深 0.55 米，两室连在一起，平面呈"8"字形。口略小于底。F9 深 1.45、F10 深 0.9 米。地面有一层 5 厘米厚的坚硬夯土，未发现柱洞。穴壁上留有长 15～30、宽 2 厘米的工具痕迹。从痕迹的长度看，建房所用的工具很锋利，应是一种青铜工具。这种工具痕，曾在昭乌达盟宁城县南山根 H10 坑壁上发现过①。房内填土疏松，黄褐色，结构为颗粒状。近底部发现有夹砂素面红陶片，猪、狗的碎骨及利用猪、羊肩胛骨制成的卜骨（图五）。

　　F6　位于中区 T7 的东部，口近圆形，袋状，口径 1.5、底径 1.6、深 0.7 米。地面发现三个直径为 30 厘米的柱洞。1、2 号柱洞相距 25厘米，2、3 号柱洞相距 40 厘米。底部发现的遗物有骨梳、粗豆柄、粗大鼎足、器物口沿、木炭、红烧土块、兽骨和磨制规整的半月形石刀等（图六）。这种袋形窖穴式居住址，在赤峰蜘蛛山、药王庙等遗址均有发现②。

　　其余房址的结构大同小异（见表一）。

　　2. 灰坑

　　H7　位于西区 T12 南端，西汉人头坑旁。坑口近圆形，直径 1.8 米。圜底，斜壁，深0.3～0.4 米。坑内出土有陶瓮、石刀、环状石器、石坠、骨锥等夏家店上层文化遗物。

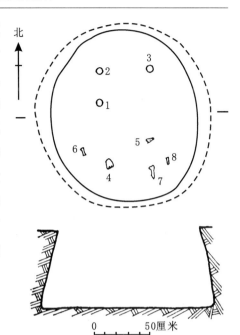

图六　夏家店上层文化房址 F6 平、剖面图

1～3. 柱洞　4. 骨梳　5. 石刀　6. 豆柄

7. 兽骨　8. 鼎足

### 表一　夏家店上层文化房址统计表　　　　　　　　　　（长度单位：米）

| 房址号 | 位置 | 类别 | 层位 | 深度 | 口距地表深 | 口径 | 底径 | 门向 |
|---|---|---|---|---|---|---|---|---|
| F4 | 中 T2 | 单室 | 第三层下 | 1.6 | 0.6 | 东西 2.4 向北 2.7 | 东西 2.75 南北 2.8 | 不清 |
| F5 | 中 T2 | 单室 | 第三层下 | 1.25 | 0.9 | 东西 2.4 南北 2.6 | 东西 2.8 南北 2.65 | 不清 |
| F6 | 中 T7 | 单室 | 第三层下 | 0.9 | 0.6 | 东西 1.55 南北 1.3 | 东西 1.55 南北 1.6 | 不清 |
| F7 | 中 T7 | 单室 | 第三层下 | 1.1 | 1 | 东西 1.8 南北 1.8 | 东西 1.95 南北 2 | 不清 |
| F8 | 中 T5 | 单室 | 第三层下 | 1.7 | 0.75 | 东西 2.3 南北 2.35 | 东西 2.65 南北 2.7 | 不清 |
| F9－F10 | 中 T3 | 双室 | 第三层下 | 0.9 | 0.85 | 东西 2 南北 1.9 | 东西 2 南北 2.05 | 不清 |
| | | | 第三层下 | 1.45 | 0.7 | 东西 2 南北 2 | 东西 1.9 南北 2 | 不清 |
| F11 | 中 T5 | 单室 | 第三层下 | 1.9 | 0.45 | 东西 2.7 南北 2.45 | 东西 2.8 南北 2.75 | 西 |

| 房址号 | 位置 | 类别 | 层位 | 深度 | 口距地表深 | 口径 | 底径 | 门向 |
|---|---|---|---|---|---|---|---|---|
| F12 | 西 T3 | 单室 | 第三层下 | 0.7 | 1.2 | 东西 1.3<br>南北 1.5 | 东西 1.6<br>南北 1.55 | 不清 |
| F13 | 西 T3 | 单室 | 第三层下 | 1.4 | 0.5 | 东西 1.75<br>南北 1.95 | 东西 2<br>南北 2.4 | 南 |

（二）遗物

1. 陶器　皆系夹砂陶，陶土中含有大量沙粒，陶质疏松，火候低。颜色有红、红褐、黑三种。除甗、鬲的腰部和口沿处饰附加堆纹外，其余皆为素画，器表几乎都经打磨。制法主要是泥条盘筑，小型器物多用手捏制。一般器物分段制作。如豆形器，先分别制好豆盘和豆座，然后再捏合成器，往往在陶豆里壁衔接处，能观察到制作时留下的痕迹。鬲足多为圆锥状实心足。器耳有桥状横耳、鋬耳、方柱耳。这次出土的主要器类有瓮、鼎、鬲、罐、壶、豆等，多为残品，完整者甚少。

瓮　复原 1 件，另 2 件为口沿。分三式。

Ⅰ式：1 件（H7：1）。大口，直领，广肩，上腹圆鼓，下腹急收成小平底。黑灰色，通体磨光。口径 46、高 65、最大腹径 78、底径 18 厘米。这种大型器物较罕见，是夏家店上层文化容器中最大的一件（图七，15）。

Ⅱ式：1 件（中 T5③：2）。直领，溜肩，肩以下残。比Ⅰ式小。口径 37、残高 24 厘米（图七，2）。

Ⅲ式：1 件（中 T5③：3）侈口，斜直领，广肩。肩以下残。口径 34、残高 12 厘米（图七，14）。

罐　3 件。肩以下均残。依据口沿不同，分三式。

Ⅰ式：1 件（F8：6）。叠唇，直领，削肩。口径 26、残高 24 厘米（图七，3）。

Ⅱ式：1 件（F8：5）。尖唇，直领，削肩。器壁较薄。口径 24、残高 14 厘米（图七，1）。

Ⅲ式：1 件（F13：2）。圆唇，短斜领，椭圆腹，圜底。通体磨光。口径 11.2、高 10 厘米（图七，12）。

鼎　3 件。分三式。

Ⅰ式：1 件（F13：1）。浅腹，圜底，口沿外折，三足外撇，有一对竖环耳。口径 22、高 12 厘米。与赤峰蜘蛛山遗址出土的Ⅱ式鼎相似[③]。

Ⅱ式：1 件（中 T10③：7）。仅存底部和残足。三足外撇度小，底部呈圆球状。底径 10、残高 9 厘米。与赤峰蜘蛛山遗址Ⅱ式鼎近似[④]（图七，9）。

图七　夏家店上层文化陶器

1. Ⅱ式罐（F8：5）　2. Ⅱ式瓮（中 T5③：2）　3. Ⅰ式罐（F8：6）　4. Ⅲ式鼎（中 T7③：5）　5. Ⅲ式纺轮
（F7：1）　6. 壶（采集）　7. Ⅱ式豆（中 T5③：1）　8. Ⅰ式纺轮（西 T2③：8）　9. Ⅱ式鼎（中 T10③：7）
10. Ⅱ式纺轮（西 T3③：15）　11. Ⅲ式豆（F8：1）　12. Ⅲ式罐（F13：2）　13. Ⅰ式豆（F13：3）　14. Ⅲ
式瓮（中 T5③：3）　15. Ⅰ式瓮（H7：1）（1、3、14 为 1/8，2、15 为 1/12，5、8、10 为 1/2，其余为 1/4）

　　Ⅲ式：1件（中 T7③：5）。平底，三足直立，器形较小，器表有烟炱痕。底径13、
残高8厘米（图七，4）。

　　壶　1件（采集）。俯视为三角形，一角为壶嘴，其余两角为壶体，造型奇特美观。

残口径 6、残高 7.8、底径 5 厘米。这种器形的壶，在建平水泉夏家店上层文化的遗址中出土过一件（图七，6）。

豆　10 件。皆为残品，分三式。

Ⅰ式：2 件。F13∶3，碗状，深盘，粗柄空心。盘径 14.5、残高 14 厘米（图七，13）。

Ⅱ式：1 件（中 T5③∶1）。豆盘浅，豆柄空心，比Ⅰ式稍小。豆座直径 8、残高 9 厘米（图七，7）。

Ⅲ式：7 件。柄较细高。F8∶1，仅存豆座和柄部，比前两式均小。豆座直径 6、残高 11 厘米（图七，11）。

纺轮　14 件。分三式。

Ⅰ式：7 件。均为陶片制成，大小不等，轮径 3.5～6 厘米。西 T2②∶8，扁平圆形，保留原陶片弧度。轮径 6、孔径 1 厘米（图七，8）。西 T2③∶6，一面保留有原陶器的绳纹。轮径 6.5、孔径 1 厘米。

Ⅱ式：3 件。西 T3③∶15，算珠状。轮径 3.6、孔径 1.6、高 2.6 厘米（图七，10）。

Ⅲ式：4 件。F7∶1，截头圆锥体状，断面呈梯形。上径 1.2、下径 4.8、孔径 1.2、高 2.8 厘米（图七，5）。

弹丸　3 件。圆球体，大小似杏核，表面磨光。

2. 石器　27 件。有磨制的带孔石器和打制的石片石器。这个时期石器的特点是钻孔技术相当高，带孔安柄的石器已广泛使用，工具有了固定的形状，从器形看与金属工具相似。

臼形器　1 件（F4∶1）。圆台形，平底，中间有臼窝。由于使用，表面甚光滑。白色砾石磨制。直径 11、高 5.5 厘米（图九，3）。

带孔石器　1 件（F4∶2）。不规则形，扁平。磨损痕明显。青灰色河卵石制成。长 17、宽 16、厚 4.5、孔径 4 厘米（图八，3）。

环状石器　6 件。分三式。

Ⅰ式：1 件（H7∶3）。扁圆形，周边有 9 个圆齿，中间钻有圆孔。外径 13.6、孔径 3～4、厚 5.5 厘米（图八，4）。

Ⅱ式：1 件（西 T1③∶1）。残半。与现代齿轮相仿。现存 5 齿。圆孔为对钻而成。径 10、厚 4.8、孔径 3～4 厘米（图八，1）。

Ⅲ式：4 件，均为半成品。呈不甚规整的圆形，孔刚钻透，尚未对称，待磨齿。中 T3③∶16，外径 7.5、孔径 1～3、厚 3 厘米（图八，2）。

图八　夏家店上层文化石器

1. Ⅱ式环状器（西 T1③：1）　2. Ⅲ式环状器（中 T3③：16）　3. 带孔石器（F4：2）　4. Ⅰ式环状器
（H7：3）　5. Ⅰ式石刀（中 T2③：5）　6. Ⅱ式石刀（H7：46）　7. Ⅲ式石刀（西 T4③：7）（1、2、5 为
1/2，余为 1/4）

　　石刀　7 件。完整者仅 1 件，其余皆从中间折断。分三式。

　　Ⅰ式：1 件（中 T2③：5）。半月形，两面弧刃。器表粗糙。赭石色砂岩磨制。长
16.4、宽 6 厘米（图八，5）。

　　Ⅱ式：2 件。H7：46，残存少半。弧背，直刃双孔。残长 5.5、宽 4.8、厚 1 厘米
（图八，6）。

　　Ⅲ式：4 件。西 T4③：7，残存少半。弧背，刃略有斜度。残长 6.5、宽 5.5、厚
0.8 厘米（图八，7）。

　　石球　5 件。大小不等。最小者径 4 厘米，最大者径 14 厘米。皆为河卵石磨制。

　　石镞　1 件（中 T2③：10）。三角形，平尾，中间起脊。经二步加工，锋锐利。长
3、宽 1.5、厚 0.3 厘米（图九，7）。

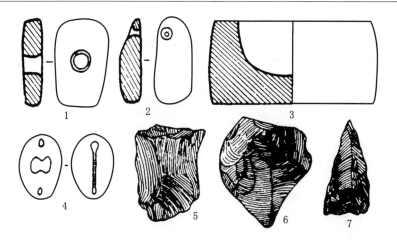

图九　夏家店上层文化石器

1、2. 坠（H7：232、231）　3. 臼形器（F4：1）　4. 贝（中T2③：8）　5、6. 石片石
器（中T2③：12、11）　7. 镞（中T2③：10）（3为2/5，余为4/5）

石片石器　3件。中T2③：11，三角形，尖锋利，一面平，一面起脊。经二步加工，有压制的齿轮痕。长2.8、最宽7.5厘米（图九，6）。中T2③：12，近方形，一面平，另一面凸。经二步加工，一端斜刃、锋利。长3.1、最宽2.4厘米（图九，5）。

石坠　2件。H7：231，圆角长方形，一端有一小孔。长3、宽1.4、厚0.7厘米（图九，2）。H7：232，圆角梯形，中间有圆孔。长3、宽1.5～1.9、厚0.7厘米（图九，1）。

石贝　1枚（中T2③：8）。椭圆形。长1.5、宽0.9厘米（图九，4）。

3. 骨器　5件。

骨镞　2件。分二式。

Ⅰ式：1件（F5：1）。尖残断，尾端有倒刺，扁平铤，镞身断面呈梭形。残长4、宽1.2、厚0.5厘米（图一〇，5）。

Ⅱ式：1件（中T2③：14）。柳叶形，三角凹尾，剖面呈长方形，圆铤，有倒刺。通长10、镞身宽1、厚0.9厘米（图一〇，2）。

骨锥　2件。H7：11，背面有凹槽。长13厘米（图一〇，3）。H7：21，圆锥形，仅存尖部。残长7.5厘米（图一〇，6）。中T7③：5，长扁平体，上宽下尖。长11、厚0.3厘米（图一〇，1）。

骨梳　1件（F6：1）。扁平长条形，有5齿。长6、宽1.7、厚0.5厘米（图一〇，4）。

此外，还发现卜骨2件。F9：3，是将猪肩胛骨骨脊削平，再经修整打磨而成，上

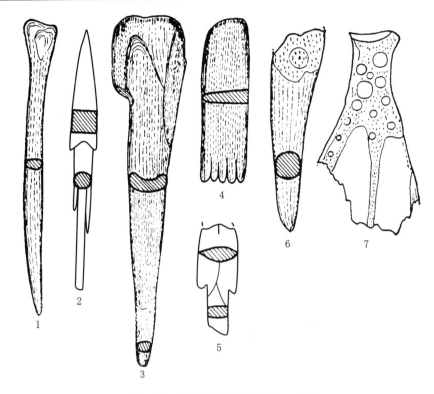

图一〇　夏家店上层文化骨器、卜骨

1、3、6.锥（中 T7③：5、H7：11、21）　2.Ⅱ式镞（T2③：14）　4.梳（F6：1）　5.Ⅰ式镞
（F5：1）　7.卜骨（F9：3）（1～6 为 7/10，7 为 1/3）

有清晰的圆钻 13 个。残长 15 厘米（图一〇，7）。

表二　夏家店上层文化主要遗物统计表

| 质地 | 陶器 | | | | | | | 石器 | | | | | | | | | 骨器 | | | | 总计 |
|---|---|---|---|---|---|---|---|---|---|---|---|---|---|---|---|---|---|---|---|---|---|
| 名称 | 瓮 | 壶 | 罐 | 豆 | 鼎 | 纺轮 | 弹丸 | 白形器 | 带孔石器 | 环状石 | 刀 | 球 | 镞 | 石片 | 石贝 | 石坠 | 锥 | 梳 | 镞 | 卜骨 | |
| 数量 | 3 | 1 | 3 | 10 | 3 | 14 | 3 | 1 | 1 | 6 | 7 | 5 | 1 | 3 | 1 | 2 | 2 | 1 | 2 | 2 | 71 |

# 三　战国遗存

## （一）遗迹

### 1. 房址

F3　位于中区中部，开始在中 T2、T3 的东部发现。为了搞清楚其全貌，又从中

T2、T3 的西壁向西扩方 10 平方米。F3 开口于二层下。将三层部分堆积清理后，整个屋顶倒塌后的情况，就全部暴露出来，从东到西一片瓦砾。

房址东半部保存较好，倒塌后未经过大的扰动，还保留有部分完整的板瓦和筒瓦。有的瓦即使破碎成几片，也还保存在原位。原来的房脊倒塌后遗存的残瓦坨仍可辨。房址的南坡东端保留有三排板瓦和二排筒瓦，尚能看出原来屋顶铺瓦的压砌方法和结构。北坡局部也有保存较好的地方，板、筒瓦虽有歪斜移位和破碎等杂乱的情况，但还能观察出原来的结构。为了搞清楚房顶板、筒瓦的砌筑方法，首先拍了照片，绘制了平面图，分片把瓦与瓦之间的结构关系，登记编号。通过现场分析研究，得知 F3 原来房顶起脊，脊南、北两坡的板瓦均仰卧排列，上瓦压下瓦，两行板瓦间的接缝处，用筒瓦扣上，形成凹凸整齐的瓦坨。砌瓦技法与明清古建筑大体相同。房址的西半部，瓦片比较破碎，瓦层厚度 20~30 厘米。房顶倒塌后形成的堆积，南高北低，倾斜角为 30°。房址中间部位，瓦砾有二层，土色格外细腻发黑，应为设在中部的烟囱遗痕。根据双层瓦砾分析，房顶烟囱附近会有通风透气的小型建筑。

另外，在距西墙 3 米处的碎瓦砾层上，还发现数块人头盖骨和许多红烧土块、铁钉、兽骨等遗物。说明 F3 坍塌后，有人在倒塌的堆积上活动过。

屋内填土为黄灰色，土质比较坚硬。在西部的积土中发现残豆柄、甑底、明刀钱、一化钱、方足布、饕餮纹半瓦当等。房址底部出土有铜镞、鸣镝、安阳布、晋阳布各 1 件。

值得注意的是，在该房址的西山墙下，发现一具保存完好的人骨架。骨架头南足北，仰身直肢，右臂弯曲，紧捂腹部，左臂下垂，右胫骨折断，头略向左倾斜。呈张嘴挣扎状。从牙齿及骨骼观察，为一男性，年龄约 50 岁左右。在清理过程中，未发现随葬品，只在距足 40 厘米处发现两件倒立斜插的筒瓦，未见墓坑，说明死者是在房子倒塌时被压在下面的。至于 F3 突然塌落的原因，是否与地震现象有关，是值得注意的。

F3 是一座门向南开的长方形房址，方向 178°。东西长 12.75、南北宽 4.3 米。门道呈斜坡状，长 2.5、宽 1.75 米，由里向外逐渐升高。门前有一层 5 厘米厚的路土，路土上遗存有散乱的碎瓦片。门口两旁发现四块柱石，两两相对，南北间距为 85~90 厘米，东西相距为 120~150 厘米。皆为利用一面平的自然石块铺筑，长、宽 25~30 厘米。门前柱石的发现，说明原来门前可能建有门楼。

F3 的地面，低于当时地表 0.5 米。其建筑特点是先在生土上挖出基槽，然后在基槽四周夯筑土墙。墙宽 0.5 米。整个地面平整，有厚 6~8 厘米的夯土层。屋内有四片红烧上，中间一片，近西南角处二片，近东南角处一片。中间一片面积最大，略呈三角形，东西最宽 1.75、南北最长 2.8 米。以上四片红烧土，应是取暖之处。

房址内发现三排柱石，每排 6 块，南侧一排紧靠南墙下，有 6 块。北侧一排紧靠北墙下，与南排相对称，柱石皆在地面上。唯有中间一排特殊，发现 4 个柱洞（8—11）。柱洞口小底大，呈圜底状。上口直径 25～30、洞深 30 厘米。柱石埋在柱洞底部。从柱石的布局看，F3 共一排五间房，中间一间为门洞，比两旁的房间宽一些。每排中间两块柱石的东西距离约 2.5 米，其他柱石的东西距离约 1.4～2 米。各排柱石的南北距离约 1.5 左右。

F3 的建筑，非常注意屋顶的质量。板、筒瓦相结合，砌成坚固、凹凸不平的瓦垅，保证屋顶不漏雨，木材不腐烂，使房屋的使用年限延长。

F3 的建筑特点，符合我国古老的传统习惯。门向南开，建有门楼。屋顶为黑灰瓦，墙为黄土墙。在建筑形式上，还显得比较原始。北方在战国时代还保持着半穴居的特点。

建筑 F3 这样大的房屋，用了大量的板瓦和筒瓦，却未发现一块砖，说明东北地区建筑上用砖要比瓦晚。

综观 F3 的建筑结构和出土遗物，有理由认为这座房址的时代，相当于战国末期到西汉初，中间可能经多次维修。首先从地层关系看，房址开口于二层下，房口以下周围的地层皆为战国层，房口以上为汉代遗存。从建筑用材分析，F3 出土的板、筒瓦和半瓦当都具有战国风格，火候、陶色、纹饰与东区 F2 汉代房址出土的板、筒瓦有着明显的区别。

在 F3 的填土中，出土了大量的明刀钱、布币、一化钱、圜钱、铁制工具和带有战国文字的陶片。同时还出土了云纹瓦当。根据这种情况，F3 并非一座普通的民用房。它的位置正处在城址中央，应是地方官署所在地。在当时的经济条件下，一般民房也难以达到这种建筑水平（图一一）。

2. 灰坑

H2 位于中区 T1 的东南角。坑口略呈长方形，周壁整齐笔直。长 3、宽 0.6～1.2、深 0.4 米。坑口压在二层下，其东壁将 F8 的西壁打破。坑内填土疏松，出土少量战国瓦片和残豆柄，该坑是这次发掘出的唯一一座战国灰坑。

（二）遗物

共 437 件。有陶器、瓦类、铜器、铁器等。

1. 陶器 完整者甚少，多系口沿和碎片。能观察出器形的有豆、甗、罐等。残豆

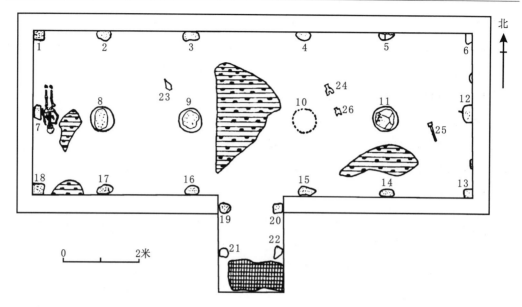

图一一　战国房址 F3 平面图

1～22. 柱石　23. 铜镞　24. 安阳布　25. 鸣镝　26. 晋阳布

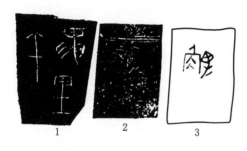

图一二　战国陶文拓片与摹本（3/5）

1. 陶罐口沿陶文拓片　2. 陶罐肩部陶文拓片

3. 陶罐肩部陶文摹本

把一件，略呈喇叭形，饰弦纹，器表施一层灰白色粉，尚闪光发亮。残长 12、直径 5～7 厘米。残豆座一件，覆盘形，径 13 厘米。

刻文陶片　采集 2 件。一件为罐口沿，刻有 3 字（图一二，1）。另一件为罐肩部残片，刻一字，笔画甚细（图一二，2、3）。

2. 瓦类

F3 保存较好，故发掘时获得一批较完整的板、筒瓦。过去这方面材料不多，对北方燕国境内筒瓦的特点，以及与汉瓦的区别，缺乏系统的了解。无疑，这批材料对认识上述问题是非常重要的。

板瓦　复原 55 件。根据制作规格的不同分三式。

Ⅰ式：20 件。F3：52，平面略呈梯形。背面为素面，正面饰粗绳纹。灰黑色，火候较低。长 48、宽 40～44、厚 2 厘米（图一三，1）。

Ⅱ式：15 件。F3：53，略呈梯形，正面饰斜粗绳纹，背面抹平。长 48、宽 36～42、厚 1 厘米。

Ⅲ式：20 件。F3：54，近梯形，正面饰斜绳纹，背面抹平。长 50、宽 40—44、厚 1 厘米。

筒瓦 35 件。分三式。

Ⅰ式：5 件。F3：55，半筒形，一端略粗。正面饰绳纹，背面细端抹平，粗端饰麻点纹。长 44、径 16.2～17.5、瓦舌长 2 厘米（图一三，2）。

Ⅱ式：10 件。比Ⅰ式长。F3：56，正面一端饰竖行绳纹，一端饰凹弦纹。背面一端抹平，一端饰弦纹。较薄。长 46、径 18、舌长 3 厘米（图一三，4）。

Ⅲ式：20 件。比Ⅰ式粗。F3：57，正面一端饰绳纹，一端饰弦纹，背面有凹凸不平的沟槽。长 44、径 18、舌长 3 厘米（图一三，3）。

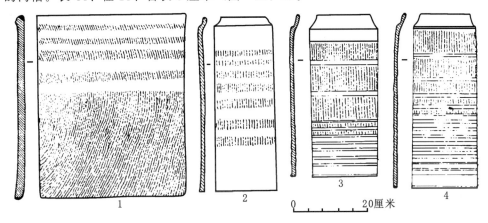

图一三 战国板瓦、筒瓦

1.Ⅰ式板瓦（F3：52） 2.Ⅰ式筒瓦（F3：55） 3.Ⅲ式筒瓦（F3：57） 4.Ⅱ式筒瓦（F3：56）

F3 出土的板瓦规格比 F2 出土的汉瓦大，颜色黑灰，火候低。正面绳纹细浅，背面多素面。筒瓦的瓦舌比汉瓦短，一般多 2～3 厘米长，汉瓦都在 4 厘米以上。

半瓦当 出土 35 件，其中一部分出于西汉灰坑 H4。通过对比，我们确认这部分半瓦当为战国遗物，故在此一并叙述。根据纹饰的不同可分六式。

Ⅰ式：7 件。完整的 4 件。饕餮纹半瓦当，图案呈怪兽状，大嘴，双眼怒视。边缘有花边点缀。有大、中、小之别，径为 17～19 厘米。F3：58，表施一层灰白粉，瓦面饰粗绳纹，背面抹平。制作粗糙。与燕下都⑤出土的饕餮纹半瓦当相似（图一四，1）。

Ⅱ式：1 件（中 T2③：2）。其上有三道山形纹。瓦小而薄，坯料中掺有细小的云母颗粒。残径 6 厘米（图一四，8）。

Ⅲ式：3 件。仅 1 件完整。双鹿纹半瓦当。除大小有别外，图案基本一致。西 T4 ③：70，正中饰三角形树纹，两侧有对立的双鹿，上方有一双角四足怪兽。径 19.5 厘米（图一四，3）。

图一四　战国半瓦当

1. Ⅰ式（F3：58）　2. Ⅳ式（H4：35）　3. Ⅲ式（西T4③：70）　4. Ⅳ式（H4：32）　5. Ⅳ式
（H4：34）　6. Ⅴ式（H4：36）　7. Ⅳ式（H4：12）　8. Ⅱ式（中T2③：2）　9. Ⅵ式（H4：43）

Ⅳ式：11件。云纹半瓦当。H4：35，瓦当中央有一株小树，两侧用五朵云纹点缀。径16.4厘米（图一四，2）。H4：34，瓦当中央有一株小树，两侧有三朵云纹。径16.7厘米（图一四，5）。H4：32，瓦当中央一株小树，两侧有两朵向上的云纹。径14.8厘米（图一四，4）。H4：12，中央一株小树，两侧两朵向下的云纹。径15厘米（图一四，7）。此种云纹半瓦当，时代越晚，图案越简化。

Ⅴ式：12件。兽面云纹半瓦当。为出土数量最多的一种。H4：36，瓦当中间有一朵云纹，两边有两只眼睛，是由简化饕餮纹演变而来。富有浓郁的地方色彩，是流行于北方燕国的一种半瓦当，为汉代云纹瓦当的发展打下了基础。径15.5、厚1厘米（图一四，6）。

Ⅵ式：1件（H4：43）。瓦当中央有一株三角形小树，树两侧为两个动物。残径

12、厚1厘米（图一四，9）。

安杖子古城址出土的饕餮纹和山字纹半瓦当与燕下都出土的同类瓦当图案纹饰非常相似，很显然是受燕下都半瓦当的影响而发展起来的。饕餮纹这时在中原已逐渐被云纹所替代，而在燕国还广为流行。

齐国故都临淄最盛行植物云纹和树木双兽纹半瓦当，树木枝叶茂密，双兽往往用绳子拴在小树上。安杖子出土的这类瓦当，图案简练，双兽不用绳拴。在构图方法和艺术风格上，各有所长，既有共同因素，又有各自特点。

云纹瓦当起源于中原，后来对各地产生了强烈的影响。安杖子出土的云纹兽面纹瓦当和云纹植物纹瓦当，在中原文化基础上，又有了新的发展。具有明显地方特色。

3. 铜器

铜镞　18件。分八式。

Ⅰ式：5件。西T2③：18，三翼形，体短粗，斜刃，颇锋利。尾部有装杆的圆孔。长4、宽1.2厘米（图一五，9）。

Ⅱ式：3件。F3：23，三翼形，刃部稍有弧度。比Ⅰ式细小。长3.8、宽1.1厘米（图一五，1）。

Ⅲ式：1件（西T2②：19）。三翼形，镞身短小，有浅凹槽，尾部带倒刺，长铤。灰白色，含锡成分可能较大。镞长1.9、宽0.9、铤长6.8厘米。在此次所发现的铜镞中，是镞身最短的一件（图一五，12）。

Ⅳ式：2件。西T4③：6，三翼形，直刃，尾部有装杆的圆孔。长4.2、宽1.1厘米（图一五，2）。

Ⅴ式：1件（中T3③：11），三翼形，体细长，有短铤。镞长3.4、宽0.8、铤长2.2厘米（图一五，4）。

Ⅵ式：4件。西T3③：25，三棱形，尾部有较长的倒刺，刃部稍有弧度，带短铤。镞长4.2、宽1、铤残长2.5厘米（图一五，10）。

Ⅶ式：1件（中T3③：27）。三棱形，短而细，尾部有装铤的圆孔。长3、宽0.6厘米（图一五，6）。

Ⅷ式：1件（西T3③：22）。三棱形，比前两式窄，带铤。镞长3.8、宽0.8、铤长2厘米（图一五，8）。

鸣镝　1件（F3：25）。六齿飞鸣镝，带铤。通长6.5、头径2、柄径1.1、铤长3厘米（图一五，13）。

剑镡　1件（西T3③：95）。菱形，中间有凹槽。长5、宽2、厚0.5厘米（图一

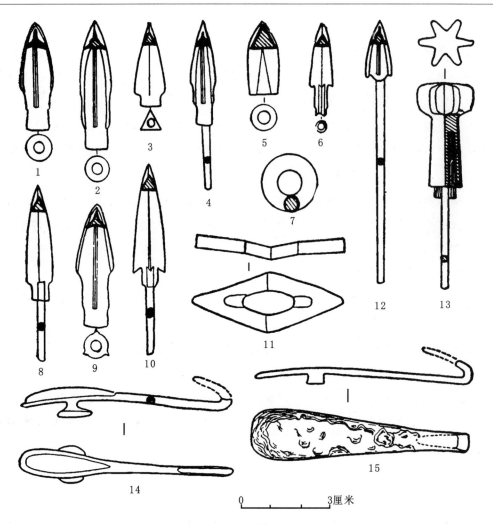

图一五　战国铜、铁器

1. Ⅱ式铜镞（F3：23）　2. Ⅳ式铜镞（西T4③：6）　3. Ⅰ式铁镞（中T2③：22）　4. Ⅴ式铜镞（中T3③：
11）　5. Ⅱ式铁镞（中T2③：25）　6. Ⅶ式铜镞（中T3③：27）　7. 铜环（西T3③：96）　8. Ⅷ式铜镞
（西T3③：22）　9. Ⅰ式铜镞（西T2③：18）　10. Ⅵ式铜镞（西T3③：25）　11. 铜剑镡（西T3③：95）
12. Ⅲ式铜镞（西T2③：19）　13. 铜鸣镝（F3：25）　14. 铜带钩（中T2③：19）　15. 铁带钩（中T1③：
12）

五，11）。

环　1件（西丁3③：96）。外径2厘米（图一五，7）。

带钩　1件（中T2③：19）。琵琶形扁平体，钩部稍残。长7.3、宽1.6厘米（图
一五，14）。

4. 钱币

图一六　战国钱币（4/5）

1. 丘贝布（中 T1③：25）　2. 安阳布（F3：24）　3. 晋阳布（F3：26）　4. 平阳布（H4：153）
5、7. 襄平布（H4：144、156）　6. 益昌布（H4：157）　8. 阴平布（H4：165）　9. 明化钱（中
T3③：164）　10. 一化钱（中 T3③：166）　11. 明刀钱（中 T1③：11）

这次发掘获得战国钱币总计 250 枚，有布币、刀币、圜钱等。

丘贝布　1 枚（中 T1③：25）。平肩，平足，中间有竖线，上下两端有与竖线垂直的横短线，体较薄。长 4.5、宽 2.6 厘米。为齐国钱[⑥]。山西阳高天桥出土过（图一六，1）。

平阳布　4 枚。H4：153，平肩，平足，中间有竖线。长 4.3、宽 2.5 厘米（图一六，4）。

晋阳布　1 枚（F3：26）。尖肩，尖足。体薄。长 5.4、宽 2.7 厘米。为赵国铸币，山西阳高天桥出土过（图一六，3）。

安阳布　7 枚。F3：24，平肩，平足，中间有竖线。长 4.5、宽 2.5 厘米。为赵国钱（图一六，2）。

襄平布　57 枚。有大、小两种。大布标本 H4：144，平肩，平足。长 4.2、宽 2.3厘米（图一六，5）。小布标本 H4：156，长 3.1、宽 1.8 厘米（图一六，7）。

阴平布　8 枚。H4：165，平肩，平足，中间有竖线。残长 2、宽 2.1 厘米（图一六，8）。

益昌布　1枚（H4：157）。尖肩，足残。残长3.5、宽2.3厘米。这种布币山西阳高天桥出土过⑦（图一六，6）。

明刀钱　20枚。完整者甚少。中T1③：11，折背齐头。长13.2、宽1.6厘米（图一六，11）。

明化钱　1枚（中T3③：164）。圆形方穿，无廓。钱径2.5厘米（图一六，9）。

一化钱　150枚（中T3③：166）。圆形方穿，一面有内外廓。钱径1.8厘米（图一六，10）。燕国铸造的圜钱有"一化"、"明化"和"明四"，安杖子遗址只发现前两种。从发现的布币看，燕国与齐、赵两国有着较为密切的经济联系（见表三）。

表三　战国货币统计表 （长度单位：厘米）

| 名称 | 数量 | 长宽径 | 出土单位 | 形状特点 | 国别 |
|---|---|---|---|---|---|
| 丘贝布 | 1 | 4.5×2.6 | 中T3③ | 平肩平足 | 齐 |
| 平阳布 | 4 | 4.3×2.5 | H4 | 平肩平足 | 赵 |
| 晋阳布 | 1 | 5.4×2.7 | F3 | 尖肩尖足 | 赵 |
| 安阳布 | 7 | 4.5×2.5 | H4、F3 | 平肩平足 | 赵 |
| 襄平布 | 大50<br>小7 | 大4.2×2.3<br>小3.1×1.8 | H4 | | |
| 阴平布 | 8 | 4.2×2.2 | H4 | 平肩平足 | |
| 益昌布 | 1 | 3.5×2.3 | H4 | 平肩平足 | |
| 明刀钱 | 20 | 13.2×1.6 | 西T1⑧ | 折背 | 燕 |
| 明化钱 | 1 | 2.5 | 西T3③ | 方穿无廓 | 燕 |
| 一化钱 | 150 | 1.8 | 西T3⑧ | 方穿有廓 | 燕 |
| 总计 | 250 | | | | |

5. 铁器

锸　1件（西T2③：7）。平面呈短梯形。长14.2、刃宽13.6厘米（图一七，3）。

斧　1件（中T2③：16）。长梯形。纵剖面呈三角形，中空。边缘腐蚀。长15、刃宽9厘米（图一七，4）。

锛　10件。完整者4件，分四式。

Ⅰ式：1件（西T12③：4）。长梯形，长方形斜銎。长15.4、宽3～3.5厘米（图一七，1）。

Ⅱ式：1件（西T3③：1）。长方形，銎部铸有两道棱线。器形规整。长14.8、宽

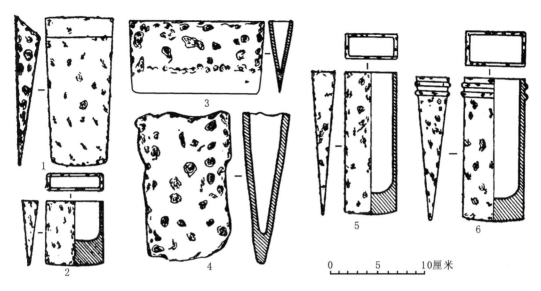

图一七　战国铁器

1. Ⅰ式锛（西 T12③：4）　　2. Ⅳ式锛（采）　　3. 锸（西 T2③：7）　　4. 斧（中 T2③：16）　　5. Ⅲ式锛（西
T12③：5）　　6. Ⅱ式锛（西 T3③：1）

6.4 厘米（图一七，6）。

　　Ⅲ式：1件（西 T12②：5）。与Ⅱ式大体相若，仅銎部未铸棱线，显得不如Ⅱ式坚
固。长 14.8、宽 5.6 厘米（图一七，5）。

　　Ⅳ式：采集1件。近方形，器形较小，长方銎。长 6.8、宽 6 厘米（图一七，2）。

　　镞　18件。分二式。

　　Ⅰ式：17件（中 T2③：22）。三棱形，刃锋利，有一定弧度。尾端有装杆的圆孔。
长 2.8、宽 1.1 厘米（图一五，3）。

　　Ⅱ式：1件（中 T2③：25）。锋端三棱形，以下为圆柱形，内有安装杆的圆孔。造
型奇特，杀伤力强。长 2.5、宽 1 厘米（图一五，5）。

　　带钩　1件（中 T1③：12）。长拍形，体扁平，钩部稍残。长 7.4、宽 1.2 厘米
（图一五，15）。

# 四　西汉遗存

## （一）遗迹

### 1. 房址

　　F2　位于东区。开始发现于东 T8 内，因房址面积较大，为搞清楚其范围，遂向东、西、南三面扩方。东 T8 二层清完后，暴露出 F2 房顶塌落下来的瓦砾层。瓦砾层北高南低，稍有坡度。碎瓦层北厚南薄，厚度在 15～30 厘米。从保存情况看，南部瓦片更为破碎。

　　清理瓦层时，在房址的东南和东北部的瓦层下，发现许多红烧土块和木炭以及细腻的黑色土。瓦层中主要为板瓦碎片，筒瓦片较少。房址中间部位有的瓦片被烧成红褐色或被熏黑。另外在东南角发现一堆碎砖。接近地面时，在东部发现三根 2 米长未烧透的木料，东北角还发现一段长 1、直径 0.3 米的木柱。从以上现象看，F2 应是被火烧毁的。

　　F2 是一座大型方形房址，南北长 11.9、东西宽 11.3 米，地面距现地表深 1.4 米。从建筑特点看与 F3 大体一致，也是先挖基槽，后夯筑土墙，地面低于当时地表 0.5 米，是一种半地穴式的房子。北、西两面墙基尚存，墙宽 0.5、残高 0.5～0.7 米。墙中间设有柱石，整个房址共发现 47 块柱石，按顺序编为 1—47 号。柱石可分三种，一种在地上，一种在地下，另一种在墙内。1、2、24、28、43、46 号为地上柱石，都较大，高出地面 30 厘米，分别放置在近方形的夯土台上，土台高出地面 10～15 厘米。这 6 块柱石形状、大小不一，皆为有一个较好平面的自然板石。6 块柱石分两排，每排 3 块。1、24、43 为一排，2、28、46 为另一排。柱石间距东西 6、南北 5 米。石质不佳，有的已风化或破裂（见表四）。

表四　F2 大型柱石统计表

（长度单位：米；面积单位：平方米）

| 编号 | 长 | 宽 | 面积 | 保存状况 | 高出地面 |
|---|---|---|---|---|---|
| 1 | 1 | 0.8 | 0.8 | 完整 | 0.3 |
| 24 | 0.8 | 0.7 | 0.56 | 破碎 | 0.3 |
| 43 | 0.9 | 0.7 | 0.63 | 破碎 | 0.3 |
| 2 | 0.7 | 0.8 | 0.6 | 破碎 | 0.3 |
| 28 | 0.8 | 0.8 | 0.64 | 破碎 | 0.3 |
| 46 | 1 | 0.7 | 0.7 | 破碎 | 0.3 |

　　有 29 块柱石为地下柱石，埋于地下 0.3 米处，都较小。这 29 块柱石和墙内的 12 块柱石，排列成南北横向 7 排、东西纵向 8 排。这些柱石直径为 20～30 厘米。柱石间距南北多在 1.9～2、东西多在 1.5～1.6 米。5 号与 6 号柱石，东西相距 2.5 米，比其

他柱石间距大，可能是房门的位置。F2 的柱石布局，除东北角和南部稍有错乱外，基本保存完好。47 块柱石中，29 块埋于地下，12 块居墙内与地面平，6 块高出地面。居住面上有 10 厘米厚的夯土层，看来是先把柱子埋好，再夯实地面的。这种把柱础石埋在地下的营建方法，是我国战国至西汉时期一种普遍流行的建筑形式。这种情况在昭乌达盟宁城县黑城子钱范作坊遗址⑧和西安西郊汉代建筑遗址⑨都有发现。

F2 地面平整，经火烧呈现出红一片、黄一片的斑痕状。屋内填土中，发现的遗物不多。在 41 号柱石旁出土 1 件平底深腹绳纹罐，25 号柱石处发现 1 件圜底钵，43 号柱石附近出土 1 件因火烧而变形的铁锛。出土的板瓦，背面多印有菱形纹和方格纹，陶色灰白，火候高。筒瓦背面多布纹，瓦舌较长。与 F3 出土的筒瓦相比，有着明显的差别。F2 房址面积为 134.47 平方米，跨度较大，看来不是一般居住用房，像是一座举行祭祀或宗教活动的场所。从其柱石密度和布局看，房架结构较复杂，很可能是两层建筑（图一八）。关于 F2 与四周其他建筑的关系，尚待今后进一步发掘证实。关于 F2 的时代，从地层和遗物推断，相当于西汉时期。

2. 石子路与人头坑

揭掉西 T12 耕土层，在探方北部暴露出一段用河卵石铺成的东西走向的石子路。因未扩方，路的长宽不详。路面中间稍高，呈弧形。石子下铺一层细黄沙。另外，在西 T6 和中 T1 同样深度也发现有同样的路面遗存，并均向东西方向延伸。位于 T6 的石子路长 14、宽约 2 米。从路段的走向看，很可能是相互连通的。这种类型的石子路，曾在辽阳三道壕西汉村落遗址⑩和河北易县燕下都城址发现过⑪。另外，还在古城内发现一些断续的街道遗痕，但要了解整个城市的布局，尚待今后大面积地进行发掘。

在西 T12 紧靠石子路的南侧，略低于石子路面的深度，发现一处边沿不甚规整的人头埋葬坑。坑东西最长 5.5、南北最宽 4、深 0.4～0.45 米。坑底凹凸不平。坑内发现 27 个人头骨。编号为 1—27 号。1—23 号头骨堆积在坑的西部，称为西片，24—27 号头骨堆积在坑的东部，称为东片。东西两片相隔约 1.5 米。西片头骨摆放呈弧线形。20 与 21 号、8 与 11 号头骨相互交错叠压，多数头骨紧贴在一起，有仰、侧、面朝下等姿态。经仔细观察，头骨上未发现任何伤痕。从头骨出土现状看，是将人头扔弃在坑内后，当即掩埋起来的。否则，经过禽兽啄咬，就会更加零乱，失去原貌。

多数头骨的牙齿齐全无缺。除 3、6、9 号头骨的牙齿磨损稍重外（年龄约 45～50 岁），其余人头骨的牙齿均磨损颇轻，应是身强力壮的青壮年。综观这批头骨，下颌骨棱角明显，眉弓粗壮，颅骨凹凸不平，骨质粗糙，男性特征明显（图一九）。

根据地层堆积，人头坑压在耕土层下，坑口距地表 30 厘米深，略低于西 T12 石子

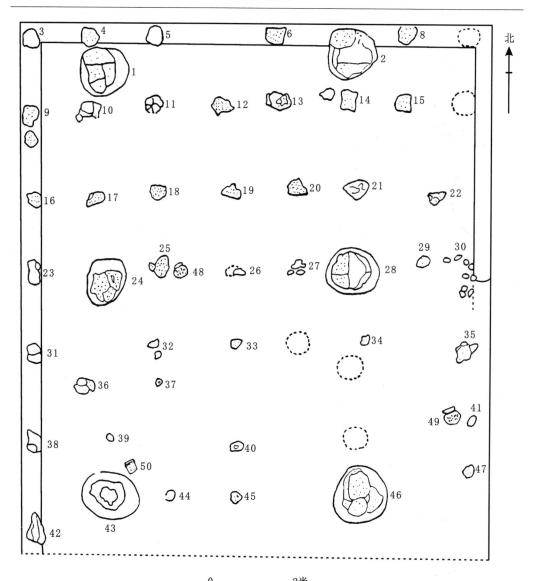

图一八　西汉房址 F2 平面图

1～47. 柱础　48. 圜底钵　49. 陶罐　50. 铁锛

路面，并打破了石子路边缘。根据地层关系，石子路与人头坑都属于二层堆积中的遗存，无疑都是西汉时期形成的，人头坑略晚于石子路。但为什么把人头埋在城里呢？这很可能是古城废弃时，社会发生大变革过程中造成的悲剧。

　　3. 灰坑

　　汉代灰坑发现 6 个。编号为 H1、3、4、5、6、8。除 H1 在东区外，其余均在中区

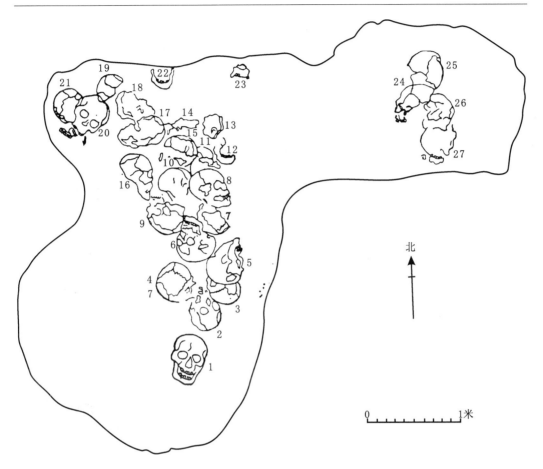

图一九 西汉人头坑平面图

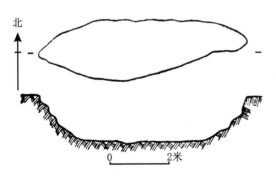

图二〇 西汉灰坑 H4 平、剖面图

和西区。

H4 位于中区，横跨中 T3、T7 两个探方，北距 F3 约 2 米。灰坑呈船形，口大底小，两端浅，中间深。坑长 7.1、最宽处为 2、深 0.8～1.5 米（图二〇）。坑口开在二层，距地表深 0.5 米。坑内填土为黄灰色，土质松软，遗物丰富。仅封泥就出土 18 方，是迄今为止，我国北方地区出土封泥最多的一次。出土瓦当 44 件，其中半瓦当 26 件，圆瓦当 18 件，钱币 150 枚。另外还出土铁铤铜镞、布币、明刀钱、铁制生产工具、陶范碎块、铜渣、碎陶片等。

从灰坑的形状及其形成和出土遗物分析，坑内的堆积，是由清扫出来的废弃物形成的。

H5 位于西 T6 西 2 米，坑口开在二层，压在石子路下。坑口呈椭圆形，长 2.4、宽 1.8、深 0.7～1.05 米。口大底小，整个灰坑为锅底状。出土遗物与 H6 相同，多为冶炼作坊清理出来的垃圾。发现有成堆的炉壁碎块，其外表砖红色，里壁青灰色，火候很高。也有铸造镰铤的陶范碎块，但比 H6 少。坑底还出土 1 件残断的鼓风管。填土中夹杂有兽骨和锈蚀严重、形状不明的铁工具等。从 H5、H6 两个灰坑出土的遗物分析，西 T6 探方内的石子路，也可能是专为冶炼铸造作坊铺设的（见表五）。

4. 灶址

在中 T4 的西南角，发现一处灶址，灶膛呈圆形，四周为红烧土，中间有黑灰。长40、宽 25、深 20 厘米。灶膛边遗存有 5 块被熏黑的自然石块。灶址附近发现有炭渣、红烧土块和碎陶片等。

表五　汉代灰坑统计表

（长度单位：米）

| 位置 | 编号 | 坑口形状 | 坑口层位 | 长宽（径） | 深 | 备注 |
|---|---|---|---|---|---|---|
| 东 T6 | H1 | 椭圆形 | 一层下 | 1.3～1.9 | 0.5 | 口大底小，壁不甚规整 |
| 中 T3 | H3 | 长条形 | 一层下 | 4.3×2 | 0.8 | 斜壁，平底 |
| 中 T3、Th | H4 | 船形 | 一层下 | 7.1×2 | 0.8～1.5 | 斜壁，圜底 |
| 西 T6 以西 2 米 | H5 | 椭圆形 | 一层下 | 1.8－2.4 | 0.7～1.05 | 口大底小，斜壁 |
| 西 T7 以东 | H6 | | 一层下 | | | 未清窟完毕 |
| 中 T5 | H8 | 方形 | 一层下 | 1×1 | 0.5 | 斜壁，平底 |

5. 墓葬

在古城址东北，大车道的东侧台地上，有一处大面积的古墓地。近年来由于砖厂取土，断崖上每年都有古墓发现。发掘期间在古城址东北方向 50 米处，对已暴露出的2 座瓮棺葬、1 座石椁木棺墓和 1 座土坑竖穴墓进行了清理，按清理顺序编号为 M1～M4。现将 4 座墓葬简述如下：

M1　瓮棺葬，墓坑为不规则的长方形，长 1.2、宽 0.5 米，方向 10°。瓮棺长0.97、宽 0.3 米。由 3 件灰色陶器组成。两端为深腹圜底盆，中间为一无底筒形器。由于填土压力，3 件陶器均已破碎。尸骨腐烂无存，仅在北端发现 2 颗小孩牙齿（图二一）。

M2　瓮棺葬。位于 M1 西南 55 米。墓坑呈不规则的椭圆形，长 1、宽 0.5～0.8、深 0.5 米，方向 20°。坑口距地表深 0.6 米。瓮棺长 0.85、宽 0.3～0.6 米。由两件较大陶器组成。一件为小口圆腹圜底灰陶绳纹罐，另一件为敞口深腹红陶绳纹釜。器内骨骼保存完好。脸朝下，为一俯身葬的儿童墓。年龄约6～7岁（图二二）。

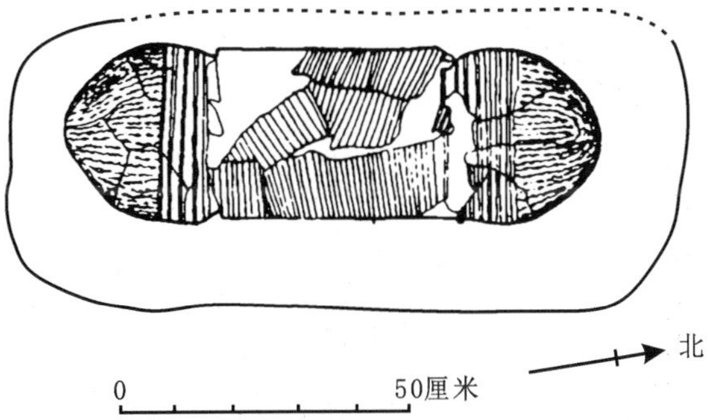

图二一 西汉墓葬 M1 平面图

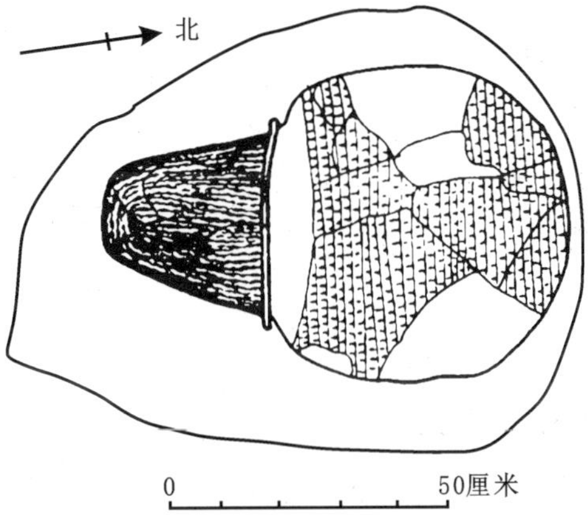

M3 在城址东南约150米处，为一座石椁木棺墓。墓坑为规整的长方形，东壁已被破坏。长3.3、宽1.2、深1米，略呈南北向。坑内有用自然石块砌筑的石椁。长2.7、宽0.9、高0.7、厚0.2米。石椁内填土中留有木棺腐烂痕。棺长2.1、宽0.7米。骨骼腐烂无存，葬式不清。棺内一端随葬1件小陶罐（图二三）。

图二二 西汉墓葬 M2 平面图

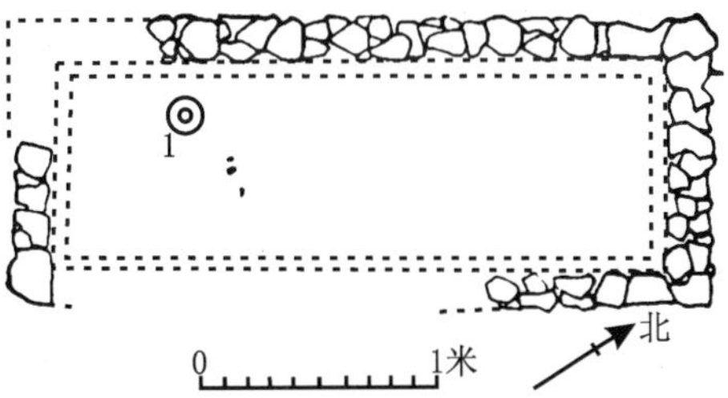

M4 位于古城址之东，与古城仅一沟之隔。为一座土坑竖穴墓。墓坑长2.85、宽0.85～1、深1.5、口距地表0.5米。头端宽，足端窄，平面呈梯形。方向10°。近墓底发现有灰白色棺木遗痕。因M4是在断崖上发现的，墓壁多处有鼠洞，骨架已被扰乱移位，仅存部分碎骨。墓葬北端自东而西随葬器物有陶钵、陶盆、陶罐。根据下颌骨和随葬陶器的位置分析，应是头北足南的单人墓。葬式不清。

图二三 西汉墓葬 M3 平面图

从墓葬结构、瓮棺特征和随葬的陶器分析，四座墓均系西汉墓。

（二）遗物

1. 陶器 能复原和大体能看出器形者20余件。其中有甑、三足盘、罐、壶、盆、钵、碗、豆等。陶范、冶铸构件等附于此一并叙述。

甑 2件。分二式。

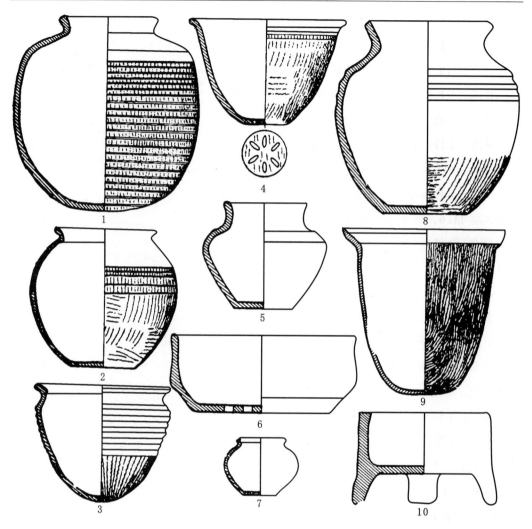

图二四　西汉陶器

1. Ⅲ式罐（M2：1）　2. Ⅳ式罐（M3：1）　3. Ⅰ式釜（M1：1）　4. Ⅰ式甑（中 T6②：1）　5. Ⅱ式罐
（H4：99）　6. Ⅱ式甑（中 T2②：2）　7. Ⅴ式罐（M4：3）　8. Ⅰ式罐（F2：49）　9. Ⅱ式釜（M2：2）
10. 三足盘（西 T4②：1）（1 为 1/12，2、5、6、8 为 1/4，余为 1/8）

　　Ⅰ式：1 件（中 T6②：1）。敞口，折沿，深腹，小平底，底部有 6 个麦粒形箅孔。口
沿下饰 3 道弦纹，其下饰拍印的绳纹。口径 33.6、高 22、底径 10 厘米（图二四，4）。

　　Ⅱ式：1 件（中 T2②：2）。上腹直，下腹折收成平底，底部有 3 个圆形箅孔。口
径 20、高 8、底径 14.8 厘米（图二四，6）。

　　三足盘　1 件（西 T4②：1）。浅直筒形腹，平底，下附三扁足。口径 28、高
16.8、底径 20 厘米。器身厚重，坚固（图二四，10）。

罐 6件。分五式。

Ⅰ式：2件。F2∶49，侈口，矮领，圆腹，平底。肩部饰3道粗弦纹，靠近底部饰绳纹。口径13.4、高20、底径9厘米（图二四，8）。

Ⅱ式：1件（H4∶99）。口微侈，矮领，上腹鼓，下腹斜收成平底。素面。器形较小。口径9、高11、底径6.4厘米（图二四，5）。

Ⅲ式：1件（M2∶1）。小口，椭圆腹，圜底。肩以下饰被弦纹割断的绳纹。器形不甚规整。口径15.4、高60、最大腹径60厘米（图二四，1）。

Ⅳ式：1件（M3∶1）。侈口、圆腹，平底。腹部饰绳纹。肩部刻有陶文。口径10.8、高14.6、底径7厘米（图二四，2；图二七，6）。

Ⅴ式：1件（M4∶3）。小口，鼓腹，平底。器底有编织纹。应是器坯放在编织物上印上的。口径10.5、高12.5、底径5.2厘米（图二四，7）。

釜 3件。分二式。

Ⅰ式：2件（M1∶1）。大口，深腹，圜底。口沿下饰9道弦纹，下腹至底饰粗绳纹。上腹部为细泥陶，下腹至底为夹砂陶。口径29.6、高24.8厘米（图二四，3）。此器底部夹砂是为了耐火，口沿细泥质，光滑美观，用坏后还可作瓮棺，一器多用，使用价值大。

Ⅱ式：1件（M2∶2）。大敞口，深筒形腹，圜底。口沿以下饰绳纹。口径35.2、高34厘米（图二四，9）。

筒形器 1件（M1∶2）。圆筒形，无底。两端饰弦纹，中腹饰间断绳纹。口径29.2、高41厘米（图二五，3）。

壶 1件（东T8②∶2）。颈以上残。椭圆腹，平底。上腹磨光，下腹部饰绳纹。残高15、底径8厘米。

盆 4件。分四式。

Ⅰ式：1件（西T3②∶2）。敞口，圆唇，弧壁，上腹部有折棱，小平底。素面。口径24、高11.4、底径7厘米（图二五，4）。

Ⅱ式：1件（东T9②∶1）。圆唇，敞口，斜壁浅腹，平底较薄。素面。口径24.4、高7.2、底径9.6厘米（图二五，5）。

Ⅲ式：1件（东T9②∶2）。圆唇，直筒深腹，平底。腹部有圆形阳文戳记"石城"二字。口径19、高12、底径18厘米（图二五，8；图二七，7）。

Ⅳ式：1件（M4∶2）。敞口，宽折沿，沿面有一周凹槽，斜弧腹较深，平底。腹饰弦纹，底有席纹。口径32、底径15.2、高19.2厘米（图二五，6）。

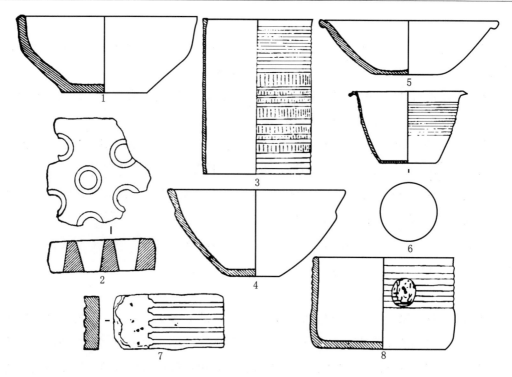

图二五　西汉陶器、陶范等

1. 碗（中 T5②：5）　2. 炉箅（H5：1）　3. 筒形器（M1：2）　4. Ⅰ式盆（西 T3②：2）　5. Ⅱ式盆
（东 T9②：1）　6. Ⅳ式盆（M4：2）　7. 陶范（H6：2）　8. Ⅲ式盆（东 T9②：2）（1 为 1/2，3、6 约
1/8，余约 1/4）

　　钵　2 件。分二式。

　　Ⅰ式：1 件（F2：48）。圆唇，半球形腹，圜底。口径 17、高 8.5 厘米。

　　Ⅱ式：1 件（M4：1）。大口，鼓腹，平底。上腹部饰弦纹。口径 18、高 10.2、底
径 6 厘米（图二六，2）。

　　碗　7 件。器形大体相似。中 T5②：5，敞口，浅折腹，平底。器形较小。口径
12.2、高 5、底径 5.7 厘米（图二五，1）。

　　豆　残豆座发现 20 件。依据其不同特点，分二式。

　　Ⅰ式：5 件。东 T6②：5，喇叭形矮柄豆座，边缘平齐。底座径 9、残高 9 厘米
（图二六，3）。

　　Ⅱ式：15 件。西 T4②：7，短柄，上端带残豆盘，豆座边缘向上翘。底座径 9.2、
残高 10 厘米（图二六，1）。

　　刻文陶片　除前面提到的陶盆东 T9②：2 与陶罐 M3：1 有刻文外，还发现 5 片陶
片有刻文：其一有长方形戳记，为陶片未晾干前打印上去的（图二七，3）；其二，刻

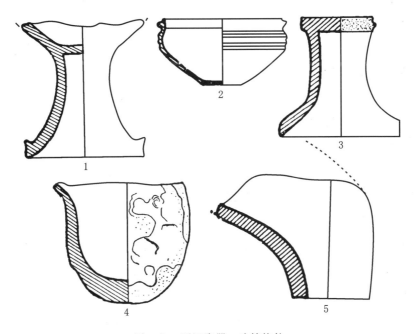

图二六　西汉陶器、冶铸构件

1. Ⅱ式豆（西 T4②：7）　　2. 钵（M4：1）　　3. Ⅰ式豆（东 T6②：5）　　4. 坩埚
（H6：5）　5. 鼓风管（H6：4）（1、3～5 约 1/3，2 约 1/6）

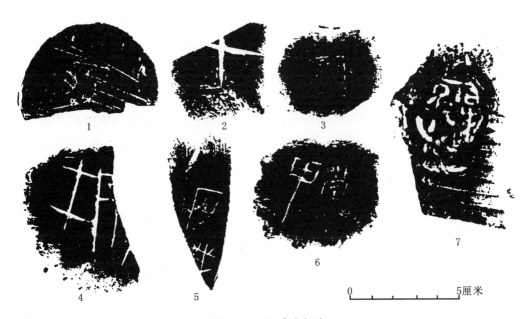

图二七　西汉陶文拓片

有一"土"字（图二七，2）；其三，刻有"石城"、"城"等（图二七，1、4、5）。这些陶文，有的是在陶坯上打印的，有的是陶器烧成后刻上去的。

陶范　多为碎块，完整者较少。出土最多的是一种长方形镞铤范，范中间有四道凹槽。这种铸造铁镞铤的长方形陶范，燕下都遗址曾发现过[12]。H6：2，通长15、宽7、厚2厘米。凹槽长9、宽0.7厘米（图二五，7）。另外，还出土较多的陶范浇口残块，皆为细泥质，表面磨光。

冶铸构件　有坩埚、鼓风管、炉壁残块、炉算残块。

坩埚　发现许多碎块，复原4件。H6：5，薄圆唇，口沿处带流，深腹，圜底，底部厚。黑灰色。口径9.4、高9、底厚2厘米（图二六，4）。

陶鼓风管　发现2件。均为残品。H5：5，拐管状，拐角处附加一圈泥条。管里壁印有支条痕。红色。残长15、外径13、管孔径9、管壁厚1.5～1.8厘米。H6：4，比前者细小。红色，表面抹光。残长9、外径6、壁厚1～1.2厘米（图二六，5）。

炉壁残块　在灰坑H5、H6中出土许多，有的还可以对在一起。火候很高。里为黑色，微发黄；外表红褐色，中间有大气孔。从其残块测出炉口径约为50、壁厚3厘米。

炉算　出土很多残块。根据炉算薄厚和算孔的大小分两种。大型炉算如H5：1，红色，夹砂，算孔较大，上细下粗，残长14、宽14、厚4、孔径2.4～3.9厘米（图二五，2）。小型炉算如H6：6，青灰色，算孔较小，上细下粗。残长13、宽12、厚2.5、孔径1.1～2厘米。从大小不同形制的炉算推断，当时应有大小不同的两种炼炉。

2. 砖瓦

安杖子古城址出土的西汉板、筒瓦碎片成堆，完整者数量较少，而长方形砖数量更少，仅发现十几块。F2出土的西汉时期板、筒瓦与F3出土的战国时期瓦类有着明显的区别。汉瓦颜色灰白，火候高，正面多饰弦纹和绳纹，背面多饰菱形纹、方格纹、圆点纹、麦粒纹和布纹。汉代板瓦比战国板瓦窄，一般宽度为34～37厘米。汉代筒瓦，瓦舌长多为4厘米，背面普遍饰布纹，正面有的饰竖行绳纹，也有的饰斜绳纹，两端抹平，切痕由里向外，然后掰开。总的看是纹粗沟深，少数为素面。出土的新型圆瓦当有云纹、双叶纹、单叶纹、方格纹和文字瓦当等。

砖　完整的长方形小砖5块。东T8②：11，一面印有粗麻布纹，长25、宽12、厚4厘米。

板瓦　完整者颇少。F2：15，正面饰弦纹加绳纹，背面饰方格纹和布纹。宽的一端有花边。切痕由里向外，但不切透，然后掰开。长48、宽37.2～40、厚1.2厘米。

F2∶12，比前者稍小。长44、宽32.8～34、厚1.2厘米。

筒瓦　多为残片。东T8②∶12，正面饰粗绳纹，背面饰布纹。残长28、径17、瓦舌长4厘米。

圆瓦当　21件。可分六式。

Ⅰ式∶1件（采集）。为"千秋万岁"文字瓦当。中间圆心鼓起，四叶将字隔开。阳文反书。直径18、厚1.2厘米（图二八，2）。

Ⅱ式∶2件。圆叶云纹瓦当。东T2②∶4，残半，圆叶云纹与直线相结合组成图案，花纹新颖别致，具有地方特色。直径17.5、厚1.2厘米（图二八，7）。

图二八　西汉圆瓦当

1、3.Ⅵ式（中T7②∶21、H4∶71）　2.Ⅰ式（采集）　4.Ⅴ式（F2∶5）　5.Ⅳ式（中T9②∶17）
6.Ⅲ式（采集）　7.Ⅱ式（东T2②∶4）

Ⅲ式∶1件（采集）。三角叶云纹瓦当。三角叶呈箭头状，与云纹结合构成花纹图案。保存一半。直径18、厚1.5厘米（图二八，6）。

Ⅳ式∶2件。兽面纹瓦当。中T9②∶17，兽面、云纹与植物纹相结合，构成一幅圆形图案。中间为横眼竖鼻兽面，其他部位用云纹、植物纹充填。残径10、厚1.2厘米（图二八，5）。

Ⅴ式∶1件（F2∶5），残。方格纹瓦当。中间为方格纹，四周为云纹。直径17、厚1厘米（图二八，4）。这种类型的瓦当有可能早到秦。

Ⅵ式∶14件。大云纹瓦当。H4∶71，由双线将云纹分成4格，构图规整匀称。直径18、厚0.8厘米（图二八，3）。中 T7②：21，花纹图案与 H4：71 相同，只是较小。直径15.8、厚1厘米（图二八，1）。H4：3，为出土瓦当中最小的一种。花纹与 H4：71、中 T7②：21 相同。直径15、厚1厘米。

3. 封泥

H4 出土汉代封泥 18 方，H3 出土 1 方，共计 19 方。依据印文字迹和笔画的粗细，分为两种。

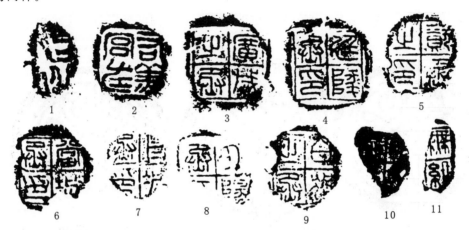

图二九　西汉封泥（原大）

1. 右北太守（H4：2）　2. 右美宫左（H3：1）　3. 广成之丞（H4：7）　4. 廷陵臣印（H4：4）　5. 蓟丞之印（H4：5）　6. 当城丞印（H4：10）　7. 昌城丞印（H4：6）　8. 夕阳丞印（H4：3）　9. 白狼之丞（H4：8）　10. 泉州丞印（H4：11）　11. 无终□□（H4：9）

第一种　笔画粗壮，隶书阳文，有"右美宫左"、"右北囜宇"二方（图二九，1、2）。

第二种　17 方。笔画比第一种细，隶书阳文。字迹清楚的 12 方，即夕阳丞印、廷陵丞印（二方）、贾丞之印、昌城丞印、广成之丞（四方）、白狼之丞、当城丞印、泉州丞印（图二九，3—10）。缺字的 5 方，即无终□□（图二九，11）、阴□丞□、□□铁印、□□丞印、□□□印。除泉州、当城分属渔阳和代郡外，其余皆属右北平郡（见表六）。

上述封泥形状有的正方，有的略圆，侧面稍有倾斜。从封泥四周仔细观察皆可看到盖章时留下的指纹，背面有马鞍式凹槽，槽内印有横竖交叉的竹木纹理和粗细绳纹之痕迹。多数为褐色，少数为土黄色。用细腻黏土制成，质地较坚硬。

封泥是地方政权机构之间公函来往的凭证。18 方封泥皆集中在 H4 中，说明该灰坑附近可能有官署类建筑。

表六　封泥统计表

| 编号 | 名称 | 件数 | 所属郡 | 出土坑位 | 备注 |
|---|---|---|---|---|---|
| 1 | 右北囷守 | 1 | | H4 | 第一种 |
| 2 | 右美宫左 | 1 | | H3 | 第一种 |
| 3 | 广城丞印 | 4 | 右北平郡 | H4 | 第二种 |
| 4 | 廷陵丞印 | 2 | 右北平郡 | H4 | 第二种 |
| 5 | 蘪丞之印 | 1 | 右平平郡 | H4 | 第二种 |
| 6 | 当城丞印 | 1 | 代郡 | H4 | 第二种 |
| 7 | 昌城丞印 | 1 | 右北平郡 | H4 | 第二种 |
| 8 | 夕阳丞印 | 1 | 右北平郡 | H4 | 第二种 |
| 9 | 白狼之丞 | 1 | 右北平郡 | H4 | 第二种 |
| 10 | 泉州丞印 | 1 | 渔阳郡 | H4 | 第二种 |
| 11 | 无终□□ | 1 | 右北平郡 | H4 | 第二种 |
| 12 | 阴□丞□ | 1 | | H4 | 第二种 |
| 13 | □□铁印 | 1 | | H4 | 第二种 |
| 14 | □目□印 | 1 | | H4 | 第二种 |
| 15 | □□丞印 | 1 | | H4 | 第二种 |
| 总计 | | 19 | | | |

4. 铁器

戟　1件（东T6②：17）。援、锋柳叶形，颇锐利。安把处为一铜管与铁戟衔接成一体。锋长29.5、援长14、宽1.5厘米。援锋交接处有直径0.3厘米的两个缚戟穿绳小孔。这种类型的铁戟在燕下都曾出土过[13]（图三〇，3）。

矛　1件（H4：107）。锋短而扁平，中间起脊，长骹。通长20、锋长8、宽2.2厘米（图三〇，5）。

剑　2件。均残。东T6②：16，断面为扁平梭形，残长20、宽2.8厘米（图三〇，6）。西72②：6，细长条形，锋锐利，中间起脊，断面呈菱形。残长20、宽2.2厘米。

甲片　20件。有方形和长方形两种。西T2②：3，方形，一端为圆角，一端为直角，每边有两个小孔。长5、宽4.5、厚0.3厘米（图三〇，2）。西T2②：4，较上件瘦长。长5.8、宽4、厚0.3厘米（图三〇，1）。

齿轮　1件（东T4②：11）。圆轮周边有16个齿，正中方孔较大。轮径6.5、孔边

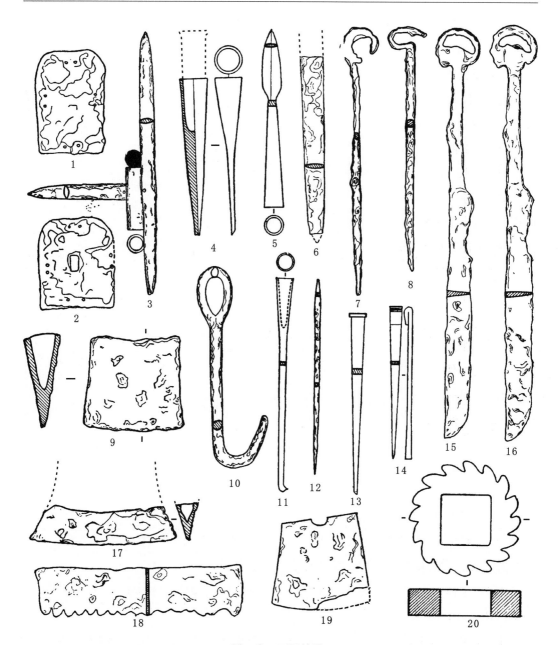

图三〇　西汉铁器

1、2.甲片（西 T2②：4、3）　3.戟（东 T6②：17）　4.Ⅱ式凿（中 T7②：94）　5.矛（H4：107）　6.剑（东 T6②：16）　7、8.锥（H3：5、4）　9.斧（东 T1②：2）　10.钩（H4：50）　11.Ⅳ式凿（H4：19）　12.钻头（中 T1②：1）　13.Ⅰ式凿（F2：50）　14.Ⅲ式凿（F2：16）　15.Ⅰ式刀（西 T2②：14）　16.Ⅱ式刀（H4：108）　17.锄（东 T6②：10）　18.锯（H4：109）　19.铲（H5：8）　20.齿轮（东 T4②：11）（1、2、7～9、12、15、16、18、20 为 1/2，余为 1/4）

长 2.9、厚 1.5、齿距 1.2～1.3 厘米。齿向一个方向倾斜，说明只能向一个方向转动。齿距不甚精确，说明铸造齿轮的技术还处在初期阶段（图三〇，20）。这类齿轮曾在燕下都、武汉县⑭岐山、长武永寿多次出土过，其形状、大小基本相似。

锯　1件（H4：109）。长条形，薄片，残存 18 齿。残长 12、宽 2.5、厚 0.2、齿间距 0.5 厘米（图三〇，18）。

钻头　1件（中 T1②：1）。钻头为三角形，钻杆细长，下端有 5 圈阴线弦纹，剖面呈圆形。长 11、杆径 0.4 厘米（图三〇，12）。

铲　1件（H5：8）。梯形，弧刃，一端残。后端安柄部位有一直径 0.8 厘米的半圆孔。体薄。长 10、宽 11、厚 0.3 厘米（图三〇，19）。

锄　1件（东 T6②：10）。梯形，上窄下宽，两侧弧形，仅存刃部。残长 3.9、宽 1.7 厘米（图三〇，17）。

斧　1件（东 T1②：2）。近方形，顶端有长方形銎，侧视为三角形。长 5、宽 6 厘米（图三〇，9）。

凿　4件。分四式。

Ⅰ式：1件（F2：50）。扁方锥体，顶端已被砸成圆帽状。长 20.4、宽 1.4、厚 0.5 厘米（图三〇，13）。

Ⅱ式：1件（中 T7②：94）。圆锥体，顶端有圆形銎。长 17.8、宽 3.2、銎口径 3 厘米（图三〇，4）。

Ⅲ式：1件（F2：16）。比Ⅰ式刃端更窄，顶部卷回，直刃。长 17、宽 1.4、厚 0.5 厘米（图三〇，14）。

Ⅳ式：1件（H4：19）。长条楔形，顶端有圆形銎，刃部呈横钩状。长 24、宽 3.8、厚 0.5 厘米（图三〇，11）。

刀　2件。分二式。

Ⅰ式：1件（西 T2②：14）。环首直背。通长 22.9、宽 1.5、背厚 0.3 厘米（图三〇，15）。

Ⅱ式：1件（H4：108）。环首直背，柄比Ⅱ式稍短，刀身比Ⅰ式稍长。通长 23.3、宽 1.5、背厚 0.3 厘米（图三〇，16）。

锥　2件。H3：4，圆锥体，柄端呈扁环状。长 13.7、径 0.5 厘米（图三〇，8）。H3：5，圆锥体，顶端呈圆环状。长 15、径 6 厘米（图三〇，7）。

钩　1件（H4：50）。顶端呈椭圆形环状，下端有弯钩。长 22.6、径 5～6、钩长 6 厘米（图三〇，10）。

# 五　结　语

通过对凌源县安杖子古城址的发掘，不仅使我们获得一批夏家店上层文化、战国（燕）至西汉时期的珍贵文物，更为重要的是使我们对北方西汉时期城市的布局、房屋建筑结构、砖瓦等建筑材料的应用，以及冶铸技术的发展均有所了解。

（一）安杖子古城址，早在夏家店上层文化时期就已形成了村落。到战国时期因右北平郡的设置而逐步发展兴盛起来。西汉时期，由于征伐匈奴，凌源安杖子一带便成为军事交通重镇。安杖子古城址靠近大凌河谷，战略地位十分重要，是扼守燕山的门户。在1975年未发现内蒙古宁城县黑城古城址西汉外罗城和王莽钱范作坊遗址以前[15]，历史学界认为安杖子古城址即右北平郡治平刚[16]。平刚地理位置问世后[17]，王绵厚先生经研究认为安杖子古城址为右北平郡的字县。但至今尚无考古材料证实。这次考古发掘，从古城址出土的多件陶器口沿和器底常刻有石城两字的陶文印记以及十几方封泥中，唯独不见石城看，安杖子古城址应为右北平郡的石城县。

（二）通过对古城址内房址、灰坑、石子路等遗迹的揭露，丰富了我们对北方战国—西汉时期，城市房屋建筑方面的知识。一般来说，西汉城市都设有内、外两重城郭，平面布局呈“回”字形，也有的把小城设在大城的某一角。城内有固定的官署、庙堂、宅舍、作坊区，各区之间有石子路相通。从所暴露出的遗迹分析，安杖子古城的布局，是符合这一传统建筑规律的。安杖子小城设在东北角，大城中间偏北应是官署区，西北为作坊区，集市和住宅区应在城址北部。

（三）从F3和F2两座房址的结构观察，可以看出，战国至西汉时期北方的房舍建筑，还带有很大的原始性。如半米高的墙壁仍埋在地下，尚未完全摆脱半地穴式的古老传统建筑形式。房柱有的立在屋地上，有的柱脚下端仍埋在地下30余厘米深。除房顶铺瓦外，墙壁还是夯筑土墙，砖墙在北方这个时期还是较为少见的。

（四）从城址出土的齿轮、钻头、锯条和各种铁铸生产工具分析，当时北方的生产技术与中原发展水平大体相一致。出土的铁铸齿轮是最好的证明。齿轮是原始机械的主要部件，是机器运转和动力传导不可缺少的组成部分。在当时来说，齿轮可谓是先进技术的体现。其形状、大小与河北省武安午汲古城址、下潘汪遗址[18]出土的齿轮形体均相一致。这并非是偶然现象，应是社会生产力发展水平一致的反映。

（五）城址中出土了多件铸镞铤的陶范以及坩埚、鼓风管、炉箅残块等遗物。这些制造兵器的器具和冶铸设备的发现，证明西汉时期我国东北地区的冶铸业已有了相当的发展。各种铁制工具，如锄、锛、锯、斧和先进兵器戟、剑、镞以及甲片等形制均与中原同类器物相仿。出土的大量铁镞铤范，说明该城址内还设有常年制造兵器的作坊。

（六）19 方封泥的出土，对研究西汉时期的北方疆域是非常珍贵的资料。同时为安杖子古城址属县的确立及深入研究右北平郡各县的地理位置提供了重要线索。

（原载《考古学报》1996 年 2 期）

## 注　释

① 中国科学院考古研究所内蒙古工作队：《宁城南山根遗址发掘报告》，《考古学报》1975 年 1 期。

② 中国社会科学院考古研究所内蒙古工作队：《赤峰蜘蛛山遗址的发掘》，《考古学报》1979 年 2 期；中国科学院考古研究所内蒙古工作队：《赤峰药王庙夏家店遗址试掘报告》，《考古学报》，1974 年 1 期。

③ 同②，《考古学报》1979 年 2 期，图一一，1。

④ 同③，图一一，2。

⑤ 杨宗荣：《燕下都半瓦当》，《考古通讯》1957 年 6 期。

⑥ 彭信威：《中国货币史》图六，2。

⑦ 《正续古泉汇》记载："恭昌、燕昌，吉金银释为益昌，益昌属涿郡，春秋为燕地，此布与涿字布当一处所铸；山西省文物管理委员会：《山西高阳天桥出土战国货币》，《考古》1965 年 4 期。

⑧ 昭乌达盟文物工作站等：《辽宁宁城县黑城古城王莽钱范作坊遗址的发掘》，《文物》1979 年 12 期。

⑨ 雒忠如：《西安西郊发现汉代建筑遗址》，《考古通讯》1957 年 6 期。

⑩ 东北博馆：《辽阳三道壕西汉村落遗址》，《考古学报》1957 年 1 期。

⑪ 谢锡益：《燕下都遗址琐记》，《文参》1957 年 9 期；中国历史博物馆考古组：《燕下都城址调查报告》，《考古》1962 年 1 期。

⑫ 河北省文化局文物队：《河北易县燕下都故城勘察和试掘》，《考古学报》1965 年 1 期；《简明中国历史图册》，3 册 43 页。

⑬ 同⑫。

⑭ 孟浩等：《河北武安午汲古城发掘记》，《考古通讯》1957 年 4 期。

⑮ 同⑧。

⑯ 《中国历史地图集》，第二册。

⑰ 李文信：《西汉右北平郡治平刚考》，《社会科学战线》1983 年 1 期。

⑱ 河北省文物管理处：《磁县下潘汪遗址发掘报告》，《考古学报》1975 年 1 期。

# 辽宁宁城县黑城古城
# 王莽钱范作坊遗址的发现

　　1975 年春，辽宁省宁城县头道营子公社四道营子大队第五生产队十家村社员在黑城古城外平整土地时，发现地下有成片的红烧土和"大泉五十"、"小泉直一"陶范母碎块。昭乌达盟文物工作站和宁城县文化馆调查证实，此处是西汉时期制作钱范陶范母的重要作坊遗址。1976 年 5 至 6 月，对这一遗址进行了清理试掘，现将收获简报如下：

　　遗址地处老哈河上游的北岸，老哈河两条支流——黑里河和五十家子河汇流处的三角地带，距宁城县所在地天义镇六十余公里，与辽宁凌源、河北平泉县交界。从很早的古代起，这里就是我国北部草原牧区通往关内的交通要道。作坊遗址位于黑城外西南，这使我们联想到黑城古城址与作坊遗址的关系问题，在过去工作①的基础上，这次对古城作了进一步调查，在黑城附近发现了外罗城。

## 一　古城址介绍

　　1. 黑城

　　黑城是一座保存比较完好的汉代古城（图一），长方形，东西长 750、南北宽 500 米。现存墙高 8～9 米，墙基宽 15 米。四面各有城门，门宽 9 米。门外筑瓮城，瓮城东西长 50、南北宽 33 米。瓮城城门设在顺城墙的方向，拐一个九十度角才能进入城内②。

　　城址内汉代遗存丰富。采集到的文化遗物有：云纹瓦当，灰陶豆把，"回"字纹方砖碎块，里面方格纹、外面弦纹的大量陶片，西汉时期的六种货币等。在城墙底部的夯土层中，还发现少量战国时代的灰色绳纹陶片。底部夯土层平均每层厚 8 厘米左右，土呈黄色，较纯。而城墙中上部的夯土层较薄，每层厚度在 5 厘米左右；土呈灰黑色，与底部有明显的区别。这或许是早期的古城址经过历代沿用重修的缘故。城址内辽、金时代陶瓷片甚少。

由于多年耕种，城内地面的建筑遗迹，已不很清楚。

在距黑城半公里的北山坡水沟断崖上，发现几座汉代砖砌券顶小墓，随葬品有带盖的三足小鼎、圈足敦、灰陶豆等。

2. 外罗城

外罗城沿着黑城的北城墙向东西延伸再向南包拢，除南城墙东南部有一段被老哈河冲掉外，其他城垣轮廓

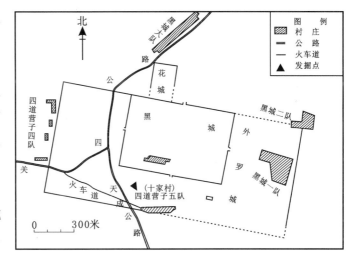

图一　宁城县汉代古城址平面图

基本清楚，有的地方还高出地面1～2米。外罗城东西长1800、南北宽800米（图一）。城址东南部汉代陶片、云纹瓦当、残豆把、五铢钱等文化遗物极为丰富，而西北部遗物则较少。在农田水渠的两侧发现战国至秦汉之际的红色鱼骨盆陶片遗存。城址内发现少量辽、金时代的白瓷片，其他时代较晚的遗物几乎不见。

外罗城是当地群众对该城址的习惯称呼，附近有的地点至今还称为城角地。外罗城南墙距老哈河约有半公里，汉代制作陶范母的作坊遗址，在该城址的西南部。

3. "花城"

靠近黑城西北部，有一座夯筑小城，南北长250、东西宽200米，当地社员称它为"花城"（图一）。城垣建筑比较简陋，残高1～2米，厚5～6米，夯土层较薄。城址内没有建筑遗迹。修建黑城时，"花城"被打破，故"花城"没有南城墙。黑城北部20米距离以内的"花城"城墙已破坏无存。城内地形北高南低，不甚平整。采集的文化遗物有战国时代的圜底罐口沿、鱼骨盆陶片、鼎足、豆把、铜三角形箭头等。

## 二　钱范作坊遗址概况与地层堆积

作坊遗址位于十家村西北，北距黑城南墙116米。地势略高于地面，形成一个明显的南北向隆起地带。南北长150、东西宽40米，总面识约6000平方米。地表有成片的红烧土，红色粗砂砖、弦纹陶片等文化遗物遍地皆是；而辽、金时代的篦纹陶片及白瓷片则不多见。

　　遗址南部已在平整土地时被挖掉。据社员介绍，在此处起上挖到半米深，曾发现地下有成排的柱石，每隔 4 米一块，都用自然石块，未经加工。从柱痕看，柱径为 25～30 厘米。该处未发现红烧土和陶范母碎块，而汉代陶片及残砖碎瓦等文化遗物则较多。推测这里原来应有不少房舍建筑，是作坊遗址的组成部分。

　　遗址发掘区域的南部地层堆积较薄，北部稍厚，整个遗址的地层堆积分三层。

　　1. 耕土层厚 25～30 厘米。出土文化遗物有汉代粗绳纹和弦纹筒瓦碎块，以及外面弦纹、里面方格纹的陶片。还有少量辽、金时代的陶瓷片。

　　2. 黑灰色土层厚 40～80 厘米。主要出土遗物是"大泉五十"和"小泉直一"的正背陶范母，其次是和范母有关的炼渣、木炭、坩埚碎块、铁工具、铜渣、铁钉等。

　　3. 黄灰色土层厚 80～160 厘米。出土云纹瓦当颇多，陶器口沿次之，陶范母明显减少。

　　以下为生土层。

　　二、三文化层均属汉代。从第三层出土的云纹瓦当和陶片特点看，可能比王莽时期偏早，部分可能早到西汉初期。

　　在遗址中部，发现一座焙干陶范母的窑址。靠近窑址的几个探方内，出土范母的情况各有不同。如第四探方出土的均为"小泉直一"的正范母；第五探方出土的全是"小泉直一"的背范母，第七探方则出土制好后尚未进窑烘干的"大泉五十"陶范母。第十四探方内发现许多块长方形红色耐火砖，在该方的东南角还发现一段铺地砖（图一八）和一段倒塌的残墙痕迹。第一至第三探方出土的都是铸造过金属范的"大泉五十"和"小泉直一"的陶范母，这种用过的陶范母往往和炼渣、炉砖、坩埚碎块以及用坏的铁器混杂在一起。前面说过，遗址南部可能是房舍建筑，而中部和北部各探方出土物都具有不同特点，反映了这一古代作坊遗址，生产布局井然有序，制作范母有着专门的科学分工。

# 三　窑　址

　　窑址位于遗址中部。窑顶、窑室已塌陷。在距地表 0.3 米深处，发现平行排列的四条南北向对称砖砌火道。火道两头低中间高，呈斜坡状，长 7、宽 0.4、残高 0.4～0.5 米。底部铺一层砖，砖上抹 0.5 厘米厚的硬光面，周壁和底均烧成深灰色。南北两端各设两个火膛，宽约 1 米，比火道低 0.5 米。为了两端烧火而不相互影响，火道从正中隔开。烟囱设在全窑的中部（图二；图三）。在窑床上和火道里发现许多件保存较

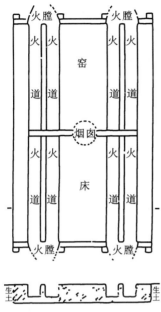

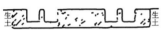

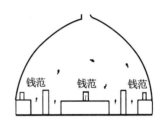

图二　烘干陶范母窑址平、剖面图（1/120）　　　　　图三　窑室结构示意图（1/120）

完好的陶范母和"T"字形陶支架，支架长5.5、高3.3厘米，往往几个在一起。

从窑室结构和出土遗物分析，这个窑应是焙干范母或铸造金属范时预热用的。"T"字形支架用来将叠压在一起的成批范母支垫平稳，以便在高温下不变形走样。

这种长火道、多火膛、烟囱设在中部的平台窑床遗址，在辽西地区还是首次发现。这种窑的特点是：窑室面积大，建在地面上，火道与火膛则建在地下，四条火道的火焰直向窑顶，回旋分散弥漫全窑，和被烧物直接接触，烟从窑底部进入烟囱。

根据现存遗址推测，上部应为券顶长方形窑室。靠近南部火膛有成堆砖头遗存，应是房舍倒塌后的堆积物，这里可能是窑工的住所。

# 四　遗　物

这次试掘中出土了一批西汉王莽时期的陶范母，以及炼渣、炉砖、坩埚残块、汉代货币、铁器、瓦当等，现分述如下。

1. 陶范母

出土的"大泉五十"和"小泉直一"两种范母，共计一千零一十九块，其中"大泉五十"四百九十七块，"小泉直一"五百二十二块。按使用情况分，一类是使用过的，即用来铸造过金属范后的废品，表面有一层灰白色硬光面。这一类计九百六十四

块，占出土总数百分之九十五。另一类还没有使用过，数量较少，仅五十五块，其中
"大泉五十"三十九块，"小泉直一"十六块，两者合计才占出土总数的百分之五。可
见，该作坊不仅制造两种钱的范母，还用制成的范母在这里铸造金属范。

从范母的陶质看，绝大多数经过室内烘干，质地比较坚硬，呈红褐色。也有少量
制好后尚未烘干，质地疏松易碎，呈红土色。

两种范母均为规整的长方形，前端中央有一圆形漏斗状浇口，浇口两侧没有排气
的沟槽。"大泉五十"范母每方有钱摸六十四枚，排为六行，中间四行每行十一枚，两
边两行每行十枚。钱模凸起，钱径3厘米。整个范模长56、宽23.8、厚6厘米。浇口
宽5.2、深5厘米。排气沟槽长15、宽1.5厘米（图四）。

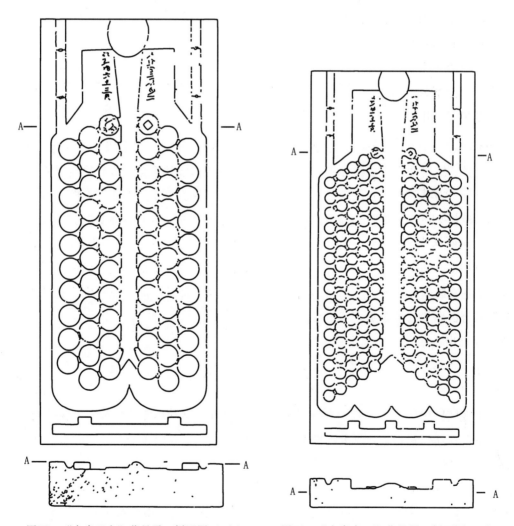

图四　"大泉五十"范母平、剖面图（1/5）　　　图五　"小泉直一"范母平、剖面图（1/5）

"小泉直一"范母每方钱模一百五十枚，共十行，每行十五枚。范长49、宽22、厚4厘米。浇口深4、宽4.2厘米。排气沟槽长13、宽1厘米。钱径1.4厘米（图五）。尽管钱模的数量如此之多，而排列组合却是十分合理，间隔空隙都很均匀准确。两种范母右端的边棱上都有一道规整的沟槽，可能是起固定作用的。

两种背范母的钱模边沿都有一圈阴纹，中间有方穿。除钱模大小和数量有别而外，两种背范母的结构形制大体相同。

在范母浇口两侧，制有两行竖行的阳文隶书反写的纪年文字。右边一行是"后钟宫工衰造世"七个字；在"后"字的右边还有一个"十"字。也有的是"前钟官工良造第世"八个字，字体较小，字迹不如前者清楚。左边一行是"始建国元年三月"，在始建国三个字的左边有一竖线。

这种有明确纪年文字的范母共出土一百一十余件。

钱文为阳文篆书，字迹清晰。"大泉五十"上下为"大泉"，左右为"五十"。"小泉直一"上下为"小泉"，左右为"直一"。

范母都是用红黏土掺入沙粒制成。下层较厚，所用沙土较粗；上层很薄，沙土细腻。

2. 货币

在作坊遗址和城址采集到的汉代货币共6种，130枚。其中西汉半两11枚，五铢钱50枚，"大泉五十"25枚，"小泉直一"20枚，"货泉"15枚，"大布黄千"9枚。挖掘出土的"大泉五十"20枚，"小泉直一"15枚（图六）。

3. 坩埚

在第二层黑灰土中，发现许多坩埚碎块。较大的坩埚口沿出土两块，其中一块长15、宽10、厚5厘米，口沿略向外折。根据这一实物

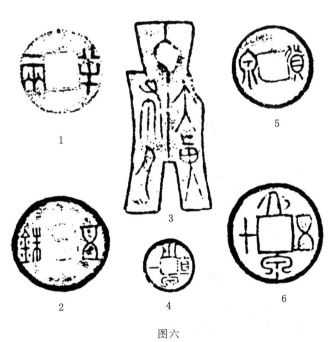

图六

1. "西汉半两"钱　2. "西汉五铢"钱　3. "大布黄千"钱　4. "小泉直一"钱　5. "货泉"钱　6. "大泉五十"钱

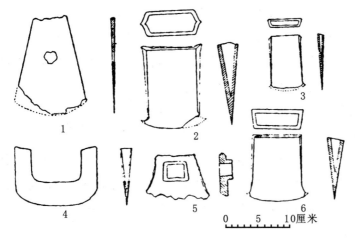

图七

1. 铁铲　2、3、6. 铁锛　4. 铁臿口　5. 铁锄

测知，原坩埚口沿内径为38、外径为48厘米。坩埚里壁灰色发白，外表灰褐色，说明燃料是在坩埚内燃烧熔化金属的。制作坩埚的用料中有粗大的砂粒。

4. 炼渣

出土炼渣 60 余公斤，最大块直径约 20 厘米，上面有许多气孔。共存遗物有孔雀石、碎铜渣。

5. 生产工具

出土生产工具 14 件，其中铁器 12 件，磨石 1 件，铜叉 1 件。

铁锛　4 件。形制大体相似，大小有别。皆为长方形，一面偏刃，上部中空成銎（图七，2、3、6）。

铁臿口　5 件。宽度上下几乎相等，首部厚，刃部薄，呈弧形，背中空（图七，4）。

铁锄　1 件，残。靠近背部有凸出长方形銎。残长 6.5、銎长 3.3、宽 2.5 厘米（图七，5）。

铁铲　2 件，一件完整。长而薄，中间有一不规则的圆形孔，弧刃。长 14、刃部宽 10.5、厚 3 厘米（图七，1）。

小磨石　四方体，四面都有磨用留下的沟痕，应是磨制刻刀之类所用。

铜叉　已残断。一端有一人字形缺口，残长 8.2、宽 1.5、厚 0.2 厘米。

6. 瓦当

在遗址的第三层出土一批瓦当，按花纹可归为两大类，一类是文字瓦当，一类是云纹瓦当。后者依云纹繁简变化的特点，又可分为数式。

文字瓦当　3 件，1 件完整，2 件残。瓦当上篆文"千秋万岁"，中心有一圆点，云纹线将四字隔开。边棱高于中部，直径 17.5 厘米（图八，1）。

四叶纹瓦当　7 件，完整的 2 件，其余为残片。特点是云纹和四叶纹相结合，按不同纹饰分 3 式。

图八

1. "千秋万岁"瓦当　2. 云纹瓦当　3. 四叶纹瓦当　4. 方格纹瓦当　5. 动物纹瓦当　6. 云纹瓦当

Ⅰ式：云纹和四叶纹的线条都比较粗，花纹线高于边棱轮廓线，直径 17.5 厘米（图八，3）。

Ⅱ式：瓦当轻而薄，云纹和四叶纹线条细而清秀，叶柄细长，边棱高，直径 17 厘米（图八，2）。

Ⅲ式：残片，仅存四分之一。中心有内圆，云纹线围转三圈。比前两式小，直径 15.5 厘米（图八，4）。

方格纹瓦当　共 8 件，分 2 式。

Ⅰ式：5 件。瓦当较轻，火候高。云纹与方格纹相结合，边棱线是图案的一条外轮廓线，直径 17 厘米（图八，6）。

Ⅱ式：由直线方格组成图案，比Ⅰ式小，直径 9.5 厘米。

动物纹瓦当　仅有 1 件。图案中心施一羊头，曲线构成羊的耳朵和角，四周云纹线围绕。直径 16.3 厘米（图八，5）。

云纹瓦当　发现五十余件，均系残片。构图全用直线和云纹，但组成的花纹图案各有特色，富于变化（图八，6）。

7. 筒瓦

完整的筒瓦 9 件，外表均施粗绳纹，里面为布纹。长 42.5、直径 17.5 厘米。

8. 弦纹板瓦

板瓦陶质发黄，多施弦纹，纹饰有宽窄深浅之别。残长 34、直径 25 厘米。

9. 砖

砖有方砖、条形砖两种。

方砖　中间施一玄武图案，两边用"回"字纹装饰。边长 31、厚 4.5 厘米。多数方砖残块均系"回"字纹（图九）。文字方砖仅有残段。

条形砖　均系残块，有的正面施植物花纹。

图九　"回"字纹方砖

# 五　小　结

一、像这样保存比较完好，有明确纪年文字和"钟官"字样的成批范母出土，在辽宁地区还是首次。这次发现有力地证明，西汉时期，昭乌达盟地区是汉王朝直接管辖的行政区域。

据《汉书·百官公卿表》记载，"钟官"为汉代中央主管铸钱的官职，属上林苑水衡都尉。铭文中的"后钟官"或"前钟官"应即是这一职称。"哀"和"良"等字可能是掌管该作坊的官吏或制作钱范工匠的名字。

西汉自武帝元鼎四年起，禁止郡国铸钱。从近年钱范出土情况看，武帝元鼎以后的五铢钱范，集中在长安附近出土。而各地却发现了不少王莽时代的"大泉五十"和"小泉直一"的钱范。这是王莽时期在中央统一管理下，分别在各地铸钱的反映。

据《汉书》记载，居摄二年，即公元7年，王莽开始铸造"大泉五十"，始建国元年，即公元9年，铸造"小泉直一"。同年秋，"又遣谏大夫五十人，分铸钱于郡国"[③]。也正是在同年三月，宁城县黑城作坊制作的"大泉五十"和"小泉直一"二品钱的陶范母有始建国元年三月的纪年铭文，与文献记载大致相符。出土的大量炼渣和坩埚碎块表明，这里除制造范母并从范母铸造金属钱范外，有可能还在这里或附近铸钱。这次试掘尚未见大批的铜钱和金属范出土。金属范可以直接铸钱，所以官府控制严格，即使是用坏了的废品，也回炉重铸，因此是不容易发现的。

二、在黑城内及其附近采集到许多件汉代文物。城圈内，时代较晚的遗存很稀少。黑城瓮城在一旁设门，这种易守难攻的瓮城设施，多见于汉代古城。钱范作坊遗址的三层堆积均系汉代文化层，出土的大量钱范、"云纹"、"千秋万岁"瓦当以及在城址附近发现的汉墓，都充分说明遗址和城址是同一历史时期的遗存，二者之间还有着密切的联系。

规模较大的外罗城，应是原汉城的范围，黑城则是当时汉城的内城。王莽时代把重要钱范作坊设在外罗城，说明内城是官署所在，外城是商业、作坊及居民住所。这种布局是符合中国古代城市建设传统的。

看来黑城的兴建可能要早于钱范作坊，而它的最兴盛时期或许就在王莽时代。汉以后，黑城曾为历代沿用重修。

至于"花城"，1. 修建黑城时打破了"花城"，故"花城"没有南城墙。2. 从"花城"采集的遗物，多为战国时代的陶片。3. "花城"的建筑形式和规模与辽西地区分布的战国军事城堡一致。因此我们认为，"花城"可能是战国时代的古城。

三、据文献记载，宁城县在秦汉之际属于右北平郡。在西汉时期是哪个县，目前尚无考。从地理位置看，宁城县地处右北平郡的中部。关于右北平郡，历代史家根据有关文献，一般认为郡址在平刚县，即辽宁省的凌源县[④]。但至今尚未有充分的考古发现来证实。黑城发现这样重要的制造钱范作坊，说明在西汉时期，这座建在长城以北规模较大的汉代古城，政治、经济和物质文化都有了相当的发展，黑城址距平泉、凌源都不算远，是否与右北平郡有关，可以引起研究者的注意。

（原载《文物》1977 年第 12 期）

### 注　释

① 《内蒙古宁城县古城址的调查》，《考古通讯》1958 年第 4 期。

　《考古学上汉代及汉代以前的东北疆域》，《考古学报》1956 年第 1 期。

② 参阅《甘肃试掘汉代城塞烽燧遗址》中破城子遗址主体建筑复原图，《文物特刊》（试刊）第 4 期。

③ 《汉书·王莽传》。

④ 《中国历史地图集》第 2 册。

# 封泥浅谈

1979年10月，在凌源安杖子古城址出土了十九方西汉时期的封泥，这是我省出土封泥最多的一次。

封泥，这种古代遗物，与其他文物一样，是一种历史的产物，是在特定的历史条件下出现的。它产生于未发明造纸术或纸张尚未普遍使用以前，随着纸帛朱印的普遍应用，封泥也就渐废。关于封泥的使用时间，大体盛行于秦汉时期到隋唐以后逐渐废止了。

封泥，也叫芝泥，在中国古代，公文、政令、书信，都写在竹简木札上，因为竹简木札不能盖章，所以写在竹木简上的公函、官令为防泄密，往往在传递封发时要用绳子捆绑起来并在绳子的一端或交结处用泥封之，上盖印章，以防私拆。封泥应该说是我国古代封建制度的一种遗物，用泥封检物品的这种方法，是我国古代人民群众在特定历史条件下的一种发明创造。封泥的作用好似过去邮局使用的火漆。

封泥，这一词，最早见于《续汉书百官志》"少府官属有守令，主御纸笔墨，及尚书财用之物，及封泥"清道光初年封泥开始出土，吴式分、陈介祺著有《封泥考略》将封泥介绍于世。但文章只限于对封泥印文的考证，未涉及封缄制度的发展变化。到光绪末年，我国竹简大量出土，王静安在他所著的《简牍检署考里》对封泥和古代的简牍制度及其检署方法，进行了研究考证。从此以后，国内外研究封泥的著录就更多了。

封泥之所以重要，是因其上有明确的印文，在某种意义上讲，封泥就相当于官印，只不过是它比官印分布更广，更容易被发现而已。官印封泥是古代政权机构的一种体现，无疑，对研究秦汉时期的古代疆域、历史地理、古代官制等是非常重要的资料。

1928年，我省辽南地区汉代古城牧羊城曾出土过"河阳令印"和"武库中丞"两方封泥。1976年昭盟宁城县黑城子汉代古城出土"渔阳太守章"，"白狼丞印"等封泥。1979年10月，凌源安仗子古城的一个灰坑内发现十八方封泥（图一），一座房址里出土一方，共计十九方。这批封泥，除部分残破外，大多数印文清楚，即"右北太守"、"右美阎左"、"夕阳丞印"、"廷陵丞印"、"蒉丞之印"、"昌城丞印"、"广城之丞"、"白

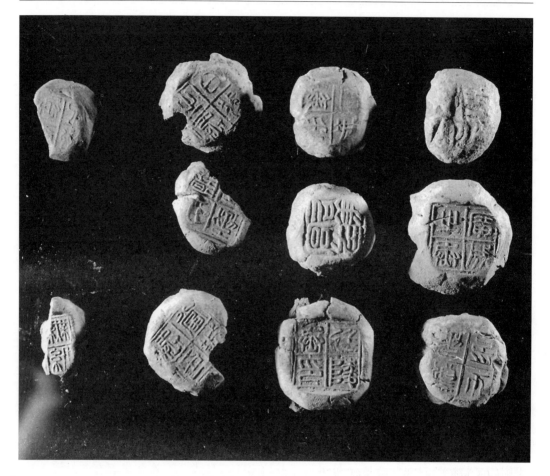

图一 凌源安杖子西汉古城址出土的封泥

狼之丞"、"无终□□"、"当城之丞"、"泉州丞印"等。以上封泥，除当城属代郡外，其余大都属右北平郡辖县。封泥有的呈方形，有的为圆形，上平下凹，上径小，底径大，一般直径多在 3～3.5 厘米，高 1～1.5 厘米，细泥制成，仔细观察四周壁上均有捏制时遗留下来的指纹。底部皆有纵横之木理和绳线纹遗痕。这批封泥的出土，对我们研究安杖子这座西汉时期的古城址经济、文化的发展，是难得可贵的材料。

# 后　记

中华统一多民族国家的形成和发展，有自己鲜明的中国特色，独特的发展过程，独立的文化，独有的文明模式和独具个性的文明起源。中华文明世世代代，无论怎样交错变换，却始终是一脉相承地向前发展，是世界上唯一没有中断、绵延起伏、自成完整体系、最富生命活力的悠久文化。五千年炫丽的华章，强烈地展示出中华民族不但富有无穷无尽的非凡创造力和创新精神，而且蕴涵着浩瀚而深邃的精神世界。自强不息，厚德载物，崇高而坚定的古文化精神信仰，是中华民族故有的传统文化本色，并已被我国的考古科学所揭示和鉴证。中华民族五千多年悠久文明的传承，凝聚着无比强大的中国精神和中国力量，弘扬这种精神和力量，是中华民族世世代代自强不息的精神动力和团结一心的精神纽带。在中华民族历史发展的长河中，每一次暂短的分裂都孕育着更强大的长久统一。人心思定、思凝聚、思团结、思统一、思富强、思振兴，这种巨大的民族凝聚力，预示着中华民族更加强盛的未来和它的不可侵犯与捍动。

考古学是多学科综合研究和探索的科学，考古事业是人民的事业，民族的事业，考古学考的是古，领悟的是历史，古今相系，生机盎然。考古事业紧密地与时代相连，考古人的心随着时代的脉搏而跳动。每一个考古工作者都深知自己使命的神圣，并为之奋斗终生。当回忆起由我们亲自命名的小河沿、马城子两个新考古文化时，当这两个新考古文化分别被纳入对应的考古时代序列时，当目睹这两个新考古文化分别填补了考古领域中的重要空白时，当得知这两个新考古文化各自在考古领域中占有重要一席之地时，当这两个新考古文化被考古专家学者们所接受和认同时，激荡起我们心中无尽的欣慰、憧憬，向往和追求，思绪万千。确切有力地悟出了一个真缔，从事考古事业最神圣，为考古事业奋斗最光荣，为考古事业献身最值得。是伟大的祖国和伟大的时代给了考古人有梦想、有奋斗、能实现的大好机会。我们一生的考古经历，一生的考古生涯，就是所有考古工作者们同祖国和时代一起成长与进步的奋斗历程。

考古事业既平凡又伟大，考古工作者历尽千辛万苦去寻觅中华民族的根，寻找支撑中华民族脊梁的魂。用活生生出土的实物资料，剖析中华民族从产生、发展、到辉煌的全过程，进而更深刻地阐明其发展的轨迹和规律，探研历史前进脚步的逻辑过程。

了解和展示过去，是为了更好地缔造未来，展现中华民族悠久的灿烂文化，是为了和谐、凝聚、团结亿万的中华民众。是祖国改革开放欣欣向荣的大好形势，是党的滋养，党对知识分子的英明决策，开辟了无限广阔的空间，为考古人不断地注入了新鲜血液和强大的精神动力。实现中华民族伟大复兴的中国梦，中国又站在新的历史起点，开启新的伟 大航程，每一个考古工作者必需付出辛勤劳动和艰苦努力，一个更加辉煌璀璨的中华民族文化将展现给世人。

本文集在撰写过程中，得到了辽宁省文物局副局长李向东、辽宁省文物考古研究所所长吴炎亮、书记李新全、副所长李龙彬等领导的热情支持与巨大激励。中国考古学会理事长，考古学术权威张忠培先生为之撰序。辽宁省文物考古研究所研究员、辽金、古长城考古专家冯永谦先生为文集欣然祝贺题词。女儿李月参与了后七篇论文的撰写及全部文集的校对工作，三女李丽、婿吴新建对本书的出版给予了资助，使我们实现了久久的夙愿。本文集编写过程中，引用了考古学界同仁们所发表的资料及图片，限于体例、篇幅，未能一一注明出处，在此，我们一并谨致诚挚的谢意。

本文集主要是以作者发掘的新材料为主，资料准确，观点明朗，文字简练，书中不足之处，错误缺点难免，敬请读者批评指正。

作者

2013 年 3 月 25 日

于北京太阳园